KB272529

개정판

지중해 문명 산책

트로이에서 바르셀로나까지

김 진 경

지식산업사

개정판 지중해 문명 산책

초판 1쇄 인쇄 2001. 5. 25
초판 1쇄 발행 2001. 6. 5

지은이   김진경
펴낸이   김경희
펴낸곳   (주)지식산업사
        서울시 종로구 통의동 35-18
        전화 (02)734-1978(대) 팩스 (02)720-7900
        홈페이지 www.jisik.co.kr
        e-mail   jsp@jisik.co.kr
                   jisikco@chollian.net
        등록번호 1-363
        등록날짜 1969. 5. 8
인 쇄   (주)백산인쇄
제 책   (주)백산제책

책 값   20,000원

ⓒ 김진경, 2001
ISBN   89-423-2038-4   03920

이 책을 읽고 지은이에게 문의하고자 하는 이는
지식산업사 e-mail로 연락 바랍니다.

개정판을 내면서

이 책이 출판된 지 벌써 7년이 지났다. 그래서 김사장으로부터 개정판 얘기가 나오게 되었는데, 그러자면 개정할 새로운 경험이 많았어야 할 텐데, 그렇지 못한 것이 문제이다. 그래서 근자에 다녀온 이스라엘의 얘기만 보태기로 했다. 그 동안 보다 많은 지역을 섭렵할 기회가 없었던 것이 퍽 아쉬운데, 대신 체제를 일신하고 내용에도 다소 수정과 보충을 가했다.

이스라엘 여행을 전후하여 약간의 성경공부를 하게 됐다. 4 ~ 5종의 성경을 비교해보기도 하고, 주석서를 뒤져보기도 하고, 이스라엘 역사책과 기독교 관계 서적이나 소설을 훑어보기도 하고, 〈십계〉나 〈제7의 예언〉 같은 영화를 비디오로 떠보기도 하고……. 그러나 이러한 공부는 성경에 대한 지식의 빙산의 일각이라기보다 일편에 불과하다. 그렇다고 해서 몇 년을 두고 본격적으로 공부할 처지도 아니거니와 시시콜콜한 신학 논쟁에 흥미가 있는 것도 아니다. 해서 성경공부는 양념 정도로 해두고 내 나름으로 글을 적어보기로 했다. 이것은 교인이 아님으로써 즐길 수 있는 환상 게임인지 모른다. 그렇지만 이것은 성경에 밝은 인사로부터는 반감과 실소를 살 수도 있을 것이다. 반감을 사는 것은 본의가 아니다. 실소를 하고 성경에 대한 무지를 꾸짖어주는 것은 크게 환영할 바이다.

이번 여행은 뜻밖에도 여러 일이 순조롭지 못했다. 동행한 내자가 발병하여 거기에 신경을 써야 했고, 카메라와 캠코더가 말썽을 일으켜 사진 촬영에 실패했고……. 그래서 저번과는 달리 이번 여행의 대부분의 사진을 다른 소스에서 떼어 붙일 수밖에 없었던 것은 치욕적이었다. 사전에 만일의 경우에 대비를 못한 것이 크게 후회가 된다. 그러나 무엇보다도 일정이 너무 빡빡했던 점이 문제이었다. 단체여행이라 하더라도 앞으로는 보다 여유 있는 여행을 계획해야 할 것을 통감한다.

하지만 불운이 겹치긴 해도 즐거운 마음으로 여행할 수 있었던 것은 동행한 교인들의 한결 같은 따뜻한 마음씨 덕분이었다. 한 분 한 분에게 감사를 전하고 싶지만, 특히 정작영 화백과 안영옥 여사 내외분, 갈주원 집사, 그리고 가이드를 한 송연은 씨의 자상한 배려를 내내 잊을 수가 없다.

출간이 지연되기는 했지만 개정판을 내주신 김경희사장님과 꼼꼼한 솜씨를 보여준 편집부 여러분에게 사의를 표한다.

2001년 1월

김 진 경

머리글

1985년 12월부터 몇 달 동안 대우재단의 도움으로 아테네 대학에 머문후, 지중해 일대에 흩어져 있는 그리스 식민시를 여러 군데 둘러본 일이 있다. 그때 적어둔 메모에다 안내서를 참조해서 쓴 것이 이 책이다. 다만 펠로폰네소스 기행만은 예외적으로 1970년에 여행했던 경험을 삽입했는데, 그것은 이번의 크레타 여행과 펠로폰네소스가 연관이 있기 때문이다. 자금도 충분하지 않고 계획도 치밀하지 못해, 꼭 가야 할 식민시 가운데 빠뜨린 곳이 적지 않아 퍽 아쉽다. 그 아쉬움을 채울 수 있을 날을 꿈꾸어 본다.

이 책을 쓰면서, 서양사 전공 학생들에게도 도움을 주기 위해 단순한 고적 순례기가 아니라 고적에 얽힌 역사적 이슈를 가능한 부각 시키려 애썼다. 그리고 일반 독자에게 지루하고 무미건조한 느낌을 주지 않기 위해, 너무 전문적인 설명은 피하고, 그와 연관된 재미있는 이야기를 곁들였다. 전공자와 일반인을 함께 배려했지만 둘 다 만족을 주지 못할까 염려되기도 한다.

이번 여행을 계기로 괴테의 《이탈리아 기행》을 틈틈이 읽었다. 괴테뿐 아니라 슐리만·빈켈만·기번·바이런 등의 책도 간간이 읽어 보았다. 지중해의 자연과 인간, 그리고 예술에 대한 그들의 열정적인 찬가는 불후(不朽)의 걸작이다. 지중해의 매력에 감전된 사람이 어찌 그들뿐이겠는가.

해마다 수천만 명의 유럽인이 마치 거대한 자석에 끌리는 무수한 쇳조각처럼 지중해로 몰려든다. 그들은 태양을 노래하고, 맑은 하늘과 푸른 바다를 예찬하고, 현란한 예술의 아름다움에 도취한다. 그리고 그곳이 그들의 영혼의 고향임을 뜨겁게 느낀다.

그러나 나에게 그리스와 지중해는 반드시 찬미와 동경, 그리고 도취의 대상만은 아니다. 그 지역에 대해 공부하는 까닭에 경험해야 할 의무요, 치러야 할 통과 의례였다. 어쩌면 구도적(求道的)인 고행의 길이라 할 수 있을지 모른다. 따라서 들뜬 기분도 적잖았으나, 대체로 냉정하고 차분하게 그곳을 볼 수 있었다.

그러나 이제 이 글을 쓰고 나니, 그때 고생스럽던 기억은 사라지고, 밝고 아름다운 기억이 조각조각 떠오르는 것은 어찌된 일일까. 짙은 역사의 이끼가 긴 무수한 섬들, 하얀 바람과 푸른 물이 이루어 냈다고 할 수 있는 신전과 조각들, 흰 벽과 눈부시도록 선명한 원색의 창틀과 문, 그리고 부드러운 곡선을 그리고 있는 돔……. 어느새 나도 그곳의 끝없는 매력에 감전된 것일까. 그곳은 모든 인간을 사로잡는 보편적인 마력이 있는 것일까.

출간이 이토록 늦어진 것은 그동안 다른 바쁜 일에 쫓겨 이 일에 손댈 틈이 없었기 때문이다. 그러나 괴테가 이탈리아를 여행한 후 30년이 지나서 《이탈리아 기행》을 출간하였다는 것을 핑계 삼아, 게으름을 변명하고 자위할 수밖에 없겠다. 나를 괴테에 견준 것은 너무 외람된 짓일지 모르지만.

이 조촐한 책자를 꾸미는 데 여러 사람의 격려와 도움을 받았다. 특히 민두기 형과 김경희 사장, 그리고 대우재단의 여러분들에게 감사의 뜻을 표하고 싶다. 그리고 내 악필 원고를 교정보아준 차전환 박사의 수고에 고마움을 전한다.

1994년 8월

김 진 경

Ⅰ. 아테네 일기

독일
뮌헨
비엔나
헝가리
취리히
스위스
베네치아
프랑스
밀라노
흑 해
님
아비뇽
피사
피렌체
불가리아
아를
니스
모나코
미르세유
피게리스
에스파냐
암프리아스
타르키니아
로마
이스탄불
바르셀로나
이탈리아
테살로니키
트로이
펠라
그리스
레이보스 섬
페르가마
마드리드
델피
에페소
코린트
아테네
보드롬
팔레르모
올림피아
미케네
로도스
타오르미나
사라쿠사
스파르타
산토리니
아크라가스
겔라
갈리리
이라틀리오
튀니지
예루살렘
알제리
베들레헴
사해
지 중 해
알렉산드리아
카이로
리비아
멤피스
이집트

Ⅰ. 아테네 일기

겨울비 속의 아테네

아테네가 가까워졌다. 비행기는 착륙하기 위해 오랫동안 서서히 내려가고 있다. 아래를 내려다보아도 흐린 탓에 시가는 보이지 않는다. 항공사진 찍는 것을 단념한다. 이윽고 착륙. 비가 오고 있다.

이때서야 내가 겨울 나그네라는 사실을 깨닫게 된다. 가없이 푸른 하늘, 찬란한 태양, 코발트색 바다의 밝고 아름다운 그리스의 여름, 그리스는 여름의 나라이다. 그러나 지금은 비가 오고 북풍이 사납게 불고 눈발이 휘날리는 겨울이다. 어둡고 초라하고 가난한 그리스인의 생활과 역사, 음산한 비극의 무대, 검은 상복의 여인…….

15년 전 처음 그리스를 찾았을 때가 여름이었고, 더욱이 모든 신들과 여인들의 조각이 나체이거나 여름 치장인 엷은 옷을 입고 있었기 때문에, 나의 뇌리에는 여름의 그리스만이 깊이 새겨져 있었다. 그러나 이번에 그리스를 찾은 것은 나그네나 관광객으로서가 아니라, 반년 동안이나마 그들과 함께 생활하며 내부인으로서 그리스의 모습을 보러 온 것이다. 그런 의미에서 겨울에 찾은 것이 오히려 시기 적절하다 할 것이다. 그리스의 비를 달게 맞기로 하자.

공항에서 시내로 들어오는 거리가 어쩐지 낯설지 않다. 자그마한 회색빛 건물들이 하염없이 계속되는 단조로운 풍경. 어쩌면 서울의 공항로를 달리고 있는 듯도 하다. 김포를 떠나 앵커리지 공항에 기착(寄着)할 때 알래스카의 황량한 설경을 내려다보고는 전율과 같은 강한 이국감을 느꼈었다. 그러나 그 후 열 시간이 지나 서양의 본고장에 왔지만, 더욱이 건물의 간판은 그리스 문자인데도, 이국은커녕 김포로 되돌아온 듯한 느낌이다. 비에 젖은 탓인지 건물은 공항로보다 한결 초라해 보인다.

그러나 시내로 들어서면 풍경이 달라진다. 오렌지 나무 가로수에는 오렌지가 주렁주렁 매달려 있다. "오렌지 향기……" 하는 노래가 생각나서 낭만적인 남국의 정취를 느낀다. 이국에 온 것이다. 빗속에 어렴풋이 아크로폴리스가 보이고, 하드리아누스 문을 지나 신타그마(Sintagma) 광장에 이르니, 처음 아테네를 찾았을 때의 흥분이 홀연히 되살아난다.

오모니아(Omonia) 광장 뒷골목을 헤매다가 운전사는 가까스로 전에 묵었던 '아마리리스'라는 자그마한 호텔을 찾아낸다. 프런트에서는 묘령의 아가씨가 한가로이 뜨개질을 하고 있다. 예나 지금이나 초라하기는 매한가지이나 깨끗하고 한적한 것이 이 집의 장점이다. 전에 지배인이었던 가스톤은 은퇴해서 시골에 있다고 한다. 그는 퍽 유머러스한 친구였다. 모든 음식에 철철 넘치는 올리브 기름 때문에 배앓이를 해서 "파르테논의 모습은 잊어도 올리브는 잊지 못할 것이다"고 원망을 하자, "소크라테스를 비롯한 모든 그리스인의 건강은 바로 올리브 때문이었어!"라면서 두 손으로 가슴을 쳐 보였었다. 아테네를 떠날 때 가드너의 추리소설 몇 권을 건네주자, 그는 페리 메이슨이 여비서 델라에게 키스하는 시늉을 하고는 이렇게 장담하였다. "미스터 김은 한국의 대통령이 될 것이다"고. 예언은 빛나가 대통령이 되지 못한 내가 다시 이 초라한 호텔을 찾았지만, 그는 이미 이곳 사람이 아니다. 그가 맞아주지 않는 것이 못내 섭섭할 뿐이다.

— 오모니아 광장

　저녁식사를 하기 위해 택시를 타고 신타그마 광장 근처에 있는 한식점 '오리엔트'를 찾아갔으나, 문이 잠겨 있어 다시 오모니아로 되돌아온다. 상점 앞에 쌓여 있는 대만제 싸구려 양산을 사들고 광장을 한 바퀴 돌아본다. 오모니아는 여전히 지저분하고 소란스럽고 활기에 찬 서민의 광장이다. 국회의사당, 무명용사의 묘지, 은행, 고급호텔로 둘러싸인 세련된 신타그마에 비한다면, 오모니아는 초라하고 촌스러운 편인 것이 사실이다. 그러나 토박이 아테네인들은 신타그마는 외국인이나 관광객들의 거리일 뿐이고, 진정한 아테네의 중심, 아니 그리스의 중심은 오모니아라고 우긴다. 과장한 말이 아니다. 진정한 그리스의 맛과 냄새를 접할 수 있는 곳은 오모니아임에 틀림없기 때문이다.

그러나 올리브 기름이 두려워 그리스 음식을 파는 타베르나(음식점)를 피하고 적잖이 비(非)오모니아적인 카페테리아를 찾아 맛없는 빵조각을 씹는다. 거리의 늙은 군밤 장수한테 군밤을 한 봉지 사서 호텔로 돌아온다. 알은 작지만 군밤의 단맛은 전과 다름없다. 그리스에 다시 왔다는 감회를 지긋이 씹는다. 비는 여전히 주룩주룩 내리고 있다.

(12월 9일)

— 신타그마 광장, 국회의사당, 무명용사비

16

변한 것, 변하지 않은 것

오모니아 광장과 신타그마 광장은 아테네 시에서 두 개의 핵이라 할 수 있는데, 이 핵들을 두 개의 주도로가 평행으로 잇고 있다. 파네피스티미우(대학) 거리와 스타디우(스타디움) 거리이다. 앞의 거리는 이름 그대로 아테네대학 본부를 비롯해 한림원·국립도서관 등이 나란히 선 다분히 현학적인 거리인 데 비해, 뒤의 것은 아테네의 종로라 할 만한 번잡한 상가이다.

오모니아에서부터 스타디우 거리를 거닐어 본다. 전에 비해 차들이 무척이나 많다. 그리스는 국산차가 없기 때문에 세계의 온갖 차들이 거리를 누빈다. 여기에서도 일본 차가 적잖이 달리고 있다. 일본 사람들은 차에 써니·체리·코롤라 등 온갖 고혹적인 이름을 붙이는데, 심지어는 그리스에서 팔 것을 계산한 것인지 '호머'라는 이름까지 붙여 놓았다.

택시의 대부분은 벤츠·볼보·아우디 등 고급차이다. 우리에게는 부의 상징인 이런 차들이 여기서는 노란색을 칠한 서민들의 수레인 것이다. 이런 사실에 약간의 통쾌함을 느끼는 것은 빈자(貧者)의 콤플렉스 때문일까. 그러나 택시 잡기가 쉽지 않은 듯, 합승을 하기 위해 사람들이 운전사에게 행선지를 큰소리로 외치는 것은 서울 그대로이다.

교통이 복잡한데도 교통순경은 별로 보이지 않는다. 이따금씩 곤색 제복을 입은 산뜻한 차림의 순경들이 짝을 지어 산책을 하듯 어슬렁거리며, 길을 묻는 차나 사람들에게 안내를 해줄 뿐이다. 맹인이나 노파의 손을 잡고 길을 건네주기도 한다. 살기등등한 우리네 순경의 모습이 생각난다.

그래서인지 교통신호를 지키는 사람은 거의 없다. 신호와 횡단보도를 무시한 채 질주하는 차 사이로 잽싸게 길을 건너간다. 심지어는 수염을 길게 기른, 그리스 정교의 신부님도 검은 도포 자락을 휘저으며 뛰어서 건넌다. 교통순경은 이런 일에 전혀 아랑곳하지 않는다. 인명은 재천(在

天)이요 각자가 책임질 일, 내가 관여할 일이 아니라는 태도이다.

교통이 좀 복잡해졌을 뿐 전과 달라진 것은 별로 없는 것 같다. 거리에는 새로 지은 건물은 거의 없으며, 신타그마에서는 여전히 비둘기와 관광객이 가득 차 있고, 거리의 명물인 복권팔이들이 막대기에 복권을 잔뜩 꽂고 다니는 모습도 매한가지이다.

그러나 거리의 모습과는 달리 사람들의 표정은 무척 변했다. 군사정권 아래의 무섭고 암울한 분위기가 가신 탓인지 퍽이나 밝고 명랑해진 느낌이다. 그때와는 달리 데모대가 거리를 메우고 있으나, 웃고 떠드는 것이 장난기 넘치는 어른들의 소풍놀이라 할까 조금도 심각한 것이 없다.

전에는 영어가 잘 통하지 않았으나, 이제는 거리의 군밤 장수, 바나나 장수도 몇 마디 영어를 하면서 조금도 자랑스러운 기색이 없다. 허름한 타베르나 대신에 깔끔한 카페테리아가 부쩍 많아졌다. 외국인에 대해서도 소박한 호기심은 사라지고, 덤덤하거나 냉담하며 때로는 적대시하는 경우도 없지 않다. 그도 그럴 것이 전에는 일년에 관광객이 100만 명 미만이던 것이 이제는 700만 명을 넘었을 뿐 아니라, 관광객 외에도 일자리와 터전을 얻으려고 중동의 분쟁지역에서 온 피난민을 비롯해, 부랑자·집시·무전여행자 등 달갑잖은 손님들이 부쩍 많아졌기 때문이다.

신타그마 한 모퉁이에서 펑크 머리에 남루한 의상을 한 히피풍의 여자 두세 명이, 등에는 갓난아기를 업고는 6세 정도의 꼬마를 데리고 비를 맞으면서 악기에 장단을 맞추어 노래를 부르고 있다. 집시들일까. 아니면 돈이 떨어진 여행객이 구걸을 하고 있는 것일까. 엄마와 함께 비를 맞으면서 노래를 부르는 꼬마의 모습이 애처롭다. 그러나 이들 겨울 나그네들의 청승맞은 합창을 누구 하나 귀담아들으려 하지 않는다. 그들은 보람 없는 구걸을 하염없이 계속할 뿐이다. 쌀쌀하고 쓸쓸한 도시이다. 이런 차가운 고장에서 몇 달 동안이나 어떻게 정을 붙이고 지낼 수 있을까. 비는 내내 그치지를 않는다.　　　　　(12월 10일)

서구 문화의 수도 아테네?

유럽의 수도 하나를 서구 문화의 수도로 지정하여, 한 해 동안 집중적으로 문화행사를 개최할 계획이라 한다. 첫해인 올해는 아테네가 지정되었고, 다음해는 로마나 비엔나의 차례가 될 것이라 한다. 배우 출신의 문화부장관 멜리나 메르쿠리가 아테네가 과거의 이데아폴리스(지식의 수도)의 모습을 되찾게 하려는 의도에서 짜낸 아이디어이다.

12월은 이 행사를 마무리하는 달인 만큼 연극·음악회 등 다채로운 공연이 있을 것이라 기대했는데, 막상 도착해보니 행사에 대한 소식이 전혀 없다. 모든 행사가 이미 끝나버렸는지, 아니면 요란한 이 계획도 결국 용두사미로 끝나버렸는지 알 수 없으나, 아무튼 오늘날의 그리스는 메르쿠리가 이러한 문화 캠페인을 벌여야 할 만큼 문화의 향기가 쇠잔한 것만은 틀림이 없는 것 같다.

물론 그리스는 여름의 나라여서, 여름에는 아크로폴리스 기슭의 헤로데스 아티쿠스 극장(Herodes Atticus Odeon)이나 리카베토스산 중턱의 노천극장에서 고전극과 오페라가 상연된다. 그러나 우기가 시작되는 가을에 공연하기 위한 실내공간이 있는 것 같지 않다. 미국대사관 옆에 거대한 콘서트 홀을 착공하기는 했으나, 콘크리트 골조 공사만 마친 채 오랫동안 공사가 중단되었으며, 언제 다시 시작할지 아무도 모르는 것이다. 폐허같이 방치된 앙상한 콘크리트 구조물은 오늘날 그리스의 침체된 경제와 문화의 모습을 그대로 말해주는 것이라 할 것이다.

고전극의 전통 때문인지 그리스의 근대극도 상당히 활발했음은 연극박물관에 소장 전시되어 있는 근대극에 관한 풍부한 자료를 통해 알 수 있다. 그러나 현재는 연극도 활발하지 않은 듯 연극 광고는 거의 보이지 않으며 극장도 얼마 되지 않는다. 대신 영화관은 무척 많은데, 외국영화 일색이며 미국 영화가 대부분인 것이 우리나라의 사정과 마찬가지이다. 그런데 이해할 수 없는 것은 입장료이다. 최신 개봉 영화가 140에서 150드라크마(Dr), 즉 1달러 정도밖에 되지 않으며, 더욱이 대부분

— 헤로데스 아티쿠스 극장

이 1주일밖에 상영되지 않는다.

파격적으로 싼 입장료는 사회당이 집권하고 있는 그리스의 미묘한 국제적 위치 때문에, 미국 같은 나라가 정책적으로 싼 가격으로 영화를 공급하고 있는 것이 아닌가 하는 생각이 들기도 한다. 그렇지 않고서는 한국에서는 그리스보다 훨씬 늦게, 수십만 달러를 들여 수입하는 영화가, 그토록 싼값으로 상영될 리 없는 것이다. 아무튼 입장료가 싸고, 집에 텔레비전이 없고, 또 내가 사는 곳이 변두리이기는 하나 큰길 가에 영화관이 많은 덕택에 생애에서 가장 많은 영화를 볼 수 있었던 것은 행운(?)이었다.

다만 영화관은 많으나 오모니아 광장 근처 한두 군데를 제외하고는 도색 영화를 상영하는 곳은 없으며, 뉴욕의 42번가나 파리의 몽마르트르와 같은 퇴폐적인 환락가도 없다. 그런 의미에서 이곳은 깨끗하다 못해 무미건조한 거리라는 인상이다. 그것은 이곳이 그리스 정교의 본고장이기 때문이 아닐까 한다. 대체로 정교나 가톨릭 국가는 개신교 국가에 비해 도색 산업이 노골적으로 성행하지 못하는 것 같다.

그리스인은 노래와 춤을 퍽이나 즐긴다. 몇 사람이 모이기만 하면 부주키라는 현이 3개인 악기나, 그것을 개량한 산도리나 파그라마스라는 악기의 장단에 맞추어 동양적인 우수어린 가락의 노래를 부르며 춤을 춘다. 시내의 수많은 레코드점에서는 나나 무스쿠리 조(調)의 탐미적이고도 쓸쓸한 노래가 흘러나온다. 동양적이라 할 때 그것은 터키적인 것을 뜻한다. 우리가 왜색조가 짙은 트로트 가락에 젖어 있듯이, 그들은 터키의 가락에 젖어 있다. 터키적인 것은 노래 뿐이 아니다. 40여 년의 일제 지배에도 우리의 생활과 문화 속에 왜색이 짙게 침투해 있듯이, 터키가 400년 동안 지배한 흔적은 알아보기 어려울 정도로 그리스화해 있다. 우리가 그리스적이라 하는 것이 실은 터키적인 경우가 적잖다. 노래 외에도 의상이 그러하고, 커피와 홍차가 그러하고, 바에서 즐기는 장기놀이가 그러하다.

그러나 터키에 의한 상처가 가장 심각한 것은 그들의 생활 태도이다. 그들은 공공 관념이 희박하다. 터키 지배에 대한 반감·울분·체념이 '관(官) = 터키'라는 관념을 가지게 하였고, 개인주의가 매우 발달한 반면 일체의 공적인 것을 경시하는 풍조를 낳은 것이다. 그래서 개인의 프라이버시는 존중하나 교통 규칙 같은 것은 무시하기 일쑤이고, 개인의 집은 깨끗하고 정갈하게 꾸며져 있으나 공중 화장실 같은 공공 장소는 더럽기 짝이 없다.

오늘날 그리스에는 탁월한 예술가가 적잖다.《그리스인 조르바》를 쓴 카잔차키스가 있고, 영화화한 〈그리스인 조르바〉의 음악을 작곡한 미키스 테오드라키스나 크세나키스 같은 작곡가가 있다. 영화 〈제트〉(Z)를 감독한 코스타 가브리스가 있고, 카타나 파크시누 같은 명배우와 일레네 파파나 메르쿠리 같은 국제적인 스타가 있다. 이들은 한결같이 그리스적인 예술가인 것이 특징이다. 따라서 그리스가 고전시대의 영광을 되찾으려면, 쉬운 작업은 아니겠지만 우선 순수한 민족적인 것을 되살리는 움직임이 일어나야 하지 않을까. 그러한 움직임이 없이는 서구 문화의 수도란 공허한 이야기에 불과하다는 생각이 든다.

(12월 12일)

그리스의 춘향, 페넬로페

내가 그리스에 다녀온 것을 아는 사람이면 누구나 묻는 소박한 질문이 있다. "그리스에는 비너스 같은 미인이 많겠지요?" 물론 오늘날 그리스인은 고대의 그리스인과 다르다. 그동안 많은 혼혈이 있었기 때문이다. 그러나 고대건 현대건 간에 아프로디테(비너스)나 아폴로 같은 신은 인간의 이상상(理想像)이지 현실 인간의 모상(模像)이 아니다. 따라서 그러한 미남과 미녀는 실제로 존재할 수 없다. 뿐만 아니라 신상(神像)과 현재의 그리스인 사이에 한 가지 커다란 차이가 있다. 헤시오도스는 "황금의 아프로디테"라 말했는데, '황금'이란 말이 금발을 의미한다면 신들의 머리카락은 금발이었으나, 현재 그리스인의 머리는 주로 검은색이나 다갈색이다.

'황금의 아프로디테' 같은 이상적인 미인은 존재하지 않지만, 그래도 그리스의 여인은 아름답다. 그리스 미인을 대표하는 것은 멜리나 메르쿠리와 일레네 파파인데, 두 여인은 그리스 여인의 두 유형을 대표한다고 할 수 있다. 메르쿠리는 늘씬한 키에 경쾌한 8등신의 글래머이며, 머리카락은 금발에 가까운 엷은 밤색이다. 파파는 얼굴의 윤곽이 뚜렷하며, 어쩌면 남성적이라 할 강한 선을 지닌 검은 얼굴, 검은머리의 미인이다. 키도 작달막한 편이며 늘씬한 몸매라 할 수는 없다. 가수 나나 무스쿠리를 비롯한 대다수의 그리스 여인은 이 유형에 속한다. 호머와 비견되는 서사시인 헤시오도스는 트로이 전쟁의 여주인공이라 할 헬레네를 "머리카락이 아름다운"이라 표현했지만, 영화나 연극에 나오는

— 멜리나 메르쿠리(멜리나 메르쿠리 재단에서 사진 제공)

헬레네는 전자에 속하고 에우리피데
스의 비극의 여주인공 메데이아는
후자에 속할 것이다.

둘의 모습은 다르지만 성격적으로
는 동일한 유형이다. 강렬한 의지와
불 같은 정열을 품은 여인들이다.
〈일요일은 참으세요〉에 나오는 메르
쿠리나 〈그리스인 조르바〉의 파파는
다 같이 강한 성격의 여인이다.

그러나 그리스에는 이러한 격정적
인 여성 외에 인내와 정절 속에 사는
가정적인 여인상이 있다. 바로 페넬
로페이다. 10년이나 소식이 없는 남
편 오디세우스를 기다리면서, 우악스
러운 구혼자들을 물리치기 위해 베를

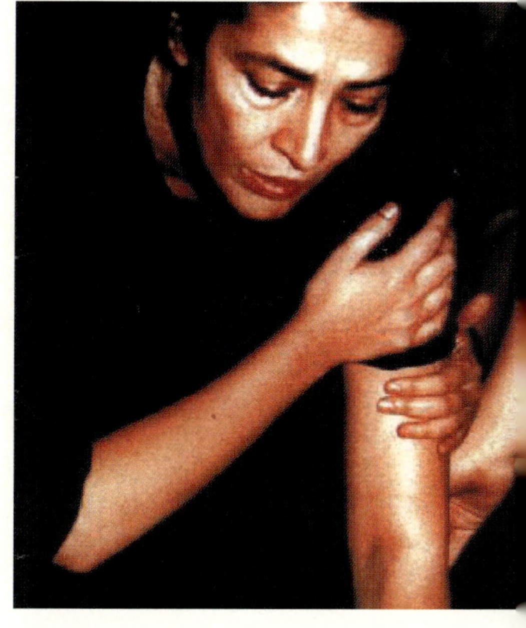

— 일레네 파파

짜고 푸는 단조로운 작업을 하염없이 계속하는 페넬로페는 정녕 그리스의 춘향이라 할 것이다. 춘향이가 우리의 이상적인 여인상인 데 비해 페넬로페는 이상적인 동시에 현실적인 여인상이기도 하다.

그리스에는 검은 옷을 입은 여인이 많다. 특히 늙은 여자는 거의 모두가 검은 상복을 입고 있다. 남편을 여읜 여자는 그날부터 남편 곁으로 가는 날까지 내내 상복을 벗지 않는다. 따라서 검은색은 가난과 슬픔, 인내와 정절의 상징이다.

물론 젊은 나이에 남편을 여읜 여자가 평생을 수절할 수는 없겠으나, 그래도 적어도 4년 동안은 상복을 벗지 않는다고 한다. 그래서 젊은 과부 가운데는 검은 옷에 분홍색이나 짙은 남색으로 된 스카프를 매거나 스웨터를 걸쳐, 선명한 배색의 효과를 즐기는 멋쟁이도 있다.

아테네 시 남쪽에는 광대한 공동묘지가 있다. 이곳은 묘지라기보다 도시 안의 미니 도시라 할 수 있다. 가난한 사람은 무덤에 묘비만을 세우지만, 대부분의 사람들은 예쁘고 자그마한 석조로 된 집을 지어 가족 묘지로 삼고 거기에 죽은 사람의 사진을 걸어놓고 꽃으로 장식한다. 망자는 흙벽이나 콘크리트로 된 무미건조한 집을 떠나 아담한 대리석의 집으로 거처를 옮겼을 뿐, 죽을 때의 젊은 모습으로 꽃에 파묻힌 채 우아한 영원의 삶을 누리고 있는 것이다.

묘지에서는 꽃을 갈아주고 묘실을 청소하고 기도를 드리는 상복 입은 여인이 적잖게 눈에 띈다. 꽃을 들고 남편의 무덤을 찾는 것이 그녀들의 일과인 것이다. 아름답고 숙연한 광경이다.

그러나 우리네 아낙네들은 적이 매정하다. 초상과 삼우가 지나면 상복을 훨훨 벗어던진다. 1년에 한번 망자의 기일에 무덤을 찾는다면 열녀라 할 만한데 그것도 소풍과 같은 들뜬 나들이에 불과하다.

물론 조상들이 즐겨 입던 흰옷은 상복에서 유래했을지도 모르며, 할머니들의 흰옷은 죽은 남편을 위한 수절의 표시일지도 모른다. 그러나 그것도 옛 풍습에 불과하며 오늘날 흰옷을 입은 여자를 보기가 힘들 뿐 아니라 장례 때에는 검은 서양식 상복을 입는 것이 유행이기도 하다.

요람에서 무덤까지란 말이 있듯이 태어나서 돌이 되면 "해피 버쓰데이……"라는 노래를 부르고, 죽으면 검은 상복을 입고 찬송가를 부르는 세태가 되어버린 것이다.

흰 무명이나 삼베로 된 소박하고 정겨운 소복에 비해 요즈음의 나이론 소복이나 검은 상복은 얼마나 흉하고 을씨년스러운가. 우리의 여인들은 정절감뿐 아니라 미적 감각마저 상실한 것이다.

페넬로페의 이야기는 영원한 고전으로서 그리스인의 마음속에 생생하게 살아 있다. 그러나 우리의 춘향이 이야기는 희화된 우스갯거리나 판소리의 한마당 흥겨운 가락으로 남아 있을 뿐이다.　　(12월 15일)

데모스 칼리테아의 아파트

그리스의 인구는 약 900만 명, 15년 전과 별로 변함이 없다. 이것은 그리스만의 현상이 아니며, 1964년 이래 유럽의 인구는 감소하고 있다. 그리스는 900만 명 인구 가운데 300만 명이 아테네에 몰려 있다. 전인구의 3분의 1에 해당하니, 우리나라 인구의 4분의 1이 사는 서울보다도 수도집중 현상이 더 심하다. 이 인구는 말하자면 대(大)아테네의 인구로서, 아테네의 외항인 피레아스(Pireas ; 옛 이름은 페이라이에우스)의 인구를 포함한 수이다. 단 외항이라 하지만 아테네와 피레아스는 시가지가 연결되어 있어 다른 도시라 할 수 없다.

현대 그리스어는 고대 그리스어와 다르나 단어는 옛말과 같은 것이 많다. 예컨대 행정구역의 단위는 옛말 그대로이다. 가장 큰 행정단위는 노모스(nomos)이며, 그 밑에 에파르히아(eparchia), 데모스(demos), 키노티스(kinotes)가 있다.

내가 사는 곳은 데모스 칼리테아로, 마치 기원전 5세기 대정치가 페리클레스의 시대에 사는 듯한 기분이 든다. 이 거리는 아테네 도심과 피레아스의 중간에 위치해 있는데, 소시민이 사는 비교적 한적한 주택가이다.

내가 세든 아파트는 4층으로, 밖에서 보기에는 낡은 콘크리트 건물이지만, 내부의 모든 벽은 대리석으로 치장되어 있고, 거실도 꽤 넓은 편이어서 호화 아파트 같은 느낌을 주기도 한다. 그러나 살기에 불편한 점이 한두 가지가 아니다. 침대는 가운데가 움푹 들어간 낡은 것이고, 전기로 데우는 온수는 목욕하기에는 양이 부족하고, 식기나 주방기구도 퍽 빈약하다. 무엇보다도 불편한 것은 전화가 없다는 것이다. 전화를 신청해도 빨라야 몇 개월, 보통은 1, 2년을 기다려야 한다니, 전화 사정에 관한 한 1950, 1960년대 우리나라 수준이라고 할 수 있다.

그래서 전화를 걸기 위해서는 옆집 1층에 있는 바의 공중전화를 이용해야 한다. 바는 음침한 술집이 아니라, 간단한 음식과 음료수를 팔기는 하나 우리네 다방이나 기원과 같은 사교장이라 할 수 있다. 식당 겸 주점인 타베르나 대신 요즈음 시내 골목마다 많이 들어선 간이 타베르나이다. 거기에는 언제나 노인들이 잔뜩 모여앉아 카드놀이나 장기와 비슷한 게임을 즐기고 있다. 내기놀이를 하는 듯하나 도박장 같은 살벌한 열기는 없으며, 때로는 젊은이도 끼여 자연스레 함께 즐긴다.

하긴 그리스인만큼 내기를 좋아하는 사람들도 없을 것 같다. 시에스타 시간이면 거리가 완전히 철시하지만, 복권팔이와 바는 예외이다. 복권팔이는 아테네 거리의 풍물시이다. 언제나 거리에는 중년의 사내들이 막대기에 복권을 잔뜩 꽂아 들고 "시메라, 클리니!", "클레로!"라 외치면서 돌아다닌다.

기원전 9세기경 폴리스가 성립할 때 토지를 모든 시민에게 추첨으로 분배했는데, 그것을 '클레로스'(kleros)라 했다. 오늘날 추첨을 '클레로'(klero)라 부르고 있으니, 클레로는 폴리스 성립 이래 3천 년 가까운 전통을 지닌 셈이다. 그래서인지 그리스인은 복권을 사는 것을 자연스러운 생활의 일부로 여기고 있다. 그렇다면 바나 타베르나에서의 놀이와 교환(交歡)은 옛 신포지온(향연)의 전통이라고 할까. 그러나 이 전통은 야릇하게 현대화하여 바 한 모퉁이에는 전자 오락기가 설치되어 있어 젊은이들이 이따금씩 괴성을 질러대기도 한다. 우리 같은 크세노스

(외국인)가 출입을 해도 그들은 조금도 호기심을 보이지 않으며, 따라서 그들 사이에 끼여들 여지는 전혀 없을 뿐 아니라 전화를 거는 것조차 눈치가 보일 정도이다.

외롭고 무료한 생활에서 그나마 기다려지는 것은 월요일 아침이다. 이날에는 아파트 앞의 스파르티스 거리가 옛이름 그대로 아고라(시장)가 되기 때문이다. 단 이러한 임시 시장은 '라이키 아고라'라고 하며 상설 시장을 '아고라'라고 한다.

요즈음 서울의 아파트촌에도 상인들이 규모는 작으나 이런 유의 시장을 열기도 하지만, 이곳의 아고라는 상인들도 있기는 하나 대부분 농민들이 직접 농산물을 가지고 오며, 따라서 농촌의 장터를 그대로 옮겨 놓은 것과 같은 분위기이다. 쌀을 조그마한 비닐봉지에 넣어 판 위에 쌓아놓고 파는 소녀가 있는가 하면, 틈틈이 짠 레이스를 파는 알뜰한 아낙네도 있다. 물건값이 슈퍼보다 싸기도 하지만, 도시인이 잃어버린 농민들의 소박하고 건강한 모습을 접할 수 있는 것이 퍽 즐겁다. 어쩌다가 생선이나 일용품도 보이기는 하지만 대부분은 과일이나 채소인데, 그리스는 땅은 척박하지만 토질은 좋은 듯, 과일과 채소의 맛이 일품이다. 특히 자몽과 비슷한 큰 오렌지는 수분과 단맛이 풍부해 맛이 아주 좋다. 토질뿐 아니라 수질도 좋아, 수돗물을 그대로 마실 수 있는, 유럽에서는 희귀한 나라이기도 하다.

월요일 아침의 떠들썩함 외에는 이 거리는 늘 조용하고 한가롭기만하다. 그래서 생선팔이 행상이나 꽃을 파는 아낙네의 호객 소리가 들리기도 한다. 수십 년 전 서울의 골목에서 들을 수 있던 향수어린 가락이다.

바에는 노인들로 가득 차 있고, 거리에도 노인들이 어슬렁거리는 모습이 눈에 띄지만, 아이들의 모습은 흔치 않다. 초등학교가 멀지 않은 곳에 있고, 아파트 바로 맞은편에 빈터가 있는데도, 아이들이 노는 모습이나 떠드는 소리가 자주 보이지도 들리지도 않는다. 인구가 감소하고 있음을 짐작하게 한다.

스파르티스 거리에서 10분쯤 남쪽으로 걸어 내려가면, 팔레온 팔리로(Paleon Paliro ; 옛이름은 팔레론) 만에 이른다. 살라미스 해전 직전에 아테네 해군이 진을 쳤던 곳인데, 여기서 수니온(Sounion)까지 환상적인 드라이브 코스가 뻗어 있다. 해안에는 공원이 있고, 항구에는 요트가 가득 차 있다. 모래사장에는 수영복을 입은 젊은 남녀들이 비치 발리 볼에 열을 올리고, 노인 몇 쌍이 겨울 해수욕을 즐기고 있다.

이 해안의 칼라마키(Kalamaki)라는 곳은 역사가 투키디데스의 탄생지로 알려져 있다. 따라서 투키디데스에 관한 사적이 있을 법해 해안 일대를 유심히 살펴보니, 고속도로 길가 자그마한 녹지 한구석에 대리석 조각이 서 있었다. 과연 투키디데스의 흉상이다. 이 흉상은 조각 솜씨도 치졸하거니와, 큰길가에 버려진 것처럼 퍽이나 쓸쓸하고 초라한 몰골이어서 측은하다.

에게 해의 바다는 한없이 맑고 푸르다. 물이 너무나 맑아서 플랑크톤이 살지 않아 물고기가 적다는 말도 있다. 바다뿐 아니라 하늘도 공기도 투명하다. 멀리 지평선에 떠 있는 여객선이나 유조선의 윤곽이 까만 실루엣을 붙여놓은 듯 선명하다. 아름다운 바다! 삭막한 아테네의 생활에서 이 바다를 가까이 가지게 된 행운을 티케(행운의 여신), 모이라(운명의 여신), 포세이돈(해신) 가운데 어느 신에게 감사를 해야 할까. 전에는 15일 동안 머물렀는데도 그리스 생활에 싫증을 느꼈었다. 이번에도 쌀랑한 아테네의 공기에 서먹서먹함을 느꼈지만, 이제는 이 바다 때문에 아테네 생활에 싫증은커녕 떠날 때나 떠난 후에 아쉬움과 그리움이 남지 않을까 오히려 걱정이 되기도 한다.   (12월 20일)

날씨와 땅과 올리브

그리스는 열대와 온대의 중간 지대에 위치하나 기후는 여름과 겨울로 확연히 구분된다. 고대의 그리스인들은 오늘날의 서기(西紀)와 같은 연호(年號)가 없어, 4년마다 개최하는 올림픽을 연호로 쓰기도 하고, 1년이 임기인 최고 관직자의 이름을 연호로 삼아 역사를 기록하기도 했다. 아테네의 경우 최고 행정관을 '아르콘 에포니모스'(그 이름이 연호가 되는 아르콘)라 하여, 아르콘의 이름을 연호로 사용했다. 예컨대 기원전 594년은 아르콘 솔론의 해, 기원전 584년은 아르콘 다마시아스의 해였다. 스파르타에서는 5명의 에포로스(감독관) 가운데 수석 에포로스의 이름을 연호로 삼았다. 그러나 역사가 투키디데스는 《펠로폰네소스 전쟁사》를 연대기 식으로 쓸 때, 아르콘의 이름 대신 여름과 겨울로 구분하여 사실들을 기술했다. 그만큼 계절의 변화가 뚜렸하기 때문이었다.

여름은 5월 중순에서 9월 중순까지 약 4개월 동안에 비 한 방울 없는 쾌청하고 건조한 날씨가 계속된다. 강렬한 태양, 상쾌한 해풍. 그리스인의 모든 생활은 여름에 영위된다. 그러나 9월이 되면 구름이 모여 첫비를 뿌린다. 아고라에서 살던 시민들은 철학과 정치 토론을 그만두며, 양치기는 산 위의 목초 지대에서 양떼를 몰고 하산을 시작한다. 겨울에는 전쟁도 중지하고 휴전을 했다. 겨울 전쟁은 스포츠맨십에 어긋난다는 생각 때문이다. 그리스의 생활은 주로 여름에 활발했지만, 겨울에도 재판소와 극장은 개최되었다. 아리스토파네스의 희극은 1월에 개최되는 레나이아 제례에서 상연되었던 것이다.

겨울 날씨라 해서 그리 추운 것은 아니다. 요즘 아테네에는 때때로 눈발이 휘날리고 이메토스 산등성이에 흰눈이 쌓인 것을 바라볼 수도 있지만, 한겨울에도 영상 5도 이하로 기온이 내려가는 일이 거의 없다. 하긴 기온이란 상대적인 감각이어서 10도 이상의 날씨에서 5도로 떨어지면, 서울에서의 영하 10도 이하와 같이 춥게 느끼게 되며, 여자들은 기다렸다는 듯이 모피 코트를 몸에 걸치고 거리로 쏟아져 나온다.

지중해성 기후이기 때문에 겨울이 우계(雨季)여서 요즘은 날마다 비가 내리는 듯하지만, 연평균 강우량이 400밀리미터밖에 되지 않는다. 따라서 테살리아의 산간지역에서 볼 수 있는 골짜기를 흐르는 시냇물을 제외하고는, 강줄기는 있으되 강물이 흐르는 강을 볼 수 없다. 따라서 식수도 강물이 아니라 주로 빗물이나 샘물에 의지한다. 신화 속에서 님프들은 강물이 아니라 샘물에서 목욕을 즐긴다.

상상력이 풍부했던 옛 그리스인들은 한 그루 나무를 보면 울창한 숲 속에서 뛰노는 목신을 상상하고, 한 줄기 샘물에서 헤엄치는 님프들의 모습을 그렸던 것이다.

땅은 메마른 편이나 토양은 배수가 잘되는 석회암질이라 과수 재배에 적합하다. 따라서 그리스는 근본적으로 농업국가이며, 기원전 7세기에서 기원전 6세기에 활발히 전개된 식민운동에서도 농업 식민지를 건설하는 것이 일차적 목표였다.

오렌지·무화과·포도·올리브가 풍부하며, 지금도 해외로 많이 수출되고 있다. 오렌지는 자몽과 같이 큼직해서 으레 실 것이라 짐작하여 입에 대지를 않았다. 그런데 권유에 못 이겨 맛을 보니 의외로 달고 수분이 많아 이후 매일 먹게 되었다. 그러나 그리스인에게 가장 중요한 과일은 단연 올리브이다. 올리브는 심은 지 7, 8년 만에 열매를 맺고, 15년에서 30년이 성수기이나 수령이 500년에서 1천 년이 되는 노목도 있다. 아테네의 아크로폴리스에는 올리브가 한 그루 서 있다. 태고에 아테네의 땅을 차지하기 위해 아테나 여신과 해신 포세이돈이 대립했다. 그때 포세이돈이 소금물의 샘을 솟게 했는데, 올리브 재배의 보호신이기도 한 아테나는 올리브 나무를 싹트게 해 승리했다고 한다. 현재의 올리브 나무는 아테나가 싹을 틔운 올리브의 3세손(世孫)이라 전한다.

올리브는 열매를 날것으로나 소금에 절여 먹기도 하지만, 주로 기름을 짜서 식용유로 온갖 음식 속에 담뿍 붓는다. 옛날에는 그 기름을 등유(燈油)로 사용했고 지금은 비누를 만들기도 한다. 따라서 올리브는 그리스인에게는 생명수라고 할 수 있는 다목적 과일이며, 그래서 나라꽃도 올리브 꽃이다. 올림픽에서 승리한 사람에게는 올리브 화관을 씌워주었으며, 왕이 즉위할 때의 도유식(塗油式)에는 첫 수확한 올리브 기름인 버진 오일(vergin oil)을 사용했는데, 이것은 물론 올리브가 생산되는 지중해 일대 나라들의 공통적인 옛 풍습이었다.

농업이 경제의 기본이기는 하지만, 지중해 일대는 풍토상 오히려 목축 지대이다. 가축은 산양이 대부분이며, 양의 수가 그리스 인구와 같은 900만 마리 정도라고 한다. 호머의 작품에는 영웅들이 쇠고기를 마구 먹어치우는 장면이 자주 나오나, 소나 돼지는 그리스에서는 드물었으며, 현재도 쇠고기나 우유 대신 양고기와 양유를 먹고 마신다.

고대 그리스인들의 식생활은 대체로 검소하고 빈약했을 것이며 위생 시설도 극히 열악했을 것이다. 그럼에도 시인과 사상가들은 의외로 장수를 누렸다. 비극 시인 아이스킬로스는 71세까지 살았으며, 소포클레스는 91세, 아리스토파네스는 68세, 플라톤은 87세, 변론가 이소크라테스는 98세, 소피스트인 고르기아스는 95세, 크세노폰은 76세까지 살았다. 소크라테스는 70세에 처형되었는데, 보기 드문 강건한 체력의 소유자였으므로 처형되지 않았더라면 훨씬 오래 살았을 것이다. 그들은 장수했을 뿐 아니라 놀랄 만큼 정력적인 활동을 했다. 셰익스피어는 37편의 희극을 썼지만, 아이스킬로스는 72편 내지 90편의 비극을 썼으며(현존 작품 7편), 소포클레스는 무려 130편(현존 작품 7편), 에우리피데스는 92편 내지 98편(현존 작품 19편)을 썼다. 아리스토파네스도 44편에서 54편(현존 작품 11편)의 희극을 썼으며, 크라티노스는 90세에 최후의 작품 《술단지》(*Pytine*)를 완성했다고 한다.

셰익스피어는 평생을 극작(劇作)에만 전념할 수 있었지만, 그리스인들은 '폴리스적 동물'이라, 폴리스가 요구하는 병역과 공직의 의무를 다하면서 저술을 해야 했다. 예컨대 소포클레스는 두 번이나 장군으로 임명되어 전투를 지휘하면서 130편의 비극을 썼으니 경탄하지 않을 수 없다.

그들의 이러한 장수와 정력은 무엇 때문이었을까. 서사 시인 헤시오도스는 《일과 일진》(*Erga Kai Hemerai*)에서 보이오티아 지방의 가혹한 기후와 비참한 농민의 생활을 개탄했지만, 기원전 4, 5세기에 그리스인의 생활은 풍요롭지는 않으나 비참한 것은 아니었던 것 같다. 상쾌한 날씨와 쾌적한 생활 환경, 양질의 토양에서 나는 소박한 음식, 그리고 호텔 지배인 가스통이 말한 대로 영양가 넘치는 올리브 기름이 활력의 원천이었는지 모른다.   (12월 20일)

아테네의 한국인들

그리스에는 외국인들이 많다. 대부분은 관광객이지만, 관광객 가운데는 그대로 눌러있는 사람도 적잖다. 영국의 궂은 날씨가 싫어 이곳에 살고 있는 여대생이 있고, 북해의 추운 날씨에 떨다 못해 이곳에 와서 활개를 치는 금발에 늘씬한 체구를 가진 북유럽 아가씨도 있다. 아파트 옆방에 세든 캐나다 여자 둘은 몇 달 동안의 휴가를 아테네에서 보내고 있다 한다.

전쟁을 피해 이곳에 온 중동인들도 많다. 버스 안에서 알게 된 마이클이라는 사나이도 그러하다. 그는 알바니아와 인도계의 이란인인데, 전쟁을 피해 전가족을 데리고 이곳으로 탈출하여 현재 피레아스 항구에서 항만기술자로 일하고 있다.

시내를 돌아다니는 작은 키의 동양인 하면 일본인 관광객이 대부분이지만, 요즈음은 동남아 여인도 꽤 보인다. 싼 임금 때문에 가정부로 인기가 있는 필리핀 여자들, 연예계 일을 하는 타이 여자들, 조국을 등진 베트남 사람도 있다. 가끔 한국인을 볼 수 있는데, 한국에서 그리스까지 찾아오는 관광객은 많지 않고, 중동의 노무자들이 휴가를 이용하여 이곳에 들르는 것이다.

관광객 이외에 이곳에는 현재 한국인이 약 200여 명 체류하고 있다 한다. 상주 인구는 100여 명 정도이지만, 중동에서 노동계약이 끝나 일시적으로 이곳에 머물고 있는 휴직 상태의 노무자들이 50, 60명인데, 이들은 싼 호텔에 묵으며 라면을 끓여 먹으면서 일자리를 찾아 대기중이라고 한다. 이 밖에 무용 단원들이 30, 40명이 있다고 하는데, 그녀들의 정체는 알 수 없다. 아테네는 물가가 비교적 싸며 특히 호텔 값과 비행기표 값이 싸기로 이름나 있는데, 그것이 이들을 이곳에 모이게 한 것이다.

크지 않은 한국인 사회에 한국 여행사가 5, 6개나 된다. 모두가 주로 중동이나 아프리카의 노무자를 상대로 장사하고 있다는데, 그 가운데 제일 큰 것이 '한국여행사'이다. '남'이라는 30대 여자가 그리스인과 한국인 직원 5, 6명을 거느리고 경영하는 상당한 규모의 여행사이다. 남씨는 아테네 대학에 유학을 왔다가 사업으로 바꿔 자리를 잡았다는 것이다.

수니온으로 가는 큰길인 싱그루 거리에 '아세아여행사'라는 큼직한 한글 간판이 걸려 있어 들어가보았더니, 정씨라는 한국인이 오스트리아계 그리스인 여직원 한 사람을 데리고 영업을 하고 있었다. 중동의 공사장에서 감독을 하다가 이쪽으로 왔다는 그는 사막의 사나이다운 억센 인상인데, 개업한 지 몇 달 되지 않아 영업이 신통찮은 모양이다. 개업 후 6개월 안에 일정한 실적을 올리지 못하면 허가가 취소된다는 데도 조금도 초조한 기색이 없다. 이국의 온갖 악조건과 싸우면서 살아온 그들에게서 잡초와 같은 강인한 생명력을 느낄 수 있다. 이 밖에 '오리엔트', '고려'라는 한국 식당도 있다.

아테네 대학에는 현재 10여 명 정도의 한국인 학생들이 유학하고 있는데, 그 가운데 최고참이 서승원 씨이다. 그는 내가 아테네에 와서 맨 먼저 찾은 사람인데, '오리엔트' 식당에서 만날 때 그의 첫인상은 진지하면서도 어딘가 허무적인 체취를 풍기고 있었다. 그는 서울대학교 문리과대학에서 수학과 미학을 공부했으며, 여기 온 지 10년째가 되는데, 중간에 미국에서 지내기도 했다고 한다. 플라톤에 관한 논문을 작성중이라 하는데, 청춘을 아테네에서 썩혔다고 푸념하지만, 청춘을 아테네에서 플라톤을 위해 바쳤다면 그것도 매우 값진 청춘이 아니었을까.

서씨를 만난 지 며칠 안 되어 뜻밖에 젊은 한국 여자가 어린 딸을 데리고 아파트로 찾아왔다. 서씨를 통해 우리가 이곳에 와 있다는 이야기를 들었다는 것이다. 생면부지의 사람을 찾아주는 따뜻한 마음씨가 더없이 고마웠는데, 알고 보니 그녀는 서울대학교 심리학과 출신으로 나의 종매(從妹)인 심리학과 교수 서봉연의 제자였다. 남편인 정성철 씨는 현대중공업의 사원으로 이곳에 파견된 지 2년 반이 되었다고 한다.

나중에 정씨 집으로 초대를 받아 만나보니 세일즈맨티가 나지 않는 점잖은 30대의 호청년(好靑年)이었다. 작년 선박업계의 세계적인 불황 속에서도 유조선 열 척을 그리스에 판매했다는 것으로 보아 유능한 엘리트임을 알 수 있다. 그들은 우리 아파트와 그리 멀지 않은, 해변에 가까운 고급주택가의 꽤 넓은 아파트에 살고 있어서 그리스 생활에 매우 만족하는 듯했다. 우리 아파트와 가까운 거리에 있어서 안사람끼리 자주 왕래했는데, 명은 엄마 김경실 씨의 자상한 배려와 따뜻한 친절이 없었던들 아테네 생활이 고도(孤島)와 같이 외롭고 무의미했을 것이다.

아테네에 진출하고 있는 한국 기업은 현대 · 대우 · 한국화약 정도 밖에 안 된다고 한다. 이에 비해 일본 상사는 수십 개가 진출해 있는 모양이다. 푸지코에 있는 AB 슈퍼마켓이라는 큰 점포에는 간장 · 된장 등 일본에서 수입한 식품들이 잔뜩 진열되어 있다. 일본인 고객이 퍽이나 많은 모양이다. 물론 일본인 이외의 동양인도 그것을 구입하겠지만.

서울에 있는 그리스 영사관에는 한국인 명예 영사 한 분이 일을 하고 있었는데, 영사관의 경비는 그리스 정부가 아니라 명예 총영사인 한국화약 회장이 맡고 있다. 이에 비해 아테네에는 직원이 4, 5명밖에 안 되는 작은 세대이기는 하나 한국대사관이 있고 대사가 상주한다. 대사관에는 박경철 서기관이 주로 일을 처리하는 듯한데, 아테네 대학을 졸업한 후 현지에서 특채된 어학에 능통한 외교관이다. 사회당 정권이 수립된 후 한국과 그리스 사이에는 교역도 감소되고 정치적으로도 소원해져, 대사관의 활동이 위축될 수밖에 없는 듯하다. 그러나 이에 반해 북한은 대사관은 없으나 선전 공세가 매우 활발하다. 그리스 철학 전공인 부드리스 교수를 찾아갔을 때, 그는 연구실 한구석에 수북히 쌓여 있는 책들을 가르키면서 성난 얼굴로, 저것이 모두 북한의 선전 책자인데 한 번도 읽지 않은 채 모두 쓰레기통으로 던져버릴 것이라고 말했다.

문헌을 찾기 위해 싱그루 거리에 있는 정치학 대학이라는 자그마한 대학을 찾았을 때의 일이다. 지하에 있는 도서관에 가서 용무를 말하자 여직원들로부터 뜻밖의 대환영을 받았다. 한가한 오후의 무료한 시간에 한국인이라는 신기한 인종이 후미진 곳을 찾아주니 좋은 심심풀이가 생긴 것이라 생각했을 것이다. 그녀들은 내가 찾는 논문을 찾을 수 없자 미안해하면서 차와 담배를 권하고, 한국 이야기를 이것저것 묻다가 한 직원이 따라오라면서 서고로 들어갔다. 서가 한구석을 가리키면서 보라는 것이었다. 그곳에는《김일성전집》을 비롯한 북한의 선전 책자 수백 권이 가지런히 꽂혀 있었다. 기증받은 책을 버릴 수 없어 소장하고 있지만, 서가가 부족한 상태라 애를 먹고 있다고 한다. 읽는 학생이 없느냐고 묻자 전혀 없다는 것이다. 남한에서 보내온 선전 책자는 한 권도 없는데, 남한의 경제 사정이 그렇게 어렵냐고 묻는 데는 아연해질 수밖에 없었다. 정치학 대학이니만큼 선전 책자를 특별히 많이 보냈겠지만, 아무튼 북한은 부질없는 짓으로 국고를 낭비하고 있는 것이다.

북한이건 남한이건 코리아에 대한 그리스인의 인식이 이 정도이니 아테네에 사는 한국인들이 기를 펼 수 없을 것이다. 한국 경제가 강해져 한국 상품이 그리스인에게 더욱 친숙해지고 한국의 힘이 좀더 알려지게 되면, 그들의 인식이 달라질 수 있지 않을까 하는 기대를 품어본다.

(12월 21일)

아테네 대학과 고전학연구소

요즈음 아테네 거리의 새로운 풍물시는 파업과 데모이다. 얼마 전에는 올림픽 항공사 조종사들의 데모가 있었고, 그 후 버스 운전사들의 데모, 제너럴 일렉트릭 공장의 파업, 우체부들의 데모, 의사들과 변호사들의 데모 등 연일 데모가 있더니 오늘은 아테네 대학생의 데모이다.

데모의 목적은 정치적인 것이 아니라 대학 예산의 증액을 위해서 이다. 그리스는 '학생들의 천국'이라 해도 과언이 아니다. 초등학교에서부터 대학까지 모든 교육은 무료이며 대학에서는 장학금을 지급하고 교과서까지 제공한다. 그럼에도 불구하고 학생들은 불만이 많다. 학생수가 4만 명이나 되는데 대학 예산은 3,100만 달러 정도밖에 되지 않으며 시설도 매우 열악하다. 졸업 후의 전망도 밝지 않다. 졸업생의 20퍼센트가 실직 상태이며, 폴리테크닉(Polytechnic) 대학 물리과의 경우 올해 졸업생 4천 명 가운데 169명만이 취업했다고 한다

파네피스티미우 거리의 대학 본부는 신고전주의 스타일의 아름다운 건물이나, 그 밖의 건물들은 복잡한 상가 한가운데 흩어져 있다. 인문대학에 해당하는 철학대학 사무실은 상점 건물의 한 층을 차지하고 있고, 사학과가 있는 맞은편 건물 1층은 여러 가지 점포가 차지하고 2층부터 5층까지에 각 과가 들어 있다.

아테네 대학에는 4명의 고대사 교수가 있다. 원로인 자리카키스 교수는 심장병 수술을 위해 런던의 병원에 입원중이고, 미크로야나키스 교

— 파네피스티미우 거리(한림원과 아테네 대학 본부)

수는 보스턴 대학에 가 있으며, 또 한 사람 젊은 분이 있으나, 내가 주로 만난 사람은 안나 라무라는 여자 교수이다. 그녀의 전공은 그리스 제도사이나 대학에서는 오리엔트 시대를 담당하고 있으며, 수강생이 600명이나 되어 논문을 보는 데 진땀을 뺀다고 푸념을 한다. 한국 학생이 2명 있는데, 한 학생은 아주 우수하나 한 학생은 보통이라 평한다.

쉰 살이 될까 말까 하는 이 초로의 여교수는 줄담배를 피우면서 옥스퍼드 유학 시절을 회고한다. 그리스사를 전공하는 그리스인이 영국에 유학해야 하는 아이러니를 별로 의식하지 않는 듯하다. 대학도서관이 따로 없어 학생들은 대학 본부와 나란히 서 있는 국립도서관을 같이 사용하고 있으며, 사학과 도서실을 비롯하여 고전어학과 · 철학과 · 헌법학과 등을 돌아보았으나 학술 잡지의 소장이 매우 빈약하고 빠진 책이 많다.

각박한 예산, 부족한 장서에 못지않게 문제가 되는 것은 직원들의 근무 태도인 것 같다. 사무실은 11시에 문을 열고 1시에 문을 닫는다. 도서실도 시에스타 시간에는 문을 닫는다. 학생들의 학구열도 대단한 것 같지가 않다. 창고와 같이 지저분한 콩나물 교실에서 강의가 끝나면, 남녀가 오토바이를 함께 타고는 좁은 상가에 세워둔 차들의 홍수 사이를 빠져나가 어디론가 가버린다. 어쩌다가 도서실에 남아 공부하는 학생의 모습이 몹시도 불쌍해 보인다. 아테네 대학은 라파엘이 그린 〈아테네 학당〉의 이미지와는 너무나 거리가 먼 후진국의 대학에 불과한 것이다. 그러나 교외인 조그라푸에 새로 큰 캠퍼스를 건설하고 있으며 대학의 일부는 이미 이전을 했다 하니, 머지않아 일류 대학의 모습을 갖추게 될 것이며, 대학 제도도 종래의 독일식에서 미국식 체제로 전환하려 하고 있다 한다.

대학 주변에는 서구 여러 나라에서 설립한 고전학 연구기관이 몇 개 있다. 이 가운데 미국고전학연구소와 영국고고학연구소는 리카베토스 산 남쪽 기슭 마라스레이온에 울타리 없이 이웃하고 있다. 이 일대에는 카네기 재단에서 세운 게나델리온 도서관과 교원대학이 있고, 베나키

박물관, 비잔티움 박물관, 키클라데스 박물관, 전쟁 박물관, 국립 미술관도 멀지 않다. 영국고고학연구소는 크레타와 미케네 발굴로 명성을 얻었으며, 미국고전학연구소는 아테네의 아고라와 코린트, 이스트미아 발굴로 유명하며, 고전학의 권위지 《헤스페리아》(*Heisperia*)와 《미국 고고학지》(*AJA ; American Journal of Archaeology*)를 발간하고 있다.

소란하고 복잡한 상가에 위치한 대학에 비해 이곳은 한적한 고급 주택가이며, 더욱이 미국고전학연구소는 숲이 우거진 넓은 정원을 가졌을 뿐 아니라 연구소의 블레겐 도서관은 장서와 시설이 완벽하기 때문에 매일 이곳에서 시간을 보낸다. 미국인 학자와 학생은 정규회원으로서 전용 책상을 얻어 공부하고 있으나, 우리 같은 비회원은 일반 열람실을 쓰게 마련이다. 그러나 열람실에 매일 나오는 사람은 나와 지나 토픽이라는 아르헨티나 여자밖에 없어 둘이 한 책상을 차지한다. 아르헨티나 사람답지 않게 붉은 머리카락에 키가 껑충한 그녀는 이슬람교도로 4년 동안 장학금을 받고 아테네 대학에서 박사과정을 밟고 있다. 학위를 받으면 현재 미국에서 사업을 하고 있는 레바논 출신의 남편과 함께 아르헨티나로 돌아간다고 한다. 그리스에 온 지 2년 반밖에 되지 않았는데도 꽤 유창하게 그리스어를 구사한다.

아테네의 겨울은 연일 궂은 날씨가 계속되고 기온도 한결같아 계절의 변화를 느낄 수 없다. 연구소 정원의 화원에는 언제나 꽃들이 피어 있고, 복숭아나 아몬드 나무에도 한겨울에 꽃이 피며, 플라타너스는 낙엽이 지기도 전에 움이 트기 시작한다.

그래서 계절의 변화는 자연에서보다 거리의 쇼 윈도에서 먼저 느끼게 된다. 연구소에서 콜로나키 광장에 이르는 거리는 의상실이 많은 거리이다. 도서관에서 아파트로 돌아올 때 가까운 힐튼 호텔 앞의 버스 정류장을 이용하지 않고, 20분 거리에 있는 신타그마 광장까지 걸어가는 것은 이 거리의 쇼 윈도를 기웃거리는 재미 때문이다. 널찍널찍한 상점마다 꾸며진 제각기 개성 있는 장식이 싫증나지 않는다.

1월초가 되면 쇼 윈도에는 이미 봄 장식을 시작한다. 짙은 오렌지 색깔의 대담하고 화려한 봄 의상이 나부끼기 시작하는 것이다. 그리스의 여인들은 원색을 좋아한다. 그것은 그리스의 자연에 어울리기 때문일 것이다. 파란 하늘, 회색의 돌산, 코발트색 바다, 거기에는 짙은 오렌지색, 분홍색, 빨강색이 강렬하게 대비된다. 마치 우리나라의 푸른 하늘, 붉은 산에 빨강 치마, 노랑 저고리라는 전통적인 배색이 어울리는 것과 같이.

머지않아 아주 대담한 원색의 화사한 치장을 한 봄처녀들이 거리를 활보할 것이다. 그러면 회색빛 도서관과도 작별을 하고 원색의 들판으로 여행을 나설 것이다. 이집트, 트로이, 그리고 머나먼 스페인으로, 봄이 마냥 기다려지는 요즈음이다.   (1월 5일)

버스 안에서

아테네에는 지하철이 없다. 따라서 버스와 트롤리 버스가 대중 교통 수단인데, 젊은이는 오토바이, 중년은 자가용을 주로 이용하기 때문에 버스에는 여자와 노인이 많게 마련이다.

15년 전 아테네의 버스는 낡고 허름한 것이 서울의 시내버스와 다를 바가 없었다. 그런데 우리나라에서 버스를 운영하는 작태나 모양새가 예나 지금이나 원시적인 데 반해, 아테네의 버스는 공영제인데다 일체 수입품이라 우리 것보다 한결 좋고 세련되어 있다. 요금은 버스나 트롤리 버스나 거리에 관계없이 30드라크마이다. 그러나 운전사가 돈을 바꿔주지 않기 때문에 10드라크마짜리 동전 세 개를 운전석 옆 동전함에 넣어야 하며, 10드라크마짜리가 없으면 50이나 100드라크마짜리를 넣을 수밖에 없다. 따라서 1천 드라크마를 주고 한 달치 패스를 사 쓰는 것이 훨씬 싸고 편리하다.

버스 안에서 젊은이가 노인이나 남에게 자리를 양보하는 일이 없다. 이것은 요즈음 우리의 경우도 마찬가지지만, 그래도 우리나라에서는 버스나 전철에서 노인이 앞에 다가오면, 젊은이는 눈을 감고 자는 시늉을 하거나 고개를 숙여 독서에 열중하는 시늉을 해서 불편한 심정을 드러낸다. 하지만 이곳의 젊은이는 만삭의 임산부가 앞에 서 있어도 고개를 빳빳하게 든 채 눈썹 하나 까딱하지 않는다.

　어느 날 이런 일이 있었다. 90세가 가까운 노인이 불편한 몸으로 간신히 버스에 오르자, 한 중년 부인이 앞자리에 앉아 있는 소년에게 자리를 양보하라고 말했다. 소년은 화를 발칵 내면서 자리를 박차고 일어나 일단 노인에게 자리를 양보하고는 부인에게 대들었다. 자리를 양보하고 싶으면 자기가 하면 될 일이지, 왜 남에게 양보하라고 하느냐는 것이었다. 그러자 부인은 그렇다면 네가 내 자리에 앉으면 되지 않느냐면서 자리에서 일어섰다. 소년은 당연하다는 듯이 그 자리를 차지하는 것이었다. 이 광경을 보고도 아무도 소년을 나무라지도 않고 아랑곳하지도 않았다. 모두가 소년의 행동이 옳다고 생각하기 때문일까? 소년의 행동은 괘씸하지만, 어쩌면 우리 젊은이들의 소극적인 비열한 태도에 비해 통쾌하리만큼 솔직한 태도라고 볼 수도 있을 것이다.

　자리를 양보하지 않으니 노인들과 여자들은 자리를 차지하기 위해 필사적일 수밖에 없다. 줄을 서는 일이 없고 버스가 도착하면 우루루 몰려서 서로 앞을 다툰다. 내가 버스에 오르려 하자, 뒤에 섰던 아마존 여전사 같은 거구의 여자가 육중한 체구로 밀어젖히고 당당히 앞서 오른다. 그러나 이미 좌석은 차버려 둘 다 서 있을 수밖에 없다. 그런데 도중에 내 앞의 좌석이 비자, 조금 떨어져 서 있던 그녀는 여러 사람을 젖히고 와서 나를 다시 밀고 그 자리를 차지하는 것이다. 그래서 나는 노인에게 자리를 양보하는 것을 낙으로 삼는다. 서 있는 노인에게 손짓을 해서 자리를 비켜주면 구세주를 만난 듯 고마워하여, 그 순간 무슨 큰 선행을 베푼 것 같은 천박한 자기 만족에 빠질 수 있는 것이다. 그러나 이 도락이 지나쳐 중년 여인에게 기사도 정신을 발휘해서 자리를 양보했더니, 앉기는 하되 고마워하기는커녕 오히려 몹시 불쾌해 하는 표정이었다. 뜻밖의 반응에 당황했으나, 생각해보니 자기보다 늙어보이는 남자에게 자리를 양보받자 완전히 노파 취급을 당했다고 생각했을 것이다.

그리스인은 토론을 좋아하고 시비를 즐긴다. 공원에 하이드 파크 같은 연설 장소는 없으나, 사람들이 화려한 몸짓으로 격렬한 정치 토론을 벌이는 모습을 곧잘 보게 된다. 이것은 소크라테스 이래 그리스인의 전통이다. 플라톤의 《대화편》은 대화의 형식을 빌린 투쟁이요 싸움이다. 그리스인은 원래 투쟁적인 민족이다. 그리스인이 메소테스(중용), 소프로시네(절제)를 강조하는 것도 그들 자신의 심중에 도사리고 있는 광폭한 다이몬(daemôn ; 그리스 신화에 나오는 초자연적 존재로 신과 인간의 중간에 위치함)의 존재를 강하게 의식하고 있기 때문이다.

버스 안에서도 가끔 '투쟁적 대화'가 벌어진다. 얼마 전에 있었던 일이다. 한 중년 신사가 차에서 내리기 위해 벨을 울린 찰나, 차가 움직이기 시작하여 문이 열리지 않았다. 신사가 운전사에게 가서 왜 차를 멈추지 않느냐고 호통을 치자, 운전사는 이미 출발했으니 정차를 못한다고 응수했다. 운전사와 신사 사이에 고성이 오가자 승객들도 이 시비에 합세를 해서, 차 안의 사람들이 두 패로 갈라져 버스는 토론장이 되어 버렸다. 드디어 신사가 결판을 내기 위해 파출소로 가자고 해서, 파출소 앞에 차를 세우고 둘은 안으로 들어갔다. 남은 승객 사이에 논쟁은 그치지 않다가, 그 가운데 몇 사람은 증언을 하기 위해 파출소로 달려갔다. 약 20분 후에 운전사가 의기양양하게 돌아오는 것을 보니 아마도 판정승을 한 모양이었다. 그러나 일은 여기서 끝나지 않았다. 차가 움직이자, 신사 편이었던 한 노파가 다시 운전사에게 시비를 걸어 승객들 사이에 또 논쟁이 붙었다. 도중에 내렸기 때문에 논쟁이 언제까지 계속되었는지 나는 알 길이 없다.

그러나 아무리 시비가 고조되어도 주먹이 오가는 살벌한 사태가 일어나는 일이 없기 때문에 분위기는 어딘가 밝고 명랑한 데가 있다. 모든 사람들이 나름대로 이런 종류의 토론을 즐기고 있는 것이다.

운전사 가운데는 젊은이나 여자가 없는 것은 아니나, 대개는 나이가 지긋한 당당한 체구의 남자들이다. 그들은 우리네 운전사같이 자기가 즐기는 흘러간 옛노래나 연속극 따위를 승객들에게 강요하는 무례한 짓을 하지 않는다. 승객이 오르내리기 전이나 자리에 앉기 전에 차를 출발시키는 야만적인 짓은 더군다나 할 수 없다. 만약 그런 짓을 했다 가는 승객들의 벌떼 같은 항의로 목이 위험해질 것이기 때문이다.

그들이 다혈질이어서 그러한 것은 아니며, 우리가 유순하고 점잖아 서 참는 것이 아니다. 그들은 자신의 권리나 옳은 것을 주장하는 데 적 극적인 데 반해, 우리는 그런 일에 비굴할 정도로 체념적이고 소극적인 것이다. 우리는 관청에 가면 관리에게 비굴하고, 거리에서는 경찰에게 비굴하고, 기차를 타면 승무원에게 비굴하고, 버스나 택시를 타면 운전 기사에게 비굴하다. 이러한 굴종으로 우리 사회는 표면적으로는 평온 한 듯하나, 굴종이 낳은 불만이 쌓이고 쌓여 어느 때고 폭발할 것 같은 살벌한 분위기가 감도는 것이다.

버스는 타는 것보다 기다리는 것이 괴로운 일이다. 매일 연구소에 가 기 위해 기다리고 20, 30분씩 차 안에서 흔들려야 하나, 고달픈 생각은 조금도 없다. 이따금씩 이러한 재미있는 일을 겪을 수 있기 때문이다.

(1월 7일)

서울로 가자

그리스인과 만나면 화제는 자연히 한국에 관한 이야기가 되고, 한국 과 그리스의 비교론으로 발전하게 마련이다. 물론 그들이 여지껏 한국 에 대해 관심을 가진 적이 있었을 리 없다. 한국과 그리스는 거리가 너 무 멀기 때문이다. 한국이 근래 공업이 발전하였다는 것은 알고 있지 만, 현대의 포니를 수입하다가 중단한 것 외에는 이곳에서 한국 상품을 접할 기회가 별로 없기 때문이다. 서울 올림픽이 그나마 그들에게 일말 의 호기심을 가지게 하였다. 시노소그루 여사 집에서 회식을 할 때도 그러했다.

시노소그루 여사는 철학대학 사무담당관인데, 그녀의 집은 도심에서 조금 떨어진 프지코라는 한적한 고급주택가에 있으며, 근처에는 이란 대사관 등 외국 공관이 자리하고 있다. 넓은 정원을 가진 2층 집에다 호화로운 가구로 보아 상당한 자산가임을 알 수 있다. 이날 모인 사람은 시노소그루 부부와 우리 부부 외에 아테네 대학 법대교수와 젊은 변호사 부부, 고대사 전공인 미크로야나키스 교수의 부인인 고전어학과의 여교수와 그녀의 딸 등 모두 9명이다.

먼저 88올림픽 개최지인 서울에 대해서 이야기를 나누었다. 서울의 인구가 1천만 명이 넘는다는 말에 모두 깜짝 놀란다. 그리스 정도의 조그마한 나라인 한국의 수도가 그리스 전체보다 인구가 많은 대도시라는 사실이 믿어지지 않는 모양이다.

다음은 대도시가 안고 있는 공해문제에 대해 이야기를 나누었다. 대기오염의 심각성은 아테네나 서울이나 마찬가지지만, 아테네의 공해는 사람뿐 아니라 고적에 심한 손상을 주고 있는 것이 문제라고 한다. 특히 그리스 경제의 중요한 수입원인 파르테논은 부식이 심해 여러 가지 대책을 연구하고 있으나 뾰족한 묘안이 없다는 것이다. 심지어는 아크로폴리스 전체를 기구와 같은 보자기로 싸자는 유머러스한 아이디어도 검토되었다고 한다. 그렇다면 그 일은 단연 건물을 헝겊으로 싼 작품으로 화제가 되고 있는 미국의 설치작가 선 크리스토에게 맡겨야 할 것이다. 그는 파리의 퐁네프 다리를 황금빛 헝겊으로 감싸버렸으며, 캘리포니아의 들에 37킬로미터나 되는 장막을 쳤었다.

다음은 물가를 비교해보았다. 그리스는 인플레이션이 심해 해마다 20퍼센트가 넘는다고 한다. 슈퍼마켓에 갈 때마다 가격표의 딱지가 바뀌며, 점원들은 손님 접대보다 새 딱지를 찍는 일에 바쁘다는 것이다. 금리도 23퍼센트나 된다고 한다. 그러나 일반적으로 물가는 서울에 비해 싸다는 것이 내 의견이다. 우선 주택의 가격은 서울과 비교가 안 될 정도로 싸다. 아테네는 인구가 적은 데다 도시 전체가 5, 6층의 아파트로 입체화 되어서 아파트나 점포가 싸고 널찍하다. 식료품도 아테네가 싼

데, 특히 주요 수출품인 오렌지 같은 과일은 싸고 맛이 좋다.

그러나 공산품은 성냥개비에서 자동차까지 전적으로 수입에 의존하는 만큼 아테네가 훨씬 비싸다. 예컨대 14인치 정도의 작은 텔레비전이 1천 달러 이상이니, 우리보다 두세 배 비싼 셈이다. 단 그리스의 것은 수입품 가격이고 우리는 국산품 가격이니, 단순 비교는 어려울지도 모른다.

하지만 사회보장제도는 우리와 비교되지 않을 정도로 잘 되어 있다. 그리스는 원래 사회보장제도가 잘 되어 있는데다, 지금은 사회당 정권이 집권하고 있어 모든 시민이 혜택을 입고 있다. 그러고 보니 우리와 같은 극빈자나 판잣집을 이곳에서는 찾아볼 수 없으며, 아무리 초라한 집이라도 내부는 깨끗하고 치장도 세련되어 있다. 생활에 미적 감각이 살아 있는 것은 생활에 여유가 있기 때문이라 할 것이다.

수입은 어떠한가. 법과대학 교수의 월급이 1천 달러 정도이고, 보너스가 연 200퍼센트로 우리보다 훨씬 뒤진다. 그러나 연금은 최종 봉급의 80퍼센트를 받는다니 우리보다 나은 편이다. 놀라운 것은 의사의 봉급이 500달러 정도라는 것이다. 그래서 대부분의 의사가 두 가지 직업을 가지고 있다는 것이다. 따라서 대학에서도 우리와는 반대로 의과와 법과가 가장 인기가 없는 축에 든다니 믿어지지 않는다.

그리스의 1인당 GNP는 4천 달러 정도로 우리와 비슷하나, 그들은 우리보다도 축적된 부를 지니고 있다. 따라서 전반적으로 볼 때 생활환경이나 수준이 우리보다 훨씬 높다고 할 수 있다.

그리스가 우리보다 결정적으로 낙후된 것은 전화 사정이다. 젊은 변호사는 직업상 특별한 배려로 신청한 지 6개월 만에 가설해주지만, 보통은 1년에서 2년이 걸린다. 미크로야나키스 교수는 자기 집은 교외여서 무려 6년이나 기다려야 했다고 개탄한다. 내가 한국에서는 하루 이틀 만에 가설이 가능하다고 하자 일제히 탄성을 질렀다. 그러나 근래에 유럽경제공동체로부터 체신시설 개선을 위해 500만 달러의 원조를 받게 되어 앞으로 사정이 좋아질 것으로 기대한다고 한다.

한·일 관계가 그리스와 터키의 관계와 비슷하다는 미묘한 정치 문제로 화제가 바뀐다. 내가 터키가 그리스에 미친 심각한 영향을 지적하면서 순수하게 그리스적인 것이 무엇이냐고 묻자, 시노소그루 여사는 민족적 자존심이 상한 듯, 자기의 고향은 섬이며 섬에는 터키의 영향이 전혀 없다고 주장한다. 나는 한국에 대한 일본의 영향을 들면서 그녀의 마음을 달래주었다. 그녀의 남편은 동양과 한국의 역사에 대해 어느 정도의 지식을 가지고 있는 듯하다. 그 밖의 사람들은 백지상태여서 한·일 관계와 그리스·터키 관계가 비슷하다는 것을 처음으로 알게 된 듯하다.

이 자리에서는 법과 출신인 시노소그루 여사를 포함해서 4명이 법률가여서 변호사 직업에 관한 이야기가 화제가 된다. 현재 아테네에만 3만 명 이상의 변호사가 있는데, 이것은 소송 만능의 사회상을 나타내는 것이며, 소송에 드는 막대한 비용으로 사회가 정체되는 면도 있다고 한다. 또한 변호사의 과잉 상태는 법과의 인기를 떨어뜨렸다는 것이다.

나는 한국의 변호사 수는 어림잡아 2천 명 정도(이 숫자는 즉흥적인 추측에 불과했으나, 나중에 알아본 즉 대체로 정확하였다)라며, 법과는 가장 인기 있는 학과여서 가장 우수한 학생들이 모인다고 하자, 모두 부러워하며 한국으로 가서 살자는 데 의견일치를 보았다.

안나 라무 교수 댁에 갔을 때에도 그러했다. 그녀는 팔레온 팔리론의 아담한 아파트에 살고 있는데, 자기 강의를 수강하는 학생 600명의 시험 답안지와 논문을 채점하지 않기 위해서라도 한국의 대학으로 옮겨야겠다고 하였다. 엘레브시나에 있는 제철회사 기술자인 그녀의 남편은 한국에는 그리스풍의 레스토랑이 없다는 말에, 인천이나 부산에서 그리스 음식점을 차려야겠다고 벼른다. 결국 이 부부도 한국에 와야 할 팔자가 된 셈이다.

멀리서 온 손님에 대한 따뜻한 배려와 미지의 나라에 대한 호기심에서 나온 이러한 농담들 속에, 조국에 대한 여유 있는 그들의 자신감을 느낄 수 있어 오히려 부러웠다.　　　　　　　　　　　　　　　(1월 10일)

케라미코스 묘지의 고요

아테네에서 가장 재미있는 거리의 하나는 에르무(헤르메스) 거리이다. 신타그마 광장에서 서쪽으로 뻗어 있는 이 거리는 고급 의상실이나 보석상이 즐비한, 시내에서 가장 번화하고 화려한 미와 유행의 거리이다. 윈도 쇼핑을 즐기면서 이 거리를 300미터쯤 내려가면 자그마한 광장에 예쁘장한 낡은 비잔틴식 교회가 나타나는데, 이것은 8세기에 비잔틴 제국의 이레네 여제(女帝)가 세운 것이라 전해지는 카프니카레 교회이다. 거기서 다시 두세 블록 지나면 모나스티라키 광장이 나오는데, 여기에서부터 에르무 거리의 모습은 확 변한다. 화사한 의상을 팽개치고 낡고 누추한 누더기를 걸쳤다고나 할까. 사람들이 북적북적대고 떠들썩한 서민들의 노천 시장인 것이다. 건물도 근대적인 5, 6층이 아니라 1, 2층의 납작한 폐옥과 같다. '에르가스테리온'(작업장) 등의 옛이름 그대로의 간판이 걸려 있기도 하다. 온갖 잡화들이 인도에 널려 있어 걸어다니기도 어려울 정도인 이 거리를 인파를 헤치면서 간신히 빠져나가면 중고차 시장이다. 벤츠에서부터 현대의 포니 픽업에 이르는 온갖 종류의 자동차와 오토바이가 큰길을 메우고 있으며, 시내버스나 승용차들이 그 사이로 엉금엉금 움직이고 있다. 시장거리의 끝은 고물상의 노점이다. 에디슨 시대(?)의 나팔 축음기 따위의 온갖 고물 잡동사니가 깔려 있는 길 끝의 오른쪽에 돌울타리로 둘러싸인 넓은 폐허가 있다. 바로 케라미코스(Keramikos ; 옛 이름 케라메이코스) 묘지이다.

이곳은 원래 전설상의 도자기 발명자 케라모스(Ceramos)에서 유래하는 도공구(陶工區)였으나, 그보다는 기원전 12세기에서 기원후 4세기에 이르는 오랜 기간 동안 국립묘지였던 것으로 더 유명하다. 클레이스테네스·페리클레스·밀티아데스·키몬과 같은 정치가들, 참주를 살해한 하르모디오스와 아리스토게이톤, 철학자 제논 등의 무덤과 유명 가문의 묘지가 이곳에 있었으며, 그 묘비나 기념비의 일부가 아직도 남아 있다. 전몰자의 공동묘지도 있었으며, 페리클레스의 유명한 전몰자에

— 케라미코스 묘지

대한 추도 연설이 행해진 것도 이곳이다.

　1920년대에 독일 학자들이 수많은 도기와 묘비를 발굴하였는데, 그것은 고고학적으로 매우 중요한 의미를 지닌다. 미케네시대에서 고전시대로의 이행에 대해서는 두 가지 설이 있다. 기원전 1100년경 미케네 문명이 파괴되어 청동기 문명이 단절되었다는 설과, 두 시대 사이에서 문화가 연속적으로 발전하였다는 설이 그것이다. 그런데 독일 학자들은 도기를 검토한 결과, 미케네시대의 동식물 무늬에서 원(原)기하학 무늬나 기하학 무늬를 거쳐 고전시대로 도기 문양이 점진적으로 변화하였다고 지적하여 문화 연속설을 입증하였다.

　지난번에는 이곳을 보지 못했기 때문에 이번에 맨 먼저 찾은 것이다. 입구에 들어서니 바로 왼쪽에 케라미코스 박물관이 있다. 이곳에서 출토된 유명한 〈디피론의 암포라〉 같은 대작은 국립고고박물관으로 옮겨졌지만, 그래도 묘비나 리키토스 도기의 뛰어난 작품들이 많아 문양의 변화를 더듬을 수 있다.

— 케라미코스 묘지의 묘비

　박물관을 나와 묘지에 들어서면 소나무와 사이프러스 나무가 우거
져 있고, 유명한 코로이보스가(家)의 묘비를 중심으로 몇 개의 묘비가
서 있다. 그런데 원래의 묘비는 박물관에 소장되어 있고, 여기 있는 작
품은 대개가 모작(模作)이다. 그리스인은 묘비에 죽은 사람이 살아 있
을 때의 모습을 부조로 새긴다. 저승으로 떠나는 사람이 생전에 사랑
하던 사람과 이별을 고하는 모습이 새겨져 있다. 거기에는 이별의
통곡은 없고 다만 잔잔하고 투명한 슬픔이 있을 뿐이다. 그리스의 밝
고 전아한 미의 이면에 있는 어두운 것, 슬프고 우울한 것의 정체를 볼
수 있다.

　고대 아테네에서는 시의 성 안에 무덤을 두는 것을 금지하였다. 따
라서 이 묘지는 성 밖에 위치했으며, 여기에는 2개의 문이 있었다. 플
라톤의 아카데미아로 통하는 디필론(이중문)과 히에라 필레(聖門)인데,
성문에서 엘레우시스까지는 성도(聖道)가 뻗어 있었다. 엘레우시스 제
례(祭禮) 때에는 그 행렬이 이 성문 일대를 메웠을 것이다.

그러나 지금 이 묘역은 진공 지대와 같이 텅 비어 있다. 이곳에서 멀지 않은 곳에 솟아 있는 아크로폴리스에 관광객이 가득 차 있는 것이 보이나, 이곳은 관광객의 사각지대라 할까, 개 한 마리가 어슬렁거릴 뿐 깊은 고요 속에 잠겨 있다. 어디를 가나 소란스러운 역사의 거리 아테네의 한 귀퉁이에 이러한 쓸쓸한 폐허가 남아 있다는 것은 기적과 같은 일이다. 죽음과 같은 고요 속에서 묘비에 부조로 새겨진 인물의 쌀랑한 입김과 슬픈 사연을 느낄 수 있을 것만 같다.

잠깐 동안의 한낮의 꿈에서 깨어나 묘지 문을 나서면, 시가 변두리다운 지저분하고 복잡한 거리에 다시 서게 된다. 아고라 쪽으로 걸어가니 지난번에 점심을 먹었던 타베르나가 눈에 띈다. 주위에 풍경은 변했어도 그 식당의 엉성하고 촌스러운 모습은 옛날 그대로이다. 오래된 친구를 만난 듯한 감회에 젖는다.   (1월 10일)

비극과 민주정

오늘은 아크로폴리스 산기슭을 한바퀴 돌기로 한다. 먼저 플라카 동쪽 입구의 작은 광장에 있는 리시크라테스 기념비를 찾는다. 고대 아테네에서 비극과 희극은 디오니소스 신에 대한 제례로서 바쳐졌는데, 국가 종교 행사의 일부였다. 따라서 비극을 상연하기 위한 비용은 국가가 부자를 지명하여 부담시킨다. 조세제도가 없던 당시에 내던 일종의 부유세였다. 그 비용 부담자를 '코레고스' 라 하는데, 기원전 334년 리시크라테스라는 코레고스가 자신이 상연한 비극이 우승한 것을 기념하기 위하여 세운 기념비가 바로 이것인데, 형태가 거의 완전히 남아 있다. 이것은 토로스(원형 건축)와 같은 원주(圓柱) 기념물이나, 건축사상 처음으로 외부장식으로 코린트식 기둥이 부주(附柱)로서 사용되었다는 점에서 중요하다고 한다. 지난번에 찾은 제우스의 신전 올림페이온 (Olympeion)에는 코린트식 기둥이 처음으로 건물 전체의 기둥으로 이용

— 리시크라테스 기념비. 기원전 334년 아테네의 부호 리시크라테스가 코레고스로서 리시아데스가 창작한 〈디틸람보스〉의 상연이 우승한 것을 기념해서 세운 것.

— 올림페이온(제우스 신전). 페이시스트라토스가 착공하여 600년 후인 130년 하드리아누스 황제가 완성. 코린트식 신전. 높이 16.9미터, 폭 167센티미터의 기둥 104개를 가진 그리스 최대의 신전. 현재는 16개가 서 있다.

되어 높은 16미터 90센티미터, 합계 104본의 대건축을 이루고 있다.

기념비가 있는 좁은 골목을 빠져나와 숲이 우거진 디오니소스(Dionysos) 극장으로 들어선다. 아이스킬로스·소포클레스·에우리피데스·아리스토파네스와 같은 시인들의 작품이 공연된 곳이다. 원래 이 극장의 무대는 돌로 만들어졌으나 관람석은 언덕의 흙을 깎은 것이었다. 현재와 같은 대리석으로 된 원형(圓形)의 오르케스트라(합창단이 서는 바닥)와 돌로된 관람석은 로마시대에 개축한 것이다. 단 관람석 앞 귀빈석은 대리석으로 깎은 의자인데, 의자에는 그 자리 주인의 이름이 새겨져 있다. 로열박스라 할 최고 윗자리는 신관의 자리요, 그 뒤의 좌석이 하드리아누스 황제의 자리이다. 황제보다도 위에 있는 신관의 자리는 연극 상연이 국가 종교 행사의 일부였다는 것을 단적으로 말해주고 있다 할 것이다.

비극과 희극은 종교 행사일 뿐 아니라 공동체 전체의 행사, 폴리스의 민주적 행사이기도 했다. 원래 연극은 모든 예술 가운데 가장 집단적이요 민중적이다. 연극의 연출은 많은 사람의 협력으로 가능하며, 많은 사람이 즐긴다. 그리스 문학에서 서사시와 서정시는 주로 왕후(王侯)의 살롱에서 읊어진다는 의미에서 귀족정시대의 산물이라 한다면, 비극과 희극은 민중의 예술이다. 그것이 비록 참주 페이시스트라토스의 문화정책[1]에 의해 일어났다 하더라도 그 완성은 민주정의 완성과 평행하며, 그런 의미에서 민주정의 산물이라 할 수 있다.

　비극이 민주적 행사임은 상연 절차를 보아도 알 수 있다. 비극은 해마다 음력인 아테네력(曆)에 르페폴린 월(月 : 태양력으로 3월 중순에서 4월 초순)에 있는 대(大)디오니시아 제례 후 상연한다. 제례는 먼저 아크로폴리스 동남쪽의 경사진 면에 있는 신전의 디오니소스 신상을 교외인 아카데미아 근처의 소신전으로 옮긴다. 그리고 다시 시민들이 행렬을 지어 디오니소스 극장 옆 신전으로 옮긴 후 희생을 바쳐 제례를 치른다.

　비극을 상연할 때는 상연을 희망하는 시인이 아르콘 에포니모스(수석 아르콘)에게 작품을 제출하면, 아르콘은 3명의 시인을 선정하여 이들에

— 디오니소스 극장

게 3명의 코레고스를 배당하여 합창단의 비용을 부담시킨다. 단 배우에 대한 사례와 의상비와 상금은 국고에서 지급한다. 한 시인의 3부작과 사틸로스 극[笑劇]이 하루 동안 상연되므로 3명의 작품이 3일 동안 상연되게 마련인데, 그동안 극장에는 시민권을 가진 시민 1만 명 이상이 참석한다. 이때 시민들은 민회에 참석할 때와 같이 국고에서 지급하는 일당(테아리콘)을 받는다. 연극은 국가의 잔치요, 극을 보는 것은 시민의 의무였던 것이다.

연극은 경연 형식으로 진행되며, 아르콘을 위원장으로 하여 추첨에 의해 선정된 10명의 심사위원이 심사를 한다. 위원들이 심사 결과를 투표하면, 10표 가운데 5표를 아르콘이 추첨으로 뽑아 그것으로 1, 2, 3등을 결정한다. 이러한 투표와 추첨 방식은 민주정의 특색인 추첨제를 따른 것이다.

비극의 테마는 원칙적으로 신화·전설이지만, 인생의 교사요 사회의 정신적 지도자였던 비극 시인은 자신의 정치관을 비극을 통해 간접적으로 표현하기도 했다. 아이스킬로스의 《오레스테이아》(Oresteia) 끝에서는 오레스테스에 대한 재판이 아테네의 아레오파고스 회의에 위임된다. 이것이 아이스킬로스가 기원전 464년 에피알테스의 민주적 개혁에 대해 지지를 표명한 것이라 해석되는 한 예에 불과하다. 데모크라티아(민주정)란 말이 처음으로 나타나는 것이 아이스킬로스의 가장 오랜 작품인 《히케디데스》(Hikedides)였던 것이다.

연극은 전쟁 동안에도 계속된다. 스파르타 군대가 아티카에 침입하여 아테네 시가를 넘보는 상황에서도, 심각한 생의 문제를 다룬 소포클레스의 비극이 이 극장에서 상연되었다. 그러나 헬레니즘시대에 폴리스가 쇠퇴하자 비극도 쇠퇴한다. 연극은 민주정과 운명을 같이한 것이다.

아테네의 민회는 아크로폴리스 맞은편의 낮은 언덕인 프닉스에서 개최되었으나, 기원전 4세기부터는 좌석이 있는 이곳에서 개최되기도 했다. 극장은 민주정의 전당이었던 것이다.   (1월 21일)

아고라의 두 건물

　디오니소스 극장 옆 아크로폴리스 입구에는 로마시대에 세워진 헤로데스 아티쿠스 극장이 있다. 디오니소스 극장은 파손이 심하나, 이 극장은 보존이 잘되어 지금도 여름에는 연극과 오페라가 상연된다.

　이 극장에서 아크로폴리스 입구를 지나 아고라로 내려간다. 아테네는 오랫동안 왕정시대를 겪었으나 미케네와 크레타 같은 유적은 남아 있지 않다. 아마도 왕정시대의 중심은 아크로폴리스요, 왕궁이나 왕묘도 그곳에 있었으리라 추측할 뿐이다.

　폴리스 성립 이후에 아크로폴리스는 귀족정의 중심인 동시에, 폴리스의 수호신을 모시는 곳이요, 외적에 대한 최후의 방어지이기도 했다. 그러나 아테네 외곽에 성벽이 둘러진 후에 아크로폴리스는 방어지로서의 중요성이 퇴색했다. 그리하여 민주정시대의 중심은 아크로폴리스가 아니라 아고라였다. 아고라에는 민주정시대에 공공건물로 꽉 차 있었으나, 지금은 광활한 빈터만 남아 있다. 다만 아고라의 동쪽 끝에 남북으로 길게 뻗어 있는 아탈로스 스토아는 복원되어 아름다운 옛모습을 보여주고 있다.

　예나 지금이나 아테네의 문화에 심취하고 그것을 동경한 외국인들은 아테네를 위해 기념물을 바쳤다. 아탈로스 스토아는 소아시아 페르가몬 왕국의 아탈로스 2세(재위 159 ~ 138 B.C.)가 젊은 날 아카데미아에서 공부한 것을 기념하여 기증한 것이었는데, 3세기에 야만족의 침입으로 파괴 방치되었다. 그 뒤 1957년에서 1966년에 걸쳐 미국고전학연구소가 옛날과 같은 재료를 사용하여 옛모습 그대로 충실하게 복원하였으며, 현재 아고라에서 발굴된 유물을 소장한 아고라 박물관으로 사용되고 있다.

　아고라의 유적은 주로 프린스턴 대학의 칼 블레겐 교수팀이 발굴하였다. 지난번에 이곳에 왔을 때에는 작업이 진행중이었다. 그때 8월의 불볕 더위 속에서 그리스인 인부들과 함께 일하던 프린스턴의 젊은 학

자가 설명해주었는데, 지금은 작업이 끝난 듯 발굴하는 모습은 보이지 않는다.

이 박물관 1층 주랑(柱廊)에 진열된 수십 점의 조각 가운데 특히 눈길을 끈 것은 거대한 토르소인 〈테미스상〉이다. 풍만한 가슴, 속살이 드러날 듯한 엷은 키톤과 그 섬세한 주름의 흐름, 그리고 당당한 복부의 풍만함. 기원전 4세기의 걸작이다. 그러나 가장 재미있는 것은 오스트라콘 수집품이다. 오스트라콘은 오스트라키스모스(도편추방)[2]를 시행할 때 사용한 투표용 도편(陶片)인데, 여러 가지 형태의 오스트라콘에는 테미스토클레스와 아리스테이데스[3]의 이름이 많다. 그런데 필적이 대개 같아서, 아고라에서 발굴된 수많은 오스트라콘에 씌어진 필적은 170개 정도로 구별된다고 한다. 오스트라키스모스가 실시되려면 6천 명 이상의 시민이 참석해야 하는데, 대부분의 시민은 문맹이었기 때문에 글을

— 아고라 박물관의 오스트라콘(도편).
테미스토클레스의 이름이 새겨져 있다.

아는 사람이 써준 오스트라콘으로 투표했을 것이다. 글을 아는 사람이
란 붕당의 지도자일 수도 있고 부족이나 데모스(地區)의 우두머리일 수
도 있었을 것이다. 그렇다면 참주를 예방하기 위한 이 제도는 처음부터
무더기표를 전제로 하는 것이었기 때문에 정쟁의 도구로 악용될 요인
이 있었다 할 것이다.

그런데 한 번 투표할 때 사용한 6천 개 이상의 도편을 어떻게 마련했
을까. 도기 가마 주변에 흩어진 파편 가운데서 쓸 만한 것을 사용했을
까. 아니면 멀쩡한 도기를 일정한 모양으로 부수어 사용했을까. 〈일요
일은 참으세요〉란 영화에 나오지만, 요즈음도 그리스인들은 타베르나
에서 춤을 출 때 포도주 잔을 들고 추다가 한 곡이 끝나면 술을 들이
키고는 유리잔을 바닥에 때려 부순다. 그리고 다시 새 술잔을 들고 추
다가 술잔을 깨고……. 이런 습관은 고대에서 유래한 것이며, 그때 부
순 술잔의 도편을 오스트라콘으로 사용한 것이 아닐까 하는 엉뚱한 상
상을 해보기도 한다.

아탈로스 스토아는 복원된 새 건물이지만, 아고라에는 옛모습대로인
건물이 하나 남아 있다. 아고라의 서북쪽 언덕 위에 서 있는 헤파이스
테이온(헤파이스토스의 신전)이 그것이다.

이 신전은 그리스 신전 가운데 가장 보존이 잘된 도리아식 신전인데,
전에는 프리즈의 부조가 테세우스의 행적을 묘사하고 있다고 해서 테
세이온(테세우스의 신전)이라 불렀다. 그러나 요즘은 원래 이 일대가 수
공업 지대여서 대장간의 신 헤파이스토스를 위해 세워진 신전이라 생
각하고 있다.

　이 신전은 파르테논을 조금 축소한 듯한 아담한 건물인데, 파르테논에서 멀지 않은 거리에 있는데도 찾는 사람이 거의 없다. 파르테논은 폴리스의 중심인 아크로폴리스에 세워졌고 폴리스의 수호신 아테나를 모신 대신전이다. 그에 비해 이 건물은 아고라의 한쪽 구석에 서 있는, 절름발이 대장간 신을 모신 작은 신전에 불과하다. 그렇다고 해서 파르테논과 너무나 대조적으로 이토록 인기가 없는 것은 무엇 때문일까.

　물론 주된 원인은 예술미의 차이 때문일 것이다. 치수·모습 등에서의 작은 차이가 건물의 예술미에 큰 차이를 낳게 한다. 그러나 그것만은 아닐 것이다. 이 건물은 완성된 완전한 건물이다. 그런데 그것이 오히려 차갑고 고정된 인상을 준다. 반파된 파르테논이 시각에 따라 미묘하고 다양한 이미지의 변화를 주는 것과 대조적이다. 완전한 보존이 역설적으로 신전이 지니는 신비한 율동의 이미지를 없애 버렸다고나 할까. 파괴되어 폐허가 된 파르테논에서는 싱싱한 생명력을 느낄 수 있으나, 여기는 무덤과 같은 썰렁함이 감돌 뿐이다.　　　　　(1월 21일)

— 헤파이스테이온

방위세 유용으로 건립한 파르테논

　　그리스 관광의 목표는 물론 아크로폴리스에 있는 파르테논 신전이
다. 그래서 아테네에 도착한 사람들은 아크로폴리스로 직행하게 마련
이다. 지난번의 나도 예외는 아니었다. 그러나 이번에는 아테네에 살면
서 매일같이 쳐다보는지라 올라가는 것을 자꾸만 미루어오다가, 마침
내 그곳이 아테네 관광의 마지막 순서가 되어 버렸다.

　　오늘은 약간 쌀쌀한 느낌이 나는 청명한 날씨이다. 아크로폴리스로
올라가는 길은 석회암(?)으로 포장되어 있어 석재 문화의 본고장다운
호화로운 느낌을 준다. 공해 때문에 프로필라이아(입구 : 山門) 돌기둥의
침식이 생각했던 것보다 훨씬 심각하다.

　　파르테논은 어쩌면 페리클레스의 최대 업적이었다고 할 것이다.[4] 그

― 파르테논

58

는 친구인 조각가 페이디아스를 총감독으로 임명하여 공사를 시작했
다. 건축비는 델로스 동맹의 공세(貢稅)를 사용했다. 공세는 원래 페
르시아의 침공에 대비한 방위세로서 각 동맹국이 납부하여 델로스섬의
아폴로 신전에 보관하던 것인데, 그것을 아테네로 옮긴 후 페리클레스
가 파르테논과 그 밖의 건물을 짓는 데 사용한 것이다. 당시 이 일에 대
해 동맹국들로부터는 물론 국내의 정적[5]으로부터도 비난이 적지 않았
으나, 페리클레스는 그것을 무릅쓰고 건축을 추진했던 것이다. 이런 파
르테논이 오늘날 그리스를 세계 유수의 관광지로 만들었다. 그런 의미
에서 페리클레스는 역사상 가장 위대한 공금 유용을 했다 할 것이다.
　　파르테논은 얼핏 보면 모든 것이 직선으로 된 것 같이 보인다. 직
선으로 된 직사각형의 설계, 똑바로 선 돌기둥, 삼각형의 박공(博

— 프로필라이아(기원전 447 ~ 438년). 앞에 보이는 6개의 석주는 도리아식이며, 파르테논
신전 전면과 동일하게 구성되어 있었으나 박공과 프리즈가 소멸되었다. 중앙 주간에는 이오
니아식 석주가 서 있다.

枾)……. 그러나 엄격한 의미에서 직선이 아니다. 직사각형의 각 변은 직선이 아니라 가운데가 밖으로 부풀어 있으며, 기둥은 똑바로 선 것이 아니라 안으로 기울어져 있고 밑이 굵고 위가 좁다. 그리고 기둥의 맨 위와 메토프는 하나의 돌로 되어 있다. 이 모든 것은 지진에 대비한 배려였다.

그러나 파르테논을 파괴한 것은 지진과 같은 자연의 힘이 아니라 인간이었다. 아테나 여신을 모시던 이곳이 여호와를 모시는 교회로 사용되고, 다시 알라 신을 모시던 모스크로 사용되기도 하였다. 17세기에는 터키군의 화약고로 사용되다가 베니스 해군의 포탄에 의해 파괴되었으며, 그 후 영국인에 의해 건물의 부조가 대부분 약탈당하고, 마침내 요즘은 자동차의 배기 가스에 의해 침식되고 있는 것이다. 그러나 파르테논은 파괴를 당해서라기보다 파괴를 통해서 오히려 자연화하여, 이 언덕과 떨어질 수 없는 숙명을 지닌 것처럼 스스로 생겨난 듯한 모습으로 우뚝 서 있다.

파르테논 앞에 서면 누구나 큰 감동을 받아 그것을 여러 가지로 표현하려 애쓰게 된다. 사실 파르테논을 찬미한 글을 모두 모으면 방대한 앤솔러지(anthology, 詞華集)가 될 것이다(한번 시도해 볼 만한 일이다). 그러나 나는 처

— 니케 신전(기원전 435 ~ 425년). 페르시아 전쟁 승리를 기리기 위해 승리의 여신 니케에게 바친 우아한 이오니아식 석주로 된 헌당. 프리즈에는 여느 신전과는 달리 신화적 테마가 아니라 아테네인이 페르시아인과 싸우는 현실적인 모티프의 조각이 새겨져 있다.

음 파르테논을 대했을 때, 상상한 것과 같은
감동이 일어나지 않는 것에 오히려 초조함
을 느꼈다. 따라서 두 번째 보는 파르테논에
서 첫 번째 이상의 감동이 일어날 수 없다.
더욱이 아크로폴리스의 모든 건물을 대대적
으로 수리하고 있어 파르테논 전면에 철가
(鐵架)가 가설되고, 거대한 크레인이 솟아
있으며, 주위에는 접근하지 못하도록 줄이
쳐져 있어 흥취가 날 수 없었다. 아크로폴리
스에 있는 다른 신전들, 아테나 니케 신전이
나 에렉테이온도 마찬가지로 수리중이다.[6]

그래서 아크로폴리스 박물관으로 곧장 발
길을 옮긴다. 이곳은 자그마한 보석상자 같
은 예쁜 박물관이며, 아카익시대의 〈소녀
상〉 등 주옥과 같은 작품들이 있다. 〈소녀
상〉 앞에 선다. 해맑은 표정, 입가에 머무는
엷은 미소, 고귀한 부드러움과 그늘진 신비
감이 감도는 분위기, 이토록 소박하고 감미
롭고 청아한 상이 이 세상에 다시 있을까 싶
다. 제8실에는 아테나 니케 신전에서 옮긴
〈샌들을 벗는 니케상〉이 있다. 이오니아식
의 아름다운 작은 신전을 장식한 20개의 프
리즈 가운데 가장 유명한 걸작이다. 엷은 의
상의 우아하고 경쾌한 흐름 속에 싸여 있는
풍만한 육체의 아름다움, 샌들을 벗으려 가
볍게 한쪽 발을 든 여신의 불안정한 자세가

— 〈소녀상〉(기원전 6세기 후반). 대리석. 아크로폴리스
출토. 아크로폴리스 박물관. 높이 121센티미터.

주는 여체(女體)의 미묘한 움직임은 미의 본질은 관능적 에로스적 본질에서 생겨난다는 것을 절실하게 느끼게 한다. 제9실에는 에렉테이온 신전의 여인주(女人柱 ; 칼리아테드)가 옮겨져 있다.

박물관 안에는 20여 명의 독일 고등학생들이 인솔 교사의 설명을 듣고 있다. 그 가운데 펑크머리를 빨강·노랑으로 염색하고 얼굴에는 여러 가지 그림을 노랑색으로 칠한 3, 4명의 남녀도 끼여 있다. 아카익시대의 〈소녀상〉을 배경으로 포스트모던한 소녀를 촬영하려다 제지당하고 만다. 관내에서는 촬영금지라는 것이다.

아크로폴리스의 벽에는 수많은 관광객들이 파르테논보다도 아테네 시가의 장엄한 장관을 바라보고 있다. 그 가운데는 한국인 4, 5명도 끼여 있다. 현대건설의 노무자인 듯, 중동에서 근무하다가 이곳을 관광하고 내일 리비아로 떠난다고 한다. 내려오는 길에는 여러 나이층으로 구성된 한국인 단체를 만났다. 성지순례단이라고 한다. 기원후 1세기의 어느 날, 아크로폴리스 입구에 있는 아레오파고스라는 자그마한 언덕에서 사도 바울이 아테네인에게 여호와 하나님과 예수를 처음으로 소개한 사실을 그들은 알고 있는지. 바울의 설교는 아테네인들의 냉소를 샀을 뿐 성공적이지 못했다. 그러나 그것은 헬레니즘과 헤브라이즘이 최초로 만났다는 점에서 뜻깊은 사건이었다.

아크로폴리스 건너편 언덕 기슭에는 소크라테스가 갇혔었다는 동굴이 있고, 그 위에는 필로파포스 기념비[7]가 있다. 이 근처는 아크로폴리스를 가장 아름답게 볼 수 있는 곳인 듯하다. 여기서 바라본 파르테논은 전아하고 위엄에 찬 기품을 여실히 뽐내고 있다.

고대의 시민들은 재산 정도에 따라 무기를 스스로 마련해야 했다. 따라서 국가는 군비 대신 나라를 지켜줄 수호신을 위해 신전을 지었던 것이다. 파르테논은 페이디아스를 비롯한 이름있는 몇몇 조각가와 무수한 석공들이 힘을 합쳐 만들었으나, 거기에는 분명히 신의 힘이 작용했을 것이다. 그렇지 않고서는 이토록 장엄한 아름다움이 창조될 수 있었을까.

젊은 여자 한 사람이 아크로폴리스를 응시한 채 화석마냥 미동도 하지 않는다. 파르테논을 보는 감흥에 완전히 도취되어 있는 것이다. 저러한 순수한 감동은 신앙과 같을 것이다. 순수한 신앙에는 지순한 아름다움이 있다. 파르테논은 그 자체로 아름다울 뿐 아니라 그것을 보는 사람의 마음을 아름답게 한다. 그것이야말로 진정한 예술의 미라 할 것이다.
(1월 22일)

약탈이냐 보존이냐

놀라운 것은 고대 그리스의 미술품이 질적으로 우수할 뿐 아니라 양적으로 방대하다는 데 있다. 많지 않은 인구 가운데 얼마 안 되는 석공들이 전제군주가 휘두르는 채찍을 맞지 않고서도 깎고 다듬은 헤아릴 수 없이 많은 조각들. 그 무수한 조각의 대부분은 파괴 약탈되었으며, 그 약탈된 작품들이 오늘날 유럽과 미국의 박물관을 가득 채우고 있다.

최초이자 최대의 약탈과 파괴는 로마인에 의해 자행되었다. 기원전 2세기 그리스에 진출한 로마 군인들은 무식하고 거칠어서 처음에는 파괴만을 일삼았다. 그러나 미술품에 눈을 뜨게 되자 파괴에서 약탈로 바뀌게 된다. 그들은 약탈을 하면서도 그럴 듯한 구실을 내세웠다. "최고의 작품은 최고의 장소에 있어야 한다." 최고의 장소는 바로 신성한 로마의 광장을 말했다. 그들은 개선하면 약탈품으로 로마의 광장을 장식했다. 그러나 애국적인 정열이 이기적인 탐욕으로 바뀌는 데는 시간이 얼마 걸리지 않았다. 전쟁을 통해 부유해진 로마인들은 호화로운 별장을 짓고 주랑을 그리스 조각으로 장식하는 멋을 알게 된 것이다. 그리하여 수많은 작품이 약탈되었고 또 진짜보다 더 많은 수의 가짜가 만들어져 진짜로 통하였다.

그 후의 약탈도 적잖았다. 중세에는 교황과 십자군에 의해서 행해졌고, 18·19세기에는 서구의 여행가들에 의해 행해졌다. 그 가운데 최대의 약탈은 엘긴 백작에 의해 반출된 이른바 '엘긴 마블(Elgin marbles ; 대리석)'이다.

엘긴(1766~1841)은 스코틀랜드의 귀족으로서 군인과 외교관을 지낸 이후 1799년부터 4년 동안 터키 대사로 있었는데, 그동안 많은 시간을 터키의 지배 아래 있는 그리스에서 보냈다. 당시 아크로폴리스는 비참한 상태에 있었다. 1687년 터키군이 화약고로 사용하던 파르테논은 폭파된 후 이슬람교의 모스크로 사용되었고, 에렉테이온은 화약고가 되고 입구의 기둥은 터키군의 포대가 되어 있었다.

파르테논의 조각에 대해서도 터키 당국은 무관심하였다. 엘긴 백작은 원래는 중요한 조각의 복제품을 만들고 조각의 단편 몇 개만을 수집할 계획을 세웠으나, 터키측의 무관심을 틈타 중요한 조각을 반출하기로 계획을 바꾸어 당국과 교섭을 하게 된다. 당시 터키는 외교적으로 영국과는 밀월 상태였기 때문에 쉽게 방출 허가를 얻어냈다. 물론 여기에는 상당한 뇌물도 작용했으리라 추측된다.

그리하여 대리석 절단기를 영국으로부터 들여와 1801년 7월부터 2년 동안 파르테논을 장식한 메토프와 프리즈 조각을 잘라서 영국으로 옮겼다. 엘긴의 약탈은 파르테논에 그치지 않고, 코린트·엘레우시스·미케네 등지에서도 이러한 짓을 자행하였다.

엘긴이 옮긴 조각들은 당장에 처분되지 않아 10년 가까이 창고에 묻혀 있어야만 했다. 1816년 하원에서 오랜 토의 끝에 정부가 3만 5천 파운드로 구입하여 대영박물관에 소장하기로 결의했다. 엘긴이 요구한 액수는 7만 파운드였으나 조각을 담보로 정부에 채무를 지고 있던 그로서는 승복할 수밖에 없었다. 엘긴은 그동안에 쓴 비용을 빼면 횡재는커녕 오히려 손해를 본 셈이었다.

파르테논에 있던 조각은 프리즈가 97개, 메토프가 92개인데, 그 가운데 56개의 프리즈가 대영박물관에 있고, 1개는 루브르 박물관에, 나머지 40개는 원래의 자리에 있거나 아크로폴리스 박물관에 있다. 메토프 가운데 15개가 대영박물관에 있다. 말하자면 현존 조각 가운데 반은 대영박물관에, 나머지 반은 아테네에 있는 셈이다.

파르테논의 조각 가운데 특히 프리즈의 조각은 아테네 제례의 행렬을 그린 하나의 통일체여서, 런던이든 아테네든 하나로 모여 있어야만 예술적으로나 종교적으로나 의미를 지니게 된다. 엘긴의 약탈 행위를 신랄하게 공격한 것은 바이런 경이었다. 그는 〈미네르바의 저주〉라는 시에서 엘긴의 몰염치한 행위에 대해 경멸과 비난을 퍼붓고, 엘긴 마블을 그리스로 반환할 것을 촉구하였다. 바이런의 정열은 많은 동조자를 얻었으며, 하원에서도 이 문제를 논의하기에 이른다.

그리하여 엘긴은 1810년 자신에 대한 공격에 대해 변명하는 글을 발표하였다. 즉 자기는 붕괴 소멸될 위기에 빠진 명작들을 보호하기 위하여, 더욱이 스코틀랜드에 있는 저택을 장식하기 위해서가 아니라 영국 국민을 위하여 정식 절차를 밟아 획득했다는 것이다. 영국 정부도 그를

— 〈기마 행렬상〉(기원전 448 ~ 432년경). 대리석. 엘긴 마블. 대영박물관. 파르테논의 서쪽 프리즈에 조각된 부조. 아테네 최대의 축제인 판 아테네 제례 행렬의 선두를 가는 기마 행렬.

지지하여 "보호의 정신으로 한 명예로운 행위"라 찬양하였다.

반환안은 1816년 7월 헴머슬레이 의원이 정식으로 제안하여 표결에 부친 결과, 찬성 30, 반대 82표로 부결되었다. 그러나 반환에 대한 찬반 시비는 여기서 끝나지 않았다. 1890년 《19세기》지에 논쟁이 다시 일어 났다. 반환을 요구한 헤리슨이 "엘긴 마블이 영국에 머문 것은 74년에 불과하지만 아크로폴리스에 있었던 것은 2,240년에 달한다"고 말한 데 대해, 제임스 노웰은 "그렇다면 세계의 모든 조각은 원래에 있던 자리 로 되돌아가야 하는가"라고 반문하였다.

20세기에 들어와서도 반환을 요구하는 소리는 간헐적으로 일어났으 나 영국 정부는 여전히 미온적이었다. 예컨대 1961년 하원에서 반환 문 제에 대해 한 의원이 질문을 하자, 답변에 나선 맥밀란 수상은 "이것은 매우 복잡한 문제이므로 신중히 고려해야 한다"고 했으나, 그 이상 아 무런 고려도 하지 않았다.

1974년 그리스에 민주정이 회복되고 1981년 그리스가 유럽공동체에 가입한 후, 반환을 요구하는 그리스 국민의 목소리는 한층 거세졌으며, 1983년에는 그리스 정부가 정식으로 영국 정부에 대해 반환을 요구했 다. 이 운동에 주도적인 역할을 하고 있는 것은 문화부장관인 멜리나 메르쿠리이다. 그녀는 반환을 위해 온갖 열정을 쏟고 있다. 특히 그 리스의 어린이 4만 명이 반환을 호소하는 편지를 영국 가정에 보내는 운동을 벌였으며, 이로 인해 현재 영국인의 반 이상이 반환에 찬성하고 있다고 한다. 그러나 아직도 많은 영국인은 대영박물관의 최대 보배인 엘긴 마블을 선뜻 돌려줄 마음이 생기지 않는 듯하다. 심지어 조각가 헨리 무어도 반환에 대한 질문에 대해 "건축가는 조각이 하늘 높이 솟 아 있는 것을 원하지만 조각가는 그것을 땅 위에 있어 손이 닿을 수 있 기를 원한다"고 하여, 엘긴 마블에 대한 애착을 간접적으로 표현하였다.

그러나 조만간 엘긴 마블을 반환하지 않을 수 없을 것이다. 그것은 시인 로저 케니스멘트의 다음과 같은 시가 영국인의 양심을 적시고 있 기 때문이다.

엘긴 마블을 돌려주어라.
그것이 아티카의 맑고 깨끗한 하늘 아래 있게 하여라.
우리의 북녘 날씨의 그을린 촉수는
고대의 오랜 세월보다도 심한 상처를 줄 것이기에.

그러나 역설적이게도 케니스멘트가 찬미한 아티카의 하늘도 이제는 런던 못지않게 오염되어 버렸다. 반환이 언제 이루어지건간에 아무튼 중요한 것은 영국인들 사이에 양심의 소리가 이토록 높아졌다는 사실이다. 한국의 문화재를 약탈하여 '보존(?)'하고 있는 일본인 가운데 누구 하나 어느 한 점도 반환하자는 소리가 나오지 않는다. 반환은커녕 미술품을 보여주지도 않는 경우가 많다. 도쿄의 한 절에서 비밀리에 소장하고 있는 관음보살상을 한국인은 관람할 수 없게 하는 것이 한 예이다. (1월 23일)

국립고고박물관의 볼거리

지난번에 미국에서 아테네로 떠날 때 하버드 대학의 스터링 다우 교수에게 보스턴이나 메트로폴리탄 박물관에만도 그리스의 유물이 이렇게 많이 소장되어 있는데, 과연 그리스에 볼 만한 것이 남아 있을까 하고 걱정했더니, 그는 아직도 "많이 많이" 남아 있으니 안심하라는 것이었다. 아테네에 와보니 그의 말이 거짓이 아님을 알 수 있었다.

아테네에는 앞서 말한 아크로폴리스와 케라미코스 박물관 외에도 박물관이 여기저기에 있으나, 중심은 물론 고고박물관이다. 19세기말에 건립된 신고전주의 양식의 건물인데, 정면 입구는 이오니아식 열주(列柱)로 장식되어 있다. 여기에는 그리스 전역에서 출토한 중요한 작품들을 망라하고 있으나, 그 가운데 최대의 수집품은 아티카의 도기이다.

그리스 예술의 주종을 이루고 있는 것은 조각이다. 신전이나 주랑을 장식했던 방대한 양의 조각을 보면 그리스 문화를 석재문화라 할 만하다. 그렇다고 그리스인이 그림을 그리지 않았던 것은 아니다. 벽화나 판화로서 남아 있는 것은 거의 없으나, 도회화(陶繪畵)로서 풍부하게 남아 있다. 그리스 회화의 한 가지 특이한 점은 일류 화가들이 도회화에서 솜씨를 유감없이 발휘하고 있다는 것이다. 따라서 도기 회화는 그리스 미술사에서 중요한 위치를 차지하고 있다.

박물관 입구에서 첫 번째 방인 제7실에 들어서면 사람의 크기만한 큰 항아리가 서 있다. 이 박물관의 도기 수집품의 백미라기보다 박물관의 최대 예술품이라 할 〈디피론의 암포라〉이다. 밤색 광택의 눈부신 아름다움, 162센티미터 높이의 압도적인 양감, 완벽한 형상의 구성, 도자기의 표면을 뒤덮은 여러 가지 종류의 기하학 무늬의 율동적인 배열, 숨을 멎게 하는 충격적인 조형미이다.

도기의 역사는 미케네시대로 거슬러 올라가지만, 기원전 10세기부터 이전의 동물상 대신에 기하학 무늬가 나타나며, 기원전 8세기에는 절정에 도달한다. 케라미코스 묘지의 디피론(이중문)에서 발견된 이 암포라는 이 시기 최고의 걸작이다. 도면의 중심부분에는 장례하는 모습을 그린 인상(人像)이 극히 단순한 흑상(黑像)으로나마 표현되어 있어, 인상주의(人像主義)로 나아갈 방향을 나타내고 있다. 그 후의 도기는 신화적 모티프의 인상으로 전환하여 기원전 6세기의 흑상, 적상(검은 바탕에 그린 붉은 인상)을 거쳐 기원전 5세기에는 흰 바탕에 섬세한 수채화를 그린 백지(白地) 레키토스[8]에 이르게 된다.

박물관을 관람한다는 것은 여간 고역이 아니다. 방대한 전시물을 두루 보아야 한다는 강박감 때문에 박물관에 들어서는 순간부터 피로를 느끼는 경우가 허다하다. 이 박물관의 방대한 도기 수장품은 지난번에 보았다는 구실로 그 가운데 몇 점만을 찍어 살펴본다. 흑상의 세부를 그리는 각선(刻線)은 예리하고 지적이며, 적상의 표정이나 옷의 주름, 근육의 움직임을 나타내는 선은 우아하고 감미롭다. 내가 심취하는 '아킬레우스의 화가'의 작품, 특히 〈병사와 아내〉의 작품을 다시 만난다. 이 백지 레키토스의 그림은 부부의 이별 장면인지 개선 장면인지

— 〈디피론의 암포라〉(기원전 8세기). 케라미코스 출토. 아테네 국립고고박물관. 높이 162센티미터. 아름답고 당당한 모습, 도기 전체에 그려진 섬세하고도 리드미컬한 여러 가지 형태의 기하학 무늬, 기하학 양식 최성(最盛)기의 가장 완벽한 걸작이다. 도기 상부에는 추상화된 인체의 모습이 그려져 있어 그리스 도기의 앞으로의 방향을 예시하는 듯하다.

혹은 죽은 자에 대한 회상 장면인지 분명하지가 않다. 그러나 그것은 얼마나 아름다운 선의 세계인가. 한 획으로 그어진 정확하고 절묘한 선의 흐름, 남자와 여자가 취한 자유로운 자세의 우미(優美)함, 섬세하고 우아한 엷은 채색, 그야말로 궁극의 데생이라 할 걸작이다. 이 작품을 비롯한 백지 레키토스의 단아한 그림 몇 점을 촬영한 다음 제15실에 들어선다.

이 박물관의 조각 가운데 최고의 걸작인 〈포세이돈상〉에 경의를 표하지 않을 수 없기 때문이다. 기원전 450년경 칼라미스가 제작한 대표적인 엄격 양식의 조각이다. 두 손을 넓게 벌려 오른손에 쥔 3차(叉)의 창을 바야흐로 던지려는 순간을 포착한 작품이다. 격렬한 동작을 일으키려는 근육을 조금도 과장함이 없이 표현했으며, 전체적으로 유연하고 당당하여 조용한 얼굴의 표정과 더불어 고전 시대의 조화를 지향하고 있다.

다음은 제4실, 미케네 실이다. 하인리히 슐리만이 미케네 성의 분묘에서 발굴한 황금 가면을 비롯한 미케네시대의 유물을

— 백지(白地) 레키토스 〈병사와 아내〉(기원전 5세기 중엽). 아킬레우스 화가. 높이 221센티미터. 아킬레우스 화가란 백림박물관 소장의 암포라 도기에 그려진 아킬레우스의 그림에서 유래한다. 백지 레키토스는 무덤의 제물로 사용된 것으로 보인다. 그리스 도기는 미케네 시대에는 어류(魚類)와 같은 동식물의 무늬, 고졸기 초에는 기하학 무늬, 그 후 흑회(黑繪)식 무늬, 적회(赤繪)식 무늬를 거쳐 백지 레키토스에 이른다. 따라서 이 작품은 그리스 도기의 최후를 장식하는 걸작이라 할 수 있다.

— 〈포세이돈상〉(기원전 470 ～ 450년경). 청동. 아테네 국립고고박물관.

모아 놓고 있다. 이러한 작품들은 지난번에 가슴 두근거리며 충분히
감상했던 것이며, 이번에 그리스를 찾은 목적의 하나는 산토리니 섬
의 유적을 탐방하고, 거기서 출토된 벽화를 전시하고 있는 이 박물관
2층 특별실을 보는 것이다.

그리스 문명은 크레타 섬의 미노아 문명에서 시작했다. 이 문명은
기원전 2800년경부터 형성되어 1500년경 번영의 절정에서 한꺼번에
파괴 되었다. 이 서양 최초의 문명이 파괴된 원인에 대해서는 여러 가
지 설이 있다. 크레타의 유적을 발굴한 에번스는 지진에 의해서 파괴
되었다고 주장했지만, 그 밖에 미케네인이 침입해서 파괴했다는 설,
미케네 이외에 제3세력이 침공했다는 설 등이 있다. 가장 화제가 된
것은 그리스의 고고학자 마리나토스의 설이다. 크레타의 북쪽 120킬
로미터 지점에 있는 산토리니 섬은 역사상 여러 번의 화산 폭발을 겪
었는데, 최대의 것은 기원전 1500년경에 일어났으며, 그 폭발에 따른
해일이 크레타의 북쪽 해안을 휩쓸어 미노아 문명을 파괴했다는 것이

— 칼의 도신(刀身)(기원전 1600 ～ 1550년경). 청동. 미케네 출토. 아테네 국립고고박물관. 길
이 23.8센티미터. 제사용 칼의 도신에 사자가 노루를 잡는 순간의 모습이 새겨진 미케네 미
술의 걸작. 동물은 금과 은으로 상감되어 있다.

다. 아울러 수수께끼의 전설의 섬 아틀란티스는 다름 아닌 산토리니를 가르킨다고 주장했다.

마리나토스는 자신의 설을 뒷받침하기 위해 1967년부터 산토리니 섬의 아크로틸리에서 화산재(灰)에 매몰된 도시를 발굴하는 데 성공했으며, 유물 가운데서 벽화를 벽면 그대로 이곳 2층 특별실에 옮겨 놓은 것이다.

〈파란 원숭이〉, 〈권투하는 소년〉, 〈제비의 희유도(嬉遊圖)〉 등 사진으로 눈에 익은 벽화는 복원한 부분이 많기는 하지만, 3,500년 전의 그림이라고는 믿을 수 없을 만큼 사실적이고 아름답다. 아크로틸리의 현장 분위기를 살리기 위해 조명을 어둡게 하고 있어 촬영이 불가능할 뿐 아니라 금지하고 있기도 하다. 그래서 입구에서 판매하는 슬라이드와 도판, 발굴 보고서를 샀다. 그토록 바라던 벽화를 보고나니 이제 아크로틸리 현장을 보는 것이 더욱 기다려진다.　　　　　　　(2월 24일)

세계 유일의 키클라데스 미술박물관

신타그마 광장에서 힐튼 호텔에 이르는 바실레우스 소피아스 거리 언저리에는 박물관이 몇 개 있다. 비잔틴 박물관은 4세기에서 15세기에 이르는 비잔틴시대의 미술품이 주종을 이루고 있으나, 19세기까지의 기독교 미술품도 전시하고 있다. 플로렌스 양식의 장려한 건물 속에 방대한 양의 이콘(聖像)이 소장되어 있다.

베나키 박물관은 안토니오 베나키라는 부호가 35년 동안 수집한 방대한 수집품을 국가에 헌납한 것으로, 특히 그리스의 민속자료, 중동의 타페스트리나 보석, 중국의 도자기 등이 뛰어나다.

전쟁박물관은 페르시아 전쟁에서 현재에 이르기까지의 무기를 전시하고 있는데, 파리 레장발리드의 전쟁박물관에는 비할 수 없는 작은 규모이지만, 그래도 군사정권이 만든 것이니만큼 좋은 위치에 있다. 그러나 어린이 몇 명 외에는 이곳을 찾는 사람은 보이지 않다.

가장 매력적인 미술관은 새로 개관한 키클라데스(Cyclades) 미술관이다. 이것은 선박왕 구란드리스와 그 부인이 수집한 230점의 키클라데스 미술품을 중심으로 한 수집품을, 문화부에서 신축한 아담하고 산뜻한 현대식 건물에 전시하여 1986년 2월에 개관한 것이다. 새로 개관했기 때문에 관람객이 몹시 붐비는데, 옷차림새로 보아 관광객이 아니라 아테네의 상류층이나 전문적인 관심을 가진 사람들로 보인다. 미국고전학연구소에서 공부하고 있는 낯익은 얼굴들도 눈에 띈다.

키클라데스 미술품은 델로스 섬을 중심으로 고리 모양으로 둥글게 흩어져 있는(Cyclades) 군도에서 출토된 알라바스터(雪花石膏) 돌 인형을 말한다. 기원전 2800년에서 기원전 2000년에 걸쳐 제작되었으니, 그리스의 원초적인 조각이라 할 수 있다. 여기에는 일용품이나 남자상도 있고 크기도 다양하나, '구란드리스의 마스터'라 이름 지어진 작가의 것으로 추정되는 여체상(女體像)들은 다음과 같은 뚜렷한 특징을 지니고 있다. 뒤로 젖혀진 얼굴, 긴 목, 약간 돌출한 유방, 복부에 나란히 놓인 가는 두 손목, 선으로 조각된 역 델타(삼각형) 치부(恥部). 특히 델타는 여성의 상징이라 완전한 형태일 뿐 아니라 보편적인 번식의 원형이기도 하다. 그러나 성적인 육감은 없다.

이러한 기본 특성을 지닌 여체상 외에도 여러 형태의 조상이 있다.

인체를 극단적으로 단순화한 초기

— 키클라데스 미술관의 여인상(기원전 2800 ~ 2300년 작품으로 추정).

키클라데스 시대의 바이올린형 여자상이 있는가 하면, '사냥꾼'이라 이름 붙은 후대의 더 사실적인 남자상도 있다. 코와 채색된 입술만이 새겨진 몽환적(夢幻的)인 두상이 있는가 하면, 컵을 들고 의자에 앉아 있는 어쩐지 유머러스한 자세의 남자 좌상도 있다.

이 조각들은 19세기말에 발견되었으나 처음에는 별로 주목을 받지 못했다. 그러나 요즘은 서양 미술사상 최초의 개성적인 예술이며, 인체의 추상적 조형의 극치라 높이 평가받고 있다. 사실 세부 표현을 억제하고 형태를 극단적으로 단순화한 방법은 현대 조각의 기법과 통하며, 그런 의미에서 현대 조각의 원조라 할 수도 있을 것이다.

그래서 미술관의 2층은 키클라데스 조각, 3층은 고전시대의 작품이 전시되어 있으나, 4층은 키클라데스의 조각과 비교가 되는 미로·알프·브랑쿠시 같은 현대 작가의 조각의 대형 사진이 벽면을 채우고 있다. 예컨대 알프의 〈여자 토르소〉(1953년 작품)는 인체의 각 부분이 키클라데스의 조각보다 한결 풍만하나, 극단적인 단순화라는 점에서 둘은 동일한 조형 원리에 근거하고 있다. 키클라데스 조각의 두상은 브랑쿠시의 〈잠자는 뮤즈〉(1910년 작품)나 마티스의 〈티아레〉의 두상과 흡사하다. 단 키클라데스 조각의 두상은 돌출한 코만이 강조되어 있는 것이 다를 뿐이다.

성적 삼각형은 약간 변형되어 있으나 후안 미로의 조각에 자주 나타난다. 컵을 들고 의자에 앉은 남자상은 아몬드형의 머리, 긴 원통 모양의 목, 곧은 상반신이 특징인데, 헨리 무어의 유명한 〈왕과 왕비〉(1953년 작품)가 이와 유사하다.

아무튼 키클라데스 조각은 추상화한 형태 속에 세련된 감각을 담고 있으며, 그런 점에서 현대 조각과 통한다고 할 수 있다. 현대 조각이 의도적이고 기교적이어서 때로는 기괴하고 삐뚤어진 모양인 데 비해, 그들은 소박하고 청초하고 신선하고 자연스럽다. 그들의 얼굴에는 표정이 없다. 공포도 슬픔도 기쁨도 없는 몽환적 단순미를 띤 조형. 하나의 수수께끼이다.

— 콘스탄틴 블랑쿠시의 〈뮤즈〉(1918년). 브론즈. 높이 49.5센티미터. 포트랜드 미술관.

— 〈여인상〉 초기 키클라데스 (기원전 2800 ~ 2300년 추정).

이 조각은 고고박물관이나 미국의 보스턴 미술관 등 그리스 안팎 여러 미술관에 흩어져 있다. 그러나 한곳에 모아놓은 것은 이곳밖에 없으니, 세계 유일의 키클라데스 미술박물관이라는 광고 문구가 과장이 아니라 할 것이다.

1층 매장에서 포스터와 슬라이드 1질, 모형 1개를 산다. 모형은 원작처럼 정교하나 플라스틱으로 만든 것이어서 어쩐지 값싼 티가 나는 것이 흠이다. 대리석이나 석고로 된 것이 없을까 하여 플라카 거리를 더듬어 보기로 마음 먹는다. 연구소 가까이에 이 미술관이 새로 개관되어 자주 들를 수 있게 된 것도 한 가지 적잖은 행운이라 할 것이다. (3월 10일)

신비의 베일에 가린 엘레우시스 비의(秘儀)

엘레브시나(옛 이름 엘레우시스)는 아테네에서 약 22킬로미터 떨어진 항구인데, 예부터 대지의 여신 데메테르 신앙의 성지로서 유명하다. 원래는 아테네에서 독립되어 있었으나, 기원전 8세기경 아테네가 아티카 지방을 통합하여 하나의 폴리스를 형성할 때 맨 마지막으로 통합되었다. 그 후 아테네의 종교와 정치에 큰 비중을 차지하였으며, 나아가서는 전 그리스에 걸쳐 신비교의 영지(靈地)가 되었다. 더욱이 아이스킬로스의 탄생지이기도 하기 때문에, 아이스킬로스에 관한 글을 2, 3편 쓴 적이 있는 나로서는 꼭 가보아야만 하는 곳이다.

엘레브시나에 가는 데는 두 가지 길이 있다. 아테네 시내에서 가는 길과, 피레아스를 거쳐 가는 길인데, 후자를 택하기로 한다. 피레아스로 가는 길에 살라미스 만을 볼 수 있기 때문이다.

아침 일찍 길을 나서 먼저 버스로 피레아스 항구의 부두에 있는 정류장으로 간다. 그곳에서 페라마행 버스로 갈아타야 한다. 페라마는 살라미스 해전이 있었던 살라미스 만에 면해 있는 항구이며, 뒤쪽 산중턱에

— 살라미스 섬과 살라미스 만

페르시아의 크세르크세스 왕이 진을 치고 아래에서 벌어지는 해전을 관전했다고 한다. 전쟁박물관에 있는 살라미스 해전도에 왕의 옥좌가 마련된 지점이 나타나 있기 때문에, 가능하면 그곳에서 바다를 바라보고 촬영을 하는 것이 좋겠다는 생각이 들었다.

그래서 산중턱에 있는 마을의 가파른 골목을 올라가서 어디쯤 될까 하고 두리번거리자, 빈터에서 공놀이를 하던 꼬마들이 모여든다. 그 가운데 한 아이는 영어가 유창한데, 그리스계 미국인인 듯 미국에 살다가 방학이라 고향에 왔다고 한다. 살라미스의 옛일을 이야기하자, 자기는 그런 것은 잘 모르지만 아무튼 산 위에서 살라미스 만을 촬영하는 것은 금지되어 있다고 한다. 그러고 보니 만에는 군함이 몇 척 정박하고 있는데, 예나 지금이나 군항으로 사용되고 있는 것 같다. 스파이가 된 듯한 가벼운 전율을 느끼며 서둘러 촬영을 하고 산을 내려온다.

지도를 보니 엘레브시나는 페라마에서 가까운 거리에 있으나, 페라마에서 엘레브시나로 가는 버스가 없다기에 부득이 피레아스로 돌아온 후 다시 엘레브시나행 버스로 갈아탄다. 버스는 처음에는 피레아스의 부둣가 창고 지대의 낡고 지저분한 뒷골목을 약 20분 동안 천천히 누빈 끝에, 아테네에서 펠로폰네소스로 향하는 고속도로로 진입하여 20분 만에 엘레브시나에 도착한다.

엘레브시나는 현재 인구 3만 명 정도의 공업도시라고 알고 있었는데, 의외로 조용한 항구도시이다. 버스 종점이 있는 부두에는 배가 몇 척 있을 뿐 인적이 없으며, 부둣가의 아담한 공원에는 동상이 서 있고, 벤치에 소녀들이 몇 명 모여 앉아 웃음꽃을 피우고 있다.

엘레브시나의 성소(聖所)는 공원에서 5, 6분 거리에 있다. 이곳은 대지의 여신 데메테르 비의(秘儀)의 신전 텔레스테리온이 서 있던 곳이다. 데메테르의 딸 페르세포네는 들에서 꽃을 따다가 저승의 왕 하데스에게 납치된다. 데메테르는 딸을 찾아 9일 동안 헤매었으나 찾을 수 없자, 비탄한 나머지 엘레우시스에 숨어버린다. 데메테르가 하늘에 없자 대지에는 가뭄과 흉년이 든다. 제우스는 하데스를 설득하여 페르세포

네가 1년의 반은 저승에서, 반은 데메테르와 살게끔 했다.

엘레우시스 비교(秘敎)는 신비의 베일에 가려져 그 내용을 알 길이 없다. 제례는 9월 14일부터 90일 동안이나 진행된다. 먼저 신자들이 일대 행렬을 이루어 엘레브시나에서 아테네까지 행진을 한다. 아테네에 도착하여 제례를 지낸 후 텔레스테리온 안으로 들어가 비밀스러운 의식을 행한다. 그 의식은 내세적 신앙을 내용으로 한 것으로 짐작되나, 그것을 입 밖에 내는 사람은 사형을 당했기 때문에 오늘날까지 알려지지 않고 있다.

고대 아테네는 남성들의 폴리스였다. 여자들은 시민 공동체의 온갖 공적 활동에서 제외되었다. 그렇다고 여자들이 1년 내내 집안에 갇혀 있었던 것은 아니다. 여자들은 종교 행사인 제례에는 참가할 수 있었다. 제례는 폴리스에서 개최하는 국가 제례와 데모스에서 개최하는 지구(地區) 제례가 있었는데, 합해서 1년에 수십 번이나 개최되었다. 그 가운데는 테스모폴리아라는 여자들만의 제례도 있었는데, 여기에는 메토이코이(재류외국인)나 노예도 참가했으며, 이날에는 민회와 평의회가 개최되지 않았다. 남자들이 여자 대신 집을 지켜야 했기 때문이다.

여자들은 제례에 참가했을 뿐 아니라 제식을 관장하는 신관에도 임명되었다. 신관은 1년 임기와 종신직이 있었는데, 전자에는 보통 시민의 여자도 임명되었으나 후자는 명문 귀족의 여자로 한정되었다.

엘레우시스 비의의 여자 신관은 필레다이 씨족의 여자 가운데서 선출되었으며 종신직이었다. 그녀들은 고위 신관으로서 큰 권한을 행사했으며, 최고 신관인 히에로판테스도 권한을 침해할 수 없었다.

비의의 중심 건물인 텔레스테리온은 한 변이 54미터인 직사각형의 거대한 건물이었다. 그러나 이 건물을 비롯한 모든 건물은 오늘날 완전히 파괴되어 기둥 하나 서 있는 것이 없다. 그러나 경내에 누워 있는 수많은 기둥의 크기와 굵기에서 신전의 장관을 짐작할 수 있다.

경내의 서쪽 구석에 아크로폴리스를 배경으로 하여 아담한 미술관이 서 있다. 이곳에서 발굴된, 데메테르가 엘레우시스의 왕자에게 곡물 재배법을 가르쳐주는 유명한 부조는 아테네의 고고박물관으로 옮겨졌지만, 이 박물관에도 한 가지 걸작이 남아 있다. 동쪽 방 중앙에 당당히 자리하고 있는 높이 142센티미터의 이른바 〈엘레우시스의 암포라〉가 그것이다. 이 항아리의 특색은 오디세우스의 모험담을 주제로 한 흑상식(黑像式) 그림이다. 기하학 무늬 시대의 주제가 되는 그림을 장대한 규모의 화면으로 발전시킨 이 흑상은, 7세기초 동방화의 영향이 나타난 이 시대의 대표적 걸작이다.

신역(神域)의 경내는 그리 넓은 편은 아니나 쓰러진 돌기둥이 가득히 누워 있어 황량하기 이를 데 없다. 한 노신사가 젊은 여자에게 열심히 설명하고 있는 모습 외에는 인적이 없다.

아이스킬로스는 엘레우시스에서 태어났다. 그의 경건함, 신에 대한 귀의는 이 지방에 팽배했던 데메테르 신앙 때문이었을 것이다. 따라서 그의 비극의 주제는 신의 정의나 신과 인간과의 관계가 많다. 디오니소스 신앙도 데메테르 신앙과 같이 신비 종교이다. 신비 종교가 지니는 열정적인 면, 그것이 비극의 근원이라고 니체는 말했다. 아이스킬로스가 비극을 창시하게 된 것은 우연이 아니었던 것이다. 이런 생각을 하면서 언덕 아래에 펼쳐진 살라미스의 바다를 바라본다. 잔잔한 파도가 햇빛을 받아 반짝반짝 빛나는 것이 아름답다.

돌아오는 길에 고속도로 변에 자리한 다푸니 수도원을 둘러본다. 이 수도원은 11세기에 세워진 그리스에서 가장 오래된 수도원의 하나이며, 규모나 건축은 보잘것없으나 교회 안의 동쪽 끝 반원 부분인 앱시스에 그려진 그리스도 상이 유명하여 일부러 찾은 것이다. 그러나 교회 내부가 전면 수리중이어서 성상이 가려져 보이지 않는다.

수도원은 생각보다 초라하나 주변의 경관이 훌륭하다. 소나무가 우거진 뒷산은 휴양지인 듯, 산 아래에는 미국의 산중에서 흔히 보는 야영지가 여남은 개 흩어져 있다. 언덕에 올라가 샌드위치를 먹으면서 오랫만에 지극히 비(非) 그리스적인 경치를 즐긴다.   (3월 11일)

브라오나와 수니온

그리스는 세계 유수의 관광국이니만큼 유명 관광지의 교통편은 매우 편리하지만, 그 밖의 장소에 대한 교통은 거의 불가능할 정도로 불편하다. 아르테미스 신전이 있는 브라오나(Vraona ; 옛 이름 브라우론)행에서도 이를 실감하게 된다. 브라오나는 아테네에서 마라톤까지의 거리 정도밖에 되지 않는 가까운 곳이지만, 마라톤에 비해 지명도가 낮기 때문에 교통이 불편한 것이다.

브라오나에 가기 위해 고고박물관 뒤에 있는 아레오스 공원 입구 버스 정류장에서 마르코폴로행 버스를 탄다. 이곳은 수니온·마라톤 등 아테네 근교로 가는 시외버스 터미널이어서 단체 관광버스를 이용하지 않으려면 이곳을 이용해야 한다.

아테네 시내는 천편일률적인 아파트로 이루어진 무미건조한 거리이

— 브라오나의 파르테논 신전

나, 시의 외곽으로 나가면 아담한 단독주택이 꽤 눈에 띤다. 시외로 나가자 하염없이 올리브 밭이 계속된다. 올리브 나무 사이에 채소의 간작(間作)이 이따금씩 보일 뿐, 이렇다 할 농작물을 재배하지 않는 듯하다. 역사책에 나오는 기술 그대로 아티카는 토지가 척박해서 올리브 이외의 재배는 불가능한 것일까. 올리브 나무도 수령이 수십 년이나 되는 고목뿐이라 생산성이 그리 높을 것 같지 않다. 그럼에도 농가의 규모는 크고 승용차나 픽업이 집집마다 놓여 있는 것이 우리의 농가와는 비교가 되지 않는다. 그것은 결국 농가의 단위 소유 면적의 차이에서 오는 것이 아닐까 생각한다.

마르코폴로(Markopoulo)는 전형적인 시골 마을이지만 세 갈래 큰길의 교차로에 위치하여 제법 흥청거리는 거리이다. 이곳에서 브라오나행 버스는 하루 한 번밖에 없으며 그것도 몇 시간 기다려야 한다는 말을 듣고 난감해진다. 이때 이 마을의 보스(?)로 보이는 넥타이에 중절모자까지 쓴 정장 차림의 초로 신사가 나타나 자기가 택시를 주선해주겠다고 자청한다. 그가 운전사를 불러 흥정을 해서 600드라크마로 대절하기로 한다. 의외로 싸다는 느낌이었으나 브라오나까지 차로 10분밖에 걸리지 않는 가까운 거리였다.

브라오나는 수렵의 여신 아르테미스를 숭배하는 고장이었다. 미케네 시대에 이미 이곳은 아르테미스의 화신인 암곰과 깊은 관계가 있는 신앙이 확립되어 있었다고 한다. 고전시대에 아르테미스 신앙이 크게 흥하게 된 것은 브라오나 출신의 참주 페이시스트라토스가 아르테미스 브라오나를 아테네의 공식 제의의 하나로 만들었기 때문이며, 그리하여 아크로폴리스의 한쪽에 이 제의의 지소(支所)라 할 신역이 마련되었다.

처녀 신 아르테미스는 수렵의 여신인 동시에 결혼과 산욕(産褥)과 다산(多産)의 여신이기도 했다. 여자들에게 다산의 혜택을 주기도 하지만 노하면 산욕사(産褥死)하게 했다.

아르테미스 제의에는 해마다 열리는 예제(例祭)와 4년마다 열리는 대제(大祭)가 있는데, 이 제례의 주역은 5세에서 10세 정도의 소녀들이었다. 그녀들은 '아르크토이'(곰)라 불렸다. 곰은 아르테미스와 인연이 깊은 동물이다. 순결을 맹세하고 여신과 함께 산야를 뛰놀던 님프의 하나인 칼리스토는 제우스의 사랑을 받아 아이를 낳았기 때문에 여신의 노여움을 사서 곰으로 변하게 된다. 칼리스토와 그 아이는 후에 하늘의 큰곰 · 작은곰자리가 되었다고 한다. 단군신화의 웅녀를 연상케 하는 신화이다. 곰처녀들은 일정 기간 성역에서 집단생활을 했으며, 제례 때에는 긴 사프란(saffraan) 색 상의를 입고 비의적인 '암곰의 춤'을 아르테미스에게 바쳤다고 한다. 곰처녀가 되는 것은 브라오나의 여자들이 결혼 전에 봉사해야 할 의무였으며, 이것은 그 후 아테네 귀족 자녀의 통과의례가 되었다.

아르테미스 신앙은 아가멤논의 딸 이피게니아와도 관련이 있다. 아이스킬로스의 비극 작품《오레스테이아》에서는, 트로이를 치기 위해 아울리스에 집결한 그리스군이 풍랑이 심해 출항을 못하자, 총사령관인 아가멤논은 딸 이피게니아를 해신에게 바쳤다. 그러나 동생의 부정한 처 헬레네를 되찾기 위해 딸을 희생시킴으로써 아가멤논은 아내에게 살해당할 구실을 만들게 된다.

에우리피데스는 이 이야기를 바꾸어 희생으로 바쳐진 이피게니아는 아르테미스에 의해 구제되어 타우리스로 옮겨졌다가, 브라오나의 아르테미스 신전의 여사제가 되어 이곳에서 생을 마친 것으로 그리고 있다.

이피게니아, 그대는 브라우론의 성스러운 언덕 언저리에서
이 여신(아르테미스)에게 봉사하도록 한 여자.
그리고 그곳에서 생을 마쳐 매장되면 출산 후 탯줄을 끊은 여인들로
부터 집에 남긴 온갖 아름다운 옷감을 공물로 바쳐지게 될 것이다.

(에우리피데스, 〈타우리스의 이피게니아〉, 1463 ~ 1467행)

이피게니아와 브라오나를 연결시키는 전설은 여러 가지가 있으나, 아무튼 이피게니아 숭배는 비의적 성격을 띠어, 산고로 죽은 여자는 그녀의 페로스를 이피게니아에게 봉납하며, 무사히 출산한 경우에는 아르테미스에게 키톤을 바쳤다고 한다. 이것은 태고시대에 신에게 바친 인신 희생의 관행이 문명화와 더불어 산고로 죽은 여자의 옷을 신에게 바치는 풍습으로 변형된 것을 말해준다.

브라오나에는 아르테미스의 신전을 비롯해 이피게니아의 사당과 곰처녀들의 숙소가 있었으나, 현재는 파르테논이라 불렸던 회랑의 도리아식 석주만 여남은 개 남아 있다. 그러나 이곳에서 발굴된 출토품은 브라오나 미술관에 소장되어 있다.

미술관은 여기서 5분 정도의 거리에 있는 브라오나 만에 면한 아담한 건물인데, 곰처녀의 조각을 비롯하여 해산한 여자들이 여신에게 봉납하는 모습을 새긴 부조와 테라코타 동거울 등 내용이 아주 짭짤하다. 특히 곰처녀의 천진하고 청초한 표정과 자세가 인상적이다. 아테네 대학의 파파디미트리우 교수팀이 1946년에서 1963년까지 간헐적으로 계속한 발굴의 결과이다. 전시물을 좀더 오래 보고 주위의 풍경도 즐겼으면 하는 마음이나 택시를 마냥 대기시킬 수 없어 한 시간 정도

보고 마르코폴로로 되돌아온다.

　마르코폴로에서 수니온까지는 약 40킬로
미터 정도의 거리이다. 이번 여행에서는
돈과 시간상 지난번에 다녀온 곳은 일체
생략하기로 결심하였으며, 따라서 마라톤
과 수니온도 계획에서 제외하였다. 그러나
브라오나까지 온 길인 만큼 수니온을 다시
찾기로 한다.

　아테네에서 수니온에 이르는 길은 두 가
지가 있다. 해안선을 따라 가는 길과 아티
카 반도 내륙을 누비는 길인데, 관광버스
를 비롯한 대부분의 차가 경치가 좋은 해
안선 길을 택하게 마련이다. 그러나 내륙
코스는 아티카의 전원 풍경을 즐길 수 있
다는 점에서 왕복중 한 번은 택함직한데,
마르코폴로는 내륙 코스의 중간 지점에 있
다. 그래서 마르코폴로에서 아테네발—수
니온행 버스를 받아타고 수니온으로 간다.

　수니온의 절벽에서 항상 불어내리는 북
풍은 항해자들을 괴롭혔으며, 풍랑을 잠재
우기 위해 해신 포세이돈의 신전을 건립하
였을 것이다. 현재의 신전은 페리클레스의
계획에 의하여 아테네의 파르테논과 같은
시기에 건립되었다.

　파르테논과 같은 도리아식 기둥인데도
한결 가늘어 도리아식이라기보다 이오니
아식 기둥이라는 인상을 준다. 강풍에 의
해 심하게 마멸되었는데, 그것이 오히려

— 소녀상(브라오나 박물관)

파도에 마멸된 해안의 자연석과 같이 미묘하게 아름답다. 아테네의 혼탁한 공기 속에 누렇게 그을린 파르테논과는 달리, 맑은 바닷바람에 몸을 씻기운 탓인지 순백의 석상이 더없이 맑고 화사하다. 신전의 동쪽 완만한 구릉에는 분홍색 꽃잔디가 깔려 있고, 젊은 쌍이 포옹하고 있는 모습이 여기저기에 보인다.

　돌아오는 길에는 해변 코스의 버스를 택한다. 지난번보다 깨끗한 호텔이나 레스토랑이 한결 많아진 것을 알 수 있다. 경제 후진국이라지만 15년 전보다는 현저하게 성장한 것이 분명하다. 약 두 시간 뒤 신그루가 아파트 부근에서 내렸다.　　　　　　　　　　　　　　　(3월 20일)

― 수니온의 포세이돈 신전(기원전 440년경).

1) 페이시스트라토스는 시민들이 정치에 관심을 가지지 않게 하기 위해, 판 아테나이제 등 축제와 제례를 개최하고 여러 가지 문화사업을 추진했다. 호머의 《일리아스》와 《오디세이아》를 문자화하여 편찬하고, 호머 찬가 경연 대회를 개최하고, 디오니소스 제례를 장려하여 비극이 발생한 것도 이 무렵이었다. 그의 통치 아래 예술은 대중에게 개방되고 아테네는 일류 국제 도시가 되었으며, 그러한 의미에서 그는 독재자의 모델이었다 할 것이다.

2) 클레이스테네스는 기원전 509년 민주적 개혁의 일환으로 참주를 예방하기 위해 오스트라키스모스 제도를 제정하였다. 그것은 참주가 될 위험이 있는 인물을 민회의 투표에서 결정하여 10년 동안 해외에 추방하는 법이다. 그것이 실시된 것은 20년 뒤인 기원전 488년부터이며 적어도 9명이 추방되었다.

   이 제도는 범죄에 대한 처벌이 아니라 예방조치였으므로 심문이나 재판도 없었고, 시민권 박탈이나 벌금이나 재산 몰수도 없었다. 단지 추방을 통해 정치 기반을 상실하게 하는 것이 목적이었기 때문이다. 이 제도에 대해서는 찬반 논의가 많으나 정치적으로 악용되는 경우가 있어 기원전 417년 이후에는 실시되지 않았다. 그러나 이 제도 실시 후 아테네에는 다시 참주가 출현하지 않았다.

3) 테미스토클레스와 아리스테이데스는 어릴 때부터 숙명적 라이벌이었다. 장성한 후 정치가로서 테미스토클레스는 민주파, 아리스테이데스는 보수파였으며, 군인으로서 전자는 해군주의자, 후자는 육군주의자였다. 성격적으로 전자는 청탁(淸濁)을 가리지 않은 유능한 모사형인 데 반해, 후자는 대쪽 같은 청렴결백형이었다. 둘의 대립의 절정은 기원전 483년 라우레이온 은광에서 새로운 광맥이 발견되어 다량의 은을 얻게 되었을 때였다. 테미스토클레스는 그것을 군선 건조를 위해 사용하려 했으나 아리스테이데스가

반대하자, 그를 도편추방법을 이용하여 추방한다. 그러나 페르시아군이 침
공해오자 테미스토클레스는 기원전 482년에 아리스테이데스를 소환하였으
며, 그 후 도움을 얻어 살라미스 해전에서 승리한다. 그러나 전쟁 후 기원
전 470년에 이번에는 테미스토클레스가 추방되어 망명중 사망한다. 이 박
물관에 전시된 오스트라콘 가운데 이 두 정치가의 이름이 새겨진 것이 가
장 많다.

4) 페리클레스(495 ~ 429 B.C.)는 32세에 민주파 정치가로서 정계에 등장한
    후 아테네 정국을 주도했으며, 특히 사망할 때까지 15년 동안 스트라테고
    스(장군)로서 1인 지배를 하다시피 했다. 그가 페르시아 전쟁으로 불탄 신
    전을 재건하기 시작한 것은 기원전 447년이었으며, 건물이 완성된 것은 기
    원전 438년, 모든 조각이 끝난 것은 그가 사망하기 3년 전인 기원전 432년
    이었다. 그는 파르테논 외에도 니케 신전 등 여러 건물을 짓는 데 공세(貢
    稅)를 사용하였다.

5) 페리클레스의 최대 정적은 투키디데스(역사가 투키디데스는 동명이인)였
    다. 페리클레스의 개혁을 반대한 투키디데스는 기원전 443년에 도편추방법
    에 의해 추방되었다.

6) 아크로폴리스는 신석기시대에 사람들이 거주한 흔적이 있다. 미케네시대
    에는 왕국이 있었던 것으로 보이는데, 그것은 당시의 거석(巨石)의 보루(堡
    壘)가 쌓인 흔적이 남아 있기 때문이다. 기원전 12세기 도리아인의 침입과
    때를 같이하여 미케네시대의 다른 왕국들이 파괴 멸망했는데도 아테네 왕
    국은 존속하나, 그 후 400년 동안 암흑시대의 영향으로 문화는 매우 쇠퇴
    한다. 아크로폴리스에 신전들이 화려하게 세워진 것은 아카익시대, 특히 참
    주 페이시스트라토스(560 ~ 527 B.C.)시대였다. 아테나 신전이 건설되었으
    며, 그 페디멘트(博栱)의 아테나 상과 거인 상이나 수많은 코레(소녀) 상은
    현재 아크로폴리스 미술관에 소장되어 있다. 그러나 기원전 480년 페르시
    아 군대가 침입하여 신전들을 불태우고 파괴하였다.

    현재의 파르테논은 페리클레스에 의해 건축되었다. 그는 친구이자 그리
    스 최대의 예술가인 조각가 페이디아스를 총감독으로 임명하고 건축가 익

티노스의 설계로 신전을 완성시켰다. 장중 엄숙한 도리아식 건축 양식에 경쾌 청초한 이오니아식을 가미한 기적이라 할 이상적인 건축을 창출한 것이다.

아크로폴리스에는 현재 파르테논 외에도 3개의 건물이 있다. 우선 산문(山門)인 프로필라이아는 파르테논이 준공된 후 기원전 438년에 착공되어 파르테논의 페디멘트 조각이 완성된 432년에 미완성인 채 중단되었다. 산문이라 하지만 도리아식과 이오니아식이 혼합된 당당한 신전형 건물이다. 단 여기에는 조각은 없다.

아크로폴리스 서남쪽에 튀어나온 석축 위에 서 있는 니케 신전은 원래 아카익시대에 건축되었으나 기원전 480년에 파괴되었고, 기원전 427년에서 기원전 424년에 재건된 이오니아식의 기둥이 4개 있는 아담한 신전이다. 여기에는 35개의 메토프에 여러 가지 니케 상이 조각되어 있었으나, 가장 유명한 것이 〈샌들을 벗는 니케 상〉이다. 현재의 신전은 1935년에서 1940년에 복원한 것이다.

에렉테이온은 펠로폰네소스 전쟁시대에 '니키아스의 평화'(421 B.C.) 직후에 착공하여 기원전 405년에 완성하였다. 이 신전은 암반의 기복이 심해 높이가 다른 특이한 설계로 건설되었다. 신전의 장식에 최대한의 기교가 발휘되었으나, 가장 유명한 것은 물론 남쪽 현관의 여섯 기둥의 칼리아티드(女人柱)이다. 그 가운데 하나를 엘긴 백작이 떼어가서 현재 대영박물관에 소장되어 있으며, 나머지도 근래에 아크로폴리스 미술관 제9실로 옮겨 놓아서 현재 있는 것은 모두 복제품이다.

이 신전을 장식하던 프리즈의 조각은 거의 상실되었으나, 다행히도 회계기록이 남아 있어 건축에 관한 귀중한 정보를 제공해주고 있다. 즉 인체 하나를 조각하는 데 지불한 금액은 60드라크마, 여자가 아이를 안은 부조는 80드라크마, 인간과 말을 조각한 부조는 120드라크마이다. 페리클레스시대 한 가족의 최저생활비가 하루 2오불(1드라크마 = 6오불)이었으며, 민회 참석 수당이나 관극(觀劇) 수당도 2오불이었다. 따라서 부조 하나를 조각하면 6개월 동안의 최저생활비가 보장되는 셈이다. 그런데 파르테논의 석주

하나를 만드는 데 석공 한 사람이 1년이 걸렸다고 하며, 석공의 반은 메토이코이(외국인)였던 것으로 보인다.

7) 2세기 아테네 시민이면서도 콘술과 프라이토르라는 로마의 최고직을 역임한 필로파포스를 기념하기 위해 세운 높이 40피트나 되는 대리석 묘비이다.

8) 그리스 도기에는 암포라·클라테르오이코노에 등 여러 가지 종류가 있으나, 레키토스는 주로 장례용 향유병으로 사용되었다. 아티카의 도기화는 기원전 530년경에 엷은 색 바탕에 검은 인물상을 그리는 흑상화에서 검은 바탕에 붉은색의 인물상을 그리는 적상화로 변하는데, 흑상 양식을 변혁하려는 움직임 가운데 시도된 것이 백지(白地) 기법이다. 마치 흰종이에 연필이나 색연필로 그림을 그리는 것과 같이, 흰바탕에 섬세한 윤곽을 그리고 채색을 한다. 이것은 벽화에서 유래한 기법이며 레키토스뿐 아니라 키릭스(접시)에도 응용되었다. 백지 레키토스의 대표적 화가는 이른바 '아킬레우스의 화가'(바티칸 미술관에 소장되어 있는 아킬레우스를 그린 화가)이며, 그의 작품은 95점이나 있으나 그 가운데 22점이 이 박물관에 소장되어 있다.

Ⅱ. 묵은 일기첩에서
— 펠로폰네소스 기행 —

미케네의 수수께끼

'고적 관광'에 참가한다. 4박 5일 동안 펠로폰네소스 반도의 고적 몇 군데를 둘러보는 단체 관광인데, 아침 7시에 호텔 앞에서 버스를 탔지만, 그래도 가장 늦게 탄 탓인지 만원인 차의 맨 뒤 구석자리밖에 남아 있지 않다. 옆자리에는 약혼한 사이라는 영국 청년과 말레이시아 처녀가 앉아 있는데, 동양인이라는 인연으로 이 쌍과 자연히 친해졌다.

엘레브시나·메가라를 지나 약 두 시간 만에 코린트(Korinthos) 운하에서 정차한다. 코린트 만과 사로니카 만 사이의 약 6킬로미터 되는 코린트 지협을 운하로 연결하려는 계획은 고대인의 꿈이었다. 이미 기원전 6세기에 코린트의 참주 페리안드로스가 계획을 세운 적이 있었고, 네로 황제는 5천 명의 히브리 노예를 부려 착수했으나 3개월 만에 중단하였다 한다. 그 밖에도 여러 번 시도를 했으나 마침내 실현된 것은 1893년의 일이었다. 거의 수직으로 깎은 높이 80미터의 두 절벽 사이로 폭 23미터의 운하가 동서로 일직선으로 뚫려 있는 광경은 실로 장관이다.

운하 위를 통과하는 철교 난간에는 전투복 차림의 군인과 불사조를

— 코린트 운하. 철교 교간에 군사혁명의 포스터가 보인다.

그린 군사혁명 선전 포스터가 커다랗게 걸려 있다. 1967년에 군사 정권이 수립된 후, 역쿠데타를 기도하다 실패한 국왕은 로마로 망명했으나, 나라는 여전히 왕국이니만큼 아테네의 관공서에는 국왕과 군사 정권의 수반 파파조푸로스 대령의 사진이 나란히 걸려 있다. 그런데 아테네에서는 국왕의 사진이 대령의 사진보다 더 크지만, 지방으로 가면 반대로 대령의 사진이 더 크거나 아예 국왕의 사진을 없애버리고 대령의 것만을 걸어놓고 있다.

운하에서 2, 3킬로미터 떨어진 높다란 아크로코린트 아래에 고대 코린트의 유적이 있다. 코린트는 동서 교통의 요지로서 전성기인 기원전 7세기와 기원전 5세기 사이에는 인구 30만 명의 대도시였으며, 로마시대에도 번영이 계속되었으나, 기원전 146년 로마군에 의해 철저하게 파괴되었다. 그러나 시저에 의해 재건되어 사도 바울이 비난한 번영과 타락의 도시로 다시 태어났다. 현재 남아 있는 유적은 아폴론 신전 외에는 모두 로마시대의 것이다.

아폴론 신전은 기원전 6세기초에 건립된, 그리스에서 가장 오랜 신

— 아폴론 신전

전 가운데 하나이다. 모노리토스(一石柱)라는 돌 하나씩으로 만들어진 가장 원초적인 도리아식 기둥 7개가 남아 있다. 뭉뚝하지만 소박하고 장중한 아름다움이 있는 것이 인상적이다.

아고라에 남아 있는 유구(遺構)도 모두 로마시대의 것이나, 페이레네 샘의 맑은 물은 아직도 마르지 않고 솟고 있다. 강의 신(河神)의 딸 페이레네가 여신 아르테미스에게 죽임을 당한 아들을 위해 흘린 눈물이 샘이 되었다는 전설이 있다.

아고라의 성벽에서는 성지 순례단으로 보이는 무리가 찬송가를 부르고 있다. 사도 바울이 세운 코린트 교회를 회상하며 부르는 것일까. 코린트 교회라 하지만, 오늘날과 같은 교회 건물이 있었던 것이 아니라 신자들의 결사체로서의 교회였던 만큼 유적이 있을 리 없다. 다만 로마시대의 아고라에서 바울과 초대 교도들을 추모하고 있을 것이다. 아고라에서 멀리 떨어진 곳에 높이 솟아 있는 아크로코린트에는 이 도시의 수호신 아프로디테의 신전이 있어 1천 명의 무녀가 봉사했다고 하나, 지금은 중세와 근세의 성벽만이 남아 있다고 한다.

박물관을 관람하고 미케네(Mikini)로 향한

— 아고라와 아크로코린트

다. 12시쯤 왕성에 도착한다. 풀 하나 없는 황량한 언덕에 커다란 돌로 성벽을 쌓은 견고한 성채이다. 두 마리 사자의 부조가 서 있는 유명한 사자문을 지나면 오른쪽에 원형 분묘가 있다. 하인리히 슐리만은, 1870년 트로이의 유적을 발굴하는 데 성공하여 트로이 전쟁이 역사적 사실임을 밝혔다. 그리고 트로이 원정군을 지휘한 아가멤논 왕의 거대한 성인 미케네의 성을 발굴하여 이 분묘에서 아가멤논의 가면을 비롯한 많은 황금제 부장품을 발견했다. 여기서 출토한 유물은 아테네의 고고학박물관에 전시되어 있다.

낮은 언덕인 아크로폴리스에 오른다. 왕궁이 있던 곳이며 아이스킬로스의 비극《아가멤논》의 무대이다. 남쪽으로 광활한 아르고리스 평야가 한눈에 들어온다. 고고학적으로 그리스 본토의 청동기 문명을 미케네 문명 또는 미케네시대라 부른다. 미케네 왕국이 청동기 시대를 대표할 만한 최대의 부국이요 강국이었기 때문이다. 호머의《일리아스》에 나오는 이른바 '함선표'는 원정군을 구성하는 그리스 왕국들의 선박 수를 나열하고 있는데, 그것은 당시 각 왕국의 국력을 대체로 반영하는 것으로 알려지고 있다. 거기에 기재된 선박의 수는 미케네가 180척인 데 비해 나머지 모든 왕국은 90척 이하이다. 이것은 미케네가 다른 나라보다 배 이상의 압도적인 국력을 지녔다는 것을 의미한다.

미케네의 이러한 부는 어디에서 왔을까. 눈 아래에 펼쳐진 아르고리스 평야의 농업 생산력 때문이었을까. 당시에 성행한 것으로 알려진 해상무역 때문이었을까. 아니면 풍부한 인력 때문이었을까. 그리스에서는 금이 생산되지 않음에도 이곳 분묘에서 황금제 부장품이 다량으로 출토된 것은, 이집트 왕국에 원병을 보낸 대가로 금을 얻었기 때문이라 추측된다. 그러나 이 초라한 왕성의 규모로서는 왕년의 부강을 헤아리는 것이 쉬운 일이 아니다.

기원전 1100년경 미케네 성을 비롯한 대부분의 그리스 왕성은 파괴되고 나라는 멸망한다. 이러한 대규모의 파괴는 어째서 일어났을

— 미케네 왕궁 입구

— 왕의 분묘

— 아르고리스 평야

까. 도리아인의 침입 때문이라 일반적으로 설명한다. 그러나 뚜렷한 증거가 있는 것이 아니다. 도리아인의 침입과 미케네의 파괴가 비슷한 시기에 일어난 것에서 이루어진 추론에 불과하며, 사실은 둘의 시기가 반드시 일치하는 것도 아니다. 이집트 람세스 2세의 전승비문에는 람세스 2세가 히타이트 제국을 멸망시키고 이집트에 쳐들어온 '바다의 민족'을 격퇴했다는 기록이 있는데, 복합 민족으로 구성된 이 수수께끼의 바다 민족이 미케네 문명을 멸망시켰다는 설도 있다. 그런가 하면 당시에 계속된 한발로 말미암아 사람들이 이곳을 버리고 다른 곳으로 이주했다는 설도 있다.

투키디데스는 트로이 전쟁 후 대부분의 폴리스에 내란이 발생했다고 기술하고 있다(《戰史》 1권 제12장). 아이스킬로스가 묘사하는 아내에게 살해되는 아가멤논의 비극이나, 《오디세이아》에 그려진 오디세우스와 구혼자들과의 싸움도 투키디데스가 기술한 내란을 의미하는 것이지도 모른다. 혹은 소포클레스의 작품 《테바이로 향하는 일곱 사람》에서 그려진 테베의 일곱 성문에서 일어난 전투가 외적의 침입을 반영한 것이지도 모른다. 그렇다면 도리아인이건 바다의 민족이건, 외족이 침입했을 때 내란으로 약화된 왕국들은 쉽게 무너졌을 것이다.

아가멤논의 비극의 현장인 이 성터는 이러한 물음에 대해 아무 말이 없다. 쏟아지는 강렬한 햇빛 아래 불탈 듯이 달아오른 이 황막한 땅에는 더위를 피해줄 나무 한 그루 없다. 슐리만이 발굴 때 숙소로 사용했다는 호텔의 식당에 뛰어들어갔을 때 비로소 산 기분이 든다.

호텔의 식당에서 점심을 먹은 후 이른바 '아트레우스의 보고(寶庫)'로 간다. 아가멤논의 부왕(父王)인 아트레우스의 보고가 붙은 분묘인데, 경주의 석굴암과 비슷한 형식이지만 훨씬 규모가 크다. 네모로 다듬은 큰 돌을 쌓아올려 둥근 천장을 만들었는데, 3,300년이 지난 지금까지 조금도 흐트러진 데가 없다니 미케네의 석축 기술이 놀랍다. 톨로스(蜂巢)식이라 불리는 이러한 무덤은 9개가 발견되었는데 이곳이 최대라 한다.

미케네를 떠나 아르고스(Argos)와 티린스(Tyrins)를 거쳐 에피다우로스(Epidauros)에 이른다. 이곳은 소나무와 활엽수 숲이 있는 경승지로서 옛날부터 휴양지로 사용된 까닭을 알 것 같다. 산을 깎아 만든 1만 4천 명을 수용할 수 있었던 거대한 노천극장은, 둥근 오르케스트라(합창단이 서는 바닥) 한가운데에서 동전 한 닢을 떨어뜨려도 관람석 맨 위에서 그 소리를 들을 수 있을 정도로 음향 효과가 뛰어난 것으로 유명하다. 실제로 우리가 관람석 맨 위에 올라갔을 때 안내인이 오케스트라 한가운데서 호머의 한 구절을 읊었는데, 그 고조된 억양을 뚜렷이 들을 수 있었다. 30대인 안내인은 관광 안내기의 저자라 하기에 그녀가 쓴 책자를 한 권 사서 훑어보았는데, 저자의 약력이 기재되지 않은 것으로 보아 노련한 안내인일 뿐 학자나 교사는 아닌 듯하다.

이곳은 의술의 수호신 아스클레피오스의 신전이 있었던 고대의 의료센터였다. 박물관에는 여러 가지 종류의 외과 수술용 메스가 전시되어 있으나, 중요한 치료는 수면과 꿈에 의한 정신병리학적 처방이었다 한

— 에피다우로스 극장. 가이드가 호머의 시를 낭송하고 있다.

다. 프레기아스 왕의 딸 콜로니스는 아폴로 신의 아이를 태내에 가지고 있으면서 이스키스와 정을 통했으며, 그 때문에 아르테미스에 의해 살해된다. 화장할 때 헤르메스가 태내의 아이를 끄집어 낸 것이 아스클레피오스이다. 호머에서는 아직 신격화하지 않았던 아스클레피오스가 아버지신 아폴로를 섬기는 신앙의 땅에서 신으로 숭배되는 것은 기원전 6세기말이었으며, 기원전 5세기에는 아폴로를 추방하고, 기원전 4세기에는 신전이 완성된다. 그것은 새로운 신앙 형태, 새로운 세계관의 도래, 즉 펠로폰네소스 전쟁을 계기로 폴리스의 이상에서부터 개인의 육체와 영혼의 평안을 희구하는 시대정신의 변화를 반영한다.《파이돈》에서 소크라테스가 남긴 마지막 말은 "아스클레피오스에게 닭을 바치기로 되어 있으니, 클리톤이여, 그것을 잊지 말라"였다. 생명의 병이 치유되면 닭을 바치기로 되어 있었던 것이다. 소크라테스는 시대정신이 변화하는 것을 상징한다 할 수 있다. 박물관에는 그 밖에 신전과 토로스(원형 건축물)에 있던 석주의 주두(柱頭)가 많이 전시되어 있는데, 특히 코린트식 주두가 아름답다.

오늘은 나브플리온(Navplio ; 옛 이름 나우플리아)에서 하루 묵는다. 이곳은 그리스가 터키로부터 독립했을 때 수도가 된 도시이기도 했으나, 지금은 쇠퇴하여 한적한 시골 항구일 따름이다. 거리의 뒤쪽 아크로폴리스에는 파라미디 성채라는 중세의 성이 있는데, 독립 전까지 터키군의 요새였다고 한다. 항구 한가운데 작은 섬에도 성이 있어 마치 해상에 떠 있는 성처럼 보인다. 어떤 액션 영화에서 이 성 안에서 총질하는 장면을 본 기억이 있는데, 제목이 떠오르지 않는다. 지금은 호텔로 사용하고 있다고 한다. 이왕이면 이런 고풍스러운 호텔에 묵는다면 하루만일지라도 중세의 성주가 된 기분을 맛볼 수 있을 텐데…… 매우 현대적인 호텔에 누워 몹시 아쉽다.   (8월 6일)

— 나브플리온의 중세 성

성벽 대신 사람들로 이루어진 벽이 있었던 스파르타

아침 일찍 나브플리온 해변을 산책한다. 엷은 안개가 희미하게 깔려 환상미가 깃든 아름다운 풍경이다. 8시경 출발. 다시 아르고스를 거쳐 험준한 산맥을 넘어 트리폴리스에서 잠시 쉰 후 스파르타에 도착한다.

스파르타는 고대에는 그리스 최대의 강국이었으나 이렇다 할 볼 만한 유적이 없다. 나지막한 아크로폴리스가 있으나 그곳에는 왕성도 신전도 없다. 황폐한 극장 터가 있으나 기원전 4세기에서 기원전 3세기에 지은 것이며, 조금 남은 성벽도 기원전 2세기에서 기원전 1세기에 지은 것에 불과하다. 전성기인 기원전 6세기에서 기원전 5세기의 유적은 전혀 없는 것이다. 화려한 아테네의 유적에 비해 너무나 초라한 스파르타의 모습에 이곳을 찾는 이들은 낙심하기 일쑤일 것이다. 그것을 예견이나 한 듯이 투키디데스는 말했다. "후세의 사람들은 스파르타의 초라한 유적을 보고 스파르타가 강대했음을 믿지 못할지도 모른다.”

스파르타는 모든 시민이 7세부터 60세까지 군사훈련을 받는 이른바 스파르타식 군국 체제를 실시하였다. 그 체제를 창시한 것은 전설적인 입법가 리크루고스[1]라 일컬어진다. 리크루고스가 실제로 그러한 법과 체제를 만들었건 아니건, 그러한 체제가 불가피했던 사정이 있었을 것이다.

스파르타의 서쪽에는 타이게토스라는 험준한 산맥이 가로막고 있다. 기원전 8세기에서 기원전 6세기 사이에 그리스 대부분의 폴리스는 해외에 식민시를 건설해나갔으나, 스파르타인은 해외로 진출하는 대신 타이게토스 산을 넘어 멧세니아를 정복하여 주민들을 노예로 삼았다. 스파르타보다 훨씬 넓은 국토와 인구를 가진 멧세니아는 스파르타의 부와 힘의 기초가 되기도 했으나, 반대로 그들을 위협하는 비수가 되기도 했다. 스파르타인의 가혹한 탄압에 견디다 못한 노예들은 격렬한 반란을 일으켰으며, 한때는 스파르타를 멸망시킬 뻔하다가 결국 진압

— 스파르타의 타이게토스 산

하는 데 20년이나 걸렸던 것이다. 이러한 반란은 지진을 틈타 두 번이나 있었다. 그리하여 스파르타인은 노예들의 반란에 대비한 군사훈련 이외의 일을 할 틈이 없었으며, 심지어는 기원전 5세기 이후의 올림픽 경기에서 스파르타인이 승리한 일이 없을 정도였다.

스파르타인은 장려한 신전도, 신전을 장식할 신상도 만들지 못했으며, 비극이나 희극을 창작하지 못했으며, 철학이나 역사도 쓰지 못했다. 그러나 그들은 어쩌면 그 모든 것에 못지않은 것을 만들어 내었다. 스파르타인이 바로 그것이었다. 강인하고 정직하고 헌신적인 스파르타의 사나이들. 스파르타에는 성벽이 없었다. 아니 성벽이 필요하지 않았다. 목숨을 초개(草芥)와 같이 여기고 기꺼이 조국의 방패가 된 스파르타의 용사가 있는 한, 성벽은 필요 없었다. 성벽 대신 그들은 성벽 이상으로 튼튼한 '사람들로 이루어진 벽'을 가졌던 것이다.

고대 그리스 최대의 국가 스파르타에는 역설적이게도 고대 유적 대신 거대한 중세 도시의 폐허가 남아 있다. 미스트라이다. 비잔틴 제국 시대 펠로폰네소스의 중심지이다. 타이게토스 산 중턱의 비탈진 곳에 수도원·교회·성채·궁전·주택 등 수많은 건물이 들어서서 대도시를 형성했으나, 지금은 판타나사 수녀원과 같은 한두 개의 비잔틴 건축 외에는 모두가 파괴되어 황폐한 무덤에 있는 듯한 처량함이 드는 유령의 도시이다. 고전학의 석학이기도 했던 토인비가 이 폐허에서 백일몽을 꾸는 듯하다는 감회를 기술한 것을 학창시절에 읽은 적이 있다. 그때 그는 초콜릿으로 요기를 하면서 타이게토스 산을 넘어 혼자서 이곳까지 걸어왔다는 것이다. 외로운 나그네 길이었으니 이 폐허에서 그의 쓸쓸함은 한결 더했으리라 생각된다.

미스트라에 다녀온 후 박물관을 돌아보고는 배정된 호텔로 간다. 스파르타는 현재 인구 3만 명 정도의 시골 도시이나, 오늘은 무슨 국제적인 모임이 있어 큰 호텔은 모두 점령당하여, 우리에게 배정된 곳은 늙은 부부가 경영하는 조그마한 2층집으로 호텔이라기보다 여인숙이라 할 만하다. 식사는 큰 호텔의 식당을 이용하며 이곳에서는 숙박을 할

— 미스트라

뿐인데 노부부가 퍽 다정하고 친절하다.

저녁에 여관 앞 광장의 벤치에 앉으니 동네 사람들과 아이들이 나를 둘러싼다. 이것을 여관 2층에서 본 주인 할머니가 나를 가리키며 "꼬레아노!"라고 외치자, 모두들 처음 보는 한국인이 신기한 듯 내 일거수일동작을 웃으면서 지켜본다. 특히 눈이 예쁜 꼬마 녀석은 내 곁을 떠나지를 않는다. 말은 잘 안 통해도 따뜻한 몸짓 언어로 늦게까지 그들과 즐겁게 어울린다. (8월 7일)

프로화했던 고대 올림픽

식전에 스파르타의 거리를 산책한다. 큰길의 차도는 포장되었으나 인도는 포장이 안 된 곳이 많다. 한 노인이 당나귀에 손자와 큼직한 양유(羊乳)통을 싣고 집집마다 양유를 배달하고 있다. 큰길에는 아침 시장이

— 〈아폴로상〉(기원전 470 ~ 456년경). 대리석. 올림피아 박물관. 제우스 신전의 서쪽 박공
은 테살리아의 라피타이족의 왕 페이리토스의 혼인 잔치에서 벌어진 켄타우로스와 라피타
이인의 싸움을 묘사한 일군의 초상으로 구성되어 있는데, 그 중앙에 싸움의 심판자인 양
위풍당당한 아폴로가 우뚝 서 있다.

열려 농부들이 농산물을 땅바닥에 펼쳐 놓고 흥정을 벌이고 있는 것이 우리의 시골 장터 그대로이다. 어쩐지 고향에 돌아온 듯한 기분이다.

8시 반 스파르타를 출발하여 트리폴리스·란가디아를 거쳐 2시 반에야 올림피아에 도착한다. 호텔에 짐을 풀고는 곧장 박물관으로 간다. 여러 관광 단체가 모인 때문인지 관내는 몹시 붐빈다. 제우스 신전의 동서쪽 페디멘트(박공)에 새겨진 페이디아스의 군상(群像) 부조는 경탄할 만하다. 내 연구실에는 서쪽 페디멘트의 중심 부분인 아폴로의 사진이 걸려 있다. 그래서인지 그것을 보았을 때 감명이 각별하다. 위풍당당하고 위엄에 찬 모습. 그러나 얼마나 젊고 싱싱한 얼굴 표정인가. 그리스 남성미의 또 하나의 전형이라 할 것이다.

광대한 성역을 《블루 가이드》 안내서를 보아가면서 돌아본 후 스타디온으로 나아간다. 경주로에는 출발선이 돌로 표시되어 있다. 출발선에 서 본다. 여기서 결승선까지 192미터를 포도송이를 들고 달린 것이 올림픽의 시작이었다.

그 후 경기종목이 늘어나고, 원래는 엘리스와 피사 두 나라 사이의 경기였던 것이 점차 확대되어 전 그리스, 나아가서는 전 지중해 세계의 행사가 되었다. 그러나 외형적으로 융성해짐에 따라 세속화 상업화하였다. 우승자에게 올리브 화관을 주던 아마추어 정신 대신 프로적인 포상제도가 성행하게 되었다. 오늘날의 연금에 해당하는 국가의 급식이 있고, 상금이 부여되고, 우승자의 초상이 건립되고, 개선 행진을 했다.

올림픽의 명성을 좇아 피티아·네미아·이스트모스에서도 경기가 열리고, 이 4대 경기 외에 많은 지방 경기가 벌어졌다. 이에 우수한 선수를 유치하기 위해 상금을 내걸게 되고, 상금을 노려 경기장을 돌아다니는 직업선수도 등장하게 된다. 원래는 그리스 자유인 가운데 상층 계급으로 한정되었던 것이 외국인은 물론 하층 계급에게까지 개방된다.

이를 보면 근대 올림픽의 여러 가지 문제점이 고대에도 있었을 뿐 아니라, 어쩌면 근대 올림픽은 고대 올림픽이 더듬은 길을 되풀이하고 있다는 느낌이 든다. 그러나 둘 사이에 다른 점이 적어도 두 가지가 있었다. 근대 올림픽의 꽃이요 절정은 마라톤이다. 그러나 마라톤 싸움에서 유래되었다는 뜻에서, 가장 그리스적이라 할 이 경기 종목은 역설적이지만 고대 올림픽에는 존재하지 않았다. 고대에서 가장 인기 있는 종목은 단연 5종경기였다. 그리스인은 한 가지 일에 뛰어난 것보다 모든 일에 두루 뛰어난 것을 숭상했으며, 한 가지 기술에만 전념하는 것은 노예가 하는 일이라는 관념이 있었다. 경기에서도 한 가지 종목보다 여러 가지 종목에 뛰어나야만 했다. 올림픽의 목표는 전인적 아레테(미덕·탁월성)였던 것이다.

그리고 고대 올림픽에서는 민족 최고의 시인이 우승자에게 그의 폴리스를 초월해서 송시(頌詩)를 바쳤다. 그리스 최대 시인이었던 핀다로스의 시 대부분은 우승자에 대한 찬가였으며, 피티아 경기에서 승리한 소년에게 바친 노래는 특히 유명하다.

젊음이 넘치는 시절에 뜻하지 않게
빛나는 상을 얻은 자는 희망에 가슴이 고동친다.

씩씩한 기상은 나래를 달고 하늘에 솟구친다.
부보다 더한 희열에 가슴은 가득 찬다.
하지만 희열의 시절은 잠시뿐
어언간 그것은 땅에 떨어진다.
어떤 슬픈 운명이 그것을 넘어뜨린다.
하루살이와 같은 것, 그것이 인생, 꿈 속의 그림자와 같은 것
하지만 신이 주신 영광이 그에게 내릴 때
찬란한 광채로 몸은 빛 부시며
인생은 얼마나 감미로운 것인가!

승리는 최대의 영광이다. 그러나 영광으로 절정인 순간에 인생의 허망함과 신의 위대함을 노래하는 그리스인. 올림픽은 분명 제우스신에게 바친 제례의 일부였던 것이다. 신역이 광대한 까닭을 새삼 이해할 수 있게 된다.

저녁식사 후 선물가게를 기웃거리다가 뜻밖에 하버드 대학의 미튼 교수를 만났다. 그의 그리스 고고학 강의를 수강한 일이 있어서 우연히 만난 것이 무척 반가웠다. 타베르나에서 차를 마시고 헤어졌다. 그는 방학 동안 로마에 체류하다가 올림피아 박물관에서 할 일이 있어 며칠 전에 왔으며, 내일 파트라스에 갔다가 로마로 되돌아갈 예정이라 한다.

그가 말한 대로 올림피아는 '선물의 중심지'이며 선물 만드는 솜씨가 아테네보다 훌륭하다. 벽걸이 두세 점을 사서 숙소로 돌아온다.

(8월 8일)

소크라테스의 죽음을 부른 델피의 신탁

8시경 올림피아를 출발하여 10시 반경 파트라(Patra)에 도착한다. 약한 시간 가량 부두의 타베르나에서 차를 마시면서 기다리다가 11시 반

에 이테아행 대형 연락선을 탄다. 여러 관광 단체가 한 배에 탔기 때문에 연락선은 만원이며 국제색이 퍽 풍부한 모임이 되었다. 이오니아 바다는 한없이 맑고 푸르나, 태양은 이글거리고 바람은 없고 배의 속도도 느려, 바다 위인데도 바닷물이 오히려 열탕이 된 듯한 견디기 어려운 무더위이다.

두 시간 가량의 고달픈 항해 끝에 이테아에 도착, 대기하는 버스로 델피(Delfi)로 간다. 호텔에서 점심을 먹은 후 성역으로 향한다. 성역은 파르나소스 산괴(山塊 ; 산줄기에서 따로 떨어져 있는 산의 덩어리) 가운데 파이도리아데스(빛나는 바위)의 깎아지른 듯한 절벽의 기슭 급사면에 있다. 호텔이 있는 델피의 거리도 높은 지대에 위치하지만 거기서 다시 버스로 올라가야 신역에 들어선다. 대단한 경관이다. 뒤에 펼쳐져 있는 파르나소스 산은 짐짓 신이 있을 듯한 숭고한 산세이다. 아래로 넓고 깊게 파인 계곡은 올리브 숲으로 뒤덮였으며, 그 끝 멀리 크린시아코스 만이 아련히 보인다.

올림피아가 제우스의 성지인 데 비해, 델피는 아폴로 신탁의 땅이다. 정치적으로 폴리스로 분리되어 있는 전 그리스를 정신적 종교적으로 일체화할 수 있었던 성스러운 신앙의 땅인 델피의 명성은 그리스 세계를 넘어서 가히 세계적이었다. 이집트 왕의 사절이 찾아온 일도 있었으며, 리디아의 왕 크로이소스는 페르시아와 싸우기 전에 이곳에 와서 신의 뜻을 물었다. 하지만 싸우면 한 제국이 멸망하리라는 신탁에 용기백배하여 전쟁을 한 결과, 오히려 크로이소스가 패배하여 멸망한다. 신탁이 말하는 멸망할 제국은 페르시아가 아니라 리디아였던 것이다.

유적은 가파른 경사면에 흩어져 있기 때문에 오르내리기가 쉽지 않다. 그래서 맨 위에 있는 경기장에서부터 구경을 시작한다. 경기장에서 30미터쯤 내려오면 극장이 있고, 그 앞이 아폴로 신전이다. 신들린 무녀가 하는 헛소리를 신관이 해석하여 신탁을 내리던 성스러운 장소이다. 한번은 소크라테스의 제자 카이레폰이 "소크라테스보다 현명한 자가 이 세상에 있는가"라고 묻자, 없다는 신탁이었다. 소크라테스는 자기가 최대의 현인이라는 신탁을 시험하기 위해 아테네 사회 각계 각층의 일인자에게 도전장을 낸다. 그리고 공개토론에서 그들을 철저하게 논파하자, 체제측은 큰 충격을 받는다. 이에 대한 체제측의 반격, 그것이 소크라테스에 대한 재판이요 사형선고였다.

소크라테스가 공개토론을 벌인 것은 자기가 최고의 현인이라는 신탁을 믿을 수 없었기 때문이었다고 한다. 과연 그러했을까. 신탁을 입증해보고자 하는 오기가 있었던 것이 아닐까. 오기(히브리스)에는 징벌(네메시스)이 내리게 마련이다. 그렇다면 신탁이 소크라테스의 심중에 오기를 깃들게 하고, 그것이 마침내 죽음을 초래했다고 할 수 있지도 않을까.

아무튼 소크라테스가 공개토론을 벌인 것은 왕성한 탐구정신을 나타낸 것이라 할지라도, 현인다운 태도라 할 수는 없을 것이다. 그러나 역설적이게도 그가 최고의 현인임을 입증한 것은 그의 법정 태도였다.

고답적이고도 정연한 논리와 의연하고 당당한 태도는 그의 죽음을 미화하고 신성화하였다.

소크라테스의 죽음은 가장 위대한 세기인 기원전 5세기에, 가장 위대한 국가 아테네에서 있었던, 가장 위대한 사상가의 죽음이었으며, 커다란 비극이었다 할 것이다. 그의 죽음은 제자들에게는 큰 충격을 주었으나 일반 사회에는 별다른 동요를 일으키지 않았다. 최고의 현인, 최대의 사상가에 대한 일반의 이러한 냉담한 반응, 그것이야말로 소크라테스에게 가장 큰 비극이었다 할 것이다.

고대 세계에 엄청난 감전력을 발하던 진원지인 아폴로 신전에는 풍화하여 허물어질 듯한 도리아식 기둥이 6개 서 있을 뿐이다. 신역에는 각 나라에서 봉납한 건물로 가득 차 있었으나, 유일하게 남은 아테네의 봉납고와 사용 목적을 알 수 없는 토로스의 단아한 도리아식 기둥

— 아폴로 신전

을 촬영하고, 카스탈리아 샘에 이른다. 신전에 들어가기 전에 신관과 무녀, 순례자들이 목욕 재계한 곳이다. 우리 일행은 모두가 이 샘에 들어가 손을 씻고 물 맛을 보는 것으로 오늘의 일정을 마쳤다.

펠로폰네소스 기행의 마지막 날 아침. 델피의 좁은 골목을 산책하면서 선물가게에서 도기로 된 희극 가면 한 점을 산다. 젊은 주인이 나를 대하는 태도가 몹시도 쌀랑한데, 까닭인즉 자기 형이 한국전쟁에서 전사했다는 것이다. 한국에 대한 원한을 잊을 수 없다는 눈초리이다. 전쟁이 준 상처를 엉뚱한 곳에서 발견하게 된다. 미안한 생각과 불쾌한 기분이 동시에 들어 착잡하였지만 애써 불손한 태도를 묵살하기로 한다.

11시경에는 박물관을 관람했다. 작은 박물관이나 이곳의 보물인 청동제 〈어자상(御者像)〉이 주는 감명은 압도적이다. 그 상은 맨 구석방 제1실에 당당하게 우뚝 서 있다. 돔〔圓蓋〕과도 같은 머리 부분, 꽉 조아맨 벼락 무늬가 그려진 넓은 머리띠, 앞을 응시하는 불타는 듯한 눈매, 우뚝 솟은 콧날, 두툼한 입술, 머리띠에서 꾸불꾸불 내려오는 관자놀이의 머리카락, 귀에서 턱까지 굵고 힘찬 선, 상의의 완만한 주름, 가슴에 치켜맨 허리끈, 거기서 폭포수같이 일직선으로 흘러내리는 하의의 주름들, 피가 통하는 듯한 발목의 사실적인 정교함. 출발선에 서 있는 경주자의 긴장과 고요의 순간을 절묘하게 포착한 엄격 양식의 대표적 걸작이다.

점심을 먹은 후 델피를 출발하여 도중에 오시오스 루카스 사원에 들른다. 벽화를 관람했으나 비잔틴 예술에 문외한인 탓인지 별다른 흥미나 감명을 느끼지 못한다. 일행에서 빠져나와 느릅나무 그늘에서, 사원을 찾은 농부와 아낙네들과 자리를 함께 한다. 중년의 사나이가 제2차 세계대전 당시 독일군이 점령했을 때에 배운 몇 마디 독일어를 할 수 있어, 나의 나라 알아맞추기 게임을 하면서 즐거운 시간을 보낸다.

사원을 떠난 지 얼마 지나지 않아, 안내인은 왼쪽의 나지막하고 평범한 산을 가리키며 헬리콘 산이라 한다. 시신(詩神) 무사가 사는 거룩한 분위기가 없다. 무사로부터 영감을 받아 《일과 일진》을 읊은 헤시오도도

— 전차의 〈어자상〉(기원전 470년경). 청동. 델피 출토. 델피 박물관. 높이 180 센티미터. 시실리의 게라의 참주가 전차 경주에서 승리한 기념으로 봉헌한 청동 상. 당시의 유명한 조각가 레기온의 피타고라스의 작품을 나타내고 있다.

스는 어디에 살았을까. 그가 살던 고을 아스쿠라에 대해서 그의 묘비에는 "곡물이 풍성한 아스쿠라"라고 표현되어 있고, 투키디데스도 이 지방이 그리스에서 가장 비옥한 땅이라 말하고 있다. 그러나 헤시오도스 자신은 그의 시에서 "겨울은 춥고 여름은 더워 좋은 계절이 없다"고 하고는, 이 고을 농민의 비참한 생활상을 묘사하고 있다. 헬리콘 산 언저리를 보니, 헤시오도스의 말 그대로 결코 비옥하고 풍성한 고장 같지는 않다.

테베가 가까워졌다. 안내인은 산모퉁이를 가리키며, 저곳이 바로 스핑크스가 진을 치고 테바이인들에게 수수께끼를 던져 괴롭힌 곳이라 하였다. 그리고 조금 지나자 다시 오이니디푸스가 부왕 라이오스와 마주쳤던 세 갈래 길을 가리킨다. 안내인이 마법사가 요술 지팡이를 휘두르듯 평범한 시골길에 전설의 베일을 씌우자, 그곳에 신비한 분위기가 감도는 듯하다.

오후 8시경 아테네에 도착. 오모니아 광장에서 내려 우선 여관에 가서 짐을 풀고는, 이별의 만찬을 위해 영국 청년 쌍과 다시 광장에서 만난다. 신타그마 근처의 서구식 레스토랑에서 식사를 한 후, 다시 오모니아의 호텔 발코니에서 차를 마시면서 석별의 정을 나눈다. 그는 옥스퍼드에서 수학을 공부한 후 현재 미국에서 박사과정을 이수중이며, 중국계 말레이시아인인 약혼녀는 의학을 공부하고 있다 한다. 그녀는 잘생긴 용모는 아니나 점잖고 겸허한 맏며느리형 동양 여성이다. 헤어질 때 그녀에게 조그마한 색동주머니를 선물했다.　　　　　(8월 8일)

주 ————————————————————

1)　스파르타의 전설적인 입법가. 델피의 신탁을 받아 스파르타의 국제(國制)를 제정했다고 전해진다. 이 제도는 2왕제, 부족제 개편, 민회의 개최,

114

토지의 균등 분배, 쇄국정책, 철 화폐 사용, 공동식사단 제도, 7세에서 60
세까지의 가혹한 군사훈련, 노예제도 등 폴리스 사회의 원리를 극한 상
황으로 실현시킨 제도였다. 그의 실존과 입법 여부에 대한 논의는 아직
도 계속되고 있다.

Ⅲ. 지중해 기행

카이로의 충격

어제 로마에서 아테네로 오던 TWA기가 코린트 상공에서 기체 일부가 폭발하여 탑승객 6명이 공중으로 날아가버린 끔찍한 참사가 발생하였다. 그래서 공항에서 검색이 매우 엄격하다. 공항 건물에 들어설 때 검색, 세관 검사 다음에 다시 검색, 비행기에 탑승할 때 트랩에서 다시 몸 수색. 물론 엄격한 검색이 나쁠 것은 없다. 그러나 낙천적인 그리스인이 이런 어색한 짓을 며칠이나 계속할 수 있을지.

밤 10시에 아테네 공항을 이륙, 두 시간 만에 카이로에 도착한다. 서울과 도쿄만큼의 거리이다. 누구나 통관하기 전에 1인당 150달러를 은행에서 환전해야 한다. 비자가 없어도 환전만 하면 즉석에서 비자를 발급해준다. 아테네의 이집트 영사관에서 몇 시간이나 기다려 비자를 받은 것이 쓸데없는 헛수고였던 셈이다. 150달러라는 액수에는 두 가지 뜻이 있는 것 같다. 이집트에 오는 외국인은 누구나 적어도 그 액수 이상은 떨어뜨려야 한다는 것과, 또한 적어도 그 액수만은 공정 환율로 환전을 해야 한다는 의미이다. 왜냐하면 암거래와 공정 환율 사이에는 두 배 정도의 차이가 있으니, 150달러 이상을 공정 환율로 환전할 외국인이 없을 것이기 때문이다.

한밤중인데도 출구에서 김신숙 여사가 따님과 함께 생면부지의 불청객을 반갑게 맞아준다. 김여사는 총신대의 홍치모 형과 사제지간으로, 기독교 목사이던 부군이 이곳에서 선교활동을 하다가 불의의 사고로 돌아가신 후, 그대로 남아 부군의 유업을 계속하고 있다고 한다. 카이로는 험한 곳이니 반드시 김여사의 신세를 지라는 홍형의 권유를 염치없이 받아들여 연락이 닿은 것이다. 김여사의 푸조를 타고 시내로 들어선다. 고층 빌딩들이 밤하늘에 높이 솟아 있어 밤에 보는 카이로는 웅대한 규모의 근대 도시라는 인상을 준다. 그러나 김여사는 낮에 보면 퍽 지저분하다고 한다. '지저분하다'는 것이 퍽 억제된 표현임을 몇 시간 뒤에 알게 된다.

김여사가 사는 마아디라는 곳은 식민지 시대 영국인의 주택가인 듯, 좋은 옛 시절(?)의 영화를 말해주는 고급 저택이 숲 사이에 띄엄띄엄 자리하고 있다. 김여사는 큼직한 3층 저택의 한 층에서 살고 있고, 위층에는 현대건설 직원의 가족이 살고 있는데, 부인이 성균관대 사학과 출신이라고 한다. 새벽 1시가 지나서야 잠자리에 든다.

이튿날 아침 마이크를 통해 낭랑하게 울려퍼지는 코란의 독경소리에 잠을 깬다. 근처에 회교 사원이 있는 것일까. 아니면 카이로 전 시가에서 동시에 이 소리가 울리고 있는 것일까. 유장하면서도 강력한 이국적인 가락은 내가 아라비안 나이트의 세계에 와 있다는 사실을 충격적으로 일깨워준다. 대단한 문화 충격이다.

김여사의 안내로 마아디 광장에 있는 쿠크 여행사에 가서, 이집트 여행에 필요한 모든 교통 수단의 표를 일괄해서 구입하고는, 피라미드를 보기 위해 시내로 들어간다.

낮에 본 카이로의 거리는 놀랍기만 하다. 상상을 넘어선 더럽고 복잡하고 시끄러운 거리와 먼지와 쓰레기로 뒤덮인 도심을 낙타 대열이 유유히 누빈다. 포대 자루와 같은 남루한 누더기를 입은 아이들이 마차 위에 잔뜩 타고 있다. 금방 쓰러질 것 같은 자그마한 당나귀에 탄

덩치 큰 사나이가 채찍질을 하면서 자동차들 사이를 총총걸음으로 빠져나간다.

서울처럼 도심과 변두리, 아파트촌과 판자촌의 선명한 대조가 없다. 고층빌딩, 판잣집, 세단(sedan), 달구지, 낙타, 마차, 먼지, 쓰레기…… 이 모든 것이 한데 얽혀 소용돌이치고 있는 것이다.

청소는 화장과 같은 일종의 꾸밈이다. 카이로에는 그러한 꾸밈이 없다. 꾸밀 여유도 없거니와 꾸밀 필요도 없고 꾸밀 수도 없다. 사막의 먼지가 끊임없이 쌓이는 곳을 꾸민들 무슨 소용이 있겠는가. 사막의 열풍이 일체의 가식과 치장과 위생 관념을 날려버려, 사람들은 있는 그대로, 자연 그대로 살 뿐이다.

가난과 불결이 비참하다는 생각은 우리네 좁은 소견 탓이다. 그들에게는 자연적인 것이 비참하지는 않다. 그래서 그들의 표정은 험하지도 비굴하지도 않다. 부드럽고 체념에 가까운 온화함이 있다. 그러나 이집트에 대한 이러한 인상은 어디까지나 피상적이고 주관적인 것일지도 모른다. 그들은 이따금씩 격렬하게 폭발하는 일이 있기 때문이다. 혁명 때 그러했고 사다트 대통령을 살해할 때도 그러했다. 얼마 전에 있었던 경찰관들의 폭동이 또한 그러하다. 그때 불에 탄 호텔과 레스토랑의 그을린 잔해가 폭동의 스산함을 여실히 보여주고 있다. 부자들의 사교장을 습격하여 죽이고 부수고 불지르는, 박봉에 시달리는 경찰 대원들의 핏발 선 눈, 드러낸 이빨, 살기 찬 부르짖음. 이 온유한 표정과 그 사나운 표정, 어느 쪽이 진짜 이집트인의 얼굴일까. 이 또한 스핑크스가 던지는 수수께끼라고나 할까.

피라미드는 저승의 코스모스?

사진에서 본 기제(Gizeh)의 피라미드는 언제나 사막을 배경으로 하고 있기 때문에, 사막의 한가운데에 서 있는 줄 알았는데 착각이었다.

— 스핑크스와 피라미드

기제는 카이로 시가와 연결되어 있으며, 어쩌면 카이로 사막의 경계에 위치한다고 해야 할 것이다. 스핑크스 맞은편에 카이로 회담이 열렸던 호텔이 있다.

그러나 정작 피라미드 앞에 서면 지상에서 멀리 떠나 외계에 온 듯한 느낌이다. 피라미드는 상상보다 훨씬 웅대하다. 가깝게 혹은 멀리, 또 어떤 각도에서 보든지 3개의 피라미드는 압도적으로 크고 아름답다. 삼각형의 순수하고 거대한 형체는 인간의 뛰어난 기술과 힘이 창출한 추상의 극치요, 가장 단순하면서도 거대한 아름다움이요, 광막한 사막에 가장 잘 어울리는 형태의 건조물이기도 하다.

나폴레옹이 이집트로 진군할 때 병사들에게 4천 년의 역사가 그대들을 지켜보고 있다고 격려했다지만, 피라미드는 4천 년이라는 한정된 역사가 아니라, 역사를 거부하고 초월한 실체이다. 유구하게 흐르는 나일강과 짝을 이루어 영겁에서부터 영원으로 거기에 서 있는 듯하다.

피라미드에 비하면 파르테논은 정교한 조각이라 할 것이다. 그것은

— 피라미드

조각이기 때문에 부서질 위험이 있다. 사람의 손에 의해, 혹은 공해에 의해 마멸되고 부서질 허약한 것이기에, 사람들에게 안스러운 애착을 느끼게 한다. 그러나 피라미드는 어떠한 힘이나 장난에도 파괴될 것 같지 않은 위엄을 지니고 있다. 이집트인의 눈으로 보면, 파르테논이나 페이디아스의 조각은 왜소하고 섬세한 잔재주라 생각할지 모른다. 피라미드를 만든 미적 충동이나 예술 양식은 분명히 그리스인들의 그것과 다른 것이 사실이다. 피라미드는 그리스인에게는 큰 충격이었으며 따라서 적잖은 영향을 남겼다. 피타고라스가 영혼불멸과 전생윤회(轉生輪廻)를 설파한 것은 이집트 여행에서 돌아온 이후의 일이었으며, 이른바 '피타고라스의 정리'나 '신성한 10의 3각수'의 개념은 피라미드로부터 받은 충격의 영향이었을 것이다. 그 충격은 그리스인에게만 국한된 것이 아니다. 그리스에서 시작한 합리주의가 막다른 곳까지 왔다고 생각하는 서구인에게, 어쩌면 사막에 선 이 거대한 객관적인 양식은 하나의 구제요, 회귀해야 할 원점이 되는 것이 아닐까.

그런데 피라미드는 어떤 목적으로 세워졌을까. 그것은 단순히 돌을 한없이 쌓아올린 것이 아니라, 여러 곳에 방과 통로를 알맞게 배치한, 복잡한 내부 구조를 가진 건조물이라는 것은 밝혀져 있다. 실제로 동굴과 같은 좁은 통로를 통해 석관이 있었다는 방까지 기어오를 수 있다. 현재는 석관이 없지만, 그곳에 석관이 있었기 때문에 왕의 무덤이라 일반적으로 생각한다. 그렇다면 왕이 어처구니없이 큰 무덤을 쌓은 의도는 무엇일까. 단순히 왕의 권위를 나타내기 위해서? 무덤이 클수록 영생이 보장된다고 생각한 것일까? 영원한 삶을 위해서는 영원히 파괴될 수 없는 건물이어야 한다는 생각 때문이었을까? 복잡한 내부 구조를 가진다는 점에서, 어쩌면 그것은 피안의 세계, 영계(靈界)의 코스모스(우주)를 나타내는 것이 아닐까?

캄캄한 터널을 빠져나와 카페에 앉아 콜라를 마시면서 피라미드의 뾰족한 끝을 멍하니 바라보니, 내 혼의 일부가 터널을 통하여 저 끝을 거쳐 영겁의 세계로 빠져나간 것이 아닌가 하는 엉뚱한 생각이 들기도 한다.

파피루스를 만들어 파는 점포에서 두세 점을 산 뒤, 시내의 한국 식당에 가서 늦은 점심을 든다. 카이로에는 근래 한국인이 많이 진출하여 한국 식당이 여덟 군데나 있으며, 이 식당에는 한국에서 데려온 요리사가 있다고 한다. 명동 한일관의 음식맛과 다를 바 없으며, 아테네에 있는 한식집의 야릇한 음식맛과는 비교가 안 된다. 오랜만에 맛있는 갈비탕을 먹었다.

식사를 끝내니 벌써 3시. 고(古)카이로에 있는 코프트 지구로 간다. 이슬람이 침입하기 전 7세기에 이집트는 최대의 기독교 국가였다. 그때의 기독교를 코프트라 하는데, 그 흔적이 이곳에 고스란히 남아 있다. 아부사르가 교회(아기 예수 피난 교회)는 마리아와 요셉이 아기 예수를 데리고 이집트로 피신했을 때 잠시 쉬었던 동굴 위에 세워진 교회라 전한다. 교회의 12개 기둥은 열두 제자를 나타내고, 그 가운데 도리아식 기둥은 가롯 유다를 가리키며, 강당의 나무 기둥 10개는 십

— 코프트 지역의 골목

계명을 뜻한다고 한다.

교회를 지키는 노인이 김여사를 보고 '코리언 마담'이라 하며 반색을 한다. 김여사가 카이로를 찾는 많은 한국인을 안내했기 때문일 게다. 이곳에는 코프트 박물관도 있으나, 시간도 늦고 김여사가 신자가 아닌 우리를 배려해서인지 관람을 생략했다. 사람 하나가 겨우 지나갈 수 있는 미로를 빠져나와 김여사 댁으로 향한다.

도중에 보게 된 '죽은 자의 거리' 또한 놀라운 풍경이다. 도시의 한쪽에 있는 또 하나의 도시라 할 만한 광대한 묘역이다. 이집트인은 사후에도 현재의 육신으로 산다고 믿는지라, 무덤이라 해도 크기가 조금 작을 뿐 일반 가옥과 별 차이가 없다. 방도 있고 모스크도 있다. 1967년 제3차 중동전쟁 후 난민들이 몰려와 주택난이 심각해지자, 많은 빈민들이 이곳에 정착하여 살고 있다고 한다. 무덤 위에 텔레비전 안테나가 꽂혀 있는 곳도 적잖다. '죽은 자의 거리'에 주소를 둔 산

사람들, 그들에게는 생즉사(生卽死)요 사즉생(死卽生)이라, 생과 사를 넘어서 인간은 영원할 뿐이다.

실로 놀라운 카이로의 하루였다. 이렇듯 흥분과 감명을 주는 도시를 나는 알지 못한다.   (4월 5일)

사카라의 VIP

택시를 전세 내어 반나절 일정으로 멤피스(Memphis)와 사카라(Saqqa-ra)를 관람할 예정이다. 9시에 쿠크 사에 가니, 젊은 기사와 민족 의상을 걸친 늙은 안내인이 대기하고 있었다. 나일강을 따라 약 40분 달렸을까. 멤피스에 도착한다. 도중에 나일강변의 비옥한 농토와 농사 짓는 풍경이 흥미롭다. "이집트는 나일의 선물이다"는 헤로도토스의 유명한 말은, 실은 그보다 앞서 이집트를 여행한 헤카타이오스[1]의 말을 인용한 것이다. 4, 5, 6월에 상류의 청(靑)나일(에티오피아)에 상당한 양의 비가 내린 뒤, 몇 달이 걸려 그 물이 하류에 도달하여 7, 8, 9월에 물이 불어 범람한다. 이때 상류에서 운반된 옥토가 강 양쪽 일대에 침전되어 토양이 비옥해지는 것이다. 따라서 4월 현재는 물이 불지 않은 상태여서, 나일의 수위는 낮고 강물도 맑은 편이다.

멤피스는 제1왕조의 메네스 왕이 기원전 3000년경 상·하 이집트를 통합하여 도읍을 정한 후, 고왕국시대의 수도로서 번영하였고, 중왕국시대 이후에도 주요 도시였으나, 현재는 완전한 폐허라고 한다. 신왕국 제19왕조의 람세스 2세(1290~1224? B.C.)의 거대한 와상(臥像)은 2층 건물로 덮여 있는데, 2층 난간에서 반듯하게 누운 모습을 내려다 볼 수 있다. 준수한 용모의 군주이다. 66년 동안의 치세에 히타이트를 물리치고 이집트 제국을 재건하여, 아부 심벨을 비롯한 대건축사업을 이룩한 위대한 군주다운 위엄이 있다. 이 밖에 성스러운 소(聖牛) 아피스의 미이라를 만들 때의 해부대와, 제19왕조의 아멘호테프 4세의

— 람세스 2세의 와상

— 스핑크스

앨러배스터(雪花石膏)로 만든 스핑크스가 수천 년 동안 번영한 도시에 남은 유물의 전부이다.

이토록 파괴와 손실이 철저한 것도 놀랍거니와 남은 유물의 상태가 완전한 것도 놀랍다. 람세스 2세의 와상은 다리에 손상이 있을 뿐 완전하며, 스핑크스는 풍화와 훼손이 심한 기제의 것과는 비교가 안 될 정도로 보존이 잘되어 있으며, 해부대는 완전무결하다. 석고의 일종인 앨러배스터로 만든 의료신의 좌상과 이름을 알 수 없는 파란색 보석 몇 점을 산다.

여기서 얼마 떨어지지 않은 사카라는 거대한 분묘 지역이다. 왕과 귀족과 고관들의 분묘가 광대한 지역에 몇 군데 무리를 지어 여기저기 흩어져 있다. 먼저 세라피움과 티의 분묘를 본다. 전자는 오시리스신과 동일시되는 성스러운 소 아피스를 위해 만들어진 큰 지하 분묘이며, 화강석으로 만든 24개의 관이 보존되어 있다. 후자는 제5왕조말의 고관이었던 '티'라는 인물의 무덤인데, 내부에는 당시의 생활상을 그린 아름다운 벽화가 있다.

각 분묘에는 서구인의 관광단이 몰려들어, 분묘 앞에 긴 줄을 서서 차례를 기다리고 있다. 우리 안내인은 원로급인 듯 기다리는 행렬을 무시한 채 수위에게 눈짓을 하여 곧바로 분묘 안에 들어가는데, 줄을 선 사람들은 당당하게 새치기를 하는 우리를 멍하니 쳐다보고 있을 뿐이다. 늙은 안내인을 앞세운 우리를 동양의 왕자나 대단한 브이아이피라 착각했을 것이라 생각하니, 쓴웃음을 금할 수 없다.

이집트 관광에는 두 가지 길이 있을 것 같다. 이집트의 역사와 고적에 대해 사전에 철두철미하게 조사를 하든지, 그렇지 않으면 그저 이집트의 풍경과 예술의 아름다움에 탐닉하는 것으로 만족하든지 하는 것이다. 이집트에 오기 전에 안내서를 훑어보아서 약간의 지식을 얻기는 했으나, 그런 것은 별 도움이 되지 않으며, 안내인의 요설도 번거로울 뿐이다. 철저한 사전 조사가 없었으므로 후자의 길을 택할 수밖에 없는 것이 애석하다.

— 계단식 피라미드

　세라피움을 보고 난 다음 계단식 피라미드로 간다. 반쯤 허물어진 이 피라미드는 가장 오래된 피라미드라는 역사적 의미 외에는 별 감흥을 주지 않는다. 안내인이 여기서 자기의 임무는 끝났다고 하기에, 자유시간인가 해서 다른 관광단을 따라 남쪽의 분묘를 관람한 후 돌아오니, 우리를 기다리던 안내인이 잔뜩 화가 나 있다. 오늘은 네 시간의 관광 일정인데, 분묘 구경을 다하다가는 이틀이 걸린다는 것이다. 결국 사카라의 브이아이피는 안내인을 고용한 내가 아니라 그 자신임을 입증한 셈이다. 그렇기는 하나 손님은 왕이라는데, 불손한 태도가 괘씸해 불쾌한 표정을 짓자, 돌아오는 차 안은 어색한 분위기가 될 수밖에 없다. 마침내 그가 미안하다는 태도를 취하기는 했으나 끝이 안 좋았으니 유쾌한 여정이었다고 할 수 없다. 1시 반에 카이로로 돌아온다.

　그러나 저녁에는 사학과 출신의 문영희 씨 초대로 문씨 가족과 함께 중국집에서 즐거운 만찬을 들었다. 문씨는 꽤 활발하고 쾌활한 성격이며, 낭군 되는 분은 퍽 점잖은 성격이라 좋은 배필인 듯하다. 오늘은 결국 '유종의 미'로 끝난 셈이다. 　　　　　　　　　　(4월 6일)

백문(百門)의 수도 룩소르

룩소르(Luxor)행 비행기를 타기 위해 새벽 4시에 김여사 댁을 나선다. 새벽에 택시 잡기가 어려울 것을 감안하여, 김여사가 근처에 사는 늙은 택시 기사를 주선해 놓은 것이다. 택시가 골목 모퉁이를 돌자, 캄캄한 길가에서 한 여자가 손을 흔들고 있다. 자기의 아내라고 기사는 말한다. 새벽길을 떠나는 남편을 배웅하는 아내, 정겨운 광경이다.

룩소르행 비행기는 국내선인데도 대형 제트기이며, 객석도 거의 만원인 것으로 보아 황금 노선임을 알 수 있다. 한 시간만에 룩소르 공항에 도착하여 비행기에서 내리니, 사막의 한가운데에 서 있는 기분이다. 예약한 사보이 호텔은 왕년의 대호텔의 품격을 엿볼 수 없는 것은 아니나, 지금은 이류로 밀려나 모든 시설이 낡고 헐었다.

나일강 서쪽으로 가는 쿠크 사의 그룹 여행이 8시 반에 출발한다기에, 아침도 못 먹은 채 강을 건너는 연락선으로 뛰어간다. 그룹이라지만 우리 일행은 아홉 명 뿐으로, 남자 둘에 나머지는 여자들이다. 안내인은 민족의상을 걸치고 있기는 하나 검은색 안경에 턱수염을 기른 현대적인 젊은이다. 강을 건너니 버스가 대기하고 있고, 주변에는 선물팔이들이 여남은 명 모여 있다. 이집트 관광은 시원한 1월이 좋다고 들었는데, 4월인 현재는 과연 대단한 더위이다.

'왕들의 계곡'에서는 휴게실 근처에 있는 람세스 9세, 투탕카멘, 람세스 6세의 무덤을 차례로 관람한다. 1922년 하워드 카터가 완전한 상태로 발굴하여 전세계를 놀라게 한 투탕카멘 왕릉은 역시 특별한 감명을 준다. 미이라로 발견된 소년 왕이 화려한 관 속에서 지금도 영원한 잠을 자고 있기 때문이다. 벽화의 그림이 한결같이 선명한 것이 인상적이다. 이집트의 미술은 음침하고 기괴하리라 생각했으나, 거대하기는 하되 음침하다는 인상은 별로 없다. 벽화의 왕과 왕비의 표정도 모두 온화하고 평화롭다.

지하 분묘에서 밖으로 나오면 무서운 더위가 기다린다. 귀가 따가운 안내인의 요설, 이글거리는 태양, 불덩어리와 같이 뜨거워진 황갈색의 모래흙 계곡……. 현기증이 날 것 같다. 귀족의 무덤 앞에 서서 뙤약볕 아래서 차례를 기다리려니 숨이 가빠진다. 그러나 이 더위에도 인부들은 흙먼지가 뿌연 가운데 일을 하고 있다. 채찍을 든 감독이 사정없이 후려치지만, 그들은 매를 맞으면서도 킬킬대고 있다.

하트세프스트 여왕(1501~1480 B.C.)이 부왕(父王) 토토메스 1세와 자신을 위해 건설한 신전은 압도적인 건축이다. 광대한 신역 뒤에는 수십 미터 높이의 수직으로 깎아지른 낭떠러지가 병풍처럼 둘러싸 있으며, 그 밑 경사면에 수십 개의 기둥을 가진 주랑(柱廊)이 상·중·하 3단으로 옆으로 길게 뻗어 있어, 멀리서 보면 3층의 대건축 같아 보인다. 신전에 들어서면 중단(中段) 주랑의 벽에 여왕의 생애와 행적이 파노라마로 그려져 있다. '제례(祭禮)의 베르사유'니 해서 이집트 건축 최고의 걸작이라 일컬어지지만, 가까이서 본 신전 건축은 멀리서 본 것과 같은 감명을 주지는 못한다.

— 하트세프스트 여왕 신전

왕비들의 무덤으로 가는 도중 앨러배스터 제품을 만드는 마을을 들른다. 돌을 깎아 조각을 만드는 과정이 신기하고 흥미롭다. 그러나 흙으로 집을 지은 가난한 마을의 모습은 비참하기 짝이 없다. 안내인이 굳이 그러한 마을로 안내하는 것은, 그들이 가난을 부끄러워하기는커녕 그것을 오히려 관광 상품으로 이용하는 듯한 느낌마저 든다. 이 가난을 보고 관광객들은 동정과 연민과 우월감을 느낀다. 그 대가로 그들은 실리를 얻는 것이다. 결국 당하는 것은 관광객이다.

오후에는 강 동쪽에 있는 카르나크 신전과 룩소르 신전을 본다. 신왕국시대의 룩소르(그리스인은 테베라 불렀다)는 가히 세계의 중심으로 번영했다. 그러나 호머는 백문 즉, 문이 100개인 수도라 했지만 성벽이 없는 도시라 성문이 있을 리 없으며, 따라서 여기서 문은 신전 탑의 문을 가리켰을 것이다. 지금도 탑 문이 10개 있기 때문이다. 아무튼 호머는 이 도시가 번영한 모습을 그렇게 표현하였겠으나 정확한 표현이라 할 수는 없다.

카르나크 신전에 이르면 그 번영을 절감하게 된다. 석상이 양쪽에 줄을 지어서 있는 입구를 지나 신전 안에 들어선다. 람세스 2세의 거대한 상, 하늘 높이 솟아 있는 굵직한 석주, 그 표면에 빽빽히 조각된 아름다운 부조와 문자, 하트세프스트 여왕이 세운 오벨리스크. 그러나 압권은 이른바 '원주의 숲'이라 불리는 대열주실(大列柱室)이다. 높이가 20미터인 석

주 134개가 빽빽히 서 있는 광경은 실로 장관이다.

신전 밖에서 한국인 가족을 만났다. 젊은 부부와 노모, 그리고 아이 둘. 가장은 쿠웨이트에 근무하는 상사원이라 한다. 카르나크에서 룩소르 신전까지는 약 3킬로미터인데, 신전 앞에 대기하는 마차를 탄다. 이곳에서는 마차를 이용하는 것이 낭만적인 기분을 맛볼 수 있을 뿐 아니라 택시보다 훨씬 경제적이다.

룩소르 신전은 카르나크의 아멘 신전의 부속으로 세워졌으므로, 규모는 조금 작은 편이나 당당한 위용은 다를 바 없다. 다양한 열주의 모양이 특히 흥미롭다. 홈이 파인 기둥, 홈이 전혀 없는 기둥, 기둥의 윗머리에 개화식(開花式) 파피루스가 장식된 기둥, 파피루스를 묶은 형상의 기둥, 코린트식과 같은 주두(柱頭) 등. 이러한 열주가 그리스에 전달되어 세 가지 양식을 만들었으리라 생각된다.

밤에는 '빛과 소리' 쇼를 보기로 한다. 6시 반에는 영어, 8시 반에는

— 룩소르 신전

프랑스어로 두 번의 쇼가 열린다기에, 저녁식사를 일찍 끝내고 마차로 달려갔으나 이미 쇼는 시작되었다. 모든 관람객이 신전 입구에서 나누어주는 양초를 들고 들어가, 촛불을 켜고 마이크로 울리는 설명을 들으면서 신전을 돈다. 끝으로 '성스러운 못'가에 마련된 관람석에 자리하면, 신전의 각 지점에 조명을 밝히면서 룩소르 신전의 역사를 낭랑한 어조로 설명한다. 셰익스피어 연극의 대사를 듣는 듯한 극적인 쇼이다.

카이로로 돌아가는 비행기 시간이 12시라 여유가 있어서, 오전에는 강변을 산책하고 뒷골목의 선물가게도 기웃거린다. 강변 일대는 이집트 최대의 관광지답게 깨끗한 서구의 거리 같지만, 뒷길은 여전히 지저분한 이집트의 거리이다.

비행장에서 어제 만났던 한국인 가족과 다시 만났는데, 같은 비행기 바로 앞자리에 함께 탔다. 어제 저녁에는 노모와 아이들을 호텔에 남겨둔 채 부부만 빠져나와 벨리 댄스를 구경했다고 한다. 우리는 '성스러운 못'가에서 고상한 쇼를 감상했지만, 저속한 재미를 본 그들이 부러운 것을 어찌하리.

카이로에 도착하면 모스크 가운데 제일 훌륭하다는 무하마드 알리 모스크를 관람하기로 하고, 위치를 확인하기 위해 지도를 펼쳐보았으나 찾을 수가 없다. 옆자리의 이집트인에게 물었으나 그도 알지 못한다. 스튜어디스에게 물어보아도 알지 못하고, 그녀가 다시 다른 승무원에게 물어도 알 수 없다. 카이로에는 비슷한 이름의 모스크가 너무 많아서 모스크의 정확한 이름을 알지 못하는 듯하다.

1시에 카이로 공항에 도착, 일단 김여사 댁으로 돌아와 여장을 풀고 점심을 먹고 나니 3시 반, 좀 늦었지만 택시를 잡는다. 운전사는 그 모스크를 안다고 장담했지만, 자신이 없는 듯 복잡한 이슬람 지구의 거리를 이리저리 헤맬 뿐 끝내 찾지 못한다. 덕택에 카이로의 골목 풍경을 구경할 수 있었으나, 결국 영어를 하는 젊은 청년의 도움으로 가까스로 도착한 사원이 술탄 핫산 모스크이다. 모스크 안에 들어서니,

창고와 같이 텅 빈 커다랗고 캄캄한 홀에서 10여 명의 사람들이 예배를 보고 있다. 여기가 무하마드 알리 모스크냐고 물으니, 꼬마가 나와서 언덕 위에 있는 모스크를 가리키면서 저것이라고 한다. 다시 차를 타고 언덕 위로 올라가니 그곳은 지도에 '성새'(城塞 ; citadel)라 표시된 곳이다. 처음부터 '성새'를 찾았던들 쉽게 올 수 있었을 것을, 모스크의 이름을 들어 이토록 어려움을 겪은 것이다.

문을 닫는 시간이 5시인데 안타깝게도 이미 10분이 지났기 때문에 입장이 불가능하다고 수위가 말한다. 운전사가 나서서 몇 푼 집어주니 오케이, 성새 안으로 올라간다.

이곳은 카이로의 전경을 내려다볼 수 있는 넓은 언덕이기 때문에 군사상의 거점으로 중요한 위치를 차지했다. 성새가 건설된 12세기부터 700년 동안 역대 지배자의 대부분이 이곳에 거주했다고 한다. 현재 나세르 무하마드 모스크, 시디이 살야 모스크, 비주 궁전, 군사박물관이 있다. 무하마드 알리 모스크는 19세기에 건립된 장려한 건물이다.

— 카이로 시가

높이 솟아 있는 2개의 날씬한 첨탑, 금빛으로 반짝이는 크고 작은 돔들, 중앙의 정원을 둘러싼 주랑의 화사한 아치, 이슬람의 모스크가 이토록 아름답고 장대하리라고는 상상하지 못했다. 건물을 돌아보고 남서쪽 외곽에 올라서서 카이로 시내를 내려다본다. 멀지 않은 곳에 조금 전에 찾아갔던 술탄 핫산 모스크가 보인다. 90미터나 되는 높은 첨탑과 아름다운 돔, 19세기에 세워진 오래된 모스크이다. 그 앞에서는 2개의 첨탑을 가진 리파이 모스크, 멀리 왼쪽에 거대한 이븐 툴룬 모스크, 카이로 시가 저편에 나일강……. 그 너머로 기제의 피라미드 3개가 석양을 받아, 어렴풋이 삼각형의 실루엣을 이루어 지평선 위에 떠 있는 것이 보인다. 그야말로 환상적인 광경이다.   (4월 8일)

그리스인과 이집트

 "빛은 동방에서!" 로마인이 이 말을 했을 때 빛은 그리스를 의미했다. 이 말을 그리스인에게 적용하면, 그 빛의 근원은 이집트였다. 이집트 문화의 빛이 처음에는 크레타를 통해, 그 후에는 주로 이오니아 지방을 통해 전파되어 그리스 문화의 밑거름이 되었다. 그러나 그 뒤 그리스인이 이집트로 진출함에 따라, 반대로 그리스 문화가 침투하여 이집트를 그리스화하게 한다.

 그리스인이 언제부터 이집트로 진출했는지는 확실하지 않다. 호머의 《일리아스》에는 트로이의 왕자 파리스가 스파르타의 왕비 헬레네를 유혹하여 페니키아의 시돈으로 데려간 사실을 기술하고 있다. 또 《오디세이아》에는 오디세우스가 트로이에서 귀국하는 도중 표류하여 에티오피아와 이집트에 갔다고 한다. 이것은 당시 그리스인이 이집트에 이주를 했거나, 이주는 안 했더라도 어떤 관련이 있었음을 말해주는 것이라 생각할 수 있다.

 단 파리스와 헬레네의 도피행에 대해서 에우리피데스는 그의 비극

《헬레네》에서 다르게 묘사하고 있다. 원래 파리스가 헬레네를 유혹한 것은 아프로디테 때문이었다. 헤라·아테나·아프로디테 세 여신이 누가 제일 아름다운가 하는 문제로 싸움이 일어나 판정을 파리스에게 위임하였다. 아프로디테는 절세의 미녀 헬레네와 결혼시켜주겠다고 약속하여 파리스의 환심을 샀다. 이에 파리스는 아프로디테의 승리를 선언하였다. 약속에 따라 아프로디테는 파리스를 스파르타로 가게 하여 헬레네를 유혹하는 것을 도왔다는 것이다. 그러나 에우리피데스의 작품에서는, 파리스가 유혹하여 트로이로 데려간 것은 헬레네가 아니라 파리스의 판정으로 패배한 헤라가 앙갚음으로, 만든 헬레네의 환영이었다는 것이다. 그리고 그 사이에 진짜 헬레네는 제우스의 배려로 이집트로 가서, 프로테우스 왕의 보호를 받아 남편에 대한 지조를 지켰다는 것이다. 트로이 전쟁에서 두 군대는 무수한 생명을 희생하면서 환영을 빼앗으려고 무익한 전쟁을 한 셈이다.

이렇게 전쟁의 허망함을 고발하는 것은 에우리피데스의 일관된 태도이다. 이 작품은 기원전 413년에 상연되었다. 그 2년 전에 상연한 《트로이의 여인》에서, 그는 전쟁은 승자에게나 패자에게나, 아니 오히려 승자에게 더 큰 비참한 결과를 가져온다고 표현했던 것이다. 즉 패배한 트로이의 용사들은 적어도 조국을 지키기 위해 전사했다는 명예를 지녔지만, 승리한 그리스군의 총대장 아가멤논은 귀국하여 아내에게 살해당하고, 다른 장군들도 비참한 고난을 겪었다.

그런데 트로이 전쟁 동안 헬레네가 이집트에 있었다는 이야기는 에우리피데스가 꾸며낸 것이 아니며, 기원전 6세기 전반에 활약한 스테시고로스라는 시인이나 헤로도토스도 이야기한 것이었다. 그리고 《오디세이아》에는 아내를 되찾은 스파르타의 왕 메넬라오스가 헬레네와 함께 귀국하다 표류하여 이집트에 체류했다는 이야기가 나온다. 아무튼 《오디세이아》를 포함한 모든 전승이 헬레네가 이집트에 체류했다는 점에서는 일치하고 있다.

그리스인이 본격적으로 이집트로 이주하기 시작한 것은 기원전 8세

기 이후이다. 그때는 그리스가 남이탈리아의 시실리 지방에서 식민활
동을 시작한 것과 같은 시기였다. 그런데 서부 지중해에서는 그리스인
이 원주민을 쫓아내고 마음대로 식민시를 건설할 수 있었으나, 이집트
의 경우는 달랐다. 파라오라는 절대 권력자가 국가에 엄존했기 때문
에, 식민시를 건설할 수 없었으며, 파라오에 의해 거주가 허용될 뿐이
었다.

　사이스에 제26왕조가 창건된 후(664 B.C.), 이집트가 외국 문물 수입
에 주력하는 것을 계기로 그리스인들은 적극적으로 이주하게 되었으
며, 두 나라 사이의 통상도 활발해진다. 그리스인들에게 이집트가 부
의 상징이었음은, 기원전 5세기의 서정 시인 박키리데스의 시구가 말
해준다.

　　황금과 상아로 가득 찬 집
　　반짝이는 수면을 미끄러지듯 항해하여
　　이집트에서 막대한 부를 초래할 곡물을 실은 배

　그러나 그리스인의 이집트 진출은 델타 지방으로 한정되었으며, 개
항인 나우크라티스를 비롯해 사이스·헬리오폴리스·멤피스 등에 많
이 거주하였다. 그리스인의 증가와 더불어 그들의 풍습과 문화가 침
투하여 그리스화가 심해졌다. 예컨대 종교적으로 그리스의 신들이 이
집트의 신과 융합하여, 각 도시에서는 그리스 신의 제전이 열리게 된
다. 사이스에서는 아테나, 헬리오폴리스에서는 헬리오스(아폴로), 부
바스티스에서는 아르테미스의 제전이 성대하게 열렸다.
　기원전 6세기 이후에는 많은 그리스 학자들이 이집트를 여행했는
데, 그들은 존경과 환대를 받았다. 솔론(640 ~ 560 B.C.)은 기원전 590
년에 아테네에서 부채말소법(Seisachteia), 재산별관리제(Timacratia)등
일련의 정치 개혁을 단행한 후 이집트 여행을 떠났다. 이집트에서의
동정은 분명치가 않으나, 플라톤의 《티마이오스》에는 크리티아스가
같은 이름을 가진 할아버지가 솔론으로부터 들은 이야기를 전하고 있

다. 즉 솔론은 사이스에서 크게 존경을 받았으며, 사이스의 아테나 신전 신관으로부터 환상의 섬 아틀란티스 이야기를 들었다 한다.

피타고라스가 이집트에 온 것은 기원전 550년경인 듯한데, 아마시스 왕의 환대를 받았으며, 이집트의 종교 의례, 영혼 불멸, 영혼 정화의 관념을 배우고는, 남이탈리아의 크리톤에서 피타고라스 교단을 창립하였다.

헤카타이오스와 헤로도토스가 언제 이집트 여행을 했는지는 분명하지 않다. 헤로도토스는 헤카타이오스의 영향을 받아 아테네로부터 나우크라티스에 도착한 후, 사이스·헬리오폴리스·멤피스·룩소르를 거쳐 이스완까지 섭렵하였으며, 이집트의 역사, 지지(地誌), 풍습에 대한 상세하고 면밀한 기록을 남겨 놓았다.

알렉산더가 광대한 제국을 이룩하여 제국의 곳곳에 건설한 수많은 건조물 가운데, 가장 위대하고 영속적인 것은 알렉산드리아였다. 알렉산더가 이 도시를 건설할 때 호머의 가르침에 따랐다는 전설이 있다. 즉 꿈 속에 나타난 호머가 《오디세이아》 가운데 메넬라오스가 파로스 섬에 망명하는 이야기를 읊자, 잠에서 깨어난 알렉산더는 곧장 그곳으로 가보고, 지형적 이점을 간파하여 도시 건설을 명하였다는 것이다.

알렉산더가 죽은 후 그의 부장 프톨레마이오스에 의해 이집트에 왕조가 설립된 이래 클레오파트라의 죽음으로 로마에 병합되기까지 300년 동안, 알렉산드리아는 이집트의 수도일 뿐 아니라 세계의 중심으로 번영하였다. "부, 체육관, 권력, 번영, 영광, 연극, 철학자들, 황금, 젊은이들, 신전, 정이 깊은 왕, 무세이온, 포도주 등 사람이 바라는 모든 것이 그곳에 있다. 하늘의 별같이 많은 여자들은 파리스의 심판을 기다리는 여신들과 미를 다투고 있다." 기원전 3세기의 시인 헤로다스가 읊은 것처럼, 인간이 상상할 수 있는 모든 매력이 이곳에 있었다.

수학자 유클리드, 물리학자 아르키메데스, 호머 학자 아리스타르코스 등 세계의 석학들이 모여 모든 학문을 연구하던 무세이온, 70만 권의 장서를 자랑하던 세계 최대의 도서관, 135미터 높이의 큰 등대 등 헬레니즘시대의 화려한 유산은 오늘날 남아 있는 것이 없다. 그러나 그리스인이 건설한 가장 위대한 도시의 공기를 맛보는 것은 이집트 여행에서 뺄 수 없는 일인 것 같다. 하루를 할애하기로 한다.

그리스적인 도시 알렉산드리아

약속한 대로, 아침 7시에 그저께 신세를 진 늙은 택시 운전사가 김 여사 댁 앞에 대기하고 있다. 약 30분 동안 한산한 시내를 달린 끝에 쓰레기 하치장같이 지저분한 곳에 차를 멈춘다. 그곳이 카이로 역 현관 입구였다. 건물은 빅토리아식의 장려한 석조 건물이며, 역 구내는 전형적인 서구의 종착역 구조이다. 그러나 구내에는 개찰구가 없으며, 제복을 입은 역무원도 보이지 않는다. 사람들은 어느 출입구든 마음대로 들락날락하며 기차를 탄다. 선로 위를 걸어와서 기차를 타는 사람도 많다.

안내원이 안 보여 매표소에서 물어 알렉산드리아(Alexandria)행 급행열차가 출발한다는 4번 승강장에서 잠시 기다리니, 빨간색의 말쑥한 열차가 들어온다. 1등실 안은 새마을호 열차 못지않게 깨끗하다. 그런데 출발 시간이 지났는데도 열차는 움직이지 않다가, 30분쯤 지나서야 서서히 출발한다. 그동안 안내 방송도 없다. 유유히 흐르는 나일의 리듬에 맞춰 영원에 사는 이집트인이, 째째한 규칙이나 째깍째깍 하는 시간 따위에 얽매일 수 없다는 것이다. 큰 역이면 울려퍼지게 마련인 요란한 마이크 소리가 여기서는 전혀 들리지 않는데, 방송시설이 아예 없는 것인지도 모른다.

급행인데도 완행처럼 오랫동안 서행을 하는 것은, 선로 위를 오가는 사람들이 많기 때문인 듯하다. 그러나 시가를 벗어나자 속도가 빨라지는데, 보선 공사가 잘 안 된 탓인지 진동이 퍽 심하다. 텔타 지방의 광막한 평야에 일직선으로 뻗어 있는 운하를 따라, 열차는 북쪽으로 제법 속도를 내면서 달린다. 주위의 풍경은 우리의 농촌과 별 차이가 없다. 띄엄띄엄 초가 지붕의 농가가 보이기도 한다.

허름한 바바리 코트를 입은 노인이 검표를 하려고 다가온다. 승무원인 모양이다. 그는 차표에다 연필로 줄을 쭉 긋고는 돌려준다. 커피나 도시락을 파는 것으로 보아 판매원을 겸하는 모양이다. 약 세 시간만에 알렉산드리아 역에 도착한다. 왕복표를 샀지만 돌아가는 카이로행 열차의 좌석을 예약하기 위해 매표소에 갔더니, 3파운드 50펜스를 추가로 내란다. 쿠크 사에서 표를 살 때 요금을 완불했다고 해도 말이 통하지 않는다. "컨디션"이라는 영어 한마디만 되풀이하는데 무슨 뜻인지 알 수 없다. 관광 안내 경찰이 있다기에 매표원을 그곳으로 끌고 가서야 비로소 그 뜻을 알게 되었다. 1등차에는 에어컨 시설이 되어 있으니 그 비용은 별도로 지불해야 한다는 것이었다. 카이로에서 올 때는 지불하지 않았다 해도 소용이 없어, 이것도 이집트식이라 체념하고 그들의 요구대로 요금을 지불한다.

택시를 타고 먼저 몬타자 궁전으로 향한다. 시내는 식민지시대의 장중한 건물이 즐비하여 런던의 관청가를 방불케 하며, 해안의 고속도로를 달리면 맑은 하늘에 미풍이 부는 비교적 시원한 날씨여서 남아메리카에 온 것 같은 기분이 든다. 유럽 특히 그리스의 이주민이 고국과 같은 기후인 이곳에 정착한 까닭을 알 수 있다. 여기저기에 그리스어 간판이 눈에 띄기도 한다. 아직도 그리스인이 많다는 증거이다. 안나 라무 교수 부부도 알렉산드리아 태생이라는 말이 생각난다. 지극히 그리스적인 도시인 것이다.

시내에서 17킬로미터 떨어진 몬타자(Montazah) 궁전은 나세르의 혁명으로 쫓겨난 파로크 왕의 여름 별궁이었는데, 분홍색과 흰색의 대리석으로 된 요정 나라의 궁전 같은 화려한 건물이다. 현재는 대통령의 별궁으로 사용하는 듯 경계가 삼엄하며, 파로크 왕의 수집품으로 이루어진 미술관을 관람하려는 계획은 이루어질 수 없었다. 해안에 면한 광대한 정원을 천천히 돌아보고 해안에서 점심을 먹었다. 정원

— 몬타자 궁전

에서 나오는 길에 만난 택시 운전사와 2시간에 5파운드로 대절하여 시내로 돌아와, 동쪽 항구를 감싸는 곶 끝에 위치한 카이드 베이 요새에 이른다. 지금은 이 일대가 항구와 연결되어 있지만, 옛날에는 항구에서 1마일 정도 떨어져 있는 섬이었다. "에기프투스(나일)에 밀려오는 험한 파도 속에 떠 있는, 사람들이 파로스라고 부르는 섬"이라고 호머가 표현한 곳이다. 이곳에 프톨레마이오스 1세는 세계 7대 불가사의의 하나라고 찬양된 높이 135미터의 대등대를 건립했는데 그것은 중세의 지진으로 파괴되었고, 지금은 15세기에 술탄이 건립한 요새가 자리하고 있다.

요새에 카메라를 가지고 들어갈 때는 입장료 외에 10파운드의 촬영료를 내야 하는데, 막상 창고처럼 텅 빈 내부에는 촬영할 만한 것이 아무것도 없다. 원래 이곳에 서 있는 등대는 고대의 7대 불가사의의 하나였지만, 촬영료 10파운드는 현대 이집트의 불가사의 가운데 하나라고나 할까.

시디 아불 아바스 사원을 찾아 구시가의 뒷길을 달리면, 이 도시의 또 다른 면을 볼 수 있다. 해안의 거리가 세련된 서구적인 풍경인데 반해, 복잡하고 지저분한 뒷골목은 전형적인 이집트인의 거리이다. 사실은 고대에도 이 거리는 로티스 지구라 하여, 이집트인 거주 지역이었다. 사원에는 예배중이라 입장할 수 없어 그레코로만 박물관으로 가려고 했으나, 영어가 서툰 운전사는 그곳을 찾을 수 없다고 한다. 역 근처를 맴돌다가 역 앞에 내려놓고 떠나버린다. 이길저길을 물으며 헤매다가 가까스로 박물관을 찾았으나, 문을 닫은 지 한 시간이나 지났다고 한다. 수위에게 몇 푼 집어주면 문을 열어줄 것도 같았으나, 너무 피곤해 흥정하는 것을 단념하고 해안쪽으로 걸어간다.

이 근처는 '브르케이온 지구'라 하여 무세이온과 도서관이 있던 곳이나, 흔적이 남아 있지 않아 어느 지점인지 알 수 없다. 무세이온은

— 알렉산드리아의 곰 엘 데카 극장. 이집트에 남은 유일한 그레코로만식 극장.

세계의 석학들이 모인 왕립 연구센터이었으며 당시 세계 최대의 장서를 자랑하던 도서관과 더불어 알렉산드리아를 지중해 제1의 문화도시로 발전시킨 문화시설이었다. 해안에서 시간을 보내다가 역으로 가는 도중 우연히 곰 엘 데카 유적을 발견한다. 이곳의 수위는 관람시간이 지났는데도 달려와서 친절하게 안내해준다. 그가 반색을 한 이유가 팁 때문임을 나중에야 알았다. 원형극장은 규모가 작으나 이집트에 남아 있는 유일한 그레코로만시대의 극장이며, 완전히 원형대로 보존되어 있다. 옆은 로마시대의 공동목욕탕 자리이며 아름답고 선명한 모자이크가 남아 있다.

유적에서 나올 때 수위에게 팁으로 50피아스터를 주니 적다고 투덜댄다. 1파운드를 주니 "쌩큐" 하면서 공손히 절을 한다. 역에 도착하여 승강장에서 한 젊은이에게 카이로행 열차를 물으니, 그는 친절하게 가르쳐주고는 "바카시(팁)!" 하고 손을 내민다. 열차가 6시에 출발하자마자 깊이 잠들어, 깨어보니 카이로이다. 9시에 김여사 댁에 도착하니 2층에 사는 문여사가 기다리고 있다. 밤늦게까지 이야기를 나누었다. 퍽 피로한 하루였다. (4월 9일)

카이로 고고박물관

이집트에서의 마지막 날이다. 아침에 김여사와 문여사로부터 선물까지 받았다. 김여사가 박물관까지 데려다주어 거기서 석별의 정을 나누었다. 너무 많은 신세를 져서 송구스러울 따름이었다.

관내는 구미(歐美)의 여느 대박물관과 같이 관광객으로 대혼잡이다. 멘카우라 왕과 그 여신상의 고결하고 준엄한 형식주의적 경직성, 촌장의 상과 서기의 좌상의 사실적인 경향, 아마르나시대의 특이성 등 이집트 예술의 다양함과 우수함에 압도당했다. 특히 라히테프와 네펠트 좌상의 색채의 아름다움, 살아 있는 듯한 싱싱한 표정이 인상적이

— 카이로 고고박물관

다. 압권은 역시 투탕카멘 왕의 비보(秘寶)이다. 황금으로 된 호화로운 관과 가면, 금과 보석으로 만들어진 현대적인 감각의 여러 가지 장신구들.

제3실의 아마르나시대의 예술품이 특히 흥미를 끈다. 아마르나시대 (1410 ~ 1360 B.C.)는 이집트 역사상 하나의 수수께끼라 할 수 있다. 3천 년에 걸친 다신교의 역사 가운데 약 50년 동안의 이 시대에 태양신 아톤을 숭배하는 일신교가 나타난 것이다. 이쿠나톤 왕(1372 ~ 1354 B.C.)이 도읍을 테베에서 아마르나로 옮기고, 노예와 히브리인의 해방, 일부일처주의, 산아제한, 의무교육, 동물애호, 미이라 금지 등 경이적인 일련의 혁신정책과 함께 종교개혁을 단행한 것이다. 예술에서도 예술가의 자유로운 활동을 허용하고, 자연주의적 사실주의적 경향이 유행하게 되었다.

그러나 이쿠나톤 왕이 죽자, 아톤 신 숭배도 사라지고 일련의 개혁도 물거품이 되었다. 그러고 보니 아마르나시대는 3천 년의 역사 가운데 찰나적 변덕에 불과했다 할 것이다. 사실 이집트 역대 왕들의 표정은 한결같이 부드럽고 온화한 데 반해, 이쿠나톤 왕의 상은 광적이라 할 정도로 음습하고 기괴하다. 얼굴은 길쭉하고, 눈은 크게 옆으로 찢어지고, 입술은 흉하게 두툼하고, 눈매에는 광기가 서려 있으며, 깡마른 체격인데도 배는 만삭의 여자처럼 불룩하다. 나일의 흐름 같은 유구한 역사를 일시에 역류시키려는 시도는 광적인 장난이었다 할 것인가.

그런데 이 왕과 관련지어 프로이드는 재미있는 가설을 주장한다. 《구약성서》의 〈출애굽기〉에서 모세는 유대인이었으나 이집트 왕녀의 양자로 자라, 이스라엘인을 학대하는 이집트인 감독을 살해하고 피신하던 중, 신의 소명을 받아 동족을 이끌고 이집트를 탈출했다고 되어 있다. 프로이드는 모세는 이스라엘인이 아니라 이집트의 왕족이었으며, 모세의 일신교는 이쿠나톤 왕의 영향이었다고 주장한다. 즉 왕의 사후에 모세도 실각하여 같은 일신교 신자이던 이스라엘인들을 이끌고 이집트를 탈출했다는 것이다. 만약 프로이드의 설이 옳다면, 이쿠나톤 왕의 종교개혁은 실패한 것이 아니라 기독교로 변하여 세계 종교로 성장했다는 말이 된다.

1시까지 박물관을 헤매다가 일단 김여사 댁으로 돌아와서, 오후 3시에 늙은 운전사의 차로 카이로 공항으로 간다. 5시에 이륙, 두 시간 후 아테네 도착. 사막에서 날아온 몸이라, 하늘에서 내려다본 아테네 교외 주택가 가로수의 푸른색이 눈이 부시도록 싱싱하다. 며칠 동안의 놀라운 이집트 체험이 하나의 환상이나 일장춘몽이 아니었던가 하는 느낌이 든다.   (4월 10일)

플라카에서 마지막 쇼핑을

아파트를 청산할 날이 가까워지자, 못다 본 곳을 찾느라 나날의 일정이 바빠지게 되었다. 13일에는 피레아스 일대를 섭렵했다. 옛날 무니키아라 불렸던 아크로폴리스인 카스텔라(Kastela) 언덕에 올라가고,

피레아스 항구 반대편에 있는 아름다운 2개의 항구 미크로리마노아 (Mikrolimano)와 제아(Zea)를 둘러보고, 헬레니즘시대의 극장 터를 찾고……. 단 극장 터에 붙어 있는 박물관은 휴관일이라 헛걸음한 것이 애석했다. 일전에는 고별차 아크로폴리스에 다시 올라갔으나, 250드라크마 하던 입장료가 4월부터 시즌 요금으로 400드라크마로 두 배 가까이 인상된 데 놀라기도 했다. 그리하여 오늘 마지막 선물을 사기 위해 플라카(Plaka)를 찾아나선다.

파르테논을 빼면 아테네만큼 볼품없는 도시도 없을 것이다. 아크로폴리스에서 바라본 아테네의 시가는 틀에 박힌 4, 5층 회색빛 슬라브식 콘크리트 건물이 한없이 들어서 있어, 장관이기는 하나 숨막힐 듯이 답답하고 황량하다는 느낌마저 든다. 그러나 아크로폴리스 바로 아래를 내려다보면, 갈색 골기와 지붕에 황토색 벽의 운치 있는 가옥들이 북쪽과 동쪽 산기슭 일대를 에워싸고 있다.

플라카라 불리는 이 일대는 말하자면 고옥 보존지역이어서, 고풍스

— 플라카

러운 이 거리에 들어서면 지난 세기의 망령들이 홀연히 나타날 듯한 몽환적인 분위기이다. 그러나 중심 거리는 상품가로서 모피점·보석상·선물가게·고물상·직물점·나전기상 등 온갖 종류의 점포가 즐비하고, 옆길에는 카페·타베르나·홀·극장·교회·유적이 여기저기에 흩어져 있다.

선물가게도 다양하다. 정찰제를 고수하는 집, 절반까지 할인해주는 집, 10퍼센트밖에 깎아주지 않는 집……. 선물의 대부분은 옛 도기의 모작이지만, 옛것은 당시의 일류 화가들이 솜씨를 자랑한 걸작인 데 반해, 현재는 화공들이 그리는 조각품이 대부분이다. 그러나 이름 있는 화공이 있어 그들의 공방에서 나온 물건은 조금 비싼 편이지만, 솜씨가 꽤 훌륭하여 옛것에 큰 손색이 없다. 고전시대의 도기라고 내세우는 것도 있다. 무늬나 그림이 없는 검은색의 사발인데, 200달러 미만의 값에 국외 반출도 가능하다고 하니, 아무래도 수상쩍은 물건이다.

플라카를 거니는 것은 언제나 즐거운 일이라, 오늘은 절대로 선물을 사지 않겠다고 마음먹어도 이 거리의 환상적이고도 낭만적인 분위기에 취해 어느덧 한두 점을 사게 마련이다. 오늘 산 선물 가운데 마음에 드는 것은 가는 털실로 짠 그림 벽걸이이다. 청·홍·백 3색으로 산토리니 섬의 풍경을 엮은 산뜻한 그림이다. 상점 주인 아주머니가 퍽 친절하고 품위가 있으며, 이 한 점을 짜는 데 사흘이 걸렸다고 한다. "당신은 예술가요"라고 솜씨를 칭찬해주자, 2,500드라크마짜리를 1,500드라크마로 깎아준다. 케르기나라는 화랑에서는 산토리니를 그린 수채화가 마음에 들었으나, 그것을 그린 화가인 주인은 친절하기는 하나 한 푼도 깎아주지 않는다. 소품 두 점만을 산다.

1890년의 어느 날 영국의 고고학자 아서 에번스는 이 거리의 한 점포에서 이상한 문자가 새겨진 조그마한 돌조각 하나를 발견한다. 1871년 트로이 유적을 발굴하여 세계를 놀라게 한 하인리히 슐리만은, 다시 1876년 미케네 유적을 발굴하는 데 성공했다. 에번스는 그 유적과 출토된 유물을 조사하기 위해 그리스에 온 것이었다. 그는 미케네 문명의 기술이 상당히 전문화하고 정비된 경제체제를 가진 것으로 미루어, 왕국 사무국에서 사용한 문자가 있었을 것이라 생각했다. 그러나 미케네에서는 그것이 발견되지 않은 것이 불만이었는데, 이곳에서 우연히 그 돌을 발견한 것이다. 우유석이라 불리는 그 돌은 크레타의 여자들이 무사한 출산을 기원하는 부적으로서 몸에 지니는 것이었다. 돌에 새겨진 문자가 고대문자인 것을 확신한 에번스는 그 문자를 찾아 크레타로 건너간다. 그것이 크노소스 궁전 발굴의 기회와 인연이 되었다는 것은 유명한 이야기이다. 고물상 주인에게 우유석이 없느냐고 농담삼아 물어보았으나. 그들이 알 리가 없다. 우유석을 찾지는 못했으나, 우연히도 크레타 문명의 멸망과 연관이 있다는 산토리니 섬 그림 두 점을 사게 된 것은 앞으로 있을 여행의 길조라고 여기기로 했다.

(4월 14일)

서정시의 화원, 레스보스

오전에 신타그마에 들러 디스크 3장, 키오스크에서 《USA 투데이》를 사고는, 광장 벤치에 앉아 시간을 보내다가 돌아왔다.

4시가 지나서 택시로 피레아스 항구로 향하여 미틸리니(Mitilini)행 네소스키오스 호에 승선한다. 예약한 2등 선실은 선창 깊숙이 있어 짐을 창고에 맡기고, 갑판에 있는 3등 선실에 자리를 잡는다. 바다가 보이고, 널찍한 공간에 누울 수도 있는 200여 개의 푹신한 의자가 있고, 텔레비전도 있다.

6시 정각 출항. 항구를 서서히 빠져나와 팔레론 만을 바라보며 동쪽으로 향하는데, 좀체로 수니온이 나타나지 않는다. 난간에서 나란히 바다를 보는 그리스인에게 물으니, 한 시간 이상 기다려야 보일 것이라고 한다. 그는 키오스에 사는 선원으로 부산·인천·울산에 간 일이 있다는 것이다. 경주에 가보지 않았느냐는 물음에 그런 곳은 들어본

일이 없다고 한다. 우리의 술집 아가씨 가운데 그런 곳을 알려줄 만한 문화 아가씨는 없었던 모양이다. 내가 키오스에 들려서 미틸리니까지 갈 예정이라고 하자, 그는 키오스에서 미틸리니로 가는 배는 사흘 뒤에야 있을 것이라 한다. 키오스는 호머의 탄생지로 알려져 있을 뿐 이렇다 할 유적이 없는 것이 사실이다. 하긴 키오스 외에도 호머의 탄생지라 주장하는 도시가 여섯 군데나 있다. 그래서 그의 말에 따라 키오스 상륙을 생략하고 미틸리니로 바로 가기로 한다.

출항한 지 두 시간쯤 되었을까, 마침내 멀리서 수니온의 포세이돈 신전 모습이 나타난다. 노을을 받아 붉게 물든 신전은 가까이에서 본 모습보다 한결 숭고하다. 신전이 거기 선 이유를, 바다에서 보았을 때 충분히 납득이 간다.

갑판의 선객들은 의자를 젖혀 자기도 하고, 몇 명은 한데 어울려 춤을 추기도 한다. 영화 〈그리스인 조르바〉에서 앤터니 퀸이 추는 스탭 그대로이다. 밤 10시가 지나서야 개인 선실이 있는 2등 선실로 내려가 잠을 청한다.

다음날 아침 9시, 미틸리니가 가까워진다. 갑판에서 바라본 레스보스(Lesbos)는 숲이 울창한 아름다운 섬이다. 사포 · 알카이오스 · 피타

— 미틸리니 항구

148

— 사포의 석상

코스 등 수많은 시인들이 살던 서정시의 꽃밭다운 경관이다. 미틸리니 항구도 그림엽서 그대로 예쁘고 아담하다. 아테네를 떠난 지 열다섯 시간 만이다. '사포'라는 이름의 허름한 여관에 여장을 풀고 부두로 나온다. 해안의 광장에 사포의 등신대 대리석 동상이 서 있는데, 키는 작달막하고 얼굴은 평범한 촌부 같은 모습이어서, 정열적인 미모의 규수 시인이라는 이미지와 거리가 멀다. 아테네에서 멀리 떨어진 곳이라 경비를 절약하기 위해 시골 석공에게 조각을 맡긴 때문일까. 아니면 실제의 사포는 의외로 이러한 평범한 여인이었을까. 하긴 예나 지금이나 작가와 예술가를 막론하고, 여류 치고 미인이 드문 것이 상식이니, 아티스라는 소녀에게

　　온몸을 나른하게 하는 사랑이 내 마음을 설레게 한다.
　　그 어쩔 수 없는 감미롭고 쓰디쓴 사랑이

라고 구애를 하는 사포는 동성애 취향을 가진 중년의 추녀였을지 모른다.

　이곳을 찾은 것은 트로이로 가는 길목이요 서정시의 고향이기 때문

이기도 하지만, 투키디데스가 전하는 미틸리니 반란 사건을 흥미롭게 읽었기 때문이기도 하다. 펠로폰네소스 전쟁 발발 3년째인 기원전 428년 여름, 귀족정을 실시하던 미틸리니를 비롯한 레스보스 섬의 다섯 도시는 델로스 동맹에서 탈퇴하여 스파르타편으로 돌아서 버린다. 그래서 아테네 해군의 공격을 받은 미틸리니는 스파르타측의 원병이 늦게 도착하고, 민중들이 반란을 일으켜 결국 아테네에 항복하게 된다.

아테네 민회에서는 미틸리니의 성년 남자 전원을 사형에 처하고 부녀자는 모두 노예화할 것을 결의하고, 이 결정을 전달할 배를 즉시 파견한다. 그러나 이튿날 이 결의가 지나치게 가혹했음을 후회한 시민들이 민회를 재소집한다. 전날의 결의를 통과시킨 강경론자인 클레온과, 처벌을 완화하자고 주장하는 온건론자인 디오도토스 사이에 격론이 벌어졌으나, 후자의 의견이 승리하여 처벌을 완화하는 새로운 결의안이 채택되었다. 그리고 이 결정을 전달할 배가 다시 미틸리니로 파견된다.

하루 늦게 떠난 배에는 미틸리니의 사절이 타고 있어, 하루 앞선 배를 따라잡기 위해 선원들을 융숭하게 대접하고 후한 상을 약속하였다. 그러나 앞서 떠난 배가 조금 먼저 미틸리니에 도착하여, 결의문에 따라 처형이 집행될 찰나에, 뒤에 출발한 배가 도착하여 처형이 아슬아슬하게 중지되었다. 전시민에 대한 처형은 중지되었으나 주모자 1천 명은 처형되고, 성벽은 파괴되고, 군선은 몰수되고, 아테네인의 식민이 실시되었던 것이다.

이 극적인 사건은 멜로스 섬 사건[2]과 더불어 아테네 제국주의의 횡포와 아테네 민회(민주정)의 경박함을 여실히 보여주는 것이다. 클레온과 디오도토스의 토론을 비롯한 이 사건의 묘사는, 투키디데스의 작품 가운데 백미라 할 것이다.

레스보스를 포함한 이오니아 지방은 동방의 문화를 가장 빨리 접하여, 그 영향으로 기원전 8세기에는 새로운 고전문화를 꽃피웠는데, 그 상징적인 인물이 호머였다. 호머의 서사시는 민족의 시이자 민족의

역사이기도 했다. 그러나 호머의 시대보다 약 1세기 후에 나타난 서정
시는, 민족 대신 하나의 인간으로서 현재를 보고, 그것에서 우러나와
결정(結晶)되는 것을 노래한다. 섬세하고 예민한 생(生)에 대한 감성,
거기서 생기는 삶에 대한 집착과 노추(老醜)에 대한 두려움, 그러한
감정이 수놓은 덧없는 생명에 대한 탐닉, 마침내는 생을 넘어선 죽음
에 대한 동경…….

서정시는 피리와 애현금 연주를 반주로 하여 읊는 음악시이다. '음
악의 고장'으로서 레스보스의 명성은 멀리 호머 이전 오르페우스의 전
설로 거슬러 올라간다. 아폴론으로부터 하프를 얻은 악인(樂人) 오르
페우스는 원래 트라키아 태생이었다. 그런데 아내 에우리디케를 잃은
후 여인을 멀리하자, 분격한 트라키아의 여인들이 사지를 찢고 그의
목은 하프에 실어 보냈는데, 이윽고 레스보스에 이르렀다는 것이다.

아테네인들은 동맹 이탈을 구실로 미틸리니인들을 몰살할 것을 결
의했다. 그러나 아테네에 대항할 때 미틸리니편에서 이탈한 나라에
대한 미틸리니의 보복은 지극히 레스보스적이었다. 그러한 나라에 대
해서는 다만 어린이들의 음악교육을 금지시켰던 것이다. 레스보스인
에게 음악과 시와 꽃이 없는 삶은 죽음과 다를 바가 없는 것이었다.

안내서대로 박물관을 찾았으나 무슨 까닭인지 폐관되었다고 하는
데, 그래도 자리는 그대로 남아 있어, 뜰에는 돌기둥의 주두, 극장의
신관 자리, 터키시대의 유물들이 이곳저곳에 흩어져 있다.

항구 뒤편에는 꽤 규모가 큰 비잔틴시대의 고성이 있다. 길고 견고
한 성벽이 왕년의 위용을 말해주고 있으나, 성문 안에 들어서면 아무
것도 남은 것이 없어 황성 옛터 그대로의 황량한 풍경이다. 그래도 입
구에는 매표소가 있어 입장료를 받는 것으로 보아 찾는 사람이 없지
는 않은 듯하다.

성벽 위에서 바라보는 경치는 아주 훌륭하다. 항구에는 우리가 타
고 온 배가 정박하고 있는데, 흰색으로 칠한 그 배는 멀리서 바라보니
여왕의 자태와 같이 크고 당당하고 아름답다. 동쪽으로는 바다 건너

— 미틸리니 극장터

터키의 땅이 가깝게 보인다. 이곳은 아마도 터키와 가장 가까운 지점인 듯 성 아래에는 해안수비대의 캠프가 있고, 초소에는 무장 군인이 망을 보고 있으며, 빈터에서는 군인들이 배구를 즐기고 있다.

오후에는 시내에서 2킬로미터 정도 떨어진 거리에 있는 극장을 찾았다. 이 극장은 여느 극장과는 달리 울창한 숲속 깊숙이 자리하고 있는 것이 특이하다. 1만 명을 수용할 수 있는 큰 극장이었으나, 오케스트라와 스케네에 석재가 조금 남아 있을 뿐 테아트론(관중석)의 돌은 전혀 보이지 않는다. 이곳의 돌을 뜯어 성을 쌓고 시가지를 꾸미는 데 사용했다니 한심한 이야기이다. 로마시대에는 검노(劍奴)의 투기장으로 사용되었는데, 폼페이우스가 로마에도 이와 같은 극장을 건설해야 한다고 말했다는 것으로 보아 크고 아름다웠음을 충분히 헤아릴 수 있다.

이곳에서 시가쪽으로 내려가면 로마시대의 수도(水道)가 남아 있으나, 지금은 민가의 벽으로 사용되고 있다. 이 일대는 시가의 언덕바지에 위치한, 말하자면 달동네라 하겠는데, 좁은 골목은 미로와 같이 복잡하고 집은 장난감같이 자그마하나, 벽과 담은 흰 칠을 해서 말쑥하고, 집안은 유리알같이 깨끗하여, 우리네 달동네의 시궁창 같은 비참함은 없다. 오히려 미니 산장 지대라 할 정겨운 골목 풍경이다.

밤에는 해안의 큰길과 제법 북적대는 뒷길의 상가를 산책한다. 내일 떠나기가 아쉬운 깨끗하고 조용한 항구이다.　　　　　　(4월 17일)

트로이 전쟁은 있었던가

아침에 여행사를 거쳐 세관으로 간다. 출국 수속으로 한 시간 이상이나 지체한다. 열다섯 시간 걸리는 아테네에서 미틸리니 사이의 2등 선실 뱃삯이 1,900드라크마에 불과한데, 미틸리니와 아이발리크(Ayvalik) 사이의 한 시간 반 정도의 짧은 거리 운임이 2,500드라크마라니 어처구니없다. 국내 운임과 국제 운임의 차이라고 한다.

연락선은 30명 정도밖에 태울 수 없는 소형 여객선이다. 날씨는 흐리고 바람이 불어 파도가 크게 일고, 배가 작은 탓에 심하게 흔들려 속이 메스껍다. 갑판 위로 나와 바람을 쐬니 조금 가라앉는다. 장이 약한 편이지만 배나 비행기를 타도 여지껏 멀미를 한 적이 없던 터라, 늙은 탓이 아닐까 여겨 의기소침해진다.

풍랑이 있었으나 예정대로 한 시간 반 만에 터키의 아이발리크에 도착한다. 이곳의 세관 검사는 매우 철저하다. 화석같이 굳은 표정에 무테 안경을 낀 냉혹하게 생긴 초로의 검사관이 짐 하나하나를 면밀하게 체크한다. 그리스인이 휴대한 책은 책장을 한장 한장 넘기면서 내용을 훑어본다. 그리스·터키 사이의 긴장 관계 때문일까. 아니면 터키의 경직된 정치체제 때문일까.

토요일이라 은행문이 잠겨 환전을 할 수 없다. 경찰서에 가 경찰이 소개해준 상점에서 1달러당 662리라로 우선 30달러를 바꾼다. 먼저 페르가마에 갈 예정이었으나, 거기까지 두 시간이 걸린다는 말을 들고 예정을 바꾸어, 트로이 근처의 차나칼레(Çanakale)로 먼저 가기로 했는데, 이것이 실수였음은 나중에야 알게 된다.

아이발리크 교외에 있는 버스 정류장에서 차나칼레행 버스를 탄다. 차창 너머 전개되는 터키의 자연. 해안 지대에는 올리브 나무가 많아 이곳 역시 지중해 연안임을 말해주나, 고개를 넘어서 내륙으로 들어서니 대륙다운 큰 규모의 자연이 펼쳐진다. 산에는 낙락장송이 울창하고 낙엽수는 신록이 한창이다. 평야에는 파란 새싹이 핀 보리밭이 한없이 계속되고, 과수원에는 간작을 하는 농부들이 괭이를 들고 밭을 갈고 있다. 시냇가에는 버드나무와 재래식 포플러가 이어섰고, 사과나무에는 흰 꽃이 만발하다. 마치 우리나라의 국도를 달리고 있는 듯하다. 간간이 정차하는 시골 정류장에서는 까까머리 소년들이 깨과자를 차 안으로 들고 와서 팔고 나간다. 우리네 시골 모습 그대로이다. 그러나 농부들의 차림새는 우리 농부들보다도 초라한 편이나, 농가는 오렌지색 기와지붕이 퍽이나 아름다우며, 우리네와 같은 초라하고 비참한 모습은 전혀 보이지 않는다.

4시경 차나칼레에 도착하여 부둣가에 숙소를 정하고, 시간이 어정쩡하지만 트로이로 가는 마이크로 버스가 있다기에 트로이행을 감행한다. 트로이까지 약 30킬로미터인데, 유적에 닿자 먼저 낮은 히살루크(Hisarlik)의 언덕에서 주변의 지세를 내려다본다. 동쪽으로 멀리 바다가 보이고, 거기까지 경사가 완만한 드넓은 평야가 계속된다. 웅대한 대자연이다. 이 언덕은 다다넬스 해협의 입구에 있을 뿐 아니라 주변을 한눈에 볼 수 있는, 지리적으로 요지임을 알 수 있다. 그러나 트로이의 성새는 규모가 아주 작다. 선사시대부터 로마시대까지 9개의 도시층을 형성했는데, 로마시대의 소규모 의사당과 극장이 손상 없이 남아 있을 뿐, 그 밖에는 흙더미, 성벽, 신전 터가 여기저기 흩어져 있다.

물론 트로이를 처음 발굴한 것은 슐리만이지만(1871), 그 뒤 1930년대에는 프린스턴 대학의 칼 블레겐이 발굴을 계속했고, 9개의 시로 분류한 것은 W. 데르펠드이다. 제1시와 제2시의 유적은 돌이 풍화하여 다갈색 흙 언덕이 되어 있는데, 이곳을 발굴한 슐리만은 제2시에서 불탄 흔적을 발견하고 이것이 트로이 전쟁 때의 성이라 생각하였다. 그러나 규모가 가장 큰 제6시야말로 그 성이라는 설도 있지만, 현재는 제7시가 그것이라 추정하고 있다. 그러나 제6시와 제7시의 구별이 어려워, 제6시의 푯말이 서 있는 곳이 전쟁 때의 성이라 판단하여 촬영을 한다.

트로이 전쟁의 사실 여부에 대해서는 슐리만 이후에도 현재까지 논의가 분분하다. 작고한 캠브리지 대학의 M. I. 핀리는 고대나 중세의 영웅 서사시는 허구일 뿐 역사적 사실성이 없다고 했다. 트로이성이 파괴된 것은 고고학적으로 입증되나, 그것은 북방 민족의 침입에 의한 것이었는데, 미케네인의 침입에 의한 것으로 와전되었다고 주장하였다. "버질의 《아이네이스》나 리어 왕의 이야기를 사실이라 믿지 않는 것같이, 또한 《롤랑의 노래》나 《니벨룽겐의 노래》로서 중세 프랑스사나 독일사를 쓰지 않는 것같이, 시인의 작품을 사실로 취급할 필요는 없다"는 것이다.

하버드 대학의 언어학자 C. 와트킨스는 최근에 히타이트 문서를 조사하여, 트로이인의 언어는 인도-유럽어인 루비아어라고 했다. 호머의 《일리아스》에 나오는 프리아모스 왕은 루비아어의 파리야(Pariya)가 그리스화한 것이라고 한다. 또《일리아스》의 표현 그대로 루비아어로 된 문서에도 "그들이 가파른 윌루사(Wilusa = Ilios = Troy)에서 왔을 때"라는 구절이 있었고, 아히얀(Ahiyan = Achaians = Mykene인)의 대왕(아가멤논)이 바다를 건너 밀라와타(Milawata = Miletos)를 지배했다는 말도 있다고 하여, 트로이와 미케네의 연관성이 사실이라고 주장한다.

그의 말대로라면 미케네시대에 소아시아 서쪽 해안에 미케네인이 진출했다는 것은 사실이며, 호머에 의해 과장 미화되기는 했으나 트로이 전쟁이 있었을 가능성은 크다 할 것이다.

그렇다면 트로이 전쟁은 왜 일어났을까. 호머는 트로이의 왕자 파리스가 스파르타의 왕비 헬레네를 유혹 납치한 것이 전쟁의 원인이었다고 하지만, 아무리 경국(傾國)의 미인이라 해도 한 사람 때문에 실제로 전쟁이 일어나지는 않았을 것이다. 그래서 무역 전쟁설,[3] 해적 전쟁설 등 여러 가지 설이 있지만, 가장 인기 있는 설은 D. 페이지의 주장이다. 즉 헬레스폰토스(다다넬스) 해협의 입구라는, 교통과 전략상의 요지에 위치한 트로이를 중심으로, 미케네와 히타이트 두 세력이 대립하고 있었는데, 트로이 일대에 지배권을 행사하던 히타이트 제국의 힘이 반란이 일어난 동부 지방으로 쏠리게 된다. 따라서 서부의 트로이 지방에 힘의 공백이 생겼으며, 거기에 미케네가 진출하는데, 그것이 트로이 전쟁이라는 것이다.

그러나 하버드 대학의 에밀 버미유는 호머가 읊은 것처럼, 연해 민족의 해상활동의 일환으로 파리스가 헬레네와 재물을 약탈하여 싸움이 일어났을 가능성이 충분히 있다고 말하고 있다.

유적의 입구에는 12미터 높이의 커다란 목마가 서 있다. 목마 때문에 트로이가 패배했으니 목마는 멸망의 상징이며, '트로이의 목마'는 계략의 위험을 의미하는 말이 되어버렸다. 하지만 목마의 계략이라는 것은 퍽 수상쩍은 이야기이다. 아킬레우스와 헥토르의 싸움에서 헥토르가 쓰러진 후 대세는 미케네쪽으로 기울어졌는데도, 트로이군은 미케네가 전쟁을 포기했다고 믿고 목마를 성 안으로 끌어들여 놓고 술에 만취했다고 하니 납득이 가지 않는다. 따지자면 《일리아스》에는 납득이 가지 않는 이야기가 한둘이 아니다. 개전 10년째의 일부터 이야기가 시작되나 9년 동안의 이야기는 공백이며, 군사력면에서도 5만 명이라는 미케네군의 숫자는 군선의 총수 1,176척에 탑승할 수 있는 인원수를 감안할 때 터무니없는 과장이다.

역사의 현장을 찾으면 온갖 의문에 대한 해답을 얻을지도 모른다는 막연한 기대를 걸기도 했으나, 지금 이 자리에서는 해답은커녕 더욱 많은 의문이 쌓인 것 같아 마음이 착잡할 따름이다.

목마 앞에는 박물관이 있다. 슐리만이 발굴한 황금으로 된 부장품은 베를린과 이스탄불의 박물관으로 옮겨졌고, 여기에는 주로 선사시대의 출토품이 소장되어 있다고 하나 시간이 지나서 문이 잠겨 있다.

차나칼레로 가는 마지막 차가 떠나고 없어 난감해 하고 있을 때, 마침 들어온 택시가 있어서 타고 차나칼레로 되돌아온다. 차나칼레의 거리에는 군인들이 많다. 항구니까 수병이 많은 것은 당연하나, 수병

— 트로이 유적에서 바라본 트로이 평야

보다 육군이 훨씬 많으며 바나 식당이 군인들로 가득 차 있다. 그들의 모습은 마치 중공군 같다. 두툼한 군복, 짧은 머리, 훈련으로 그을린 갈색 피부……. 강한 군대라는 인상이다. 샐러리맨 타입의 그리스 병사와 대조된다. 기원전 4세기에 크세노폰이 그리스 용병대를 이끌고 터키를 횡단했을 때, 세계 최강이었던 그리스 병사의 명성과 정반대되는 현상이다.

내일 찾을 페르가마행 차표를 사기 위해 여행사에 들렀더니, 노인 한 분이 점포를 지키고 있는데, 시간이 지났지만 특별히 표를 주겠다고 한다. 2명 분이 3천 리라. 그런데 시내를 한 바퀴 산책하고 우연히 그 여행사 앞을 지나다가 다시 마주쳤을 때, 노인은 아까 실수로 1천 리라를 더 받았다면서 되돌려주는 것이다. 순박하고 착한 터키인이다.

(4월 19일)

짙은 안개 속의 페르가몬

8시 20분 차나칼레를 출발한다. 날씨가 잔뜩 흐리더니 버스가 움직이자 이내 비가 내리기 시작한다. 운전사는 초로의 사나이인데 여유만만한 운전 솜씨는 좋으나, 그것이 지나쳐 직행 버스인데도 가는 시간보다 쉬는 시간이 더 길 정도이다. 고속도로를 달리다가 차를 세워 농부들이 파는 땅콩과 채소를 사기도 하고, 도중에 정류장마다 들러서 차를 마시고 잡담을 하고……. 그러나 막상 우리가 내려야 할 페르가마(Pergama ; 옛 이름은 페르가몬)에는 들르지 않고 입구에 내려놓고 떠나버린다. 거기서 페르가마까지는 7킬로미터나 되며, 쿠사다니와 페르가마 사이의 버스를 잡아타야 된다고 한다. 페르가마까지 가는 표를 샀는데도 이런 횡포를 당하다니 울화가 치밀어 견딜 수 없다.

이곳에서 내린 승객은 우리 내외 말고 가난한 차림의 농부 내외와 그들의 어머니로 보이는 노파가 있는데, 점점 심해지는 비를 맞으며

158

망연히 서 있을 수밖에 없다.

얼마나 시간이 흘렀을까, 지나가는 자가용에 손을 흔들었더니 다행히 멈춘다. 그러나 40대의 운전자가 두 사람밖에 탈 수 없다고 하여, 노파를 빗속에 남긴 채 우리가 탈 수밖에 없는 것이 퍽이나 미안했다. 그 사나이는 우리 짐을 트렁크에 실어주고 페르가마 버스 정류장에 도착하자 짐을 꺼내주고는 돈을 사양하고 가버린다. 정류장 옆 허름한 식당에서 점심을 먹고, 택시를 대절하여 옛 페르가몬의 아크로폴리스로 올라간다.

페르가몬의 역사는 트로이시대로까지 거슬러 올라가며, 트로이 전쟁 때에는 트로이편에 서서 트로이를 후원했다고 전해진다. 전성기는 헬레니즘시대이며, 특히 에우메네스 2세(197 ~ 159 B.C.)는 이 도시를 장려한 건물로 장식하였으며, 미술사상 불후의 명작들을 후세에 남겼다. 현재 베를린에 있는 페르가몬 박물관 안에 이전 건축된 〈제우스 대제단〉이 그 하나이다. 그는 또한 부왕 아탈로스 1세가 창건한 도서관을 완비하여, 알렉산드리아 다음가는 헬레니즘 세계 제2의 대도서관으로 만들었는데, 이집트 왕 프톨레마이오스 8세가 이를 시샘하여 파피루스 수출을 금지했기 때문에 페르가몬인은 양피지를 만들게 되었다고 한다. 영어 'perchement'는 페르가몬이 바뀐 말이다.

기원전 133년 세자가 없는 아탈로스 3세는 자신의 생존시의 안전과 사후의 혼란을 막기 위해 왕국을 로마에 유증(遺贈)하였으며, 그 후에는 로마의 속주로서 발달했다.

현재의 유적은 아크로폴리스 일대와 아스클레페이온(Asclepeion)으로 이루어져 있다. 아크로폴리스는 산꼭대기에 있어 산허리를 돌면서 올라가는데, 페르가마의 시가가 멀리 까마득히 내려다보인다. 산꼭대기에 이르자 별안간 폭우가 쏟아져 매표소에 들어가서 비를 피한다. 어제 환전한 돈의 여분은 적고 오늘은 일요일이라, 영어·독어를 섞어가며 택시 운전사와 실랑이를 한 결과 8천 리라를 깎은 것이 산신령의 분노를 사고만 것일까. 약 30분 후에 비는 멎었으나, 칠흑 같은

짙은 안개가 끼어 앞을 분간하기 힘들다. 택시가 대기중이라 안개가 걷히기를 마냥 기다릴 수 없어 안개 속을 헤매면서 유적을 돌아보기로 한다. 안개 속의 폐허에 망령들이 나타날 것 같다. 아니 나 자신이 안개 낀 폐허에 떠다니는 망령처럼, 이리저리 헤매면서 어렴풋이 드러나는 성벽과 극장 터의 모습을 촬영한다. 관광을 포기하고 하산하는 단체 버스를 따라 우리도 시가로 내려오니, 밑에는 안개가 깨끗이 걷혀 있다. 시내에서 약 2킬로미터 떨어진 평지에 자리한 아스클레페이온은 고대 의료 중심지의 하나였다. 현재의 유적은 2세기에 건립되었으나, 3세기에 지진에 의해 파괴되어, 온전히 남아 있는 것은 아폴로 신전과 극장밖에 없다. 입구에는 길게 열주가 띄엄띄엄 서 있으며, 아폴로 신전에는 그리스 본토에서는 보기 힘든 이오니아식 열주가 남아 있다. 극장은 보존이 양호하나 규모는 작다.

　페르가마 시내로 돌아오니 하늘은 맑게 개고, 산꼭대기의 아크로폴리스도 나를 조롱이나 하듯이 선명하게 보인다. 다시 택시를 전세할 여유도 면목도 없어, 부득이 3시에 있는 이즈미르행 버스를 탈 수밖에 없다.

이번 버스의 운전사와 조수는 행동거지가 깡패나 다름 없는 '무서운 아이들'이다. 운전사가 라디오의 볼륨을 잔뜩 올려 축구 중계를 틀어놓고 있어 소리를 낮출 수 없느냐고 물었더니, 기름투성이의 티셔츠와 청바지 차림의 조수는 나를 힐끗 흘겨보고는 묵살해버린다. 무례하고 난폭하기는 하나 젊은 놈답게 차는 한 번도 쉬지 않고 최고 속도로 몰아붙여, 불과 한 시간 안에 이즈미르(Lzmir)에 도착한다.

이즈미르는 이스탄불·앙카라에 이은 터키 제3의 도시인데, 버스터미널은 서울의 고속버스 터미널보다도 훨씬 크고 복잡하고 지저분하다. 특히 화장실에 들어섰을 때 더러운 변기를 보고는 아연할 수밖에 없었다.

이즈미르에서 에페소·쿠사다시로 가는 버스를 갈아탄다. 옆자리의 젊은이는 영어를 유창하게 하는데, 대학에서 영문학을 공부하다가 중단하고 현재는 직장에 근무하고 있다고 한다. 그는 터키의 정세와 국제 정세에는 밝지만, 같은 동양계이면서도 동양의 사정에 대해서는 캄캄하다. 동양에 '사끼'(일본 술인 사케)라는 것이 있다는데 그것이 무엇이냐고 물을 정도이다. 그는 에페소에는 유적이 있을 뿐 숙박 시설이 없으니 관광지인 쿠사다시(Kusadasi)에 가서 묵으라고 권한다. 마침 그 옆에 앉은 젊은이가 자기가 여관에서 일하니 자기 여관으로 가자고 한다. 방값이 너무 싸서 망설였더니, 관광 시즌이 아니라 싸지만 방은 깨끗하다는 것이다.

저녁 늦게 쿠사다시에 도착한다. 깨끗하고 아름다운 항구 도시이다. 그러나 안내를 받은 여관은 높은 언덕 위에 있어 전망은 좋을 듯하나 끔찍할 정도의 싸구려 방이다. 늙은 운전사의 태만, 젊은 운전사와 조수의 행패, 농부 일가의 가난하고 순박한 모습, 이즈미르 터미널의 더러운 화장실, 그리고 이 비참한 여관⋯⋯. 삐걱거리는 침대에 누워 오늘의 여정을 돌이켜본다.   (4월 20일)

에페소의 유적

　조금 늦잠을 잔 것 같아 일어나자마자 끔찍한 여관을 빠져나와, 환전을 하기 위해 은행을 찾는다. 은행은 열려 있으나 아직 환율에 대한 통지가 없어, 11시가 되어야 환전이 가능하다고 한다. 여행사 여직원의 주선으로 상점에서 약간을 환전하여, 미니 버스를 타고 셀주크로 온다. 짐을 셀주크 매표소에 맡기고, 택시를 대절하여 ‘마리아의 집’과 에페소(Efis)의 유적을 보기로 한다.

　성모 마리아가 최후의 나날을 보냈다는 ‘마리아의 집’은 에페소에서 약 9킬로미터 떨어진 산의 정상 가까이에 있다. 성 요한을 따라 이곳에 온 마리아는 이곳에서 승천했다고 전한다. 현재 교회로 사용하는 ‘마리아의 집’은 9세기에 세워진 것을 19세기에 복원한 것이다. 하긴 마리아가 이곳에서 승천했다고 하여 무덤도 있으나, 예루살렘에도 마리아의 무덤이 있다. ‘마리아의 집’ 아래에는 마리아가 불치의 병을 낫게 하는 기적을 행했다는 샘물이 있어 한 모금 마셔본다. 이곳에서

— 마리아의 집

내려다본 경관이 매우 훌륭하다. 마치 석굴암에서 동해를 내려다보듯이 멀리 에게해의 파란 바다가 아물거린다.

다음은 에페소의 대유적지이다. 에페소는 기원전 11세기에 이오니아인이 식민한 이래 이오니아 지방의 중심지였으며, 토착적 키베레 여신과 결합한 아르테미스 신앙의 중심지이기도 했다. 기원전 5세기에는 민주정을 실시하여 아테네와 밀접한 관계를 맺었으나, 전성기는 헬레니즘시대였다. 알렉산더의 부장(部將) 리시마코스가 새로운 도시를 건설했으며, 인구 30만 명을 헤아리는 대도시로 발달하였다. 로마 제정기에는 아시아 속주의 수도로 산업의 중심지이기도 했으며, 현재의 유적은 그때의 것이다. 에페소는 종교적으로도 소아시아 로마 교구의 수도였던 까닭에, 지금도 중요한 성지 순례지가 되어 있다.

서쪽 입구를 들어서서 큰길이라 할 수 있는 돌로 포장된 쿠레테스

— 켈수스 도서관. 쿠레테스 거리의 끝에 위치하며 135년 로마의 아시아 속주의 켈수스가 아버지를 기념하여 세운 도서관.

가를 걸으면, 길 양쪽에 석주와 조각이 줄지어 있고, 뒤편에는 수많은 석주와 각종 건물 자리가 있다. 우선 눈에 띄는 것은 오데온(음악당)인데, 1,500명을 수용하는 꽤 큰 규모이며, 관람석 위의 둘레에 서 있는 코린트식 적색 대리석 열주가 특이하다. 큰길에 면한 하드리아누스 신전은 그 황제에게 바쳐진 자그마한 신전인데, 입구의 아치와 코린트식 기둥이 보석 상자와 같이 예쁘다. 뒤편 경사면에 있는 '트라야누스 황제의 샘'은 12미터 높이의 2층으로 된 정교한 건물이다.

큰길 끝에는 켈수스 도서관이 당당하게 서 있다. 코린트식 열주와 여인상 조각으로 장식된 장려한 이 2층 건물은 비록 피사드만 남아 있으나 고대 도서관 가운데 가장 보존이 잘되어 있다고 한다.

재미있는 것은 '창녀의 집'이다. 도서관에서 오른쪽으로 접어들면 '대리석의 길'인데, 길 한가운데 발자국 하나가 그려져 있다. 그 발자국이 향한 방향을 따라 골목길을 가면, 길 끝이 바로 대리석 바닥으

— 에페소의 대극장. 트라야누스 황제(98 ~ 117)가 완성한 2만 5천 명을 수용하는 대극장.

164

로 된 호화로운 '창녀의 집'이다. 여기에는 여러 개의 방이 있는데, 그 가운데 '사계의 방'에는 바닥에 사계절의 옷으로 치장한 여인상이 그려진 모자이크가 있다. 손상이 심하기는 하나, 선명하게 남은 화사한 색상에 옛날의 농염한 색향을 느낄 수 있다.

'대리석의 길' 왼쪽은 111제곱미터의 광대한 아고라이고, 그 길 오른쪽에 대극장이 있다. 기원전 3세기에 건립된 것이나, 로마 제정초에 확장하여 2만 5천 명을 수용할 수 있는 고대 최대의 극장이다. 특히 3층으로 된 스케네(무대)가 여느 극장에서는 볼 수 없는 호화로운 꾸밈이다. 2층은 네로 황제에 의해 세워져 열주, 동상과 조각으로 장식되었으며, 3층은 2세기의 세베리우스 황제에 의해 장식되었다 한다. 53년 사도 바울이 이곳에서 설교를 했을 때 시민들은 분노하여 "아르테미스 신이 가장 위대하다"고 외쳤다 한다. 아테네의 아레오파고스에

— 아고라

서의 연설처럼 바울의 설교는 실패했으나, 그 뒤 이곳은 기독교의 가장 중요한 성지가 되었다.

대극장 앞에서 동쪽으로 옛 항구까지 일직선으로 뻗어 있는 길이 '아르카디아(항구)로'이며, 길가에는 가로수와 같이 열주가 죽 늘어서 있다. 기원전 33년 클레오파트라와 안토니우스는 옥타비아누스와 싸우기 위해 이집트의 모든 병력을 이곳으로 집결시켰으며, 항구에서 열을 지어 이 길을 지났다고 한다.

상상 외로 규모가 큰 데 경탄하면서, 클레오파트라가 지나간 길을 따라 걸어서 동쪽 입구에 도착한다. 대기하고 있는 택시를 타고 셀주크(Sel3uk) 시내로 돌아온다. 도중에 현재는 못이 되어 있는 아르테미스 신전 터를 지난다.

아르테미스 신전은 고대의 7대 불가사의의 하나라 불릴 만큼 웅장한 것이었다. 아르테미스는 수렵과 농업의 여신이자 자연과 동물과 처녀의 보호자이며 풍요와 번식의 상징이었다. 그러나 도시가 건설되고 자연이 파괴되고 기독교가 유행함으로써 아르테미스 숭배도 쇠퇴하고 소멸한다. 활달하고 명랑하게 자연에 살던 에페소인은 정신적으로 비뚤어지고 병들어 간다. 따라서 신전과 유적은 에페소인의 생명력의 상실의 과정을 나타내는 것이라 볼 수 있지 않을까.

점심을 먹기 위해 우연히 들른 한 레스토랑은 200석은 충분히 될 듯한 큰 식당이다. 성지 순례단의 단체 관광객을 맞기 위해 이런 식당이 세워진 모양이다. 소란스러운 식당 한 구석에서 비싸고도 맛없는 이름 모르는 식사를 서둘러 마친다.

헤로도토스의 탄생지 보드룸

오후에는 셀주크의 버스 매표소에 짐을 맡겨둔 채 밀레투스행 버스를 탄다. 셀주크와 밀레투스는 가까운 거리라 반나절 동안에 다녀올

수 있으리라는 계산이었다. 그러나 버스 안에서 안 일인데, 밀레투스
에는 숙박 시설이 없으며, 셀주크로 돌아오는 버스는 이틀에 한 번밖
에 없다는 것이다. 그래서 밀레투스행을 포기하고 셀주크로 되돌아오
고 말았는데, 고대의 대식민시였던 곳을 가지 못한 것이 다시 없이 한
으로 남게 되었다.

셀주크에서 보드룸(Bodrum)으로 가는 버스는 예정보다 두 시간이
연착한데다가, 초만원인데도 도중에 사람들이 내리니 괜찮다며 승객
을 마구 태워 숨이 막힐 지경이다. 보드룸으로 가는 풍경은 이오니아
지방답게 지극히 그리스적이다. 나무 하나 없는 돌산, 한없이 계속되
는 올리브 나무들, 펠로폰네소스의 산길을 달리고 있는 듯한 황량한
풍경이다. 계곡에 보존이 비교적 잘되어 있는 그리스 신전이 보이기
도 하는데, 무슨 신전인지 확인할 길이 없다.

약 세 시간이 걸려서 6시경에 보드룸에 도착한다. 옛이름이 할리카
르나소스(Halicarnassos)인데, 바로 헤로도토스가 태어난 곳이다. 우연

— 보드룸

히 찾은 여관이 '펜시오네 헤로도토'인데 그의 이름에 부끄럽지 않게 싸고 아담하고 깨끗한 곳이다. 하긴 헤로도토스와 연관이 있는 것은 현재 이 여관 이름밖에 없는 듯하다.

할리카르나소스는 기원전 11세기에 도리아인이 건설한 도시이다. 그러나 이오니아 지방과 가까운 탓으로 이오니아 방언을 사용하며, 인구의 대부분이 카리아계인 특이한 도시이다. 헤로도토스의 가족 이름은 그리스 이름이지만, 아버지 리코세스는 그리스 이름이 아니다.

헤로도토스의 《역사》는 여담으로 가득 차 있으나, 그 자신에 대한 언급은 거의 없다. 이 점에서도 자신에 대해 여러 번 언급한 투키디데스와 대조적이다. 10세기에 편찬된 《수다 사전》에 의하면, 그는 이곳 명문 출신으로 참주 리그다미스 때문에 사모스로 이주하여 그곳에서 《역사》 아홉 권을 저술했다. 그 뒤 고향으로 돌아와 참주를 추방했으나, 동료들의 질시를 받아 아테네인이 투리오이를 지배하는 데 참가하여 그곳에서 사망했다고 한다.

말하자면 헤로도토스는 참주에 의해 추방되었다가 세력을 회복하여 참주를 추방할 만큼 유력한 정치가가 되었던 것이다. 그러나 《수다 사전》은 이집트를 비롯한 여러 지방을 여행한 것에 관해서는 언급하지 않았다. 따라서 그가 언제 여행을 했는지 알 길이 없으나, 여행을 위해서는 상당한 자금이 필요했을 것인데, 그가 떠날 때 고향의 재산을 처분했을 것으로 보아 사모스 섬에 있을 때 여행을 한 것이 아닐까 생각된다.

그는 그리스 각지를 여행했을 것이며, 아테네에 상당 기간 머물렀을 것이다. 기원전 485년 출생으로 알려져 있으므로 그가 아테네에 머물렀을 때는 페리클레스시대였던 것으로 보인다. 그래서 펠로폰네소스 전쟁 개전 당시의 전황을 상세히 알고 있었다. 그는 당연히 친(親) 아테나이 파였다. 그가 소포클레스와 각별한 친교를 가졌다는 것은 "55세의 소포클레스가 헤로도토스를 위해 시를 썼다"고 한 플루타르코스의 말을 통해서 알 수 있다.

— 보드룸의 중세 성

　그가 아테네가 투리오이를 식민통치하는 데 참가한 까닭은 태어날 때부터의 모험심 때문이 아니었을까 생각되는데, 그곳에서 사망할 때까지 만년을 보낸 것으로 보아 그곳을 퍽 사랑했던 것으로 보인다. 그러나 고향 사람들의 질시로 할리카르나소스를 떠나야 했으므로, 고향에 대한 애착은 별로 없었을 것이다. 그의 《역사》 첫머리는 "이것은 할리카르나소스의 헤로도토스에 의한 연구이다"고 시작하고 있지만, 원래는 "투리오이의 헤로도토스"라고 쓴 것을, 헤로도토스를 배출한 것을 자랑으로 삼았던 할리카르나소스인들이 그의 사후에 "할리카르나소스의 헤로도토스"로 고쳐놓았다는 것이다. 헤로도토스가 아테네와 투리오이를 사랑했으되 고향에 대한 미련이 없었던 것에 반해, 헤로도토스를 향토의 자랑으로 삼았던 할리카르나소스에 오늘날 그를 기념하는 비각 하나 없다는 것은 아이러니가 아닐 수 없다.

　할리카르나소스는 펠로폰네소스 전쟁 동안에는 델로스 동맹의 일원이었으나, 기원전 386년의 이른바 '대왕의 화약'에 의해 소아시아의 그리스 식민시는 페르시아 제국의 지배를 받게 되어, 카리아 속주 총독 헤카톰노스가 통치하게 되었다. 그의 아들 마우솔로스는 이곳을 수도로 정하고 궁전을 건립했으며, 사후에 누이이자 왕비였던 아르테미시아가 그의 능묘 마우솔리움을 세웠다.

마우솔리움은 40미터 높이의 장려한 대건축물이었으며, 스코파스를 비롯한 4명의 아테네 조각가들이 솜씨를 발휘한 240미터의 대부조(大浮彫)가 있어, 고대의 7대 불가사의의 하나라 일컬어졌다. 건물의 정확한 형태를 알 수 없어 여러 가지 복원도가 나와 있으나, 엘레우시스의 신전과 같은 모습이 아니었을까 추정된다.

여관 바로 뒤편에 마우솔리움 자리가 있다기에 여장을 풀자 곧 그곳을 찾아간다. 주택가 한가운데에 위치한 유적은 의외로 규모가 작고, 파괴된 이오니아식 석주가 몇 개 뒹굴고 있을 뿐이다. 벽돌 건물에 검은 대리석으로 외장을 했다고 하나, 검은 돌조각 하나 보이지 않는다. 유물 창고와 같은 작은 박물관이 있으나 시간이 지나 관람할 수 없다. 대부조는 대영박물관에 소장되어 있고, 건물 꼭대기를 장식하던 〈4두마차상〉 가운데 하나가 최근에 발굴되었다는 소식이나, 그것이 이 박물관에 소장되어 있는지 알 수 없다.

저녁식사 후 해안을 산책한다. 자그마하나 매우 아름다운 항구이다. 멀리 항구 끝에는 등대와 포대가 보이고, 왼쪽 언덕에 선 중세의 성이 묵직한 그림자를 항구에 드리운다. 이 성은 식민 통치자들이 최초로 거주한 장소에 성 요한 기사단이 14세기에서 15세기의 약 100년 동안에 걸쳐 이슬람에 대항하기 위해 세운 견고한 요새이다. 마우솔리움의 석재를 사용하고 조각에는 십자상을 새기는 야만적인 짓을 저질렀으나, 지금은 이 성이 보드룸의 상징이 되어 있다. 사실 보드룸이라는 이름도 이 성이 성 베드로에게 바쳐진 데서 유래한 페트로니움이 터키어화한 것이다.

피혁상이 많은 것으로 보아 가죽 제품이 특산물인 듯하다. 점퍼 한 벌에 80달러이니 퍽 싼 편이다. 지극히 그리스적인 도시에서 터키의 마지막 밤을 보낸다.　　　　　　　　　　　　　　　　　　(4월 21일)

히포크라테스 학파의 고장, 코스

9시 반 코스(Cos)행 배 편에 시간을 맞추어야 하기 때문에, 택시를 대절하여 먼저 로마시대의 극장으로 간다. 시가 뒤의 산중턱에 위치하고 있으나, 새로 뚫린 신작로에 면해 있어 가기가 쉽다. 극장은 규모도 크지 않고 훼손이 심한 편이다.

다시 차를 타고 중세 성으로 갔으나, 이번에는 마우솔리움의 경우와는 반대로 시간이 너무 일러 들어갈 수 없다. 성 뒤편의 언덕에 올라가 외곽에서나마 성의 모습을 이모저모 촬영하고 하산한다.

9시 반에 승선한다. 뱃삯은 외국 돈으로도 지불할 수 있는데, 그리스 돈으로는 2,500드라크마, 미국 돈으로는 10달러이다. 환율이 1달러에 130드라크마이니, 달러로 표를 사면 드라크마로 샀을 때의 반액밖에 되지 않는 셈이다. 요즈음 달러 값이 하락 일변도인데, 그래도 터키에서는 드라크마를 달러에 비해 실세보다 반이나 평가절하하는 것은 역시 반(反)그리스 감정 때문일까. 그렇다면 우리나라의 일본책 서점에서 실세보다 일본 엔화를 훨씬 높게 평가하는 것은 창피한 짓이라 할 것이다.

승선한 배가 코스로 가는 배인 줄 알았더니, 그것은 선착장에서 항구 끝에 있는 세관까지의 운반선이었다. 세관은 방갈로와 같은 흰색의 산뜻한 건물인데, 특히 이슬람식 아치의 회랑이 아름답다. 입국할 때의 살벌한 검사와는 달리 출국 때에는 체크조차 하지 않는다. 입국할 때는 체크가 없다가 출국할 때는 까다로운 그리스의 경우와 반대이다.

10시에 세관 앞에 대기하는 코스행 배를 탄다. 국제선의 연락선인데도 자그마한 어선과 같으며, 승객은 단 5명 뿐이다. 우리 내외 외에 코스에서 펜숀을 경영하는 30대의 알렉시스라는 사나이와 보드룸에 살고 있다는 젊은 독일 여자 둘이다.

알렉시스는 좀 엉뚱한 친구이다. 이스탄불에서 보드룸까지 하루 종일 버스를 타고 왔다니 대단한 기력이다. 코스에서는 자기의 펜숀에 묵으라 권하기에 그렇게 하기로 한다. 약 한 시간 반 만에 코스 항에 입항하자, 알렉시스는 보드룸에서 산 가죽 점퍼 몇 벌을 동승한 여자에게 입혀서 통관한다. 더욱이 세관원인 친구까지 동원해 놓고 있는 것을 보니 상습적인 보따리 밀수꾼인 모양이다.

그러나 그의 펜숀은 의외로 훌륭했다. 큼직한 2층 건물인데, 펜숀답게 아주 가정적인 분위기이며 그의 아내는 퍽 친절한 여자이다. 방은 넓고 깨끗하며 값도 아주 싸다.

근처 카페테리아에서 점심을 먹고, 택시로 시내에서 4킬로미터 정도 떨어진 아스클레페이온으로 간다. 코스는 히포크라테스(460 ~ 357 B.C.)의 탄생지이자 고대의 커다란 의료 센터였다. 히포크라테스가 이끄는 코스 학파는 30개의 완전한 논문을 전하는 역사상 최초의 과학 결사체이다. 그들은 관찰과 실험을 기초로 하는 과학을 확립했고, 직업에 대한 고매한 윤리적 이상을 가졌다. 《히포크라테스 집성》이라는 논문집과 〈히포크라테스 선서〉는 오늘날까지 영향을 미치고 있는 그들의 중요한 업적이다.

— 코스의 아스클레페이온

　　그러나 의술의 신 아스클레피오스의 신전은 히포크라테스의 사후에 세워졌으며, 현재 남아 있는 것은 헬레니즘시대에 지은 것이다. 신전은 사이프러스 나무로 둘러싸인 산의 사면을 깎아 세 단으로 구성한 광대한 규모이다. 맨 위의 단에 서면 코스 시가와 바다가 한눈에 내려다보인다. 아름답고 웅대한 경관이다. 여기에는 아스클레피오스 신전의 도리아식 열주가 남아 있으며, 중간 단에는 2개의 작은 신전 터와 대제단의 코린트식 열주가 있다.

　　택시를 대기시켜 놓았기 때문에 오래 머물지 못하고 시내로 돌아온다. 아스클레페이온 외의 고적은 모두가 지금의 시가 안에 흩어져 있기 때문에 관람하기가 퍽 편리하다. 먼저 남쪽 변두리에 위치한 오데온으로 간다. 규모는 작으나 보존이 잘되어 있는 반원형 극장이다. 10여 명의 고교생들이 관람석에 앉아 교사의 설명을 듣고 있는데, 설명이 끝나자 학생들은 "으와" 하면서 요란한 박수와 밝은 야유를 교사에게 보낸다.

— 코스의 오데온

오데온 맞은편에는 그리스인과 로마인의 주거지가 넓게 자리하는데, 아름다운 모자이크 바닥이 몇 군데 남아 있다. 그 옆에는 넓고 긴 김나지움, 맞은편에 로마시대 여자들만의 목욕탕 겸 오락장이었던 카자 로마나가 있다.

시내 한가운데에 광대한 고대의 아고라가 있다. 건물이나 열주는 남아 있지 않으나, 여기에도 모자이크 바닥이 여러 군데 흩어져 있다. 아고라 옆에는 조그마한 광장이 있고, 거대한 플라타너스 나무 한 그루가 광장을 덮을 듯이 가지를 뻗고 있다. 히포크라테스가 그 밑에서 진료도 하고 강의도 했다고 전해지는 나무이다.

코스는 꽤 큰 항구 도시이나, 마치 정원과 같이 깨끗하고 아름다울 뿐 아니라 시내 곳곳에 고적이 있어 매우 매력적인 관광 도시이다. 이러한 곳에 묵으면 아스클레피오스의 도움 없이도 만병이 깨끗이 치유될 것 같은 상쾌한 거리이다.   (4월 22일)

장미의 섬 로도스

새벽 4시 아테네에서 로도스(Rhodes)로 향하는 배를 잡아타기 위해 일찍 일어나려 했으나, 눈을 뜨니 이미 3시 반이다. 주인집 문을 두드려 눈을 비비면서 나오는 알렉시스에게 택시를 부르게 하여, 부두로 달려가 간신히 배에 탈 수 있었다. 8시경 로도스 도착. 택시 기사에게 적당한 여관을 소개해달라고 하니, 시의 외곽에 위치한 린도스(Lindos)로 가는 길가의 아담한 호텔로 안내한다. 싸고 깨끗한 것이 맘에 든다.

로도스는 '장미(로돈)의 섬'이라 일컬어진다(태양신 헬리오스의 아내 로도스에서 유래한다는 설도 있다). 도리아인이 섬에 침입하여 3개의 도시로 분할되어 있다가, 기원전 408년 시노이키아(集住)에 의해 새로운 도시 로도스가 탄생하였다. 로도스의 전성기는 헬레니즘시대로서 동(東)지중해 최대의 상업국으로 발달하였다. 학문적으로도 아이스키네스(289~314 B.C.)가 이끄는 로도스 학파는 변론술로 높은 명성을 얻었으며, 로마의 카토·키케로·시저·루크레티우스도 이곳에 유학했다고 한다. 중세에는 성요한 기사단이 이곳을 230년 동안 지배했으며, 그 흔적이 시가의 반을 차지하는 옛 시가에 고스란히 남아 있다.

여관이 린도스로 가는 길목이라, 여장을 풀자마자 여관 바로 앞에서 버스를 타고 린도스로 향한다. 아름다운 해안선을 한 시간 남짓 달린 끝에 린도스에 도착한다. 바다에 돌출한 곶 끝에 서 있는 거대한 갈색의 바위산이 아크로폴리스(카스트로)인데, 산 밑 사면을 린도스의 마을이 흰색으로 메우고 있다. 어느 곳에서도 볼 수 없는 빼어난 아크로폴리스의 경관이다.

좁은 골목길을 누버서 입구에 도착하여 중세 성의 가파른 계단을 올라서 카스트로의 내부를 살펴본 뒤, 아크로폴리스 정상의 평지에 선다. 역삼각형 모양의 중간에 길이가 88미터인 헬레니즘시대의 스토아가 있고, 그 역삼각형 모양 땅의 끝에 있는 아테나 신전 터에 도리아식 열주가 서 있다. 신전 끝은 수백 미터에 달하는 깎아지른 듯한 절벽이다. 기원전 6세기에 지은 신전은 소실되고 현재 남은 모든 열주는 헬레니즘시대에 세운 것인데, 전

— 중세 성

면적인 보수작업중이라 볼품없다. 이곳에서는 고적보다도 압도적인 절경을 감상하는 것으로 충분하다 할 것이다.

아크로폴리스에서 내려오니, 린도스는 골목마다 관광객으로 초만원이다. 헤르메스라는 이름의 타베르나에 겨우 자리를 얻어 꽤 비싼 점심을 든다. 로도스로 돌아가는 버스를 기다리느라 두 시간 가까이 광장에서 서성거린다. 마침내 버스가 도착했으나 떠나기까지 다시 한 시간을 기다려야만 했다.

4시 반경 로도스에 도착하자, 다시 택시로 교외 몬테 스미츠에 있는 아폴로 신전으로 간다. 신역의 규모는 크나 신전에는 도리아식 석주가 몇 개 서 있을 뿐이며, 극장은 자그마하나 테아트론이 네모로 된 것이 특색이다. 김나지움은 꽤 크고 관중석은 완전히 복원되어 있다.

로도스의 매력은 그리스의 고적이 아니라 옛 시가이다. 시의 중심부에 견고한 성벽으로 둘러싸인 광대한 옛 시가는 중세 도시의 이모저모가 고스란히 간직되어 있다. 아폴로 신전에서 시내로 돌아와 옛 시가에 발을 들여놓았으나, 미로 같은 좁은 골목에서 길을 잃어 한참 헤매다가 간신히 성문 밖으로 빠져나온다. 중심부는 내일 오전에 다시 찾기로 하고 비행기표를 사기 위해 여행사를 찾아간다. 그러나 아테네행 비행기는 하루 너덧 편이 있는데도 다음주 분까지 예약이 되어 있으며, 내일 떠나는 배도 1, 2등 선실은 매진, 3등 선실만이 남아 있다는 것이다. 아테네까지 약 20시간을 3등 갑판의 의자에서 보내야 하나 어쩔 수 없는 일이다.

성문 밖에서 한 아주머니에게 길을 물었더니, 그녀는 길을 친절하게 가르쳐줄 뿐 아니라 장바구니에서 큼직한 오렌지 2개를 꺼내어 맛있다면서 주는 것이다. 경치도 아름답거니와 인심도 후한 아름다운 섬이다.

장미의 섬이라고는 하지만 장미는 어디에서도 볼 수 없고, 다만 곳곳을 여러 가지 아름다운 꽃이 수놓고 있다. 성문 밖 길가에는 부겐비리아와 이비스코스가 만발해 있고, 신전으로 가는 길목에는 아타나토스가 피어 있다.

— 린도스의 아크로폴리스에 있는 도리아식 스토아

— 아폴로 신전

— 기사의 거리

  밤길이 멀어 궁전 밖에서 개최하는 '빛과 음악' 쇼를 단념한 것이 아쉬움으로 남는다.

  다음날 일찍 옛 시가를 다시 찾아서, 먼저 궁전으로 간다. 원래는 14세기에 영주의 성으로 건립한 것이나 터키 군대가 파괴하였고, 19세기에 이탈리아 왕이 여름 별궁으로 재건했다고 한다. 중후한 중세적 분위기가 그대로 생생하다. 유명한 '기사의 거리'에는 여러 가지 기사의 문장이 문에 새겨져 있어 하나하나를 카메라에 담는다. 돌로 포장된 길에 기사들의 말굽소리가 들릴 듯하다. 고고박물관은 중세 병원 기사단의 건물을 사용하고 있어 중세적인 분위기가 가장 짙다. 요새와 같이 견고하고 육중한 로마네스크적 건물 속에 〈무릎을 꿇은 비너스〉의 청초한 상이 한결 인상적이다.

  이중으로 된 성벽의 성문을 나와 여관으로 가서, 짐을 챙겨 부두로 간다. 카미로스호라는 거대한 배의 갑판에는 이미 단체 학생들로 보이

— 고고박물관

는 젊은이들로 꽉 차 있다. 12시 반에 출항. 대형선인데도 선실에는 작은 텔레비전 한 대가 놓여 있을 뿐이고, 화장실은 청소를 안 해 바닥은 물바다요, 세면대에는 물에 젖은 화장지가 이리저리 뭉쳐져 있다. 벌써부터 학생들은 소란을 부리기 시작한다. 팝을 요란하게 틀고, 폭죽을 터뜨리고, 춤을 추기도 한다. 그러나 바다는 잠잠하여 배는 미끄러지듯이 나아간다. 상쾌한 바닷바람을 쐬면서 에게 해의 아름다운 풍경을 즐기느라 내내 갑판을 떠날 줄 모른다.   (4월 24일)

테살로니키행

로도스에서 아테네로 돌아와 며칠 휴식을 취한 후, 크레타로 떠나기 전에 테살로니키(Thessaloniki)에 다녀오기로 한다. 기차 · 버스 · 비행기

편이 있으나, 기차를 이용하기로 한 것은 대사관의 박서기관의 권고를
따른 것이다.

새벽 5시 반에 시가 북쪽 끝에 있는 아테네 역에서 승차한다. 8명 정
원인 객실은 만원인데, 늙은 농부 내외와 젊은이 한 쌍, 그리고 30대의
여자와 청년 한 사람이다. 다행히 우리 내외는 창가 좌석이어서 경치
를 충분히 즐길 수 있다. 철도는 협궤인 듯 객차가 조금 작은 편이며,
속도가 나면 요동이 심하다. 구식 차량인 탓으로 마이크 시설이 없고,
역마다 승무원이 일일이 역 이름을 외치고 다니는 것이, 지난 세기에
열차 여행을 하는 기분이다.

아티카 지방은 올리브 밭이 계속되는 평범한 경치이나, 보이오티아
지방에이르자 광활한 평야가 펼쳐진다. 끝없이 계속되는 밀밭에는 스
프링클러가 완비되어 있으며, 농가는 거의 보이지 않는다. 그리스 경
제력의 한 부분을 기계화한 농업이 차지하고 있음을 실감하게 된다.

그러나 볼로스를 지나자, 깊은 협곡에 계곡 물이 넘쳐흐르는 심산유
곡이 계속된다. 산세도 수려하고 웅대하다. 강의를 하면서 그리스에는
강우량이 적어 붉은 산뿐이라고 한 말이 무색해진다. 카테리지를 지나

— 테살로니키 해안

자 날씨가 흐려지고 다시 평범한 경치로 바뀐다. 이윽고 오후 3시경 테살로니키에 도착한다.

　시간을 절약하기 위해 곧장 박물관으로 갔으나 휴관일이라 한다. 도심으로 와서 에르무 가에 숙소를 정하고 시내 관광에 나선다. 테살로니키는 알렉산더의 부장 카산드로스가 아내의 이름 테살로니카에 따라 이름 붙였다는 유래에 걸맞게, 어쩐지 여성적이라 할까, 세련되고 말쑥한 항구 도시이다. 중심가인 에르무 가는 아테네 못지않게 흥청거리며, 넓고 화려한 아리스토텔레스 광장을 지나 해안에 이르면 알렉산드리아와 같은 인상을 준다. 물론 알렉산드리아보다 한결 깨끗하고 조용하고 아름답다.

　해안 길을 따라 동쪽 끝의 광장에 이르면, 거기에는 현재 이 도시의 상징으로 되어 있는 '흰 탑' 이 있다. 15세기에 베네치아군이 세운 30미터 정도 높이의 원통형 석탑이다. 19세기에는 터키군에 의해 감옥으로 사용되어, 대규모의 학살 사건으로 '피의 탑' 이라 불리기도 했다고 한다.

　그곳에서 북쪽으로 올라가면 갈레리우스 황제가 기원전 297년에 페르시아군을 무찌

— 흰 탑

른 기념으로 건립한 개선문이 있다. 반파되어 아치의 일부만 남아 있
는데, 벽돌로 된 개선문이라 규모가 큰 것은 짐작되나, 대리석으로 된
로마의 화려한 개선문과 비교할 때 참담하다는 느낌이 든다. 조금 떨
어진 곳에 역시 벽돌로 지은 갈레리우스의 영묘(靈墓)가 있고, 거기서
서쪽 도심쪽으로 400에서 500미터의 거리에는 로마의 아고라가 있다.
그 옆에는 5세기에 건립한 그리스 최대의 교회 아이오스 디미트리오스
가 있고, 그 밖에 비잔틴 교회가 몇 개 있으나, 비잔틴 예술에는 조예
나 열정이 없어 외관만 보고 여관으로 돌아온다. 테살로니키 시가를
걸어서 거의 돌아본 셈이지만, 시원한 날씨에 아름다운 해안을 상쾌한
기분으로 걸은 탓이지 피로하지 않다. 그러나 여관이 시장 옆에 있어
밤늦게까지 계속되는 소음에 좀처럼 잠이 오지 않는다.   (5월 2일)

마케도니아의 옛 도시 펠라

　아름다운 도시에 걸맞지 않게 변두리에 위치한 초라한 터미널에서 7
시에 펠라(Pella)행 버스를 탄다. 35킬로미터의 거리를 40분 안에 도착
한다. 그러나 유적의 문을 여는 것은 9시. 한 시간 이상 기다려야 하나
수위에게 부탁을 해서 일찍 들어갈 수 있었다.
　아이기아이에서 마케도니아의 수도를 이곳으로 옮긴 것은 아르켈라
오스 왕(413~319 B.C.)이었다. 투키디데스에 의하면, 그는 국정에 일대
개혁을 단행하여 선왕(先王) 8대의 누적된 부 이상의 부를 쌓았다고 한
다. 그러나 화폐를 통일하고 귀족의 군사적 독점을 타파하기 위해 중
장보병대를 창설하는 등 집권화를 추진하다가, 귀족들의 반란으로 암
살당하고 만다. 그는 그리스 문화에 심취하여 그리스식 궁전을 짓고
프레스코화로 장식하였으며, 화가 제우키스, 시인 아가토스 등 예술가
들을 초청하였다. 에우리피데스도 이곳에 초청되어 네 편의 비극을 완
성하고 이곳에서 사망한다. 이 궁전에서 태어난 필립 2세와 알렉산더

— 펠라 궁전 터

는 중단된 아르켈라오스의 개혁을 완성한 것이라 할 수 있다.

그러나 궁전 터 치고 너무나 평범한 들판이라, 어째서 이러한 곳에 도읍을 정했는지 헤아릴 길이 없다. 궁전은 세 개의 건축군으로 이루어져 있으나, 몇 군데에 모자이크 바닥과 조그만 석주가 서 있을 뿐 예전 영화의 흔적은 보이지 않는다. 흰 석주 옆에 무성한 진홍색 아마폴라의 화사한 꽃밭이 폐허의 쓸쓸함을 한결 더해주고 있다. 멀리 평야 끝의 나지막한 언덕에서 아크로폴리스가 발견되었으나, 기원전 408년 에우리피데스의 마지막 작품 〈바코이〉(바카스의 신녀들)가 초연된 극장은 아직 발견되지 않고 있다.

길 건너편에 있는 박물관에는 2개의 자갈돌 모자이크가 눈길을 끈다. 자갈돌 모자이크란 회 반죽이나 시멘트에 채색된 자갈을 박아 그림을 그리는 기법으로서, 원래는 식당 바닥에 그려진 그림이라 한다. 〈사자 사냥〉(163×336cm)은 알렉산더를 구출하는 크라테로스의 모습을 그린 것인데, 이보다 한결 정교하고 짜임새가 있는 것이 〈노루 사냥〉이다. 이

— 펠라 박물관의 모자이크 〈노루 사냥〉

— 펠라 박물관의 모자이크 〈사자 사냥〉

— 황금관. 필립 2세의 유골이 납골되어 있었다.

것은 화면보다 훨씬 큰 면적을 차지하는 주위의 꽃풀 무늬가 돋보이는 모자이크이다. 2개의 거대한 식물의 줄기와 꽃풀이 주위의 공간을 규칙적으로 용수철같이 덮고 있는데, 고도로 세련된 장식적 도안과 완벽한 모자이크 기술은 펠라의 영화를 상징적으로 나타낸 것이라 하겠다.

테살로니키로 가는 버스를 타고 시내로 와서 바로 박물관으로 간다. 토요일인 탓인지 몹시 붐비나, 특히 베르기나 왕릉의 출토품을 전시하는 특별실은 장사진을 이루어 기다려야 할 정도이다. 알렉산더의 부왕 필립 2세의 무덤으로 추정되는 대왕릉의 출토품에는 주목할 만한 것이 많다. 필립 2세의 유골이 담겨 있다는 황금으로 된 관은 호화롭고도 정교하다. 옆면에는 규칙적이고 섬세한 식물의 장식이, 뚜껑에는 마케도니아 왕조의 상징인 16광선이 있는 별이 새겨져 있다. 이 밖에 황금제 목걸이나 화살통에 새겨진 부조 등은 마케도니아 예술의 탁월성을 여실히 나타내고 있다.

12시에 아테네행 열차를 탄다. 부활절 때문인지 열차는 한산하며, 우리가 탄 객실에는 올 때와는 달리 우리 내외뿐이라 주변의 경치를 마음껏 즐길 수 있게 되었다. 같은 길이기는 하지만, 좌석의 방향이 반대가 되어 새로운 경치를 보는 셈인데, 카테리지를 지나자, 올 때 보지 못한 올림포스 산의 압도적인 모습이 나타난다. 높은 산꼭대기는 흰 구름에 가려 신비적인 분위기가 한결 더하다.

로모코스와 레아노클라디 사이의 고산 지대에는 무수한 터널이 있으며, 산세도 우리나라와는 달리 무척 다양하다. 완만한 능선의 구릉이 있는가 하면 알프스 같은 험준한 산이 있고, 붉은 산이 계속되는가 하면 울창한 산림과 깊은 계곡이 나타나기도 한다. 그러나 테베를 지나자 경치가 평범해져 지루함을 느끼게 된다.

7시 반경 아테네 역에 도착한다. 이미 칼리테아의 아파트에서 철수했기 때문에, 이스탄불을 여행중이라 비어 있는 정씨의 아파트에서 하룻밤을 지낸다.　　　　　　　　　　　　　　　　　　　　　(5월 3일)

크레타의 이라클리오

정씨 일가가 이스탄불에서 돌아와 정씨의 볼보 승용차로 피레아로 가서, 저녁 7시에 이라클리오행 페스토스호에 승선한다. 대형 호화선인데, 예약한 2등실은 선창 깊숙이 자리하고 있어 좁고 답답하여, 사람들이 웅성거리는 3등실에서 시간을 보낸다.

텔레비전은 부활절 프로 일색이다. 아테네의 메트로폴리탄 교회의 대주교가 부활절 예배를 집전하고 있다. 그리스 정교의 의식은 호화롭기는 하나 어딘가 엉성한 데가 있어, 가톨릭과 같은 엄숙하고 세련된 맛이 부족한 듯한 느낌이다. 정교의 신부들이 합창하는 성가도 약간 동양적인 멜로디가 섞인 단조로운 가락이 되풀이될 뿐, 그레고리오 성가의 전아하고 숭고한 맛이 없다.

갑판 한 모퉁이에서는 클라리넷의 동양적인 음률에 장단을 맞추어 가벼운 스텝으로 원무를 추고 있다. 칠흑 같은 바다는 잔잔하여 배는 마치 움직이지 않는 듯이 동요가 전혀 없다. 밤이 깊어지자 갑판 위도 조용해진다. 춤을 추던 무리들도 어느새 흩어져버렸다. 선실에 내려와 잠을 청한다. 어쩐지 향수 어린 기분이 드는 밤이다.

아침 7시경 이라클리오(Iraklio)에 도착하여 바다에 면한 '이라클리오'라는 여관에 든다. 밤잠을 설쳐 피곤하지만, 일정을 줄이기 위해 아침식사 후 곧장 이라클리오 박물관으로 갔으나, 부활절 휴가 때문에 내일까지 휴관이라 한다. 크노소스 궁전 터 관광은 뒤로 미루고, 먼저 파이스토스 궁전 터를 보기 위해 시 변두리에 위치한 버스 정류장으로 간다. 시골 버스는 하루에 여러 번 있는 것이 아니고 시간표대로 운행하는 것도 아니어서, 두 시간 이상이나 기다려야 했다.

젊은이 한쌍이 우리나라 제약회사의 상표가 붙은 가방을 들고 있어 말을 건네 본즉, 네덜란드인인 남자의 형이 미군으로 한국에 주둔하고 있어 작년에 한국에 다녀왔다는 것이다. 고적을 두루 다녔다면서 한국은 아름다운 나라라는 칭찬을 아끼지 않는다. 그들의 친절한 태도로

— 파이스토스 신전

보아 그 말이 공치사가 아님을 알 수 있다.

　12시가 지나서 마침내 파이스토스(Phaistos)행 버스가 출발한다. 크레타 섬의 북안(北岸)인 이라클리오에서 남안(南岸) 가까이에 위치한 유적까지 산악 지대를 넘어가야 한다. 크레타의 경치는 황량하기 이를 데 없다. 포도 재배가 성하나 토지는 척박하고 농가나 마을도 몹시 초라하다. 이따금씩 당나귀를 탄 농부가 지나가는 것이 15년 전의 풍경 그대로다.

　약 한 시간 뒤 파이스토스에 도착한다. 유적은 낮은 언덕에 있다. 유적의 설계는 규모는 적으나 크노소스(Knossos) 궁전과 흡사하다고 한다. 중기 미노아 1기(2000～1850 B.C.)에 건립된 최초의 궁전이 기원전 1700년에 파괴된 후 재건되었던 것인데, 현재의 궁전은 재건된 왕궁의 유적이다. 북쪽에 제우스가 탄생했다는 이다 산이 바라보이는 경승지여서 지난날에는 퍽이나 아름다운 궁전이었으리라 생각된다. 이곳에서 3킬로미터 정도 떨어진 곳에 있는 외항인 하기아 트리아다에 별궁 유적이 있어 가려 했으나, 차편이 없어 단념할 수밖에 없다. 주변의 아름다운 경치를 즐기면서 두 시간 이상을 기다린 끝에 버스로 이라클리오로 돌아온다.

(5월 4일)

고르틴과 이라클리오 고고박물관

고르틴(Gortyn)은 이라클리오에서 파이스토스로 가는 길목에 위치하고 있지만, 유적이 2시 반에 문을 열기 때문에 어제 들르지 못해 오늘 다시 찾기로 한다. 9시경에 출발, 한 시간 안에 도착한다. 유적의 입구에는 6세기에 건립된 낡고 작은 교회가 있고, 교회 뜰에서는 때마침 야외 미사가 진행중이다. 호화로운 의상을 걸친 흰 수염의 전형적인 정교 신부가 엄숙하게 집전을 하고 있으며, 미사가 끝나자 신도들은 빵 조각을 나누어 먹고 헤어진다. 이곳은 마을에서 떨어진 곳이어서 사람들은 미사를 위해 차나 픽업 트럭을 타고 모였다가 흩어지는데, 서부 영화에 나오는 교회의 예배 장면 그대로이다.

유적 안에는 수령이 100년이 넘어 보이는 올리브 고목이 숲을 이루고 있으며, 로마시대의 오데온 뒤에는 외벽에 고르틴 법을 새긴 대리석의 법전 비문이 있다. 이 비문은 기원전 500년경에 새긴 것으로, 기원전 7세기 이래 당시의 형법·가족법·재산법·노예법 등을 총망라하고 있어, 당시 높은 수준의 법제를 반영하고 있을 뿐 아니라 초기 그리스 사회를 아는 데 중요한 사료이다. 가로 5미터, 세로 3미터 정도의 대리석 벽에 1만 7천 자가 빽빽히 새겨져 있는데, 특이한 것은 기술 방식이다. 첫 줄은 왼쪽에서 오른쪽으로, 다음 줄은 오른쪽에서 왼쪽으로, 다음은 다시 왼쪽에서 오른쪽으로……. 이런 식으로 새겨져 있다.

고르틴은 고르틴 비문으로 유명하지만, 도시의 출발은 미노아시대로 거슬러 올라가며, 로마시대에는 크레타 속주의 수도이자 최대의 도시였다. 따라서 로마시대에 건립된 유적이 이곳저곳에 흩어져 있는데 그 가운데 몇 군데를 찾아 헤맨다. 아폴로 신전은 오데온에서 약 500미터 떨어진 보리밭 한가운데에 있는데, 신전은 기초와 쓰러진 석주 몇 개가 남아 있다. 이보다 넓은 터전을 차지한 이시스, 세라피스 신전에는 석상 하나만이 서 있을 뿐이다.

이 황폐한 유적을 찾은 관광객은 전혀 보이지 않으며, 다만 미사에 참가했던 농부의 가족 3명이 우리와 함께 유적을 거닐고 있다. 그들은 나중에 큰길에서 버스를 기다리는 우리에게 다정하게 손을 흔들면서 트럭을 타고 지나갔다.

이라클리오에 돌아와 고고박물관으로 간다. 이곳에서는 크노소스 궁전의 출토품뿐 아니라 크레타 섬에서 발굴한 뛰어난 작품들을 총망라하여 전시하고 있는데, 대부분이 사진을 통해 익히 알고 있는 것이지만 실물에서 각별한 인상을 받는 유물도 적잖다.

유명한 〈뱀의 여신상〉은 생각보다 작고 정교하다. 대담하게 노출한 풍만한 젖가슴, 가는 허리, 가로줄 무늬의 스커트, 스페인의 플라멩코 무희와 같은 현대적이고 섹시한 포즈이다. 두 손에 잡은 뱀은 대지를 나타낸다. 대지의 여신은 여러 가지 구체적인 직능으로 나타난다. 산의 여신, 나무의 여신, 비둘기의 여신, 양귀비꽃의 여신, 그리고 이 뱀의 여신. 이곳에서 만나는 이렇듯 다

— 〈뱀의 여신상〉(기원전 1600 ~ 1550년경). 크노소스 출토. 이라클리오 박물관. 높이 29.5센티미터.

양한 여신들의 상이 하나의 신격이 변하는 모습을 표현한 것인지, 혹은
원래 복수의 여신이었음을 표현한 것인지는 알 길이 없다.

　이른바 마린 스타일(marine style ; 해양 동물 양식)로 도기 전면에 꽉 차
게 그려진 문어는 8개의 발을 휘저으며 유유히 떠다니고 있다. 도기에
표현된 이 율동, 이 '움직임'이야말로 미노아 미술의 한 가지 특색이
다. 그것은 다음 세대에 그리스 본토에 나타난 기하학 문양의 '고요'와
선명한 대조를 이루고 있다. 그러나 사실 둘은 대립적인 것이 아니라,
후자는 전자가 점진적으로 추상화한 결과인 것이다. 미케네시대에서
암흑기 400년을 거치는 동안 문어의 율동적인 표현은 점차 추상적으로

— 〈파리의 아가씨〉(기원전 1500 ~ 1450년경). 크노소스 출토. 프레스코화. 목 뒤에 붙
어 있는 매듭은 종교의 상징이었으므로 이 여인은 여신관인 것으로 보인다.

변하여, 마침내 고전시대 초기에는 아테네 고고박물관의 〈디필론의 암포라〉에 표현된 기하학 문양으로 바뀐 것이다.

크노소스 궁전을 발굴한 아서 에번스가 〈파리의 아가씨〉라고 이름 붙인 유명한 벽화의 여인상은, 컬러 도판보다 선명하지가 않다. 에번스는 이 여인상이 현대적이고 세련되었다는 느낌에서 '파리쟌느'라 했겠지만 내가 보기에는 파리의 아가씨라기보다 전형적인 그리스 미인이라는 인상이다. 검은 머리, 큼직한 눈, 강하고 뚜렷한 얼굴 옆선, 거리나 상점에서 흔히 볼 수 있는 매력적인 미인이다. 그런 의미에서 영원한 크레타의 여인상이라 할 수 있겠다.

크노소스 궁전을 '라브린토스'라고 한다. '라브리스(雙刃斧)의 궁전'이라는 뜻인데, 라브리스는 소의 뿔을 나타낸 것으로 성우(聖牛) 숭배와 관련이 있다. 라브리스는 미노아 문명의 상징이니만큼 항아리에 그려진 것이 많지만, 여기에 2, 3미터 높이의 거대한 쌍인부(雙刃斧)가 여러 개 전시되어 있는 것은 장관이다. 그런가 하면 5에서 10센티미터 정도 되는 구리로 만든 사람과 동물의 정교한 상이 수십 점 진열되어 있다. 〈경례하는 남자〉로 알려진 허리가 극단적으로 휜 자세의 남자상은 그 하나에 불과하다. 작고 큰 것을 두루 잘 만드는 크레타 장인의 솜씨에 감탄을 금할 수 없다.

— 라브리스(쌍인부)

미노아 문명은 왜 파괴되었는가

박물관에서 버스로 10분 거리에 있는 크노소스 궁전 유적으로 간다. 이곳 역시 밀어닥친 관광객으로 대혼잡을 이루고 있다. 얼핏 보아서는 눈에 띄지 않지만, 입구 나무 그늘에 아서 에번스 경의 흉상이 있다. 원래 이곳을 발굴하려 한 것은 트로이와 미케네의 유적을 발굴한 슐리만이었다. 그는 이라클리오에서 동남쪽으로 5킬로미터 거리에 있는 이곳 케팔라 언덕 일대를 매입하려 했으나, 값이 너무 비싸고 터키 당국의 허가도 얻지 못해 단념하고 만다. 1900년 크레타가 자치를 획득한 후, 에번스는 이곳을 매입하여 발굴에 착수했다.

유적은 상상보다 한결 규모가 크고, 미궁(迷宮)이라 불릴 만큼 구릉의 위치에 따라 3에서 5층으로 복잡한 구조를 하고 있다. 석주와 벽화는 복원한 것이나, 벽화의 원색은 황량한 폐허와 강렬한 명암을 보여준다. 크기와 형태가 다른 수십 개의 방이 복잡한 통로와 계단에 따라 배열되어 있는데, 왕좌실과 왕비실은 좁고, 석고석으로 된 딱딱한 왕좌도 장난감 의자와 같이 자그마하다. 다만 왕좌 뒤에 있는, 화초와 바다와 스핑크스(새의 머리와 짐승의 몸을 한 괴물)가 그려진 벽화만이 크고 화려하다. 이것은 이 왕궁이 왕의 권력을 과시하려는 의도가 없었음을 단적으로 말해준다.

이 왕궁을 중심으로 한 미노아 문명은 기원전 1700년경부터 전성기를 자랑하여, 에게 해 일대에 문화적으로나 정치적으로 큰 영향력을 행사했으나, 기원전 1450년경 일시에 파괴되고 만다. 파괴의 원인에 대해서는 앞서 이야기한 대로 구구한 설이 있다.

에번스는 미노아 문명이 지진에 의해 파괴되었다고 주장했다. 마리나토스는 에번스 설과 같은 선상에서, 크레타 북쪽 120킬로미터 지점에 있는 산토리니 섬의 화산 폭발로 발생한 해일과 지진에 의해 파괴된 것이라 했다. 그의 주장에 의하면, 기원전 1500년에 일어난 산토리니의 폭발은 사상 최대의 화산 폭발의 하나로서, 히로시마에 투하된

— 크노소스 궁전 입구

— 크노소스 궁전

원폭의 100만 개에 해당하는 파괴력을 지녔으며, 섬의 중심부는 바다 속에 가라앉고, 100미터 높이의 대해일이 30분 후에 크레타 북쪽 해안 일대를 강타하여 여러 궁전을 파괴했다는 것이다.

그러나 마리나토스 이론에 대한 반론에 의하면, 산토리니의 폭발이 미노아인을 약화시킨 것이 사실이나, 문명을 파괴할 정도는 아니었으며, 해일과 화산재는 농장과 선박에 피해를 주었을 뿐이라고 한다.

산토리니 폭발의 여파로 약화된 크레타는, 그리스 본토의 호전적인 미케네인들이 침략했을 때 이를 막을 수 없었다. 크레타를 점령한 미케네인들은 크레타인들이 사용하는 선상(linear) A문자를 개조하여 선상 B문자를 만들었으며, 무기고나 메가론식 가옥 구조 등을 남겼다. 침입자인 미케네인들은 정복된 크레타인에 비해 수적으로나 문화 수준으로나 열세여서, 지배가 쉽지 않아 철수하고 만다. 크노소스 궁전은 그때 파괴되었는데, 기원전 1450년경이었다. 산토리니의 폭발이 있었던 기원전 1500년보다 50년 뒤의 일이었다.

미노아 문명이 파괴된 지 약 200년 후 미케네인들은 이번에는 에게 해를 건너 트로이를 침공한다. 크레타의 미노아 왕국에 비해 문명 수준이나 왕궁의 규모가 보잘것없는 트로이 왕국을 치기 위해, 미케네인들을 중심으로 한 그리스인들은 1,200척의 병선과 5만 명의 병력을 동원하였다. 따라서 크레타를 침공했을 때 미케네 군대의 규모는 트로이 원정의 경우보다 훨씬 컸을 것이다. 그러나 트로이 원정은《일리아스》와《오디세이아》와 같은 위대한 민족 서사시를 남겼지만, 크레타 원정은 그러한 것을 남기지 않았다. 그것은 무엇 때문일까.

크레타 원정에도 시인이 참가하여 원정의 모습을 시로 읊었을지도 모른다. 그러나 트로이 전쟁의 경우과 같이 민족의 서사시로 승화할 수 없었던 것은, 그 전쟁이 그리스인에게 민족적으로 자긍심을 느낄 만한 영광스런 전쟁이 아니었기 때문이었을 것이다. 트로이를 점령한 그리스인들은 목적을 달성한 후 성을 파괴하고 포로와 전리품을 배에 가득 싣고 의기양양하게 개선한 데 비해, 크레타를 침공한 그리스인들은 크레타인들의 멸시와 저항으로 패배하다시피 철수하지 않을 수 없었던 것이다. 그 전쟁은 그리스인에게는 기억할 가치가 없는 경험이었으며, 따라서 그 전쟁을 읊은 시가 나올 수 없었을 것이다. 그것은 마치 베트남전을 겪은 미국인의 경험과 같은 것이었을 것이다. 베트남전은 미국인에게 치욕과 패배를 안겨주었기 때문에, 이후 10여 년 동안 미군들은 전의를 앙양하는 군가를 제대로 만들지 못했던 것이다.

하긴 최근에는 이곳이 궁전이 아니라 죽은 자의 거대한 무덤이며, 저장실에 즐비한 큰 항아리도 시신을 넣은 관이라는 설도 있다. 그러나 인위적으로 파괴되었건 지진으로 파괴되었건 간에, 이것이 미노아의 중심적인 궁전임은 의심의 여지가 없다 할 것이다.

넓은 유적을 고루 살펴본 후 이라클리오를 거쳐 말리아 유적까지 보기로 한다. 버스 종점은 버스를 기다리는 관광객으로 인산인해를 이루고 있어, 이라클리오행 버스가 도착할 때마다 대격전이 벌어진다. 초만원의 버스 안에 간신히 몸을 실어 이라클리오에 온 뒤 말리아행 버스로 갈아탄다. 이라클리오에서 동쪽으로 해안선을 따라 약 30분을 달린 끝에 말리아 유적 입구에 도착한다. 그러나 유적은 5시에 문을 닫아 들어갈 수 없어 울타리 밖의 높은 지점을 찾아 유적의 전경(全景)을 촬영한다. 이라클리오로 돌아올 때 이곳 해안 방갈로에서 휴가중인 아일랜드인 부부의 차를 얻어 탄다. (5월 6일)

말리아·틸리소스·구르니아

산토리니(Santorini)행 쾌속선을 예약했으나 풍랑이 심해 오늘은 운항을 중지하겠다고 한다. 그래서 어제 유적 내부에 들어가지 못한 말리아와 틸리소스를 찾기로 한다. 먼저 말리아로 간다. 어제 다녀왔던 길이기는 하나 해변의 환상적인 풍경을 다시 한번 만끽한다. 모텔과 방갈로가 즐비한데, 북유럽에서 온 관광객들이 수영복 차림으로 유유히 바캉스를 즐기고 있다. 바쁜 일정으로 폐허만을 찾아 헤매는 처지가 새삼 초라하게 느껴진다.

말리아(Mallia) 궁전은 설계는 크노소스와 비슷하나 규모는 한결 크다. 그러나 바로 해변에 위치하고 있었기 때문에, 산토리니 폭발 때 해일 때문에 철저하게 파괴되어 건물의 흔적만 있을 뿐이다. 어쩌다가 커다란 항아리 2, 3개가 남아 있는 것이 폐허의 황량함을 한결 더해 준다.

말리아에서 이라클리오로 돌아온 후 다시 틸리소스(Tyllisos)행 버스를 탄다. 틸리소스는 이라클리오에서 14킬로미터 거리에 있으나, 완행버스라 마을마다 정차를 하면서 산간의 좁은 길을 누비느라 30분 이상이 걸린다. 버스 안의 농부들은 시골 완행버스를 탄 엉뚱한 크세노이(이방인)가 사뭇 신기한 듯, 우리들에 대한 화제로 왁자지껄하다. 앞자리의 예쁜 아가씨는 우리가 버스를 잘못 탄 것이 아닌가 사람들이 걱정하고 있다고 영어로 말하고는, 틸리소스에 가는 것이 틀림없느냐고 다짐하는 것이다. 틸리소스에 살고 있다는 그 아가씨는 틸리소스에 도착하자, 마을가에 있는 유적 앞까지 우리를 안내해준다. 유적 앞 골목에 있는 찻집의 아가씨가 노랗게 익은 비파 열매를 몇 알 주면서 차를 들고 가라고 권한다. 그럴 시간이 없어 사양할 수밖에 없는 것이 퍽 미안하기도 하고 아쉽기도 하다.

틸리소스는 미노아시대의 일종의 별장 지대로서, 현재의 유적은 크노소스와 같은 시기에 파괴되었지만, 전형적인 미노아 가옥의 유구(遺構)가 남아 있기 때문에 그 시대의 가옥 구조를 아는 데 제격인 셈이다. 3개의 가옥군이 연결되어 있으며, 상·하수도 시설과 수로가 흥미롭다.

물론 이 유적을 찾는 사람은 우리밖에 없다. 그리스의 한가로운 산간 마을의 풍치를 즐기면서 유적 옆 잔디밭에서 늦은 점심을 먹고 이라클리오로 돌아온다. 남은 시간은 항구의 방파제 끝에 있는 성채를 구경한다. 15세기에 베네치아인이 건축한 성채는 견고하고 중후하며 내부의 규모가 큰 데 놀란다. 황폐화된 고대의 유적보다도 시대의 분위기를 그대로 간직한 중세의 성채에 더욱 깊은 감명을 받게 되어, 고대의

— 틸리소스의 농가

유적을 섭렵할수록 고대보다 중세의 매력에 사로잡히게 되는 것을 어쩔 수 없다.

다음날은 풍랑이 한결 심해져 선박이 결항하여, 미노아시대의 대취락인 구르니아(Gournia)를 보기로 한다. 먼저 크레타 섬 동쪽의 항구 아기오스 니콜라오스로 간다. 아테네 연구소의 지나 여사가 그 항구의 아름다움을 격찬했기 때문이다. 이곳은 관광 도시답게 호텔이 많으며, 시 한가운데에 있는 운하가 특히 아름답다. 해변가 언덕 위의 벤치에서 거세게 출렁이는 파도를 바라보며 점심을 먹는다.

이곳에서 숲이 깊은 장대한 협곡을 지나 약 15킬로미터 동쪽으로 가면 구르니아에 이른다. 해변에서 멀지 않은 커다란 구릉 전체가 후기 미노아(LMI)시대의 취락을 이루고 있는데, 크레타의 다른 유적이 왕궁이나 별궁 터인 데 반해, 이곳은 주로 일상 가구를 제작하는 직인들의

— 구르니아

취락으로 알려져 있다. 언덕바지에 있는 취락에는, 우두머리의 집을 중심으로 8개의 가옥군으로 이루어져 있는 가옥의 70채 가량이 유구가 고스란히 보존되어 있으며, 돌로 포장한 골목과 계단의 형태도 완전하다. 주위의 석벽은 해일로 무너진 흔적을 남기고 있으며, 화산재와 경석이 쌓인 곳도 있어 산토리니 폭발의 직접적인 피해를 받았음을 말해 주고 있다. 이곳에서 발굴된 유물을 전시할 박물관이 언덕 아래에 신축되어 있으나 아직 개관하지 않았다 한다.

　이라클리오로 돌아가는 버스를 기다리느라 한 시간 이상을 길바닥에서 서성대다가, 겨우 만원 버스에 끼여 탈 수 있었다. 호텔에 돌아오니 여자 지배인이 한국인 두 사람이 와 있다고 알려준다. 반가운 나머지 연락을 해서 만나보니, 김이라는 50대와 박이라는 40대의 남자들인데, 김씨는 중동에서 일하다가 현재는 아테네에 묵고 있으며, 박씨는 카이로에서 식당을 경영하다가 그곳에 한국 식당이 너무 많아 이곳으로 옮기기로 하고 왔다는 것이다. 그들은 한 달 동안 크레타에 묵으면서 검

— 이라클리오의 중세 성채

토를 한 후, 국제적인 관광지에 중국 식당이 없다는 점을 보고, 이 호텔의 식당을 개조하여 개업하기로 오늘 계약을 체결했다고 한다. 관광 비수기를 대비해서 이라클리오 교외에 미공군 기지에 주둔하는 700명의 미국인도 감안했다는 것이다. 크레타까지 침투한 한국인의 상혼이 가상할 따름이다.

다음날도 여전히 파도가 가라앉지 않아 취항이 불가능해, 이라클리오 근교(8km 지점)에 있는 암니소스(Amnisos)로 가기로 한다. 해변 모래사장 끝에는 규모가 작은 미노아시대의 궁전 터가 있고, 뒤쪽 언덕의 경사면에는 취락지가 여기저기 흩어져 있다. 물론 이곳도 산토리니 폭발 때 해일로 파괴되었는데, 이곳에서 발견된 2단으로 된 화단(花

壇)의 벽화에서, 마리나토스 교수는 산토리니(윗단)와 크레타(아랫단)의 관계를 추정하여 산토리니를 발굴하게 되었다고 한다.

바닷바람이 꽤 쌀쌀한데도 해변 모래사장에서 일광욕을 즐기는 나체족이 있는가 하면, 세찬 바람을 타고 싸늘한 바다에서 윈드 서핑을 감행하는 용감한 젊은이도 있다.

이틀 동안 찬 바닷바람을 쐰 탓인지 감기 기운이 있어 오후에는 여관에서 쉬기로 한다. 밤에는 영화관에서 리차드 기어가 주연한 〈파우어〉(Power)라는 제목의 액션 영화를 보고 있는데, 돌연 관람석에 두 청년이 뛰어들어 쫓고 쫓기는 대활극을 벌인다. 영화 장면보다 훨씬 박력이 넘치는 활극이기는 하나, 옛날 그토록 평화롭던 크레타가 이렇게 살벌한 고장이 되어버린 것이 서글프고 섬뜩하기도 하다.

(5월 7, 8, 9일)

환상의 섬 산토리니

풍랑이 멎어 오늘에야 배가 출항할 수 있었다. 원래 2, 3일 머물려 했던 크레타였으나 풍랑 덕분에 일주일이 된 것은 다행이지만, 버스 편이 불편 하기도 하여 그동안을 효과적으로 이용하지 못한 것이 아쉽기도 하다. 일주일의 휴가를 즐긴 것이라 자위할 수밖에 없다.

8시에 출항하여 1시에 산토리니 만에 진입한다. 산토리니는 화산지대의 중심에 위치하고 있어 고대에서 현대에 이르기까지 무수한 화산폭발을 겪었으나, 최대의 것은 기원전 1500년의 대폭발이었다. 원자폭탄 100만 개의 폭발에 해당하는 위력이었으며, 원래 하나의 섬이었던 것이 산체(山體)가 바다 속으로 가라앉아 칼데라(內海)를 이루어 5개의 섬으로 분리되었다. 가장 큰 티라는 반원형으로 바다를 둘러싼 절벽을 이루고 있다. 수백 미터의 낭떠러지가 수 킬로미터에 걸쳐 병풍처럼 둘러싸인 장대한 경관에, 다른 세계에 온 듯한 신선하고 격렬한 충격

— 티라 마을

— 산토리니의 내해

을 받는다.

배가 안티노스 항구에 닿자 호텔 호객꾼들이 진을 치고 대기하고 있는데, 그 가운데 한 친구에게 걸려들어 봉고에 실려간 곳이, 메가로폴리라는 마을 근처 큰길가의 독가촌이다. 방갈로식의 여관인데, 안내된 방은 반지하인지 오싹할 정도로 썰렁하나, 다른 호텔로 옮기기도 번거롭고 주인이 호인형이기도 해 그대로 묵기로 한다.

여관에서 멀지 않은 곳에 아크로틸리(Acrotili) 유적이 있어 택시를 타고 그곳에 도착한 것이 정각 3시. 그러나 수위는 3시가 관람이 끝나는 시간이라며 문을 닫아버린다. 내일 섬을 떠나야 한다고 간청을 해도 쌀랑하게 거절하고는, 당나귀를 타고 마을에 있는 집으로 떠나버린다. 유적 뒤의 언덕에 올라 협곡 일대를 촬영하고 여관으로 돌아올 수밖에 없다. 여관 앞 큰길의 건너편은 바로 벼랑 끝이다. 석양을 받아 금빛으로 변한 절벽의 황홀한 아름다움은 천지창조 신화를 생각하게 하는 환상적인 대장관이다.

이튿날 아침 일찍 아크로틸리로 갔으나, 이번에는 시간이 너무 일러 문이 잠겨 있다. 10시에 문을 연다는 말을 듣고 200미터 가량 떨어진 해변으로 나가 산책을 하는 도중에, 카타리나라는 프랑스 여자를 만났다. 나이는 40세쯤 되었을까. 바닷바람에 엷게 그을린 건강한 체격의 그녀는 이곳의 아름다운 경치와 인심에 끌려 거의 해마다 찾으며, 이번에도 한 달이나 머물고 있다 한다. 그녀가 묵고 있는 호텔의 테라스에서 차와 아침식사를 대접받는다. 식사를 마치고 온 터이지만 그녀가 주문해서 대접하는 것을 사양할 수 없다. 집이 파리라 하기에 우리가 파리에 가면 연락할 것을 약속하고 헤어진다. 해마다 파리에서 이곳으로 날아와 유유히 해수욕을 즐기는 중년의 독신녀, 수수께끼의 여자이다.

대폭발에 의해 수 미터의 화산재로 덮인 아크로틸리의 유적을 발견한 것은 마리나토스 교수이다. 그는 1967년에 발굴을 시작하자마자 수많은 벽화와 유물을 발굴하는 데 성공한다. 단 인골과 귀금속이 전혀 없는 것은 화산 폭발 전에 주민들이 완전히 대피했기 때문이었다. 그는 1974년

— 아크로틸리의 화산재

에 작업중 실족하여 사망했지만, 발굴은 현재까지 계속되고 있다.

　이곳에서 발굴된 벽화는 아테네 고고박물관 특별실에 복원되어 있지만, 밧줄을 친 코스를 따라 벽화가 발견된 장소를 돌아볼 수 있다. 먼저 〈사프란을 뜯는 여인들〉의 집터, 다음은 〈권투하는 소년〉의 집, 다음 삼각형의 광장에 면한 '서쪽의 집'은 독립된 큰 건물이며, 2층의 두 방을 장식한 〈선단도〉(船團圖 ; 폭 4m)를 비롯한 여러 가지 벽화는 당시의 생활상을 말해주는 귀중한 자료이다. 선단의 그림 때문에 '제독의 집'이라 불리기도 한다. 다음은 '부인들의 집', '백합의 집', 그리고 가장 사실적인 그림인 〈푸른 원숭이〉의 집 등이 있다.

　화산재로 덮인 잿빛의 죽은 자의 거리를 약 한 시간 반 동안 헤매고 밖으로 나오니 태양이 한결 눈부시다. 버스로 이 섬의 중심 도시인 티라로 간다. 모든 건물이 흰색인, 요정의 나라 같은 아름다운 소읍(小邑)이다. 점심을 먹고 섬의 북쪽에 있는 이아로 간다. 이 마을은 이 섬에서 가장 높은 곳에 위치하여 마치 공중 도시와 같은 느낌이다. 좁은

— 아크로틸리 유적의 3각 광장. 2층집(서쪽집)에 벽화 〈선단도〉가 있다.

— 아크로틸리의 벽화 〈권투하는 소년〉(左)과 〈아프리카 산양〉(右). 아테네 고고박물관 소장.

골목, 장난감같이 예쁘고 자그마한 집들……. 멀리서 보면 검은 용암 위에 흰눈이 쌓여 있는 듯하다.

사람보다 당나귀가 많고 집보다 교회가 많다는 섬. 약간 과장된 표현이기는 하지만 교회가 많은 것은 사실이다. 간혹 큰 교회가 있기는 하나 대개가 교회라기보다 사당이라 할 정도로 작고, 흰 벽에 파랑·노랑 색깔의 돔을 얹은 보석상자와 같은 교회가 곳곳에 있다. 원래 건물의 흰색은 무덤에서 비롯되었다고 한다. 조난당한 선원을 위해 흰 칠을 한 묘석을 해변에 세웠는데, 나중에는 교회, 나아가서는 모든 집에까지 흰 칠을 하게 되었다는 것이다.

한 선물가게에는 뚱뚱한 젊은 여자가 산토리니의 풍경을 그린 판화를 팔고 있다. '코레아'라는 이름의 사인이 신기해서 한 점을 산다. 임진왜란 때라던가, 포로인가 노예인가로 서양으로 끌려간 한국인의 후예가 '코레아'라는 이름으로 이탈리아에 살고 있다는 이야기를 들은 적이 있지만, 그리스에서 코레아라는 이름을 만난 것은 뜻밖이었다. 자기의 성이 한국을 뜻하는 코레아와 같다는 사실을 그녀 자신은 단순한 우연이라 생각하는 듯했다. 그래서 그녀가 이탈리아에 사는 코레아의 일족인지는 물어보지 못하고 말았다. 그러나 나중에 안 일인즉, 그리스에는 '코레아'라는 성이 적잖다는 것이다.　　　　(5월 11일)

사람들로 붐비는 미코노스와 무인도가 된 딜로스

바람이 강해 출항할 수 있을지 염려되었으나, 배는 8시 반경 산토리니를 떠나 이오스·파로스를 거쳐 4시 반경 미코노스(Miconos)에 도착한다. 부두의 여자 호객꾼에 이끌려 언덕 마루에 있는 펜숀에 갔으나, 방이 마음에 들지 않아 다른 여관으로 옮기겠다고 하자, 여자는 숙박비의 3분의 1을 내야 한다고 억지를 부린다. 관광객을 등쳐먹는 야차 같은 악랄한 여자이다. 돈을 몇 푼 던져주고 시내의 호텔로 짐을 옮긴다.

미코노스는 그리스 유수의 관광지답게 깨끗하게 꾸며진 눈나라 같은 순백의 도시이다. 도시 뒤의 언덕 위에는 흰색으로 칠해진 원통형의 풍차 집이 몇 채 서 있다. 관광 포스터에서 미코노스의 상징이 되어 있는 동화풍의 풍경이다. 이 도시는 부둣가나 시가의 외곽에 차도가 있을 뿐 시내에는 삼륜차 외에는 통행이 불가능하다. 모든 길이 미로와 같이 꼬불꼬불한 좁은 골목으로 이루어져 있기 때문이다. 이 미로는 원래 강한 북서풍과 외적을 막기 위해 만들었다 하는데, 300개 이상의 점포가 들어 차 있다. 큰 거리라 할 안드로니쿠 거리도 폭이 2, 3미터에 불과하다. 밤이 되면 시가 전체가 야시장으로 변해버려 골목골목이 환상적이라 할까, 어쩌면 에로틱하다고나 할까, 야릇한 분위기로 물들게 된다. 희미한 불빛을 따라 골목을 돌아본 다음 호텔로 돌아온다.

— 미코노스 항구

미코노스는 정주(定住) 인구가 5천 명에 불과하나, 여름에는 4만명 이상으로 불어나는 여름 관광지이다. 내가 철 이른 관광지를 찾은 것은 물론 딜로스(델로스) 섬에 가기 위해서이다. 나뿐 아니라 이 작은 도시에 북적대는 수많은 관광객의 대부분이 딜로스 관광을 위해서 모인 것이 아닐까.

다음날 아침 7시에 딜로스(Dilos, Delos)를 왕복하는 배를 탄다. 하루에 두 번, 두세 척의 배가 딜로스까지 왕복한다고 한다. 50톤 정도의 증기선 두 척이 만원이 된 관광객들을 싣고 약 40분 만에 딜로스에 도착한다.

제우스는 레토와 아스테리아라는 자매를 사랑했다. 아스테리아는 제우스를 피하기 위해 돌이 되어 바다에 빠져 숨었지만, 레토는 제우스의 사랑을 받는다. 그러나 레토는 제우스의 아내 헤라의 질투로 출산할 장소를 얻을 수 없어 세계를 헤매다가, 바다 위에 뜬 섬인 딜로스를 발견한다. 포세이돈이 해저에 기둥을 박아 섬을 고정한다. 레토는 종려나무를 안고 부드러운 풀밭에 무릎을 꿇어 쌍둥이를 분만한다. 이들이 바로 아르테미스와 아폴로 남매이다. 그리하여 딜로스는 아폴로의 성지가 되었다.

딜로스는 2제곱마일밖에 되지 않는 키클라데스 군도 가운데 가장 작은 무인도이지만, 옛날에는 그리스 유수의 종교적 정치적 경제적 중심지였다. 이곳 아폴로 신전의 신탁은 델피 다음으로 유명했으며, 델로스 동맹의 중심지로서 한때는 아폴로 신전이 델로스 동맹의 금고 역할을 했고, 동맹회의가 이곳에서 열리기도 했다. 헬레니즘시대에는 자유항으로 번영했으며, 하루에 1만 명의 노예가 거래되는 최대의 노예시장이기도 했다. 그래서 규모에서는 그리스 최대 유적의 하나이다. 그러나 지금은 석주 몇 개와 사자 석상 4개밖에 남아 있지 않은 황량한 풍경이다.

선착장 바로 앞이 아폴론 신역이며, 그 중심에는 3개의 신전 터가 나란히 있다. 포로스 신전(델로스 신전), 아테나 신전, 대 아폴로 신전이

— 아폴로 신전(딜로스)

— '클레오파트라의 집'(기원전 2세기경). 이 집의 주인이었던 아테네인 클레오파트라
와 디오스크리데스 부부의 석상과 석주가 서 있다.

다. 그 가운데 포로스 신전은 가장 작으면서 가장 오래된 신전으로서 (기원전 8세기에 건립) 델로스 동맹의 금고로 사용되었던 곳이다. 포로스 신전이 금고로서는 좁아 아폴로 신전의 건립이 착수되었으나, 기원전 456년 금고가 아테네로 옮겨짐으로써 건축이 중단되었다가 기원전 3세기초에서야 완성되었다고 한다. 신전에서 서쪽으로 유명한 '사자의 테라스'까지 갔다가, 이곳 명물인 남근상(男根像), 박물관(휴관중)을 거쳐 동쪽 끝의 킨토스 산 중턱에 있는 신역까지 올라갔다. 하산하면서 외래 신의 신역을 거쳐 아름다운 모자이크가 있는 '돌핀의 집', '가면의 집', 그리고 기원전 3세기초에 건립한 6천 명을 수용하는 극장, '클레오파트라의 집'을 비롯한 주거지를 보고 선착장으로 되돌아오는 데 약 3시간이 걸렸다.

12시 반에 딜로스를 떠나 미코노스를 돌아온 후, 2시에 나이오스호에 승선하여 피레아스로 향한다. 도중에 티노스·시로스에 들른다. 티노스는 아무 특징이 없는 조용한 작은 항구이나, 시로스는 경관이 수려한 큰 항구이다. 항구 뒤의 산 중턱까지 건물이 꽉 차 있는 입체적인 도시인데다가, 갈색·노랑색의 건물이 섞여 있어 시각적인 마술이 부려진 양 화려하고 환상적인 도시미를 뽐낸다. 특히 산꼭대기의 교회 종탑이 아름답다.

9시 반에 피레아에 도착하여, 명은네 집 근처 해변에 가까운 깨끗한 호텔에 투숙한다. 아테네에서의 마지막 밤이다.   (5월 14일)

다시 찾은 로마(카리칼라 욕장, 아우구스투스 능묘)

호텔의 테라스에서 아침을 먹는다. 팔레온 팔리론의 바다가 유난히 아름답다. 버스로 신타그마에 가서 레코드 가게에서 카세트를 몇 개 사고는, 광장의 벤치에 앉아 지난 몇 달 동안의 아테네 생활을 회상한다. 처음 아테네에 와서 이 광장에서 서성댔던 일, 아파트를 찾던 일,

미국 고전학연구소의 도서실, 바다, 고적……. 단조롭던 하루하루의 하찮은 일들이 새삼 정겹게 느껴져 불현듯 떠나는 것이 아쉽고 서운해지는 것이다. 15년 전 아테네를 떠날 때의 상쾌하던 마음과 대조적인 이 심정은, 그래도 모르는 사이에 이곳에 정이 들어버린 탓일 것이다.

명은네 집에서 점심을 대접받았다. 도미 구이를 맛있게 먹는다. 명은 엄마의 자상한 배려가 없었던들 아테네 생활은 무척 삭막했을 것이다. 비행장에는 명은이 모녀와 서승원 씨가 전송을 나왔다. 서승원 씨와 앞으로 그의 계획에 대해 이야기를 나누는 동안 어느새 출발 시간이다. 3시 55분에 아테네를 떠난다. 시가가 내려다보이고, 살라미스가 보이고, 그러고는 바다……. 1시간 45분 후에 로마에 도착한다.

택시 기사의 꾐에 빠져 트레비 분수 근처 '영 로마'라는 이름에 걸맞지 않는 낡은 호텔에 투숙하게 된다. 밤에 보는 트레비 분수는 조명이 아름다워 낮보다 훨씬 사람들이 북적댄다. 지난번 로마를 찾아왔을 때 이 분수에 동전을 던지지 않았는데도, 이렇게 다시 오게 된 것으로 보아 동전 던지기의 신통력이 의심스럽기는 하나, 다음에는 신통력을 발휘할 것을 빌면서 동전 한 닢을 던져둔다.

다음날 아침에는 팔레르모행 비행기를 예약하기 위해 알리타리아 항공사를 찾아헤매는 데 한 시간 이상을 허비한 후, 간신히 테르미(Termi) 박물관에 도착한다. 지난번 로마 구경에는 단체 관광에 끼였기 때문에, 이번에는 번거롭지만 일일이 찾아다니기로 했으나, 이 계획은 처음부터 순조롭지 못하다.

테르미 박물관에 관람료 4천 리라를 지불하고 입장을 하니, 수리중이다. 미켈란젤로가 설계했다는 주랑 외에, 벽화가 있는 방 하나만 공개하고 있어 큰 손해를 본 셈이다. 볼 수 없는 미술품의 슬라이드를 사기 위해 기념품 가게에 들렀더니, 신사 차림의 초로의 점원은 '봉'이 나타났다고 온갖 아양을 떤다. 그러나 슬라이드가 없어 엽서 몇 장만 사려고 하자, 별안간 화를 발칵 내면서 대꾸조차 않는 것이다. 비굴한 웃음에서 일순간에 독기 어린 분노로 변하는 표정 변화에 아연할 따름이다.

역 앞 광장에서 버스로 카라칼라(Caracalla) 욕장으로 간다. 테르미 박
물관의 테르미(테르마에)란 말은 욕장(浴場)을 의미하며 따라서 박물관
은 디오클레티아누스 욕장의 폐허를 이용하여 만든 건물이다. 로마황
제의 시민에 대한 기본정책은 이른바 '빵과 서커스', 즉 무료급식과 흥
행물 제공이며 이 정책의 일환으로 건설된 것이 대욕장이다. 황제가 제
공한 11개의 욕장 가운데 대표적인 것이 카라칼라 욕장이다.

마르쿠스 아우렐리우스 안토니누스(211 ~ 217 재위)가 황제에 즉위한
것은 22세 때이었다. 작고 빈약한 체구를 커버하기 위해 긴 외의(外衣 ;
카라칼라)를 애용했기 때문에 병사들은 그를 카라칼라라고 불렀으며
그것이 그의 통칭이 되었다. 그는 공동 통치자인 동생 게다를 살해하
고 게다를 지지한 인사 2만 명을 숙청했지만 자신도 결국 근위대장에
게 살해되고 만다. 그러나 짧은 재위 동안에 역사에 남을 두 가지 일을
수행했다. 하나는 제국내의 모든 자유민에게 로마시민권을 부여한다
는 이른바 안토니누스 칙령을 발포한 것이며, 또 하나는 대욕장을 건

설한 것이 그것이다. 이 칙령은 제국내
의 모든 국민을 균일하게 통치하려는 획
기적인 평준화정책이며, 따라서 제국 수
도로서의 로마시의 특권적 지위도 사라
지게 된다. 그것은 종래 로마시민에 대
해서만 부과하던 여러 가지 세금을 전국
민에게 확대하려는 증세책(增稅策)이기
도 했으나 아무튼 특권적 지위를 잃게
된 로마시민을 달래기 위해 이 욕장을
건설한 것이다(216년).

높고 견고한 외벽으로 둘러싸인 11만
제곱미터의 광대한 대지는 6미터나 높
여진 인공기반을 이루었으며, 그 안에는

— 카라칼라 황제(카피톨리니 미술관)

212

물끓이는 화로나 저수탱크 등 여러가지 설비가 시설되었다. 욕장시설
은 25,000제곱미터의 거대한 건물이며 그 안에 냉욕실·미온실·열탕
실·맛사지실 외에 실내경기장·도서관·박물관·미트라교 예배당까지
갖추어져 욕장이라기보다 일대 레크리에이션 센터라 할 만했다. 한꺼
번에 1,000명을 수용할 수 있는 욕장에는 나팔소리를 신호로 오후부터
입장이 허용되며 일몰시에는 폐쇄되었다. 하드리아누스가 남녀 혼욕
을 금지했다고 하니 그 이전에는 혼욕이었던 모양이나 이 욕장에는 남
탕·여탕의 구별이 없는 것으로 보아 시간에 따라 남녀의 사용이 교체
되었던 것 같다.
　　일반시민뿐만 아니라 귀족이나 황제도 이용한 듯하다. 어느날 황제
가 이 욕장에 왔을 때 낯익은 군인이 벽에 등을 비벼대고 있는 것을 보
았다. 까닭을 물은즉, 노예가 없어 그렇게 하고 있다는 것이었다. 황제

— 카라칼라 욕장

는 군인에게 노예 한 명을 하사했다. 다음날 황제가 다시 욕장에 들어서자 많은 노인들이 일제히 벽에다 등을 비벼대는 것이었다. 황제는 그들에게 노예를 주는 대신 서로 등을 밀라고 명령했다고 한다. 지금 이곳에는 의외로 관광객이 적어, 거대한 벽돌 벽과 모자이크 바닥이 남아 있는 넓은 유적을 천천히 거닐 수 있었다.

카라칼라에서 캄비돌리오(Campidoglio) 언덕까지는 걸어서 30분 정도의 거리가 될 듯하나 피로가 겹쳐 걸어갈 용기가 나지 않는데, 다행히 지나가는 자가용을 얻어 타고 근방까지 갈 수 있었다. 캄비돌리오(옛 이름은 카피톨리움) 언덕에는 쥬피터 신전이 있었는데, 아테네의 아크로폴리스와 같이 도시의 수호신을 모시는 장소인 동시 외적에 대한 최후의 방위선이기도 했다. 기원전 387년 유럽 전역에 걸쳐 세력을 떨치던 켈트민족이 침공했을 때, 로마군은 무참히 패배했으나 마지막으로 이곳에 농성하여 저항하였다. 켈트인은 끝내 이곳을 함락시킬 수 없어 화해가 성립되었다. 켈트인이 금 1,000파운드의 배상금을 받고 로마에서 철수하기로 한 것이다. 금을 저울질할 때, 저울이 밸런스를 잡았는데도 켈트의 장군은 자기의 무거운 칼을 저울에 얹어 더 많은 금을 요구했다. 로마인은 약속위반이라고 항의했지만 승자의 요구에 굴복할 수밖에 없었다. 켈트의 장군은 호언했다. "패자는 불행한 법!"이라고. 로마군의 가장 큰 치욕적 사건이었다.

캄비돌리오 언덕 위에는 미켈란젤로가 설계한 계단과 캄비돌리오 광장이 있고, 광장 한가운데에 철인(哲人) 황제 마르쿠스 아우렐리우스의 기마상이 있다. 기독교를 탄압했던 이 황제의 상은 기독교를 공인한 콘스탄티누스 대제의 상으로 오인되어, 중세기독교시대에도 손상을 입지 않았다고 한다. 광장 양쪽에는 카피톨리니 미술관과 콘세르바토리 미술관이 마주하고 있으나, 저번에 왔을 때는 휴관중이어서 다시애써 찾은 것이다. 카피톨리네 미술관에는 중정(中庭)에 있는 〈넵트누스(Neptunus) 상〉을 비롯해 〈빈사의 갈릴레아인〉, 프락시텔레스의 〈비너스〉(模作) 등의 걸작이 있으며, 그 밖에 황제실·철학자실의 초상들

— 〈마르쿠스 아우렐리우스 황제 기마상〉

이 유명하다. 이스라엘에서 온 여대생 둘과 함께 이야기를 나누면서 관
람을 하는데, 호머와 시저 등의 초상에 대해 몇 마디 설명을 해 보았더
니, 어떻게 그리 잘 아느냐고 소박한 감탄을 표해 고소를 금치 못한다.
콘세르바토리의 중정에는 10미터나 되는 거대한 콘스탄티누스 대제 상
의 해체된 각 부분인 머리·손·발목이 진열되어 있는데, 특히 크고 날
카로운 눈, 귀밑에서 턱에 이르는 강한 윤곽이 인상적이다.

　언덕의 뒷길을 따라 '로마의 광장' 쪽으로 내려와 광장 앞 복잡한 식
당에서 점심을 먹은 후, 버스를 두 번이나 갈아타고 아우구스투스 황

— 〈호머상〉(카피톨리니 미술관)

— 해체된 〈콘스탄티누스 황제상〉

제의 영묘를 찾는다. 아우구스투스 황제와 그 일족의 유해를 모신 곳이다. 기원전 44년 시저가 살해되었을 때, 그의 양자 옥타비아누스는 위장병과 습진, 기관지염에 시달리는 병약한 소년에 불과했다. 강건한 체격의 장군 안토니우스는 당연히 그를 애송이라 깔보았다. 원로원은 약자인 소년을 지지했다. 그의 몸은 약골이었으나 그는 냉철하고 강한 의지력을 가졌으며, 마침내 안토니우스를 타도하고 원로원을 장악하여 '아우구스투스'라 불리고 황제가 된다. 그리고 강한 의지로 몸조심을 하고 섭생을 하여 76세의 천수를 다한 후 자기가 건축한 이 무덤에 안장되었다.

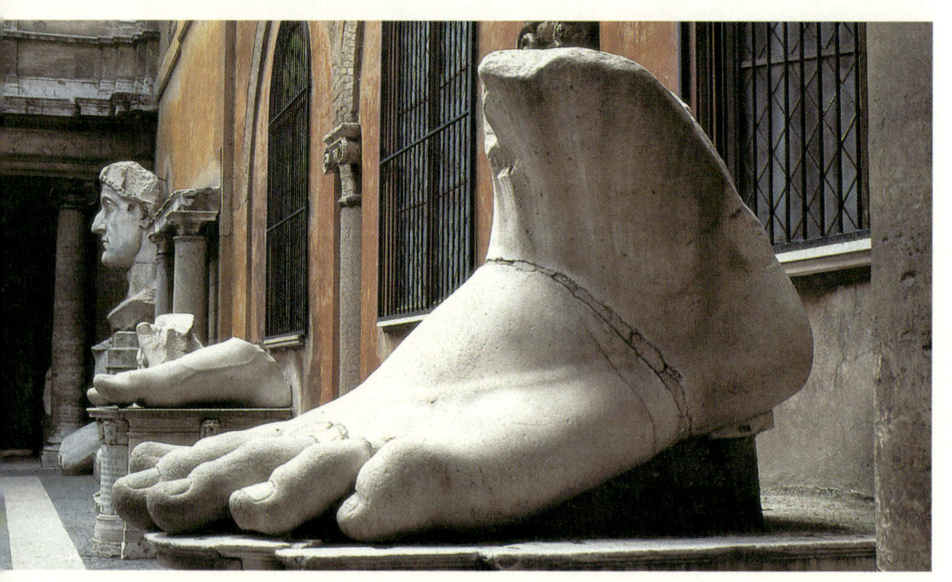

216

그러나 그가 능묘 건립을
계획한 것은 기원전 36년경,
안토니우스와 힘겨루기가 한
창이던 때이었다. 27세의 젊
은 나이에 자신의 무덤을 짓
기로 결심한 것은 자기의 몸
이 약했고 내란 동안에 수많
은 죽음을 목격했기 때문이
기도 했으나 그뿐만이 아니
었다. 당시 로마에는 안토니
우스가 수도를 알렉산드리아
로 옮기고 끝내는 클레오파
트라의 무덤에서 함께 잠들
기를 원한다는 소문이 파다
했다. 로마를 배반하려는 안
토니우스에 대하여 옥타비아
누스는 자신의 무덤을 로마

— 〈아우구스투스상〉(카피톨리니 미술관)

에 건조함으로써 로마에 대한 충성을 과시하려 한 것이다. 그리하여
기원전 28년, 87제곱미터의 건평 위에 높이 40미터의 원추형의 장려한
건물이 완성되었으며 그 꼭지에는 자신의 거대한 청동상이 총립하였
다. 하지만 이 무덤이 선 후 그는 연달아 개인적인 불행을 당한다. 사
위가 된 조카 마르케르스, 충신 아그릿파, 루키우스와 가이우스 두 손
자, 양자 티베리우스의 동생 도르수스 등 자신의 후계자로 지명했던
자들이 모두가 제위(帝位)를 기피하기나 하듯 차례로 세상을 떠나자
그는 이 무덤에 그들을 묻어야 했다. 자신을 위한 무덤이 가족묘가 되
어버린 것이다.
　기원후 13년 그가 사망했을 때 장례식은 그의 업적·권위, 그리고 시
민들의 큰 슬픔에 비할 때 퍽이나 간소하였다. 그의 유해는 황금과 상

아로 만든 관대(棺臺)로 옮겨지고 자색의 현란한 덮개로 싸인 후 개선 장군의 의상을 걸친 납인형의 초상과 함께 왕궁에서 '로마의 광장'으로 운구된다. 제위(帝位) 상속자 티베리우스와 그의 아들의 짧막한 추도사로서 추도식은 끝나고 유해는 다시 능묘 옆 화장터로 운구된다. 원로원 의원들이 유해를 메고 그뒤를 아내 리비아와 유족들, 그리고 원로원 의원들, 기사계급, 친위대 병사들, 외국의 조문사절들이 따랐다. 화장터의 높이 쌓인 장작 위에 유해가 놓이고 백인 대장들이 횃불로 불을 질렀다. 몽몽한 연기 속에서 한 마리 독수리를 풀어 하늘 높이 날아가게 했을 때 사람들은 아우구스투스의 영혼이 승천했음을 확신했다. 기사계급의 대표들이 맨발에 속옷만을 입고 유골을 주워모아 능묘 안에 안치함으로써 장례는 끝났다. 능묘를 완성한 지 41년 만의 일이었다.

그러나 로마 시내를 우왕좌왕하여 가까스로 당도한 능묘는 뜻밖에도 파괴된 폐허로 방치되어 있으며, 쓰레기가 뒹구는 황폐한 경내에는 사람의 그림자를 찾을 수가 없다. 상상과는 너무 다른 어처구니 없이 참담한 몰골에 아연할 뿐이다. 그러나 이곳에서 얼마 떨어지지 않은 곳에 위치한 '평화의 제단' 보존관에는 관광객이 들끓고 있다. 기원전 13년 아우구스투스가 스페인과 갈리아를 평정하여 귀국했을 때 원로원은 이를 기념하여 평화의 여신의 제단을 만들고 매년 희생식을 거행할 것을 결의했다. 6(높이)×11.6(가로)×10.6(세로)미터의 대리석으로 된 제단에는 평화의 여신의 모습, 그 밖의 로마 신화와 역사의 장면, 그리고 아우구스투스 가문의 모든 인물의 초상이 부조로 그려져 있다. 전란의 1세기가 지난 후 만민이 바라고 원하는 평화를 예찬하고 그것이 마침내 아우구스투스에 의해 성취되었음을 기리는 커다란 기념물이며 그것은 로마 미술사상 최고의 결작 가운데 하나이기도 하다.

로마에는 아우구스투스 능묘 외에 또 하나의 황제의 능묘가 남아 있다. 이곳에서 성 피에트로 사원쪽 1킬로 미만의 거리에 있는 하드리아누스 황제 능묘(카스텔로 상탕젤로)가 그것이다. 5현재(賢帝)의 한 사람이며 정치·경제·군사·법률·종교·문학 등 모든 분야에 통효한 만능의 인간이었던 그는 스스로 설계까지 하는 탁월한 건축가이기도 했다.
아우구스투스 이상으로 조영사업을 추진했던 그는 50세에 가까운 125
년경 자신과 후계자들을 위한 능묘건설에 착수했으나 그것을 완성한
것은 139년, 다음 황제인 안토니누스 피우스(138～161 재위) 때이었다.
84제곱미터의 정방형 경내 위에 건립된 직경 64미터, 높이 40미터의 대
리석으로 된 원통형(圓筒形)의 능묘는 아우구스투스의 능묘보다 한결
웅장했다. 6세기 이래 난공불락을 자랑하는 요새로서, 중세에는 감옥
으로 사용됐으며 보존이 완전하여 현재에는 군사박물관이 되어 있다.
6세기말 괴질이 유행했을 때 교황 그레골리오 1세는 대천사 미카엘이
이 능묘 위에 나타나 괴질을 끝나게 하는 환상을 보았다고 하여 '성찬
사의 요새'라는 이름이 붙여졌다. 단 중량감 넘치는 이 건물 꼭대기에
서 날개를 퍼득이는 황금색 찬연한 천사상은 18세기의 것이다.

하드리아누스가 건립한 최고의 걸작은 판테온(Pantheon ; 모든 신의
신전)이다. 이 신전은 원래 아그릿파가 아우구스투스를 위해 세웠으나,
아우구스투스가 자신의 이름이 붙은 신전을 사양했기 때문에 신전 한
가운데에 시저의 상을, 그 옆에 아우구스투스와 아그릿파 자신의 상을
세웠다고 한다. 그러나 그 신전은 소실되고 현재의 건물은 하드리아누
스가 건립했다. 직경 43미터의 구체(球體)의 건물은 완전성을 나타내며
천장의 직경 9미터의 구멍을 통해 햇빛이 내부의 대리석 바닥 전면을
비치고 있다. 바닥 주위의 7개의 벽감(壁龕)에는 신상이 서 있는데 판
테온이라는 이름도 여기에서 유래한다. 특히 비너스 여신상의 귀에는
클레오파트라로부터 빼앗은 진주 귀걸이가 붙어 있었다. 현재에는 라
파엘이나 19세기의 이태리 국왕들의 관이 안치되어 있는데, 이들도 신
격화되었다는 뜻일까.

아우구스투스 능묘 근방의 이러한 걸작들은 지난번에 관람했다는 핑
계로 생략하고 호텔로 가는 길목인 스페인 광장에 이른다. 분수가 수
리중인 때문인지 광장에는 여느 때와 같이 사람들로 붐비지 않는다.
좁은 광장에는 낡은 교회와 계단, 초라한 분수가 있을 뿐인데, 어째서

— 판테온

관광 명소가 되었는지 이해가 잘 가지 않는다. 〈로마의 휴일〉에 나오는 장면 때문일까. 그러나 그 영화에 이곳이 등장하는 것은 이전부터 명소였기 때문일 것이다.

스페인 광장에서 여관까지 번잡한 상가와 상점을 기웃거리며 걸어서 온다. 모피점에 들어갔다가 여주인의 요설에 시달리기도 하면서, 피로를 잊은 채 산책을 즐긴다. 여관에 돌아온 후 팔레르모 관광 일정을 짜기 위해 혼자 여행사를 찾아나섰다가, 이상한 이탈리아 신사 두 양반을 만난다. 점잖은 차림의 중년인 그들은 나에게 바르비니 광장이 어디냐고 말을 걸어온다. 이탈리아인으로 보이는 서양인이 내게 길을 묻는 것에 약간 우쭐한 기분이 들고, 아침에 지나친 광장이기도 해서 길을 열심히 설명해주었다. 하지만 그들은 내 말은 귀담아듣는 기색도 없이 어느 나라에서 왔느냐고 묻는 것이다. 한국이라고 대답하자 반색을 하면서, 그럼 네 이름이 미스터 김이 아니냐고 한다. 내가 놀라 어떻게 아느냐고 묻자, 그들은 어제 사우디아라비아에서 이곳으로 왔는데, 거기서 한국인 친구들을 많이 사귀었다고 하면서 새삼 악수를 청한다. 그러고는 자기들 호텔 근처에 있는 술집에서 축제가 있으니 거기 가서 한잔 안하겠느냐는 것이다. 순간 그들의 정체를 알아차린다. 관광객을 술집으로 유인하여 터무니없는 바가지를 씌우는, 악명 높은 로마의 신사들이다. 애석하게도 오늘 밤은 약속이 있어 갈 수 없다고 점잖게 그들을 격퇴한다. 재미있는 로마인을 많이 만나는 날이다.

(5월 15~16일)

그리스인은 왜 식민을 했는가

그리스 반도와 에게 해 일대에는 여러 차례 민족 이동이 있었으나, 그것은 주로 외적의 침입이나, 한발과 같은 기후 변화가 원인이었다. 그러나 기원전 800년경에 그리스에 폴리스라는 도시국가가 형성되고 난 후, 기원전 8세기부터 약 3세기 동안 광범위하게 식민 운동이 전개되는데, 동기는 단적으로 가난 때문이었다. 그리스는 토지가 척박하여 생산력에 한계가 있었기 때문에, 이 시대의 급격한 인구 증가에 대응할 수 없었던 것이다

그리스인의 가난에 대해서 헤로도토스는 "그리스인은 언제나 가난과 동거하고 있었다"고 하였고, 농민 시인 헤시오도스는 자신의 고향 아스클레를 "겨울은 가혹하고 여름은 더워 좋은 계절이 없는 쓸쓸한 한촌"이라 하고는, 자기가 사는 시대를 "밤낮없이 노역에 시달려 쉴 틈이 없다"고 개탄하였으며, 플라톤도 지중해 지역에서 그리스와 팔레스타인이 가장 가난한 곳이라 했다.

물론 이 시대는 귀족정시대여서 귀족 지배에 대한 민중의 불만, 귀족 상호간의 투쟁, 폴리스 안팎의 분쟁, 상공업의 발달로 인한 판로 확대의 필요성 등도 원인으로 작용했을 것이다. 그러나 사람들이 새로운

생활공간을 찾게끔 한 가장 큰 동기는 가난이었다.

그들은 새로운 터전으로 평탄하고 외적 방어가 가능한 장소를 선택한다. 그곳은 뒤쪽이 산으로 보호되고, 좋은 항구가 있고, 하구에 풍요로운 토지가 있어야 했다. 나중에 상업이 발달한다 하더라도 농사를 짓는 것이 그들의 일차적 목표였다. 장소 선정에는 델피의 신탁이 이용되었다. 신관들은 여행자로부터 세계에 대한 광범위한 정보를 모으고 있었을 것이며, 식민자들이 정력을 낭비하지 않도록 적절하게 권고함으로써 신탁의 권위를 높이고, 델피의 위신을 신개척지에도 펼 수 있었을 것이다.

이 시대에는 그리스인이 소아시아, 흑해, 북아프리카의 연안에도 진출하긴 했으나, 남이탈리아와 시실리 등 서지중해에 가장 많은 식민시를 건설하였다. 그것은 당시 지중해의 정세 때문이기도 했다. 이 지역에는 카르타고 외에는 큰 세력이 없었으며, 카르타고는 많은 식민시를 가졌으나 그것들은 정치적으로나 경제적으로나 자립성이 없었다. 이 지역의 주민들도 새로 이주해온 사람들에게 개방적이고, 교역과 교류를 환영하였던 것이다.

최초의 식민시는 에우보이아 섬의 칼키스인이 기원전 750년에 남이탈리아에 건설한 키메였으며, 키메인은 다시 파르테노페(나폴리)에 터전을 잡는다. 그리하여 얼마 안 가서 대규모의 연합 식민시 마그나 그래키아(대 그리스)가 탄생한다. 시실리에 최초로 식민한 것도 칼키스인이었으며, 그들은 기원전 471년에 타우르미나 남쪽 낙소스에 도시를 건설하고 곧 자매 도시 카타네(카타니아)도 건설한다. 스파르타인에게 정복당한 메세니아인의 일부는 이곳으로 도망와서 멧세나(현재는 맛시나)를 건설하였으며, 코린트인이 시라쿠사를 건설한 것을 비롯해서 도리아계가 시실리 남안에 셀리눈테·겔라·아크라가스 등을 건설한다. 소아시아의 포카이아인은 멀리 남프랑스로 항해하여 맛실리아(마르세유)를 건설하고, 맛실리아인은 다시 스페인 동쪽 해안에 여러 도시를 건설한다.

식민자들은 고향의 흙을 가져가서 새로 얻은 땅에 뿌리고, 모시(母市)의 프리타네이스(공회당)의 성화를 신시의 화로로 옮기고, 고향의 수호신을 그대로 모셨다. 모시와 신시 사이에 혈연이 엷어지고 정치적으로 분쟁이 일어나도, 둘의 종교적 정신적 유대는 없어지지 않았으며, 이러한 신시에서 그리스 문화에 크게 공헌할 위대한 인물들이 많이 배출된다. 예컨대 키오스의 시모니데스, 레스보스의 사포와 알카이오스, 밀레토스의 탈레스, 사모스의 피타고라스, 압델라의 데모클리토스 등이 그들이다.

뿐만 아니라 이들 식민지들은 그리스 문화를 주변에 전파하여, 고대 세계를 그리스 문화권으로 만드는 데 큰 역할을 한다. 특히 기존 문화의 배경이 없어 흡수력이 강한 이탈리아의 토양에, 그리스 문화는 깊게 침투하여 그레코로만 문화를 이룩하였다.

시실리는 식민지가 집중적으로 많이 건설된 곳일 뿐 아니라, 정치적으로나 문화적으로나 그리스 본토와 가장 밀접한 관계에 있었으며, 유적이 오늘날 가장 잘 보존된 곳이기도 하다. 그것은 이 지역에 양질의 석재가 풍부했기 때문인 것으로 보이는데, 그런 의미에서도 시실리는 가장 그리스적인 고장이라 할 것이다.

로마에서 팔레르모로

팔레르모(Palermo)로 가기 위해 아침 일찍 공항으로 나간다. 로마의 교외, 특히 공항 근처에는 미래 도시와 같은 실험적 건물들이 서 있다. 로마를 비롯한 이탈리아의 유서 깊은 도시의 시내에서는 신축건물을 거의 볼 수가 없다. 고풍스러운 경관을 유지하기 위해 건물의 신축을 법으로 규제하고 있기 때문이라 한다. 로마의 경우 개축한 종착역을 제외하고는 도시 전체가 박물관이라 할 정도로 고색창연하다. 그러나 로마인은 고대로부터 건축의 천재이다. 그들의 억제된 왕성한 건축 의

욕이 도시의 교외에서 마음껏 분출하고 있는 것이다.

9시에 출발한 비행기는 약 한 시간 만에 팔레르모 상공에 이른다. 로마는 짙은 구름에 덮여 있었으나 팔레르모의 하늘은 맑다. 푸른 바다, 아름다운 해안선……. 1876년 역마차에 몸을 싣고 이탈리아로 달려온 괴테는, 이듬해에 나폴리에서 배를 타고 팔레르모 항구에 들어왔다. 그때 바다 가득히 끼어 있는 아지랑이의 청랑(淸朗)함에 감동하여 다음과 같이 말했다. "윤곽의 청순(淸純)함, 전체를 감싸는 부드러움, 서로 분리되는 색조, 하늘과 바다와 대지의 조화……. 이것을 본 사람은 평생 잊을 수가 없다." 그러나 비행기로 온 나에게는 그러한 서정적인 낭만은커녕 지극히 산문적인 장면이 기다리고 있었다. 비행장 바로 앞에는 곧장 앞으로 쓰러질 듯한 기괴한 모양의 바위 산이 솟아 있다. 작고 낡은 공항 건물 입구에는 전투복 차림의 무장 경관이 개 두 마리를 데리고 승객을 검사하고 있다. 마피아의 왕국, 마약의 왕국을 실감케 하는 무시무시한 광경이다.

리무진 버스를 타고 시내로 들어온다. 시가를 관통하는 큰길에는 커다란 플라타너스가 숲을 이루고 있고, 터미널 앞 광장에는 강렬한 햇볕 아래 커다란 야자수가 서 있다. 녹색이 짙은, 넓고 아름다운 남국의 도시이다.

먼저 여행사에 가서 단체 관광에 대해 묻는다. 시실리는 밝은 대낮에 날강도가 날치기를 하는 무서운 고장이니, 반드시 단체 여행에 끼여야 안전하다는 충고가 있었기 때문이다. 그러나 일정과도 맞지 않고 값도 의외로 비싸서, 단독 여행으로 이 살벌한 마피아의 고장에 도전하기로 결심한다. 그러자면 먼저 호텔을 구해야 한다. 그러나 반반한 호텔은 모두가 하루에 100달러 이상이라, 좀더 싼 호텔을 찾아헤매느라 지쳐 카페테리아에서 점심을 먹다가, 옆자리에 앉은 일본인 젊은이 둘을 만난다.

24세 동갑내기라는 그들은 팔레르모에 머물면서, 한 친구는 가라데 사범을 하고 있으며, 또 한 친구는 이탈리아 요리를 배우는 요리사 수

습생이라고 한다. 일반적으로 일본인과 한국인, 특히 지식인사이에는 미묘한 심리가 작용하여 서로 마음을 터놓는 일이 없다. 그러나 이들은 아무 꾸밈이 없는 솔직담백한 호청년들이다. 그것은 그들이 젊고 평범한 서민이기 때문이 아닐까 한다. 특히 가라데 사범은 팔레르모에서 한국의 태권도 시합을 본 일이 있는데, 그 멋과 기량에 감복했다고 한다. 내가 세제스타로 가는 길을 묻자, 그곳에 가본 적이 없어 이 기회에 동행했으면 좋겠으나, 내일 시합이 있어 못 가는 것이 몹시 아쉽다고 했다. 시합은 도장주로서 자기의 체면이 걸렸을 뿐 아니라 승패는 생계에도 직접 영향이 있기 때문에, 사활이 걸린 문제라고 한다. 그의 무운을 빌고 헤어진다.

마침내 '메트로폴'이라는 오래되고 격조 높은 호텔을 구한다. 값도 싸고(50달러) 방도 꽤 호화롭다. 단 프론트의 점잖은 중년 신사인 지배인이 영어를 못하는 것이 안타깝다. 호텔을 구하느라 짐을 끌고 돌아다녀 매우 피로하다. 저녁을 먹자마자 침대에 쓰러진다. (5월 17일)

아테네의 운명을 결정한 세제스타

아침에 눈을 뜨니 넓은 방바닥 전체에 물이 흥건하다. 깜짝 놀라 화장실에 가보니, 욕탕물이 넘쳐 이 지경이 된 것이다. 어제 피곤해서 수도꼭지 잠그는 것을 잊어버린 탓이다. 호텔을 떠날 때 프론트에 가서 사과를 하지만, 영어가 통하지 않아 의사가 전달되지 않는다. 그들은 내가 무엇 때문에 사과를 하는지를 이해 못해 오히려 한결 친절하게 대하며, 모두 현관 밖에 나와 손을 흔들면서 배웅을 하는 데는 송구스러울 따름이었다.

오늘의 계획은 세제스타(Segesta)에 갔다가 팔레르모로 돌아온 후, 가능하다면 반대 방향인 아그리젠토까지 가는 것이다. 팔레르모에는 본역(本驛)과 부역(副驛)이 있는데, 세제스타행 열차는 지선역(支線驛)

인 부역에서 출발한다. 부역인데도 공항과 같이 청결하며, 늙은 신사인 매표원은 정중하고 친절하다. 승강장에는 에스컬레이터도 설치되어 있고, 시간표대로 정확히 8시 55분에 출발한다. 완행열차인데도 국제선인 아테네―테살로니키 열차보다 한결 깨끗하고 현대적이다. 대체로 교통수단은 이탈리아가 그리스나 우리보다 훨씬 앞서 있다.

차내에는 우리 맞은편에 노인 한 분이 앉아 있을 뿐이다. 그는 말쑥한 차림에 검은 안경을 끼고 있으며 어쩐지 피로한 기색인데, 어디서 본 듯한 얼굴이다. 그렇다. 영화 〈대부〉에서 마론 브란도의 라이벌인 마피아 두목의 얼굴이다. 그러나 마피아 두목이라면 부하를 거느리고 캐딜락으로 행차하지, 이런 2등 열차를 탈 리 있겠는가. 시실리의 모든 사나이들이 마피아로 보이는 것이다.

시실리의 경치는 그리스와 비슷하나, 나무가 많고 땅도 기름져 보인다. 산은 수려하고 해변의 경치도 아름답다. 두 시간 후 세제스타역에 도착한다. 20여 명의 승객이 이 시골역에서 내린다. 모두가 세제스타 신전을 보러온 관광객이다. 짐을 역에 맡기고 신전을 향해 걷기 시작한다. 약 2킬로미터의 거리라고 하나 한여름같이 더운 날씨라 퍽 고달픈데, 다행히 지나가던 자가용을 얻어 탈 수 있었다.

신전은 언덕 위에 자리하고 있는데, 이 언덕을 포함한 뒷산을 '몬테 바브르로'라고 부른다. 그것은 그리스인이 이방인을 지칭한 '바르바로이'에서 유래하는데, 그리스인에게 쫓긴 원주민이 이 산 깊숙이 도피하였으므로, 그렇게 부른 것이라 전해진다. 투키디데스는 원래 트로이의 유민들이 이곳에 와서 폴리스를 건설했으며, 그 후 그리스인인 포키스인이 정착하여 원주민과 혼합하여 세제스타를 형성했다고 말하고 있다.

세제스타는 남쪽에 위치한 셀리눈테(Selinunte)와 오랫동안 숙적 관계에 있었다. 셀리눈테가 시실리 최대의 국가 시라쿠사(Siracusa)와 연합하자, 위기에 빠진 세제스타는 아테네에 구원을 요청한다. 아테네의 민회에서는 원정을 주장하는 알키비아데스와 반대하는 니키아스 사이에 격론이 벌어졌으나, 결국 전쟁을 주장한 파가 승리하여 대립하던

— 세제스타 신전

두 사람이 사령관으로 임명되어 원정군을 결성한다. 군선 300척에 병력 6천 명, 아테네의 총력을 동원한 원정군이 마침내 시실리를 향해 출항한다. 기원전 415년의 일이다. 그러나 시라쿠사와의 싸움은 장기화하여 기원전 413년에는 다시 5천 명의 증원군이 투입된다. 민회로부터 소환령을 받자, 그동안 스파르타측으로 도망간 알키비아데스는 스파르타군을 이끌고 시라쿠사에 도착한다. 결국 아테네군은 시라쿠사와 스파르타 연합군에 패배하여 전멸한다. 투항한 니키아스는 처형되고, 대부분의 병력은 학살되며, 포로가 된 자는 노예로 매각되어 버렸다. 패전의 비보를 들은 아테네인은 아무도 그것을 믿으려 하지 않았으나, 몇 안 되는 생존자가 돌아와 사실임이 확인되자 큰 충격에 빠진다.

시실리 원정의 실패를 고비로 전세는 급격히 악화하여 결국 아테네는 패망하고 만다. 따라서 세제스타는 아테네의 운명, 나아가서는 세계사의 방향에 결정적인 영향을 미쳤다고 할 수 있을 것이다.

신전은 도리아식이며, 기둥에서 가장 굵은 부분인 엔타시스의 직경이 2미터가 되는 육중한 석주가 6미터(정면)×14미터(옆면)로 구성되어 있다. 안쪽에 줄지어 서 있는 기둥과 내실(메가론)이 없는 것으로 보아 미완성 건물임을 알 수 있다. 기원전 5세기말에 건립되었으나, 어느 신을 모신 신전인지는 알려지지 않고 있다. 비 그리스계인 원주민이 오리엔트식 제례를 거행한 장소라는 새로운 설도 있다. 석주에 작은 구멍이 뚫리는 등 풍화되기는 하였으나, 전체적으로 큰 손상이 없는 아름답고 장중한 신전이다.

무슨 축제가 있었던 듯, 화사한 치장을 한 소녀들이 웃음꽃을 뿌리면서 사진을 찍고 있다. 흰색·붉은색의 의상과 고색창연한 황갈색의 석주는 절묘한 배색의 대조이다. 중년의 미국 신사와 어울린다. 어린 조카를 데리고 뉴욕에서 왔다는 그는, 이탈리아어가 능통하고, 이곳 지리에 밝은 것으로 보아 시실리 태생이 아닌가 한다. 그렇다면 그야말로 뉴욕의 마피아일 가능성이 있겠으나, 마피아 치고는 너무 유식하고 친절하고 정중한 신사이다. 그는 내가 묻는 질문에 일일이 노트에 적으면서 설명을 해준다. 팔레르모행 기차 시간 때문에, 그와 함께 산 정상의 극장 터에 가는 것을 단념한 것이 퍽이나 후회스럽다.

세제스타 역으로 가는 도중에는 올 때와 같이 지나가는 자가용을 얻어 탄다. 차에는 험상궂은 얼굴을 한 장년 둘이 타고 있는데, 세제스타 역과는 다른 엉뚱한 방향으로 차를 몰고 가는 듯해 불안해서 몇 번 "세제스타"라고 말했으나, 그들은 들은 척도 안한다. 이번에는 틀림없이 마피아에 납치당하는 줄 알았으나, 한참 만에 멈춘 곳이 틀림없이 역 앞이라 비로소 안심이 되어 "그라체"라 하면서 내렸다. 그러나 역을 살펴보니 세제스타 역과는 어쩐지 다르다는 느낌이다. 역에는 역무원 둘이 한가로이 담배를 피우고 있는데, 그들은 영어는 못하지만 이 역이 세제스타가 아니라 팔레르모 쪽으로 세제스타 다음 역인 칼라트피미라고 지도를 가리키며 일러준다. 내가 세제스타 역에 맡긴 짐표를 보이며 한 몸짓이 통했는지, 그들은 즉시 세제스타 역으로 전화로 연락을 취하여, 다음 열차편에 짐이 오니 그 열차를 타고 팔레르모로 가면 된다는 것이다. 그들은 두메 산골을 찾은 처음 보는 한국인이 마냥 신기한 듯, 커피를 권하기도 하고, 여러 모로 친절을 베풀려 애쓴다. 기차를 기다리는 시골사람 두세 명도 함께 우리를 지켜보고 있다. 이윽고 기차가 오자 과연 차장이 짐을 가리키면서 손을 흔든다. "그라체"를 연발하면서 기차를 탔는데, 두 역무원은 플랫폼에서 내내 손을 흔들고 있다. 마피아의 고장에서 접한 뜻밖의 훈훈한 인심에 가슴이 뭉클함을 느낀다.

2시 반에 팔레르모 중앙역에 도착하여 4시 반 아그리젠토(Agrigento)행 열차로 갈아탄다. 객차는 최신형 피아트사 제품이다. 의자의 커버도 패션의 나라답게 흑색 바탕에 황색·청색의 줄무늬가 가로로 그려져 있는, 참신하고 현대적인 디자인이다. 객실에는 맞은편에 젊은 남녀가 앉아 있는데, 무뚝뚝하게 생긴 젊은 여자는 《안나》(ANNA)라는 여성 잡지에서 눈을 떼지 않는다. 작달막한 키에 다부진 체격의 젊은이는 매서운 눈초리로 우리를 힐끗힐끗 째려보고 있다. 좀 썰렁한 분위기이다. 그러다가 내가 지나가는 차장에게 아그리젠토에서 시라쿠사 사이의 열차 시간을 묻자, 실내의 분위기가 변한다. 말이 잘 통하지 않으나, 차장과 젊은이, 아가씨가 함께 나에게 알려주려고 애써, 선의에 넘치는 분위기가 된다. 마침내 차장은 큼직한 시간표를 들고 와서 땀을 뻘뻘 흘리면서 설명을 하는데, 결국 기차 연락은 어렵다는 것을 알게 된다. 그러는 사이 어느새 아그리젠토에 도착한다.

아그리젠토는 고층건물이 즐비한 근대적인 산악 도시로, 산 중턱에 길게 펼쳐진 큰 도시이다. 서울역처럼 역 승강장에서 에스컬레이터로 2층으로 올라가서 밖으로 나오면, 역 앞 광장이다. 역에서 가까운 언덕 위에 있는 여관에 투숙한다.   (5월 18일)

내일 죽을 듯이 술을 퍼 마시면서 영원히
죽지 않을 듯이 지은 신전들

아침에 역 앞 광장에서 앞으로 길게 뻗은 산책로를 거닌다. 멀리 건너편 언덕에 신전의 열주가 서 있는 것이 보인다. 역 앞으로 되돌아와서 버스로 '고고학 도로'를 거쳐 '신전의 계곡'으로 간다. '계곡'이라는 이름이 붙어 있으나, 실은 동서로 길게 뻗은 언덕 위에 무수한 신전이 자리하고 있기 때문에 '신전의 언덕'이라 하는 것이 옳을 것이다.

이 도시의 민주파 정치가로 활약하기도 했던 엘레아 학파의 철학자 엠페도클레스는 "아크라가스(아그리젠토) 사람들은 내일 죽기나 하듯이 먹고 마시며, 영원히 살 듯이 신전을 건축했다"고 했지만, 그들이 그토록 많은 신전을 세운 까닭은 무엇일까. 열정이라 할까, 광기라 할까, 그것은 어디서 나왔을까.

물론 경제적 부가 기반이 되었을 것이다. 아그리젠토는 기원전 582년에 젤라(겔라)인과 로도스인이 건설한 식민시이다. 곡물 생산과 무역을 통해 부유해진 이 도시는 기원전 480년에는 카르타고와 겨룰 만한 세력으로 성장했으며, 기원전 408년에 결국 카르타고에 패배할 때까지 인구 20여 만 명을 가진, 시실리 최대 도시의 하나로 번영하였으며, 신전도 이 시기에 건립한 것이다. 도시의 패망으로 이 거대한 사업도 중단되었으므로 미완성의 신전 도시가 된 셈이다.

먼저 아고라에 뒹굴고 있는 거대한 석주를 돌아본 다음, 언덕길을 올라 동쪽으로 헤라클레스 신전, 콘코르디아 신전, 헤라(유노) 신전을 차례로 찾는다. 헤라클레스 신전은 기원전 6세기에 지은 가장 오래된 신전인데, 짤막하고 육중한 도리아식 기둥이 8개 남아 있을 뿐이다. 콘코르디아(和습) 신전은 마지막에 세워졌고 기독교 교회로 사용되었기 때문에, 처음의 모습이 그대로 유지된 유일한 신전이다. 이 신전은 아그리젠토 전성시대에 지은 건축이 아니라, 시실리가 로마의 속주가 된 기원전 3세기에 그리스인과 로마인이 함께 숭배할 수 있었던 신인 콘

— 콘코르디아 신전

코르디아 여신을 모시기 위해 세워진 것이다. 6미터(앞면)×3미터(옆면)의 도리아식 열주로 구성되어 있는데, 모양이 좋고 여신의 이름이 새겨져 있어서인지 어쩐지 여성적인 아름다운 모습이다. 단 갈색의 포로스 석으로 만들어져 있지만, 규모와 형태가 아테네의 아고라에 있는 헤파이스토스 신전을 방불케 하는 신전이다.

유노 신전은 가장 높은 위치에 자리하고 있어서 시내에서 바라본 신전이 이 신전이었음을 알 수 있다. 보존 상태도 좋은 편이며, 완전한 석주가 9개 반파된 석주가 5 ~ 6개 남아 있다. 콘코르디아와 같은 규모의 도리아식 신전인데, 콘코르디아는 이 신전을 모델로 세웠음을 알 수 있다. 이곳에서 다시 되돌아와서 서쪽으로 가면, 넓은 평지에 제우스 신전과 카스토르 폴룩스 신전이 있다. 전자는 최대의 규모였으나 완전히 파괴되어 터만이 남아 있다. 다만 7미터 50센티미터 높이의 거인 와상(臥像)은 모작이며, 원래의 것은 고고박물관으로 옮겨져 있다. 후자는 도리아식 석주 넷과 그 위에 얹혀 있는 작은 페디멘트만 남아 있다

'신전의 계곡'에서 '고고학 도로'라 이름지어진 길을 약 1킬로미터

— 유노 신전

— 카스토르 폴룩스 신전

걸어가면, 헬레니즘 로마시대의 광대한 주거 지역이 있다. 그곳을 돌아본 후 맞은편 언덕에 있는 현대적이고 세련된 건물인 고고박물관을 살펴본다. 여기에는 제우스 신전의 거인상을 옮겨 놓았으며, 아티카 도기의 수집품도 볼 만하다. 박물관과 이웃하고 있는 아담한 르네상스식 건축인 성 니콜로 교회와 기도실에 들어가본다. 이 고고학 도로 일대에는 20개 정도의 신전 터가 있다고 하나, 더위에 지쳐 호텔로 돌아온다.

오후 3시 15분에 겔라행 버스를 탄다. 시라쿠사에 가기 위해서는 겔라까지 가서 버스를 갈아타야 하기 때문이다. 약 30분 후 팔마라는 산간 마을에 도착한다. 폐허 같은 살풍경한 거리이다. 낡아 허물어지는 건물들, 칠이 안 된 벽돌이 그대로 드러난 아파트들, 사람의 그림자가 없는 텅빈 거리. 영화의 세트 같은 가난하고 초라한 마을이다. 그곳에서 약 한 시간을 버스를 타고 달리자, 메마른 구릉 지대에서 별안간 넓은 평야로 변하고 밀밭이 한없이 계속된다. '겔라' 라는 표지판이 보인다.

겔라(Gela)는 아이스킬로스가 사망한 곳이다. 아이스킬로스는 만년에 여러 번 시실리를 방문했다. 최초의 방문(476 B.C.)은 시라쿠사의 참주 히에론의 초청에 의한 것이었으며, 두 번째(472 B.C.)는 히에론의 요청으로 그해에 아테네에서 1등상을 수상한 〈페르시아인〉을 재연하기 위해서였다. 세 번째(458 B.C.)는 히에론 사후의 일이었으므로 그의 초청에 의한 것은 아니었다. 아이스킬로스가 자주 시실리를 방문한 까닭에 대해서는 여러 가지 추측이 있으나, 결국 시실리인들의 존경과 환대가 흡족했기 때문이었을 것이다.

기원전 456년, 그는 69세를 일기로 사망한다. 전설에 의하면, 어느 화창한 날에 겔라의 들에서 산책을 하다가 바위에 앉아 명상에 잠겨 있을 때, 머리 위를 날던 독수리가 그의 대머리에 반사된 빛을 번개에 맞은 것이라 착각하여 잡고 있던 자라를 떨어뜨렸는데, 그것이 머리를 쳤다는 것이다. 물론 이것은 위인의 죽음을 보통 사람들의 죽음과 다르게 보려는 전기 작가가 꾸민 이야기일 것이다. 그러나 그의 묘비에 새겨진 다

음과 같은 4행의 만가(挽歌)는 자작시임을, 2세기에 《그리스 안내기》를
쓴 파우사니아스가 증언하고 있다.

아테네인 에우폴리온의 아들 아이스킬로스
보리 익은 겔라의 흙이 되어 이 무덤에 잠들다.
마라톤의 나무들은 그의 무훈을 말할 것이며
머리카락 긴 페르시아인들도 그것을 알 것이다.

이 시에서 그는 비극 시인이었던 것에 대해서는 언급하지 않고, 다만
마라톤 전투에서 싸웠다는 것을 자랑삼고 있다. 최고의 비극 시인이라
는 영예보다도 무명의 병사로서 조국을 위해 싸운 일을 더 중시할 만큼
애국적인 시인이었던 것이다. 시라쿠사에서 체류하던 그가 어째서 겔라
에서 최후를 맞이했는지에 대해서는 알 길이 없다.

고대의 겔라는 시실리 최대 도시였고, 현재의 겔라도 시 외곽에 큰
정유 공장이 있는 근대적인 산업도시이다. 역 앞 버스 정류장에서 시
라쿠사행 버스를 기다려 갈아탄다.

겔라 평야를 횡단하여 서쪽으로 나아가니 멀리 커다란 구릉이 앞을
가로막고, 그 중턱에 아름다운 종탑이 4개 모여 서 있는 도시가 보인
다. 지도를 보니 빌토리아(Viltoria)라는 도시인데, 시내로 들어가니 중
심가 전체에 조명 장치가 되어 있어 크리스마스 같은 화려한 분위기이
다. 버스는 언덕길을 올라가 시가를 빠져나간 후, 지그재그 코스를 따
라 산 위로 올라간다. 산허리의 밭과 밭 사이에는 제주도처럼 높은 돌
담이 쌓여 있으며, 큰길가 벼랑에도 1미터 이상 되는 높고 두텁고 튼튼
한 돌담이 쌓여 있다. 한국에는 문경 새재 같은 절벽의 벼랑에도 눈가
림 정도의 작은 콘크리트 덩어리가 꽂혀 있던 것이 생각난다.

고갯길을 올라서니 산 정상이 아니라 거기서부터 대고원이 시작된
다. 한없이 넓은 들을 동쪽으로 똑바로 약 30분 정도 나아가면, 큰 공
장이 계속되는 대도시가 나타난다. 라구사(Ragusa)이다. 시내에 들어
서면 도심 광장에 있는 버스 정류장까지는 신시가지인 듯 빌딩이 즐비

한 근대 도시이나, 협곡 건너편 언덕 위의 구시가는 고색창연한 중세 도시가 그대로 남아 있다. 새로운 것과 옛것의 대조가 퍽이나 선명할 뿐 아니라, 특히 구시가의 중세 도시가 너무나 아름다워 연신 카메라의 셔터를 눌러댄다.

라구사 다음의 모디카나, 그 다음의 이스피카도 아름다운 중세 도시이다. 이스피카에서부터 해가 져서 어둡기 시작한다. 여기서부터 버스는 아예 완행으로 바뀐 듯, 마을마다 들러서 누구나 손을 들면 태우고 어디든지 내려준다. 그러나 모든 마을이 중세적인 분위기를 지니고 있어, 이러한 유장한 운행이 지루하지가 않다. 밤 10시경 가까스로 시라쿠사(Syracusa)에 도착한다. 아그리젠토와 시라쿠사 사이의 150킬로미터를 무려 일곱 시간이나 걸려 온 셈이다. 기사가 일러주는 역 근처 평범한 여관에 묵는다. 손님 하나 보이지 않는 유령의 집같이 텅비고 쓸쓸한 호텔. 그대로 잠자리에 든다. (5월 19일)

가장 큰 폴리스와 가장 아름다운 폴리스

어제 무리를 한 탓에 무척 피로하다. 구시가의 중심지인 마르코니 광장의 카페에서 아침을 먹고 버스로 고적 지역으로 간다.

시라쿠사는 기원전 733년에 코린트인이 건설한 도시로, 그리스인이 해외에 건설한 최초의 식민시 가운데 하나였다. 처음에 코린트인은 오르티기아 섬(현재의 구시가)에 상륙하여 터전을 잡았으나, 곧 본토로 세력을 확대하여 현재의 고적 지역을 비롯한 4개의 지역을 점령하였으며, 기원전 5세기에는 시실리 최대의 폴리스로 성장한다. 특히 히에론 1세는 카르타고를 무찌르고(480 B.C.), 이탈리아 본토에 진출하여 에트루리아인을 격파하기도 하였다. 그는 그리스 본국에서 여러 시인들을 초청했는데, 핀다로스는 올림픽이나 피티아 경기에서 세 번이나 우승한 왕을 위해 송시를 읊었으며, 아이스킬로스와 시모니데스도 작품을 쓰고 송가와 만가를 읊으며 이곳에서 생애를 마친다. 그 뒤 시라쿠사는 아그리젠토를 복속시키고(44 B.C.), 거의 모든 시실리를 지배한다.

디오니시오스 1세(430 ~ 367 B.C.) 시대는 전성기여서 전 마그나 그라키아의 정치적 문화적 중심지였을 뿐 아니라 그리스 본토에까지 정치적 영향력을 행사했다. 플라톤도 왕의 초청으로 두 번이나 이곳을 찾았다. 플라톤은 왕의 요청으로 새로운 도시 건설을 위한 계획을 짰으나 그것은 결국 실현되지 못하고 만다. 그러나 그의 저술《티마이오스》와《크리티아스》에는 아틀란티스의 도시 계획이 상세하게 묘사되어 있는데, 그것은 실현되지 못한 그의 꿈으로 아틀란티스라는 환상의 섬 이야기를 꾸민 것이라 생각된다.

구시가는 원래는 섬이었으나 현재는 본토와 넓은 육교로 연결되어 있으며, 고적 지역에는 그리스·로마시대의 고적이 집결되어 있다. 먼저 그리스 극장을 찾는다. 이것은 기원전 5세기에 건립되었으며, 지름이 138미터, 수용 인원 1만 6천 명인데, 현존하는 그리스 극장 가운데

— 시라쿠사의 그리스 극장

최대이다. 더욱이 석회암 언덕의 사면을 깎아 관람석과 오케스트라를 만들었기 때문에 원형이 그대로 남아 있다. 이곳에서는 아이스킬로스의 〈페르시아인〉이 최초로 상연되었으며, 소포클레스와 에우리피데스의 비극도 인기가 있었으나, 희극으로서는 시라쿠사 출신인 에피카로스의 작품이 가장 인기가 있었다고 한다. 무슨 행사가 열리는 듯 무대장치를 꾸미느라 어수선하여, 돌로 된 좌석에 조용히 앉아 〈페르시아인〉이 상연되던 옛 광경을 상상해볼 분위가 아닌 것이 유감이다.

길 건너편에 있는 로마 극장은 규모가 더욱 큰 타원형의 투기장이다. 검노와 동물의 출입구는 옛 그대로이다. '디오니시오스의 귀'(왕이 동굴에 갇힌 죄수들의 불평을 몰래 들었다는 데서 유래한다)라고 알려진 동굴에서부터 아르키메데스의 무덤까지의 넓은 구역은 무슨 까닭에서인지 폐쇄되어 있다. 그래서 석굴로 된 아르키메데스의 무덤도 철책 너머로 볼 수밖에 없다. 기원전 215년에 로마 군대가 이곳을 침공했을 때, 아르키메데스는 렌즈로 로마의 범선을 불태우는 등 여러 가지 방어 무기를 발명하여, 로마군에게 큰 타격을 주었다. 그러나 마침내 로마군이 시내에 침입했을 때, 그는 연구에 몰두하다가 칼에 맞아 숨졌다고 한다.

아르키메데스의 무덤에서 큰길을 건너 내려오면 아담한 성조반니 교회가 있는데, 여기에는 소규모이기는 하나 카타콤베(지하분묘)가 있다. 입구에는 이슬람인이 전했다는 파피루스가 몇 그루 자라고 있다. 이곳에서 동쪽으로 가면 티케 지구에 카프킨 채석장이 있어 꼭 가보고 싶었으나, 장소도 분명하지 않고 택시를 잡을 수도 없어 단념하고 만다. 그곳은 기원전 413년에 시라쿠사에서 패배한 아테네군 7천 명이 갇혀, 기아와 더위와 질병으로 대부분이 죽음을 당한 참극의 장소이다.

버스로 구시가로 되돌아와서 파노발리 광장에 이른다. 잡상인들로 꽉 찬 복잡한 노천 시장인데, 한 모퉁이에 기원전 7세기에 세워진 시실리에서 제일 오래된 신전인 아폴로 신전이 있다. 원래는 도리아식 원주가 있는 큰 신전이었으나, 지금은 기단과 석주 둘만이 남아 있고, 부러진 원주의 아랫부분이 여러 개 쓰러져 있다. 굵직한 일석주(一石柱)의 원주가 초기의 신전임을 말해주고 있다.

이곳에서 좁은 상가를 빠져나가면 화려한 파사드(정면)를 가진 두오모(대성당)가 나타나는데, 바로 기원전 5세기에 세워진 아테나 신전 위에 건립된 중세 교회이다. 그래서 사원 내부를 살펴보면 측랑(側廊)의 벽에 도리아식의 일석주인 원주가 몇 개 서 있어서 사원의 지붕을 지탱하고 있다. 아테나 신전은 비잔틴시대에 기독교 교회가 되었으나, 파사드는 18세기에 세워진 바로크식 건축이다. 위쪽의 탑벽에는 성모의 입상, 그 양쪽에는 베드로와 바울의 대리석 입상이 있다. 두오모 오른쪽에는 대주교의 궁전이 있고, 광장 건너편에는 흰 대리석으로 된 아름다운 산타마리아 교회가 있다.

아침을 먹은 마르코니 광장의 카페에서 다시 점심을 먹고 1시에 카타냐(Catania)행 버스를 탄다. 카타냐는 현재는 시라쿠사보다 훨씬 큰 고색창연한 대도시이다. 정류장 근처의 큰길가에 그리스 극장이 있으나, 문이 닫혀 철문 사이로 내부를 기웃거렸을 뿐이다.

3시에 타오르미나(Taormina)행 버스를 탄다. 해안선을 따라 전개되는 경치는 황량한 내륙과는 달리 녹색이 짙으며, 올리브 대신 감귤밭이 계속되는 남국적인 풍경이다. 4시 반에 타오르미나에 도착한다. 타오르미나는 산 위에 위치한 작은 도시이나, 유럽 유수

— 시라쿠사의 두오모

의 경승지여서 지도에는 100여 개의 호텔이 표시되어 있다. 버스 터미
널에 가장 가까운 길 건너편의 호텔을 택한다. 바다가 내려다보이는
전망이 일품이다.

　샤워를 마치고 창 밑의 경치에 감탄하고 있다가, 건너편 언덕 숲에 산
불이 붙은 것을 발견한다. 놀라서 프런트에 달려가 주인에게 일러주었
으나, 그는 대수롭지 않은 일이라는 듯 웃기만 할 뿐 반응이 없다. 화를
내면서 방에 올라와 불구경을 하고 있으니, 몇 명이 현장에서 서성거리
더니 불은 쉬 꺼지고 만다. 불탄 자국이 검게 남은 것이 흉하지만, 이런
일을 별로 개념치 않는 남국인다운 대범한 태도에 감탄을 해야 할까?

　이튿날 아침 산 정상에 있는 그리스 극장으로 간다. 기원전 3세기에
건립된 지름이 109미터나 되는 대극장이다. 관람석 맨 위에서 바라본
주위의 경관은 압도적이다. 무대 뒤에는 로마시대에 재건한 갈색 벽돌
건축이 반쯤 허물어져 있으며, 멀리 에트나 화산의 정상이 중천에 떠
있고, 왼쪽 기슭에는 아름다운 해안선이 굽이치고 있다. 에트나 화산
은 높이가 3,300미터로 시실리에서 제일 높은 산일 뿐 아니라, 유럽 제
일의 활화산이기도 하다. 아그리젠토의 철인 엠페도클레스는 이 산정
에서 승천했다는 전설이 있다.

　극장에서 내려와서 타오르미나의 중심가인 코르소 움베르토가를 걷
는다. 중심가라 하지만 선물가게가 꽉 들어찬 골목길 같은 좁은 길이
다. 세련된 점포들 사이에 오래된 낡은 건물이 나오고, 광장이 있고, 14
세기의 사원이 있고, 바다가 내려다보이는 발코니가 있고……. 짧지만
변화가 풍부한 재미있는 거리이다. 시내에 로마 극장과 제우스 신전
터가 있으나 지도에는 표시되어 있지 않고, 사람들에게 물었으나 아는
이가 전혀 없다. 이곳에서 멀지 않은 곳에 그리스의 칼키스인이 세운
시실리에서 가장 오래된 낙소스라는 식민시가 있으나, 오늘날 흔적이
전혀 남아 있지 않다고 한다.

　그래서 더 이상 고적은 볼 만한 것이 없고 창가에서 경치에만 감탄하
는 것도 멋적어, 하루 더 머물 예정을 앞당겨 오늘 팔레르모로 떠나기로

— 타오르미나의 그리스 극장. 멀리 에트나 산이 보인다.

한다. 1시경 카타나행 버스를 타서, 2시가 지나서 카타나에 도착한다. 국립고고박물관과 그리스 극장을 관람할 작정이었으나, 팔레르모와 로마 사이의 비행기표 문제로 알리타리아와 에어 프랑스 항공사 사이를 몇 번 왕복하느라 기진맥진하여 시간을 놓치고 만다. 알리타리아 직원의 무식 때문에 빚어진 헛수고여서 화도나고 피로하기도 하여, 5시 반경 팔레르모행 버스에 몸을 싣는다.

이 버스는 시실리 중부의 고원지대를 동서로 관통하는 고속도로를 쉬지 않고 횡단하는 직행버스이다. 도중에는 협곡 위에 수십 킬로미터의 교량이 가설되어 있는데 놀라움을 금할 수 없다. 과연 고대 로마 이래의 전통 있는 뛰어난 건축 기술의 위력을 유감없이 발휘하고 있는 것이다. 일전에 방을 물바다로 만들어 놓았던 메트로폴리탄 호텔에 다시 찾아간다. 아내가 스웨터를 빠뜨리고 왔기 때문이기도 했다. 이번에 우리를 대하는 태도가 몹시 쌀쌀한 것은 당연한 일이라 체념할 수밖에 없다.　　　　　　　　　　　　　　　　　　　　(5월 20～21일)

이문화(異文化)의 용광로 팔레르모

팔레르모는 시실리의 최대 도시이며 파란 많았던 시실리의 역사를 그대로 보여주는 도시이기도 하다. 기원전 6세기에 페니키아인에 의해 건설된 후 포에니 전쟁까지 수세기 동안 카르타고의 가장 중요한 식민시였으며, 따라서 시실리에서는 그리스인이 침투하지 못한 예외적인 도시의 하나였다. 그리스의 신전이나 극장이 없는 것도 그 때문이다. 로마시대에도 계속 번영하였으나, 제정 말기에는 반달족과 동고트족의 침입을 받는다.

6세기 유스티니아누스 대제의 군대가 게르만을 쫓아내어 비잔틴인이 지배하게 되었으며, 그리스 정교풍의 모자이크가 도시의 교회당을 장식한다. 그러나 8세기 이래 지중해를 휩쓸기 시작한 이슬람의 선풍이 시실리에 닿는다. 그래서 831년에는 아랍인이 시실리를 점령하여 팔레르모를 수도로 정하였으며, 그리스 정교 교회 대신 둥근 돔을 가진 회교 모스크가 세워진다.

12세기에는 노르만이 돌연 습격해 와서 노르만 왕조를 수립한다. 원래 노르만인은 8세기부터 활동을 시작하여 전유럽을 침범하였으며, 일부는 아이슬랜드를 거쳐 아메리카 대륙까지 진출한다. 그들은 11세기까지 프랑스에 정착하고(노르만디), 영국에 노르만 왕조를 수립하기도 한다. 그리고 마침내 지중해에 침입하여 이곳에 나타난 것이다. 원래 북유럽의 안개 짙은 음산한 협만(峽灣)에 살던 그들에게 태양이 찬란한 이곳은 낙원과 같이 느껴졌을 것이다. 그리하여 왕궁을 건설하고 기독교 대성당을 만들었으며, 팔레르모에는 200여년 동안 노르만 문화가 꽃피게 된다. 그 후 아라곤과 스페인이 이곳을 지배하였으나 결국은 나폴리 왕국과 이탈리아가 점령한다.

침입 민족들은 제각기 문화의 자취를 남겼다. 그래서 이곳은 여러 가지 '이문화의 용광로'라 할 수 있을 것이다. 그러나 가장 깊은 흔적을 남긴 것은 노르만인이었으며, 오늘날 남아 있는 유적도 노르만시대의 것이 대부분이다.

아침에 시내를 동서로 관통하는 중심가인 마케다 거리의 널찍한 보도를 거닐어, 중후한 바로크식 건물 네 채가 서 있는 이른바 '네 모퉁이'에 이른다. 옆에는 프레토리아라는 작은 광장이 있고, 광장의 분수를 배경으로 고색이 짙은 마르토라나 교회가 있다. '네 모퉁이'에서 북쪽으로 빅토리아 엠마누엘 거리를 올라가면 대성당이 나온다.

이 성당은 12세기까지 거슬러 올라가는 대표적인 노르만식 건축이며, 복잡한 구조의 화려한 종탑이 특이하다. 내부의 모자이크 장식이 아름답고, 성당 모퉁이에는 삼각형의 페디멘트와 코린트식 기둥으로 된 묘당이 있는데, 안에는 성당을 건립한 프리드리히 2세와 모후(母后) 콘스탄츠의 관이 안치되어 있다.

대성당에서 멀지 않은 곳에 거대한 노르만 궁전이 있다. 이 궁전은 원래는 9세기에 아랍인이 세웠으나, 노르만이 개축하여 12세기에 완성한 것이다. 2층은 폐쇄되고 1층만 개방되어 있으나, 노르만 왕궁의 소박하면서도 중후한 분위기가 퍽이나 인상적이다. 특히 왕궁 예배당의 천장은 아랍식, 벽면은 비잔틴식, 새와 짐승의 모자이크는 노르만식 미술이다. 궁전 뒤편에 성조반니 데그리 에레미티 교회가 있는데, 노르만시대에 건립한 이 교회에는 빨간 돔과 중정(中庭)에 있는 우아한 아치로 장식된 회랑 등 이슬람식이 가미되어 있어, 아랍과 노르만의 건축 예술이 융합함을 보여주는 한 예가 되고 있다.

이 교회를 나와 몬레알레(Monreale)행 버스를 탄다. 유명한 대사원을 보기 위해서이다. 토큰을 사지 않고 승차를 해서 운전사에게 사정을 설명하려 하나 말이 통하지 않아 난감해진다. 이때 승객 한 사람이 자기의 토큰을 주기에, 사양하였지만 억지로 돈을 손에 쥐어준다. 이 광경을 보고 모두들 호의에 찬 미소를 머금었고, 차 안에는 인정이 넘쳤다. 30분 안에 몬레알레에 도착한다.

이곳은 높은 산에 위치한 산마을인데, 사원은 시에스타 시간이어서 닫혀 있으나 3시에 다시 문을 연다고 한다. 광장에 면한 바에서 점심을

먹는데 주인이 매우 친절하다. 호텔 예약
을 위해 로마에 전화를 걸려고 하니, 동전
을 바꿔주며 급사를 시켜 전화를 걸어주게
하고, 광장의 의자에 앉아 있으니 생수를
한 병 갖다준다. 한결같이 훈훈한 시실리
인의 마음씨이다.

3시에 사원에 입장한다. 내부 공간의 광
대함, 천장과 사방의 벽전체에 칠해진 황
금색 모자이크의 화려함, 그야말로 글로
형용할 수 없는 장관이다. 중앙 제단 위의
앱시스에는 〈푸른 옷의 그리스도〉상이 있
고, 주위의 벽에는 《신약성서》의 여러 장
면이 모자이크로 그려져 있다. 글자를 모
르는 중세의 대중들은 사원에 그려진 벽화
를 통해 성서의 지식을 얻고, 신에 대한 외
경을 심화할 수 있었다. 교회는 석조(石造)
의 성경이었던 것이다.

— 팔레르모 대성당

　이 사원은 노르만 왕 윌리엄 2세가 12세기말에 창건한 것인데, 여기
에는 한 가지 전설이 있다. 수렵을 나간 왕이 휴식을 취하고 있을 때,
성처녀가 나타나 자신을 위해 교회를 세워줄 것을 부탁하였다. 그리고
그것에 쓸 재물이 숨겨진 곳을 일러주었으며, 왕은 그 재물을 찾아서
건축을 시작했다는 것이다. 이 이야기는 왕이 신의 특별한 은총으로
이 거대한 사원을 세우게 되었음을 나타내고 있다. 그래서 벽화의 마
지막 장면에는 그리스도가 왕에게 왕관을 씌워주는 모습이 그려져 있
다. 또한 교회 안에는 화사한 무늬가 새겨진 왕의 대리석 석관이 안치
되어 있다. 사원을 나오면 테라스가 있고, 거기서 산 아래 멀리 팔레르
모 시가의 전경이 보이며, 시가 끝에 아련히 푸른 바다가 아른거린다.
　시내로 돌아오는 길목인 쿠바 거리에서 내려 카타콤베 카프치니(카

— 몬레알레 대성당의 내부

프친파 수도원의 지하분묘)를 찾는다. 수위인 늙은 수도승이 퍽 자상하고 친절하다. 그는 이 카타콤베의 내용에 대해 간단히 설명하고, 쿠바 거리 같은 변두리 골목에서는 소년들의 날치기를 조심하라고 일러준다. 이 지하분묘는 약 8천 구의 미이라가 소장되어 있는 것으로 유명하다. 세워 놓은 관에 생전에 입던 옷에 감싸인 채 도열해 있는 무수한 미이라의 군상(群像)으로 인해, 망령의 동굴 속에 빠진 듯한 으스스한 기분이다. 사과 상자와 같은 조그마한 관 속에 누워 있는 어린 미이라의 모습이 애처롭다. 여늬 여자라면 비명을 지르고 도망하고야 말 이 음산한 동굴의 미로 속에서, 사람의 그림자가 거의 보이지 않는데도, 혼자서 유유히 해골들을 감상하고 있는 담이 큰 아가씨도 있다.

카타콤베에서 나와 호텔로 돌아와 짐을 챙기고는 공항으로 간다. 7시 50분발 로마행 비행기는 거의 만원이다. 9시경에 로마 공항에 도착했다. 로비에 택시 운전사가 나타나 호텔까지 2천 리라로 모시겠다기에 탔다. 그러나 호텔에 도착하자 어처구니없게도 8천 리라를 내라고 떼를 쓴다. 실랑이를 벌여도 해결될 것 같지 않아 5천 리라에 쫓아버린다. 악명 높은 우리네 공항 택시보다 한결 수법이 악랄하다. 인심 좋은 시실리에서 그야말로 날도둑의 거리로 되돌아왔음을 실감하게 된다.

'공포의 시실리'라 유혈이 낭자하는 스산한 산하를 상상했는데, 뜻밖에 정이 넘치는 아름다운 남국임을 알게 되어 다행이다. 그러나 일정이 여의치 않아 셀리눈테·카타냐·겔라의 고적을 섭렵하지 못한 것이 몹시 아쉽다. 특히 유럽 최대의 고적지라 할 수 있는 셀리눈테를 보지 못한 것은 일생 일대의 대실수라 할 것이다. 다시 그곳을 찾을 것을 다짐하기는 하나, 부질없는 희망뿐일 것 같은 예감이 들어 안타깝다.

(5월 22일)

저승에서의 삶을 즐긴 에트루리아인

시실리에서 즐거운 나날을 보내기는 했으나 강행군을 한 탓인지 목이 아프고 피로하다. 그러나 아침식사를 마치자 원기가 회복된 듯하여 오늘은 에트루리아인의 옛 도시 타르키니아(Tarquinia)를 찾기로 한다. 기차편이 있어 서울서 사둔 유레일 패스를 오늘부터 사용하기로 한다.

테르미니(종착역)에 가서 먼저 패스의 사용 시작 수속을 마친다. 이 역은 영화 〈종착역〉의 무대였던 르네상스 양식의 옛 역이 가지고 있던 낭만적인 분위기는 없으나, 직선을 기본으로 한 흰색 대리석으로 만든 현대식 건물에서 세계 최대라는 말 그대로 대단한 위용이다. 역 앞 광장에서는 200 ~ 300명의 동남아계 동양인들이 모여 있다. 차림새로 보아 관광객은 아닌 듯하고 이곳에 정착한 베트남인이 아닐까 생각한다. 그들이 무엇 때문에 떼를 지어 있는지 알 길이 없으나, 거동이 얌전한 것으로 보아 데모꾼은 아닌 듯하다. 그렇기는 하나 이들 거대한 황색 집단을 보고 이탈리아인들이 배척운동을 일으키지는 않을까 공연한 걱정이 들기도 한다.

11시발 타르키니아행 기차를 탄다. 해안을 따라 북쪽으로 향하는 지역선인데, 12시 40분에 도착할 예정이었으나, 2시가 다 되어서야 간신히 타르키니아에 도착한다. 지선(支線)이긴 하나 기차시간의 정확성에 관한 한 우리보다 후진적이다. 역에서 10분 거리에 있는 버스 정류장까지 걸어가야 하는데, 기차 안에서 만난 미국인 내외와 동행한다. 78세의 나이에 비해 꽤 젊어 보이는 남자는 이탈리아어가 유창한 것으로 보아 이탈리아계 미국인인 듯하다. 그는 소탈한 성격이나, 고집스럽게 생긴 그의 아내는 어떤 이유에서인지 우리와 동행하는 것이 탐탁치 않은 눈치여서 그들과 곧장 헤어진다. 한국전쟁 때의 한국인에 대한 이미지가 아직도 남아 있기 때문일까. 어떻든 괘씸한 미국 노파이다.

버스로 다시 10분 정도 걸려서 타르키니아에 도착한다. 낮은 언덕 위에 성벽으로 둘러싸인 아담한 도시이다. 성 안은 완전히 중세의 거리인 데 반해, 성 밖은 현대식 아파트촌을 이루고 있어, 옛날과 현대가 어울린 묘한 매력을 지니고 있다. 시내에도 아름다운 로마네스크 성당을 비롯한 유적이 없지 않으나, 이 도시 최대의 유적은 물론 미크로폴리스에 있는 에트루리아인의 고분이다.

시 입구에 있는 버스 정류장에서 고분까지 버스나 택시가 없어 걸어갈 수밖에 없는데, 30분 정도의 거리이나 더위 때문에 꽤 고달프다. 고분은 큰길가 허허벌판에 위치하고 있다. 무덤은 600개 이상이라고 하나, 이 묘역에는 작은 지붕으로 덮인 분묘가 여기저기 흩어져 있으며, 그 가운데 관람이 가능한 것은 귀족의 묘 4개로 한정되어 있다.

묘실의 프레스코 벽화는 색채가 선명하고 화려하다. 무덤의 벽화임에도 죽음의 모티프가 없다. 에트루리아인이 그리는 사후의 세계는 어둡고 음산한 데가 없고 밝고 명랑하기만 하다. 춤을 추고 노래하는 모습, 플루트를 부는 모습, 심지어 남녀가 교접하는 모습도 있다.

에트루리아인이 이탈리아에 정착한 것은 기원전 9세기경이었다. 소아시아에서 바다를 건너왔다는 설이 유력하지만, 그들의 유래는 확실치가 않다. 그들은 피렌체를 가로지르는 아르노 강에서부터 로마를 가

— 타르키니아

— 귀족 묘 입구

로질러 흐르는 티베르 강 사이의 넓은 지역에 흩어져 살면서, 12개의 도시국가를 건설하여 느슨한 연방제를 형성하고 있었는데, 그 가운데 타르키니아를 비롯하여 일곱 도시가 현재까지 존속한다. 이들 도시들은 독립적이어서, 지도적인 국가 아래 단결하지 않았던 것이 치명적인 약점이었다.

에트루리아 문명은 매우 우수했다. 에트루리아인들은 정교한 기술로 제작한 의치를 사용했으며, 어금니를 강하게 하는 법을 알고 있었고, 그것에 필요한 금속에 대한 지식을 가지고 있었다. 또 치밀한 도시 계획 아래 현대적인 도시를 건설했으며, 프랑스·스위스·독일 각지에 진출하여 교역으로 막대한 부를 쌓기도 했다.

그들은 명랑하고 낙천적이었으며 사치스러운 생활을 즐기고, 스포츠와 연회, 세련된 회화에 열중했다. 그리고 저승에서도 지상의 집을 그대로 지하에 옮긴 듯 묘소를 만들어, 호화로운 일상용품을 가져다놓고 천국에서 즐기게 될 유쾌한 정경을 벽화에 그렸던 것이다.

그러나 벽화는 사후의 생활이라는 꿈에 바쳐진 장식일 뿐, 실제의 에트루리아인은 특별히 우아하고 평화로운 민족은 아니었다. 티레니아 해('에트루리아인의 바다'라는 뜻)의 제해권을 둘러싸고 카르타고와 격돌하고, 이탈리아를 둘로 나누어 남이탈리아의 그리스인과 경쟁하기도 했다. 그들은 각종 스포츠를 즐겼지만 특히 사람과 소의 격투에 열광했으며, 저승에서도 투우를 즐기기 위해 항아리에 그 광경을 그려 무덤 속에 같이 묻기도 했다. 로마인이 열광하던 검노와 야수의 격투도 여기서 유래하였다. 그들은 살생을 서슴지 않았으며, 포로들을 학살하여 신에게 희생물로 바쳤다. 어느 전투에서는 300명의 로마 포로를 타르키니아로 연행하여 전원을 돌로 쳐 죽이기도 했으며, 시체에서 생생한 간을 끄집어내어 점을 치기도 했다.

로마인은 에트루리아인들로부터 문화와 기술을 배웠다. 에트루리아인은 정녕 '로마인의 유모'였다. '로마'라는 이름도 에트루리아어로 강을 의미하는 '루몽'에서 유래했으며, 로마 최초의 왕 로물루스도 에트

— 무덤의 벽화

루리아인이라는 설도 있다. 분명한 것은 왕정시대의 일곱 왕 가운데 적어도 마지막 세 왕은 에트루리아인이었으며, 따라서 기원전 509년에 마지막 왕인 타르키니우스를 타도한 것은, 귀족 혁명이었을 뿐 아니라 에트루리아인의 지배로부터의 해방을 의미하기도 했다.

그러나 그 뒤에도 로마인은 에트루리아인으로부터 멸시와 굴욕을 받아왔으나, 기원전 396년에 10년 동안의 사투 끝에 마침내 에트루리아를 정복한다. 복수는 처절했다. 승자는 패배한 민족을 절멸하고 생존의 흔적마저 없애려 했다. 에트루리아 문명의 흔적은 무덤에 남은 약간의 미술품과 아직 해독이 안 된 문서밖에 없다. 네크로폴리스에서 발굴된 그 미술품을 보기 위해 시 입구에 있는 박물관을 찾아간다.

타르키니아 박물관은 16세기초에 귀족의 성으로 건립한 르네상스=고딕식의 장중한 건물이다. 입장권을 파는 아름다운 아가씨는 우리가 이 박물관을 찾은 최초의 한국인이라 일러준다. 한국의 관광객이 이곳을 찾는 일은 없겠지만, 유학생이 찾을 수는 있을 법도 한데, 우리가 처음이라는 말이 믿기지가 않는다.

1층 뜰에는 부부의 와상이 조각된 큼직한 석관이 몇 개 놓여 있다. 에트루리아 예술은 그리스 예술의 영향을 많이 받았다. 그러나 그리스나 로마의 예술품에는 남녀가 함께 있는 모습이 보이지 않는 데 반해, 에트루리아 예술품은 석관의 경우와 같이 남녀가 함께 있는 것을 표현하는 것이 특색이다. 이러한 석관은 전에 보스턴 미술관에서 몇 점 본 일이 있어 새로운 것은 아니다. 그러나 프레스코와 그리스 도자기의 풍부한 수집품에는 약간 놀라움을 느낀다. 그리스 도자기는 남이탈리아, 마그나 그라키아의 그리스인이 만든 것이 아니라 그리스 본토의 것이 많으며, 그것은 에트루리아인이 그리스 본토와도 활발하게 교역했다는 것을 의미하기 때문이다.

에트루리아 도기에는 이른바 〈검은 아폴로〉라 불리는 다채로운 색깔의 명작이 있기는 하나, 대부분이 그리스 도기의 모방이며, 청동 제품들도 그리 높은 수준은 아닌 듯하다. 그러나 그리스와 아시아의 예술이 혼합된 면도 있어 신라 토기와 비슷한 것도 있고, 리얼리즘과 환상이 혼합된 천마(天馬)의 조각도 있다. 하지만 우아하고 세련된 에트루리아 미술의 진수는 어디까지나 저승에서의 삶의 즐거움을 그린 벽화에 있었던 것이다.

　성 안의 중세 마을을 두루 돌아보지 못한 것을 아쉬워하면서 귀로에 오른다. 5시 50분발 로마행 완행열차를 타고 8시 반경 테르미니에 도착한다. 　　　　　　　　　　　　　　　　　　　　　　　(5월 23일)

포로 로마노(로마의 광장)

　로마 관광의 마지막 순서로 남겨 둔 포로 로마노(Foro Romano)를 본다. 원래 이곳은 주변의 구릉에서 흘러 들어온 개천물로 이루어진 늪지대이었다. 기원전 6세기 도시가 성립될 때 배수로가 가설되고 늪은 간척되어 도시의 중심인 광장이 이루어졌다. 광장은 사람과 사람이 만나는 따스한 공간이다. 그러나 도시가 커지고 발달함에 따라 광장은 정치와 권력의 핵심이 되어 간다. 로마가 세계국가가 되었을 때 이곳은 제국의 심장, 세계의 중심이 되었다. 이곳을 세계의 중심다운 웅장한 광장으로 만들기 위해 대대적인 정비작업을 시작한 것은 시저이었다. 그는 건축이라는 구체적인 형태로서 자기의 권력을 표명하고자 한 것이며 그것을 완성한 것이 아우구스투스이었다. 광장에서는 아우구스투스의 권력과 권위를 나타내는 장려한 건물들이 정연하게 배치된다. 사람들의 마음이 교감(交感)하는 아름다운 장소는 개인의 권력과 허세와 자기도취의 노골적인 전시장이 되어버렸다고나 할까. 그러나 동시에 이곳은 제국의 통일과 평화와 번영을 구가하고 과시하는 대연주장이기도 했다. 아우구스투스가 가고 로마가 멸망한 지 오랜 세월이 지났지만 이곳은 관광이라는 인간의 호기심을 끄는 힘으로서 여전히 세계의 중심의 자리를 잃지 않고 있다.

먼저 캄비돌리오 언덕 동쪽 아래에 있는 12신(神)의 주랑, 사투르누스 신전, 세베루스 황제의 개선문, 원로원을 거쳐 광장에 들어선다. 12신의 주랑은 그리스화한 로마의 남신과 여신을 각각 모신 신전이다. 그 기원은 알 수 없으나 현존하는 것은 367년에 복원한 것이다. 367년이면 기독교가 공인된 후이나, 로마인들은 기독교에 저항하여 옛날부터 지녀온 종교에 대한 열정을 이 신전의 복원으로 나타낸 것이다. 옆에 높이 솟아 있는 8개의 이오니아식 석주는 사투르누스 신전의 것이다. 사투르누스는 농업의 신이며, 로마를 사투르누스의 나라라고 부를 만큼 중요시되었다. 이 신의 제일(祭日)인 12월 말은 1년 가운데 가장 즐거운 날이며, 주인과 노예의 구별이 없고, 사람들은 선물을 교환했다. 기독교의 크리스마스는 여기서 유래했다. 이 신전은 로마의 국고를 관리하는 곳이기도 해서 종교건축인 동시에 재정기관의 건물이라는 점에서도 중요했다.

그 옆에 원로원이 있다. 이 건물은 4세기초 당시의 모습으로 복원된 것이다. 왕정시대 이래 원로원은 아무런 법적 권한이 없는 자문기관에 불과했다. 그러나 공화정시대에는 의원의 의견을 모은 원로원의 결의는 실제로 정무관에 대한 명령이었다. 정식의 법은 민회에서 결정하였으나, 원로원이 동의해야 효력이 발생했다. 외교, 전쟁, 속주 통치의 문제들도 원로원에서 결정하므로 사실상 원로원은 제국 통치를 담당했다. 원로원의 이러한 권능은 법보다 무거운 전통의 존중 때문이었다. 외국의 사신은 원로원을 '300명의 왕의 집회'라고 했다지만, 실제로 그것은 로마의 통치부였다. 그래서 로마라는 나라를 대내외적으로 나타내는 표현으로 "원로원 및 로마 국민"(Senatus Populusque Romanus = SPQR)이라고 한다. 국민보다 원로원이 우위에 있는 것이다. 그런데 현재 로마의 거리 어디서나 볼 수 있는 지하 하수도의 뚜껑에는 SPQR 네 글자가 찍혀 있다. '로마시 소유'를 나타내는 말로 사용되고 있는 것이다.

원로원의 심의는 낮시간에만 열렸으며, 의원의 지각은 허용되지 않았다. 그러나 기원전 63년 9월 24일 심의가 이미 상당히 진행되었을

때, 옥타비우스라는 의원이 헐레벌떡 달려와서 지각한 이유를 변명했다. 그날 아침에 아들이 탄생했다는 것이다. 그 아들이 바로 초대 황제 아우구스투스가 될 인물이었다.

원로원 앞의 빈터는 민회(켄투리아회)가 열리는 장소의 하나였다. 로마의 주권자는 이론상 인민(populus)이었으며, 전 인민의 정식집회인 민회(comitia)의 결의만이 정식법(lex)이며, 거기서 선출된자만이 정식의 정무관이었다. 따라서 민회는 원로원에 대항할 수 있는 중요한 기관이나, 실제로는 여러 가지 제약이 있었다. 우선 귀족인 신관들의 점복(占卜)에 의해 개최가 결정되었고, 정무관의 보고에 대해 심의보다 찬부를 투표로써 결의할 뿐이었고, 그 결과도 정무관의 공포에 의해서만 유효했고, 투표도 유력한 유산자가 좌우했다. 따라서 원로원 바로 옆에 있던 민회의 자리가 빈터로 남아 있는 것은, 어쩌면 원로원에 대한 민회의 부속적인 위치를 상징하고 있다고나 할까.

원로원의 권위는 그 의사당인 쿠리아(Curia)에 의해, 민회의 권력은 그 집회장소인 코미티움(Comitium)에 의해 상징되었다. 그러나 민회의 장소인 코미티움을 없애버린 것은 아이러니컬하게도 민중파의 리더로서 민회를 발판으로 두각을 나타냈던 시저이었다. 야심만만한 그에게 있어 민회는 한낱 이용물에 불과했던 것이다. 코미티움을 없앤 그는 오히려 새로운 원로원 의사당을 건립하는 일에 착수했다. 그러나 쿠리아의 완성을 기다리지 않고 자기가 지정한 임시 의사당에서 심복인 브루투스를 포함한 62명의 공화파에 의해 살해되고 만다. 시저의 재정비사업을 계승하여 완성한 것은 아우구스투스이었으며 그 대표적인 것이 쿠리아이었다. 표면상의 정책으로 공화정의 재건을 표방했던 아우구스투스는 원로원의 권위에 걸맞는 훌륭한 건물을 건축했다. 그러나 건물은 시저 광장에 면해서 세워졌고 이름도 쿠리아 율리아(율리우스 가문의 쿠리아)라고 명명(命名)되었는데 그것은 원로원이 황제의 가문인 율리우스 가의 부속물임을 여실히 나타내고 있었다. 즉, 25.63 × 17.75미터 장방형의 홀 맨 뒤 높은 좌석에는 수석위원(Princeps)인 아우구스투스가 자리하였으며, 그 뒷편 가장 높은 곳에 세워진 아우구스투스의 수호신 빅토리아 여신상이 원로원 회의를 내려다보고 있었다.

원로원 내부에는 기하학 무늬의 모자이크 바닥이 남아 있다. 원로원의 표결은 거수나 투표가 아니라 의원들이 좌우로 갈라서서 그 수로 결정하였다. 우리 국회에서 발언 한마디 못하고 표결 때 손만 드는 의원을 '거수기'라 하듯이, 표결 때 이 바닥을 좌우로 왔다갔다하는 풋내기 의원을 '다리 의원'(페다리우스)이라 불렀다.   (5월 24일)

로마를 지배하는 자

원로원 얘기가 나왔으니 로마의 지배체제에 대해 간단히 정리해 두는 것이 좋을 것 같다. 로마는 여느 민족과 같이 처음에는 왕정이었다. 전승상으로는 기원전 753년에서 기원전 509년까지 250년 가까이 계속된 것으로 되어 있으나 왕정의 실태는 잘 알 수가 없으며, 왕이 선거에 의해서 선출되었는지도 확실치 않다. 그러나 분명한 것은 마지막 2, 3 명의 왕은 에트루리아인이었다는 사실이다. 에트루리아인이 로마사회에 들어와서 왕에 선출될 만큼 세력이 컸던 것으로 보인다.

기원전 509년 마지막 왕이 귀족들에 의해 추방된 이후 500년간 공화정이 계속된다. 공화정의 지배자는 제도상으로는 2명의 집정관(consul)이다. 문무의 대권을 쥐고 있었기 때문이다. 그러나 임기 1년의 관직에 불과하고, 임기가 끝나면 원로원 의원으로 복귀하기 때문에 실제적인 지배자는 종신제 의원으로 구성된 원로원이라 할 수 있다. 말하자면 로마 공화정은 불문율의 권위에 입각한 원로원의 집단지도체제이었다.

공화정에서 특이한 것이 호민관이다. 공화정의 역사는 귀족과 평민의 신분투쟁이라 할 수 있는데, 귀족이 독점하던 권력을 여러 번의 스트라이크를 통해 평민이 획득하는 과정에서 나타난 직종이다. 말하자면 스트라이크를 지도하는 노조위원장인 격이다. 요즘 회사에서 노조위원장이 회사 간부 이상으로 행세하는 것과 같이 그들 호민관은 평민의 리더일 뿐만 아니라 신성불가침이라는 종교적 권위를 얻고 있었다. 평민은 신분투쟁을 통해 점차 국가의 모든 관직에 취임하게 되고, 결국은 기원전 287년 평민회의 결의가 모든 국민을 구속하는 국회의 역할을 하게 됨으로써, 귀족과 평민의 법적 신분 차이는 없어진다. 그러나 유력한 평민들이 관직을 얻고, 재력을 축적하고, 구 귀족과 혼인관계를 맺고, 원로원에 진출하게 됨으로써 새로운 귀족층(nobiles)이 형성된다. 그리하여 신 귀족을 중심으로 한 민중파와 구 귀족을 중심으로한 벌족파가 대립하게 된다.

양파의 대립 중에 새로운 지배자상이 나타난다. 기원전 1세기초에 장군과 장군을 중심으로 한 군벌이 형성된 것이다. 종래의 군대의 지휘권은 집정관이 보유하고 있었다. 집정관은 1년 임기의 시빌리언이지 군인이 아니었다. 그러나 중산층의 몰락으로 시민병 체제가 위태롭게 되자, 마리우스라는 자가 직업군인제를 도입하여 군대를 재건하였다. 이젠 병사들은 지원하여 십수년간 장기복무를 할 수 있게 되고, 병역을 마치면 보스인 장군의 주선으로 국가로부터 토지를 부여받게 된다. 그리하여 장군과 병사간에 사적 보호-충성관계가 성립되어 장군을 중심으로 한 사병(私兵)집단인 군벌이 출현한 것이다. 군벌간의 충돌이 내란을 야기하고, 내란은 결국 1인정(원수정)으로 귀착할 수밖에 없었다.

원수정이란 제정과 공화정의 중간적인 정체여서, 원수와 원로원의 2원적인 구조를 가지나 실질적으로는 제정이었다. 그래서 원수정을 창시한 아우구스투스는 혈통에 의해 후계자를 선정하는 세습제를 실시하였다. 단 실자(實子)가 없을 경우 양자로서 제위를 계승시키게 되나, 양자를 결정할 때 원로원 추천이란 형식을 취했다. 제정이 되었지만 원로원은 황제의 선출에 있어서, 그리고 제위에 오른 황제에 대해서 어느 정도 영향력을 행사할 수 있었던 것이다. 그러나 제통(帝統)이 단절되어 정통성이 완전히 없어질 경우에는 다시 군벌이 설치게 된다. 제국 내 각지에 주둔하는 군단은 곧 군벌이었으며, 군벌간의 무력 다툼에서 승리한 자가 제위를 장악하였다. 특히 세베루스 왕조가 끝난 후 50년간(235~284), 이른바 군인 황제시대에는 22명의 군인황제가 출현하였으며, 이중 19명이 살해되는 혼란이 계속되었다.

이 혼란을 수습하여 로마를 재건한 것이 디오클레티아누스 황제(245~313)인데, 그의 제위 이후를 후기 제정이라 한다. 초기 제정에 해당하는 원수정 시대에는 원로원은 그래도 영향력이 있었으며, 황제도 원로원을 존중하는 태도를 취하였다. 그러나 후기 제정의 황제는 동방적인 전제군주이어서 원로원은 유명무실한 존재에 불과했다. 디오클레티아누스는 제국의 영토가 너무 광대하기 때문에 효과적인 통치를 위하여 자기 외에 혈연관계가 있는 3명의 황제를 추가하여, 4명의 황제가 제국을 4분하여 통치하는 분할체제를 실시하였다. 그후 콘스탄티누스 황제 때 단독 지배체제가 부활하기도 했으나, 테오도시우스 황제(379~395) 이후 제국은 양분되었다.

제국이 쇠망단계에 들어섰을 때, 서로마제국은 군사적으로나 정치적으로나 게르만 민족에 의해 지탱되고 그들의 지배하에 놓여 있었다. 서

로마제국은 476년에 멸망한 것으로 되어 있으나 이미 훨씬 이전에 멸망했다고 보아야 할 것이며, 황제는 게르만인의 괴뢰에 불과했던 것이다.

원로원 서쪽에는 세베루스 황제의 개선문이 있다. 황제가 동방에서 이긴 것을 기념하여 203년에 세운 것이다. 원래는 황제와 두 왕자 카라칼라와 게타에게 바친 것이라고 이름이 적혀 있었으나, 황제가 죽자 카라칼라는 동생을 죽이고 이 개선문에서 그의 이름을 지워버렸다. 그 옆에 성마르티나와 루카 교회가 서 있다. 7세기에 세워진 오래된 교회이나, 지금의 것은 17세기에 재건한 것이다.《로마제국쇠망사》를 쓴 에드워드 기번은 포로 로마노의 황폐한 모습과 우뚝 서 있는 바티칸을 비롯한 기독교 교회의 모습을 보고, 로마가 멸망한 중요한 이유는 기독교 때문이라는 생각을 가지게 되었다고 한다. 그때 그가 본 것이 이 교회였을까. 그에게 천계적(天啓的)인 영감을 주었을 만한 대단한 건축은 아닌 것 같다.

1764년 10월에 이탈리아 여행에 나섰던 젊은 기번은 몇 달 동안 북이탈리아를 돌아본 후, 마침내 로마에 도착하여 이 광장에 들어선다. 그때의 감동을 25년 후 〈회고록〉에서 다음과 같이 말하고 있다. "25년이라는 시간을 넘어 나는 회상한다. 이 영원의 도시에 당도했을 때 내 마음을 사로잡은 감격을. 잠을 설친 하룻밤이 지난후, 나는 가파른 언덕길을 넘어서 포로 로마노의 폐허 속에 들어섰다. 모든 지점이 일찍이 로물루스가 섰던 곳, 키케로가 연설하던 곳, 시저가 쓰러진 곳이며, 그곳이 지금 내 눈앞에 있다. 마치 마법에 홀린 듯한 며칠이 지났으며, 그동안 나는 냉철한 조사를 할 수가 없었다." 그러고는 1776년부터 12년에 걸쳐 저술한 대저작 《로마제국쇠망사》의 끝에서 "나의 생애에서 20년 가까이 즐거움과 힘을 주어왔던 이 저술의 발안(發案)이 바로 이 폐허 속에서 일어났던 것이다 고 했다. 그 발안이 제국의 쇠망과 기독교였다.

옛 로마의 중심지였던 이 광장은 개선식 행렬의 중요한 코스이기도 했다. 개선식은 5천 명 이상의 적을 무찌른 장군을 위해 베푸는 성대한 환영 의식이다. 개선 행렬은 성 밖에서 시작하여 성문을 통과한 후 나뭇가지로 만든 아치를 지나 이 포로 로마노를 통과한다. 선두에는 취주악대, 다음에는 전리품을 가득 실은 수레들, 사슬에 묶인 적장과 포로들, 그리고 부관과 수행원이 인도하는 황금·상아·보석으로 장식된 4두의 백마가 끄는 전차를 타고 개선 장군이 나타난다. 그는 붉은색 망토를 걸치고, 머리에는 월계관이나 황금과 보석으로 장식한 관을 쓰고, 손에는 월계수 가지와 상아의 홀(笏)을 들었다. 민중들은 환호성을 지르며 꽃을 던졌다. 장군의 뒤에서는 노예가 서서 "조심할지어다. 네가 인간임을 잊지 말라"고 외친다. 그 뒤를 따르는 장병들은 장군에게 신랄한 야유를 퍼붓는다. 시저의 경우 그가 천하의 호색한임을 빈정대어, 병사들은 "시민들이여, 아내와 딸을 집안에 숨겨라. 대머리 장군이 돌아왔다!"고 외쳐댔다. 성대한 식과 민중의 환호에 도취한 장군이 자만심에 빠지지 않게 하고, 또한 신의 질투를 사서 파멸당하지 않도록 하기 위해 살풀이를 하는 것이다.

행렬은 캄비돌리오 언덕에 올라가 주피터 신전에 제사를 바치고 적장을 처형하는 것으로 끝난다. 그러니 내가 가는 길은 옛 개선 행렬을 거슬러 올라가는 것이다. 광장은 도심 속에 있는 고요에 싸인 황량한 폐허이다. 아우구스투스 황제는 벽돌의 로마를 대리석의 로마로 만들었다고 자랑했지만, 건물을 장식하던 대부분의 대리석은 빼앗기고 허물어진 벽돌의 잔해만이 남아 있다. 더욱이 서쪽 끝에 있는 시저의 바실리카를 비롯하여 콘스탄티누스의 바실리카 등 여러 신전은 터전과 초석만이 있다. 그나마 석주가 남아 있는 것은 주피터의 쌍둥이 아들인 카스토르·폴룩스의 신전, 베스타 여신의 신전, 안토니노와 파우스티나의 신전뿐이다

베스타 신전 뒤에는 베스타 여신의 무녀였던 성처녀의 집이 있고, 거기에는 성처녀의 석상이 몇 개 서 있다. 성처녀는 6세부터 30년 동안 처녀의 몸으로 나라의 불멸을 기원하는 성화를 지켰다. 남성과 관계한 성처녀는 생매장을 당했으며, 성화가 꺼지면 태형을 당했다. 그러나 최고집정관인 콘술(consul)도 길에서 그녀들과 마주치면 큰절을 하고

길을 비켜서야만 했다.

'성처녀의 집' 끝에 티토 개선문이 있다. 현존하는 개선문 가운데 가장 오래된 것이다. 원래 이 개선문은 개선식 때 건립된 나뭇가지의 아치를 모델로 하여 세운 것이기는 하나, 개선식과는 관계가 없으며, 황제의 송덕비나 전승 기념비로서 세워진 것이다. 이 개선문은 티투스 황제가 유대에서 이긴 것을 기념하여 그의 사후에 제위를 계승한 동생 도미티아누스(81 ~ 96)가 건립한 것이다. 검소한 아름다움과 기품이 넘치는 아담하고 정교한 문이다. 옆에는 로마 최대의 신전이었던 '비너스와 로마의 신전'이 있으나 흉칙한 잔해뿐이다.

티토 개선문에서 남쪽 언덕 위로 올라가면 팔라티노(Palatino)의 언덕이다. 로마의 요람이라 할 수 있는 곳으로서 이곳의 세 봉우리를 합해서 로마라 불렀다고 한다. 로물루스의 집, 태고시대의 우물 외에 아우구스투스의 저택을 비롯하여 티베리우스·플라비우스·세베루스 등 역대 황제의 궁전이 이곳에 세워졌으며, 영어의 'palace'도 이 팔라티누스(palatinus)에서 유래하였다. 크게 굽이치는 티베르 강과 꽉 들어찬 건물들 위에 고개를 드러 낸 바티칸의 돔이 돋보인다. 아크로폴리스에서 내려다본 아테네의 건물들은 흰색뿐이어서 썰렁한 무덤을 보는 듯했으나, 고풍스러운 다갈색의 로마 거리는 오히려 생(生)의 율동을 느낄 수 있다. 이곳은 티베르 강 수면에서 43미터 높이여서 로마 시가를 한눈에 볼 수 있다. 허물어진 궁전 터를 더듬으면, 황제들의 피비린내 나는 암살과 음모의 기억이 생생하게 남아 있는 듯하여 으스스한 기분이 들기도 한다.

팔라티노 언덕 아래의 남쪽은 대경기장 터이다. 영어 '서커스'의 어원인 이 경기장(circus)은 로마 최대의 오락장이며, 20만에서 30만 명을 수용할 수 있었다. 영화 〈벤허〉에서 전차 경기가 장관이기는 하나, 그것은 유대라는 지방 경기장의 장면에 불과하다. 전차 경기의 기수는 최고 인기 스타였으며, 그들의 횡포를 다스리기 위해 네로가 단행한 숙청 정책이 기독교도 학살로 증폭되었던 것이다.

— 티토 개선문

— 로마의 광장

　팔라티노 언덕의 동쪽 출구를 나서면 산 그레고리오 거리이며, 그 길을 따라 북쪽으로 내려오면 콘스탄티노 개선문이 있고 옆에 콜로세움이 있다. 개선문은 기원전 315년 콘스탄티누스가 황제로 자처한 막센티우스를 격파한 기념으로 지은 것이다. 콜로세움은 네로 황제가 타도된 후 제위에 오른 베스파시아누스 황제가 로마 시민에게 준 선물로서, 네로의 '황금 금전의 못'을 간척하여 지었는데, 5만 명을 수용할 수 있는 경기장이다.

　아테네의 파르테논이 그리스 문화를 대표한다면, 콜로세움은 로마 문화를 단적으로 상징하고 있다 할 것이다. 로마인은 그리스인과 같은 천재적 창의성은 없다. 그러나 그리스인이 창시한 것을 받아들여 실제적인 목적을 위해 실용화하는 데 탁월한 능력을 발휘한 것이다. 콜로세움은 밖에서 보면 4층으로 이루어져 있는데, 1층에서 3층까지는 주위가 아치로 장식되어 있다. 아치 사이에는 1층부터 차례로 도리아식, 이오니아식, 코린트식 기둥이 있으며, 4층에는 아치는 없고 코린트식 기둥으로만 장식되어 있다. 말하자면 로마인은 그리스인이 창시한 건축 양식을 받아들이되, 그것을 예술적 감상이나 종교적 신앙의 대상이 아니라 경기라는 실제적인 목적을 위해 활용했던 것이다.

　이 경기장에서는 검노들의 시합, 모의해전, 맹수 경기들이 열렸으나, 기독교도들이 맹수들의 먹이가 되었다는 속설이 있으며, 그래서 경기장에는 순교자들을 기념하는 십자가가 서 있다. 그러나 기록상으로는 이곳에서 기독교도가 학살된 사실은 없으며, 네로가 기독교도들을 로마의 방화범으로 몰아 처형한 곳은 바티칸 궁전 일대의 들이었다. 그래서 오늘날 베드로 광장에 서 있는 오벨리스크는 그것을 기념하기 위해 옮겨 놓은 것이다.

　콜로세움 앞에서 지하철을 타고 12시경에 호텔로 돌아온다. 로마관광에서는 바티칸을 비롯해 지난번 찾은 곳은 일체 생략하고, 피렌체로 떠나기 위해 테르미니로 간다. 여태까지 폐허와 무덤만을 찾아헤매었으나, 앞으로 2주일 정도는 여느 관광객처럼 고적과 별로 상관없는 관

— 콜로세움

— 콜로세움 내부

— 베드로 광장

광지 몇 군데를 찾을 계획이다. 그래서 피렌체를 비롯해 피사·베니스·비엔나·뮌헨 등 지난번에 찾지 못한 곳을 찾아나서는 것이다.

오후 2시에 출발하는 피렌체행 열차를 탄다. 차창 밖으로 보이는 중부 이탈리아의 농촌 풍경은 그저 평범할 뿐이지만, 기계화가 잘되어 있어 풍요로운 농업지대라는 인상을 준다. 5시경에 피렌체에 도착한다. 역 앞은 여느 도시와 같이 북적대고 소란스러워 옛 도시다운 기품이 없다. 마땅한 호텔을 찾아헤매었으나 결국 역 가까이에 있는 렉스라는 신축된 아담한 호텔에 묵기로 한다. 하루를 묵는 데 50달러 정도니 싼 편이다. 메디치 가(家) 교회가 바로 부근에 있다. (5월 24일)

가장 역사적인 현장, 시뇨리아 광장

골목길에서 떠드는 젊은이들의 고함 소리, 질주하는 오토바이의 소음에 시달려 새벽녘까지 잠을 설친다. 그러나 7시가 되자 시내의 여러 교회에서 일제히 종소리가 울린다. 가까이 있는 산타 마리아 성당 종소리의 울림이 한결 은은하다. 옛 도시의 운치를 비로소 느끼게 된다.

그동안의 여독이 쌓인 탓인지 몸이 무겁고 미열이 있으나, 미술관이 휴관하는 내일 쉬기로 하고 억지로 호텔을 나선다. 호텔 앞길을 벗어나면, 바로 메디치 가의 무덤이 있는 메디치 가 교회가 있고, 그 옆에는 코지모가 15세기 초에 건립한 로렌초 성당이 있다. 코지모는 15세기 이래로 3세기 동안 피렌체에 군림한 메디치 가문의 창시자이며, 그의 손자 로렌초는 메디치 가문의 전성기를 이룩한 피렌체의 실질적인 왕이었다.

이 일대는 노점상이 즐비한 복잡한 시장터이다. 길바닥에는 흑인들이 보자기 위에 액세서리·안경 따위의 싸구려 잡화를 놓고 팔다가, 경관이 보이면 일제히 보따리를 싸서 도망을 간다. 무허가 노점상인 모양이다. 보따리 장사도 마음놓고 할 수 없는 천대받는 이들 흑인들이 날치기나 도둑질 외에 무슨 생계의 수단이 있을까. 유서 깊은 로렌초 성당 주변을 시장터로 방치하다니 될 말인가. 피렌체시 당국에 대한 부질없는 불만을 되뇌면서 두오모(대성당)에 이른다. 흰색·흑록색·핑크색 대리석을 교대로 섞어 쌓아올린 이 거대한 성당은 '꽃의 산타 마리아'라는 이름답게, 밝고 화려하고 섬세하고 풍만하고 장대해서 그저 숨을 죽이고 한참 동안 멍하니 쳐다볼 뿐이다.

내부 관람은 다음날로 미루고 피렌체의 뒷길을 걷는다. 어둡고 묵직한 석조 건물들, 미로와 같이 복잡한 그늘진 골목 등 거리에 짙게 깔려 있는 로마네스크 분위기에 취해 걷는다. 이윽고 확 트인 넓은 광장에 이른다. 시뇨리아(Signoria) 광장이다. 그 순간 르네상스시대에 서 있는 듯한 전율과 같은 감흥에 휩싸인다. 피렌체의 국부(國父)라 불리던 코

— 시뇨리아 광장

지모의 기마상을 비롯한 수많은 동상들, 베키오 궁전을 비롯한 주위의 고색창연한 고딕 또는 르네상스식 건물들……

　'왕관 없는 왕조'라 불렸던 메디치 가가 지배하는 동안 일어난 막간적(幕間的) 해프닝은, 1494년부터 4년 동안에 걸친 사보나롤라의 신정 정치였다. 추악한 용모에 거친 변설을 하는 이 광신적인 수도승은 교회의 부패와 타락을 규탄하고, 부자와 전제 군주를 배제한 새로운 질서를 수립하자고 주장하여 민중의 지지를 얻어 권력을 잡는다. 그는 새로운 질서를 세우기 위해 5세 이상의 어린이까지 동원하여 도박자와 남색자를 색출하고, '허식의 화형', 즉 화장품, 저속한 책자, 외설스러운 그림, 이교의 초상을 모아 이 광장에서 불태워버린다. 교황 알렉산더 6세의 파문 선고에도 불구하고 개혁을 추진하였으나, 결국 반대파의 준동에 의해 민중의 지지를 잃어 도시 정부에 의해 체포되어 이 광장에서 처형되고 만다. 그의 행동에 대한 역사가들의 의견은 둘로 나누어진다. 마키아벨리는 그를 '무력한 예언자'라 냉소했고, 기치아르디니는 그의 순수성을 높이 찬양했다.

그래서 음울하고 격정적인 표정의 사보나롤라가 메디치 가와 교황을 규탄하는 연설이 광장에 쩡쩡 울리는 듯도 하고, 그가 민중들에 의해 화형에 처해지는 광경이 그대로 재현될 것 같기도 하다. 황량한 로마의 광장에서는 시저나 안토니우스의 모습을 상상할 수 없었고, 케라메이코스의 폐허에서는 추도 연설을 하는 페리클레스의 목청이 들리지 않았다. 그러나 르네상스시대가 그대로 살아 있는 이곳에서 어느 곳에서보다 더 역사를 생생하게 실감할 수 있을 뿐 아니라, 유럽에 와 있다는 사실을 어느 때보다 절실하게 느끼게 되는 것이다.

우피치(Uffizi) 미술관 입구에서는 관광객들이 길게 줄을 서서 기다리고 있다. 이 미술관은 메디치 가의 방대한 수집품으로 이루어져 있는데, 3층의 전시실을 섭렵하노라면 마치 세계미술전집의 페이지를 넘

— 우피치 미술관과 두오모

— 보티첼리의 〈봄〉

— 플라이올로의 〈부인상〉

기고 있는 듯이 눈에 익은 명작들이 끝없이 전개된다. 압권은 10실의 보티첼리 실. 걸작 〈비너스의 탄생〉은 대여중인지 보이지 않으나, 1983년에 복원이 끝난 〈봄〉은 밝고 상쾌한 색조이다. 비너스와 그 옆에 봄과 꽃의 여신, 왼쪽에서 춤추는 세 여신들의 아름다운 자태. 여신들의 상기된 흰 살결이 엷은 분홍색으로 물들고, 살을 덮는 엷은 흰 의상은 청초한 에로티시즘을 발산한다. 대지에 뿌려진 들꽃은 빨강·노랑·흰색이 선명하여 화사한 봄의 입김이 화면 전체에 넘치고 있다. 〈봄〉 외에도 〈마니피카트의 성모〉의 화려하고도 우아함, 〈석류의 성모〉의 우수에 찬 모습이 인상적이다. 그러나 내가 가장 사랑하는 것은 단연 플라이올로의 〈부인상〉이다. 우아하고 화사하고 풍만한 성숙한 여인의 향내가 물씬나는 매력적인 여인상이다. 어떤 상상력이 낳은 여신보다 현실의 여인이 보다 아름다움을 이 여인상이 여실히 보여주고 있다고나 할까.

　전시실을 돌아보고는 남쪽 회랑에 나와 아르노 강과 베키오 다리를 내려다본다. 강은 흙탕물이지만 옛 도시의 품위를 느낄 수 있는 우아한 경관이다.

　오후에는 감기 기운이 심한 것 같아 호텔에서 쉰다.　　　(5월 25일)

피티와 베키오 궁전, 피사의 사탑

　어제 하루를 호텔에서 쉰 탓인지 기운이 회복된 듯해 다시 거리로 나선다. 시뇨리아 광장을 지나 아르노 강을 따라 걷다가 베키오(Vecchio) 다리를 건넌다. 단테와 베아트리체의 운명적인 만남이 이루어졌다는 신비하고도 낭만적인 전설이 깃든 이 다리는, 뜻밖에도 내가 본 다리 가운데 가장 속악(俗惡)한 것이었다. 다리 위에는 판잣집으로 된 잡화 가게가 양쪽에 꽉 들어서 있다.

　다리를 건너 도로 공사를 하느라 길이 울퉁불퉁한 복잡한 상가를 빠져나오면 왼쪽에 넓은 광장이 있고, 그 뒤에 길이가 200미터나 되는 큰

— 베키오 다리

— 피티 궁전

건물이 있다. 피티(Pitti) 궁전이다. 15세기에 메디치 가와 대결하던 은행가 루카 피티가 지은 궁전이나, 16세기에는 결국 메디치 가의 코시모 1세의 손에 넘어가 그의 성이 되었다고 한다. 내부는 중후하고 화려하며 메디치 가의 수집품이 전시되어 있는데, 소품이기는 하나 라파엘로·티치아노·루벤스의 뛰어난 작품들이 많다. 궁전 뒤의 정원이 아름답다. 완만한 언덕을 오르면 산타 마리아의 화사한 오렌지색 큐폴라를 중심으로 붉은 지붕으로 꽉 찬 피렌체의 거리가 한눈에 내려다보인다.

다시 시뇨리아 광장으로 되돌아와서 피렌체 공화국의 정부 청사였던 베키오 궁전을 관람한다. 1층에 있는 커다란 홀(50×20 m)의 벽 전체를 덮는 타페스트리에 그려진 전쟁 장면이 압도적이다. 2층에는 마키아벨리가 시뇨리의 비서장 시절에 쓰던 집무실이 있으며, 벽에는 그의 초상화가 걸려 있다.

마키아벨리는 실로 신이 설계한 듯한 기묘한 생애를 살았다. 사보나롤라가 처형된 직후에 29세의 무명 청년이던 마키아벨리는 요직이라 할 수 있는 도시 정부의 제2서기장에 발탁되어, 그 후 14년 동안 내정과 외교에서 크게 활약한다. 그러나 1512년 정쟁의 여파로 면직되어 옥고를 치르고는 14년 동안 공직에서 추방된다. 그동안에 《군주론》, 《피렌체 사》 등 대부분의 저작을 저술하였다. 1526년에는 성벽 관리 장관으로 임명되어 공직에 복직했으나 이듬해 58세로 사망하고 만다. 말하자면 신은 14년 동안 그가 정치가로서 격렬하게 활약하게 하고, 다음 14년 동안은 학자·문인으로서 천재성을 충분히 발휘하게 하였으며, 다시 공직에 복직시켜 명예를 회복시켜준 후 목숨을 거두어간 것이다. 이 방은 그가 정치가로서 전성기에 활약하던 장소이다.

오후에는 산 로렌초 교회, 메디치 가 성당, 그리고 두오모의 내부를 관람한다. 산 로렌초 교회는 외관은 무작한 석조 건물이나 내부는 지극히 화려하다. 두오모는 미사중이라 샅샅이 볼 수는 없으나, 미켈란젤로의 유명한 〈피에타〉는 보이지 않으며 다만 공간이 큰 데 놀란다.

두오모 근처의 큰길가는 고급 의상실이 많으며, 멋있고 화려한 옷들

이 쇼 윈도를 장식하고 있다. 가죽 제품점에서 무스탕을 한 벌 구입한
다. 380달러로 의외로 싼 값이었기 때문이다. 아슈케나쥬의 피아노 리
사이틀 광고가 보여서 공연장까지 찾아갔으나 표가 매진되어 헛걸음
을 했다.

피사(Pisa) 나들이는 이탈리아 관광의 또 하나의 절정이다. 아름다운
토스카나의 풍경을 즐기면서 기차로 약 한 시간 만에 피사에 도착한
다. 의외로 큰 도시이다. 그도 그럴 것이 중세에는 베네치아·제노바와
겨룰 만한 항구로 번영했으며, 한때는 이슬람을 무찌르고 사르디니아
와 코르시카를 점령하기도 했던 도시국
가였던 것이다.

아르노 강이 도시 한가운데를 가로질
러 흐르고, 강변에는 깨끗한 건물들이
가지런히 자리하고 있다. 대도시인데도
피렌체보다 한결 깔끔하고 조용하다는
인상이다. 버스로 시 외곽에 위치한 두
오모에 이른다. 널따란 파란 잔디밭 위
에 백악의 전당 네 채가 띄엄띄엄 자리
한 그 장려한 위용. 입구에 길게 늘어선
지저분한 선물가게만 없다면, 마치 천
상의 세계에 왔다는 착각을 느낄 만한
환상적인 아름다움이다. 순백색 대리석
으로 된 로마네스크 건축인 본당과 세
례당이 더욱 화려하지만, 관광객이 가
장 붐비는 곳은 역시 사탑이다. 모두들
입장료를 지불하고 사탑 꼭대기까지 올
라가지만, 감기를 앓은 후의 체력을 감

— 피사의 사탑

안해서 잔디밭에 앉아 쳐다보기만 한다. 유모차에 어린 딸을 태운 젊은 여자, 할머니와 나란히 앉게 되어 이야기를 나눈다. 3대의 모녀라는 그녀들은 미국에서 왔다고 하는데, 젊은 여자의 남편은 경제학자로서 내년에 서울로 가게 된다면서 한국에 대한 관심이 대단하다. 동양에 가본 일이 없어 동양에 대한 지식이 전혀 없는 그녀가 한국을 단지 신비의 나라로만 여기고 있는 듯하여, 서울에서 환상이 깨어지지 않을까 염려스럽기도 하다.   (5월 28일)

프라 안젤리코의 두 얼굴

피렌체에서의 마지막 날, 내가 가장 좋아하는 르네상스 화가 프라 안젤리코를 만나는 날이다. 지도를 따라 먼저 아카데미아 미술관을 찾아간다. 지도로 볼 때는 호텔에서 가까운 듯했으나, 막상 걸어보니 꽤 멀다는 느낌인데, 아마 몸이 완전히 회복하지 못한 탓일 게다. 이 미술관에 있는 미켈란젤로의 〈다비드 상〉은 너무나 유명하다. 원래 시뇨리아 광장에 서 있던 것을 19세기에 이곳으로 옮기고 그 자리에는 모작을 세워두었다. 특별실의 완벽한 조명 아래서 보는 〈다비드 상〉은 미켈란젤로의 걸작 가운데 걸작다운 완성된 조형미를 느끼게 한다. 르네상스가 그리스의 재생을 뜻한다는 것을, 이 그리스적인 조각이 여실히 보여주고 있다. 단 그리스의 신상이 이상적인 8등신인 데 비해, 이 조각의 비례는 이탈리아인다운 7등신인 것이 다르기는 하지만.

미술관 맞은편에는 아담한 광장이 있고, 광장에 면해서 13세기에 창건한 산 마르코 수도원이 있다. 수도승 화가인 프라 안젤리코는 1436년에 50세의 나이로 수도원에 들어와, 메디치 왕가의 창시자라 할 수 있는 코지모의 의뢰로 교회와 수도원에 수많은 그림을 그렸는데, 피렌체 곳곳에 흩어져 있던 그의 그림이 현재 이곳에 수집되어 있다. 광장에 면한 바로크식 파사드의 입구를 지나면, 사방이 우아한 주랑으로 둘러싸인 뜰이 있으며, 입구 오른쪽에 위치한 순례자 숙사에 28점, 그 밖의 벽에 여러 점의 작품이 있다. 크리스마스 카드에 해마다 등장하는 〈이집트에로의 도피〉를 비롯해 〈그리스도 강가도(降架圖)〉, 〈성모 대관〉, 〈최후의 심판〉 등 숨을 죽이게 하는 주옥 같은 명품들이다.

2층 벽에는 이 미술관의 백미라 할 〈수태고지〉(受胎告知)가 그려져 있다. 코린트식 기둥을 가운데 두고 마리아와 천사가 대좌하는 고전적인 구도, 맑고 숭고한 색조의 미묘한 농담의 변화, 풀과 꽃과 나무의 우아하고 아름다운 묘사…… 보티첼리·다빈치·리피 등 '수태고지'를 그린 많은 화가들이 마리아에게 여러 가지 의미를 지닌 표정을 주었지만, 안젤리코의 마리아는 각별하다. 그 표정은 비길 데 없이 진지하고 엄숙하며, 마치 천사의 손길이 닿은 듯 우아하고 신비롭고 아름답다. 그것은 안젤리코의 품성이 천사와 같이 맑고 깨끗하기 때문이

— 안젤리코의 〈수태고지〉

아니었을까.

　그러나 안젤리코에게는 또 한 가지 면, 어둡고 그늘진 면이 있다. 2층 복도의 좌우에는 조그마한 방 십수 개가 마치 형무소의 감방같이 나란히 있는데, 방에는 한결같이 예수의 십자가상의 프레스코 화가 하나씩 그려져 있다. 예수의 옆구리에서는 선혈이 한 줄기 직선으로 뿜어 나오고, 못이 박힌 발에서 떨어지는 피가 십자가를 따라 지상으로 흘러 검붉게 응고되어 있다. 왼쪽 방의 그림은 안젤리코의 그림이고, 오른쪽 방의 그림은 제자들이 그린 것이라 하는데, 안젤리코가 이러한 끔찍한 그림을 끈질기게 그린 까닭은 무엇일까. 공포와 혐오와 가학적인 쾌락이 뒤섞인 모티프는, 청초하고 숭고한 안젤리코의 이미지와는 어울리지 않는 수도생활의 어두운 심층을 말해주는 것일까. 안젤리코의 경건한 마음 한구석에 마귀에 입김이 스쳐간 때문이라 할 것인가.

　2층 끝은 이 수도원의 원장이었던 사보나롤라의 거실이었으며, 거기에는 그의 초상화와 유품이 남아 있다. 그는 이 방에서 군중들에게 끌려나가 결국 시뇨리아 광장에서 처형되었다. 그를 끌어낼 때 군중들이 지른 살기 어린 부르짖음을 이 고요 속에서는 도저히 상상할 수가 없다.

　이 수도원의 한 블록 건너편에는 산티스시마 아눈치아타 광장이 있고, 광장에 면한 병원의 긴 주랑이 퍽이나 아름답다. 이곳은 변두리다운 황량한 기미가 있기는 하나, 시뇨리아 광장과 더불어 르네상스시대의 피렌체를 가장 여실히 느끼게 하는 거리이다. 광장에 면한 안눈치오 교회 내부를 훑어보고, 길 건너편에 있는 고고박물관에 이른다. 우피치에서 에트루리아·그리스·로마의 유물을 옮겨서 만든 박물관이다.

　원래 피렌체는 에트루리아인이 아르노 강변에 정착하여 기원전 2세기에 로마에 정복될 때까지 교역을 했던 곳이니만큼, 이곳의 에트루리아 수집품은 에트루리아 미술관이나 타르키니아 미술관 못지 않게 충실하다. 그러나 1966년 대홍수의 피해가 극심하여 1층은 아직도 개수중이며 2층만이 공개되어 있다. 아라바스타 석관에 그려진 그림은 퇴색은 했으나 주색(朱色)이 아직도 선명하게 남아 있으며, 에트루리아 세공품의 기술이 탁월함을 새삼 느끼게 한다.

2시 반에 호텔을 나와 4시에 출발하는 베니스행 열차를 탄다. 신체 리듬을 조절하기 위해 피렌체에서 엿새를 묵었지만, 피렌체 미술의 일부를 엿보았을 뿐이라는 아쉬움이 남는다. 피렌체라는 작은 도시가 지니는 마력을 떠날 때야 비로소 실감하게 된다.

달리는 열차의 경쾌한 리듬을 타면서 토스카나의 아름다운 들판을 바라보면 멘델스존의 교향곡 4번 〈이탈리아〉의 제1악장이 생각난다. 지극히 밝고 활기찬 가락은, 멘델스존이 어둠침침한 독일에서 알프스를 넘어 햇빛 부신 토스카나로 왔을 때의 강력한 인상을 표

— 에트루리아 미술(피렌체 고고박물관)

현한 것이 아닐까. 그렇다면 2악장의 약간의 슬픔을 동반하는 우울한 톤과 3악장의 경쾌한 톤은 무엇 때문일까. 밝고 넓고 기름진 토스카나의 자연을 즐기는 사이 어느덧 베니스에 도착한다. 바로 역 앞에 운하가 있고, 차 대신 여러 가지 배가 물보라를 일으키며 질주하고 있어 수상 도시에 왔음을 실감한다. 역 앞의 번화가 골목에 있는 초라한 호텔에 여장을 푼다.   (5월 29일)

회색빛 베니스의 하루

아침에 역 앞에서 수상버스를 타고 아카데미아 미술관으로 간다. 베네치아 파 회화의 보고답게 티치아노·틴토레토 등 거장들의 방대한 수집품에 압도된다. 다시 수상버스를 타고 산 마르코 광장에 이른다. 나폴레옹이 말했다던가, 세계에서 가장 아름다운 광장이라는 이곳은 이미 관광객으로 가득 차 있다.

먼저 두칼레 궁전에 들어간다. 베니스는 과거에는 하나의 도시국가였다. 고대 이탈리아에는 원래 로마를 비롯한 많은 도시국가가 존재했으나, 로마가 다른 도시국가들을 차례차례 정복하여 거대한 제국을 만듦으로써 도시국가는 소멸한다. 그러나 로마가 멸망하고 이슬람의 파도가 휘몰아친 후 이탈리아에는 다시 도시국가가 나타난다. 단 두 시대의 도시국가는 같은 이름이기는 하나, 도시의 성격이나 규모가 다르기는 하지만.

베니스는 9세기초 도시국가로서 탄생하여 1천 년 동안 존속했으나, 전성기인 1천 년에서 1500년 동안에는 활발한 무역 활동으로 '아드리아 해의 여왕'으로 군림하였다. 전성시대의 정부 청사였던 거대하고 장려한 두칼레 궁전은 베니스의 번영과 권력의 상징이었다. 이 건물에서 가장 인상적인 곳은 대회의실이다. 52×23미터의 텅빈 커다란 홀의 한쪽 벽에는 세계 최대의 대벽화 가운데 하나인 틴토레토의 걸작 〈천국〉(22×7m)이 걸려 있다. 천장에는 베로네제가 그린 밝은 색깔의 그림이 그려져 있고, 벽에는 75명의 도제(장관)의 초상화가 있다.

바닷가 계단에서 점심을 먹고는 오후에는 산 마르코 대사원 내부를 관람하고, 한참 동안 차례를 기다려 엘리베이터로 종탑에 오른다. 거기서 바라다본 베니스의 항구는 유례를 찾아볼 수 없는 아름다운 풍경이다. 광장의 유리제품 상점 앞에서 젊은이가 일본어로 인사를 하길래 '제프'(Jap)가 아니라고 하니, "안녕하십니까, 감사합니다"를 연발한다. 그의 쾌활한 상술에 휘말려 2층의 전시실을 구경하게 된다. 현란한 유

— 베니스, 산 마르코 광장

리 세공의 아름다움에 점포 전체를 송두리째 사고 싶은 욕심이 생기기도 하나, 이곳에 들른 기념으로 목걸이 두 점을 사는 지극히 상징적인 쇼핑을 한다. 남은 이탈리아 돈을 환전하기 위해 은행을 찾아 광장 뒷길을 걷는다. 수로를 따라 좁은 길이 얽혀 있고, 여기저기에 작은 다리가 있어, 마치 미궁에 들어선 느낌이다. 관광객이 보이지 않는 수로를 따라 이리저리 헤매니 내가 짐짓 베니스인이 된 듯한 기분이다.

애석한 것은 하루 종일 을씨년스러운 날씨에 오후에는 제법 쌀쌀해져 한층 피로를 느끼게 된 일이다. 그래도 5시까지 광장 주변을 배회하다가 여관에 돌아와서 짐을 챙겨 기차를 탄다. 그리고는 베니스의 하루를 되새겨본다. 물보라를 그리면서 질주하는 수상택시, 화사한 르네상스식 건물들, 물가에 그림자를 드리우는 역사가 스며 있는 거리의 아름다움……. 그러나 그 거리의 모습은 영화의 한 장면 같기도 하고, 하룻밤의 꿈처럼 느껴지기도 하여 바야흐로 내가 베니스를 떠난다는

— 베니스의 수로

사실이 실감나지 않는다.

괴테는 《이탈리아 기행》에서 베니스를 한 바퀴 돌아보고 다음과 같이 말했다. "나를 둘러싼 이 모든 것은 귀중한 것뿐이다. 그것은 종합된 인력의 위대한 작품이며, 한 군주가 아니라 한 민족이 이룩한 훌륭한 기념비이다. 설혹 그들의 개펄이 점차 침식되고, 사악한 기풍이 이 늪 위를 뒤덮고, 상업이 쇠퇴하여서 그들의 권세가 땅에 떨어진다 해도, 잠시라도 이를 본 자의 존경심을 해치지 않는다.……" 괴테가 이토록 찬탄했던 베니스는 정녕 기적의 해상도시였다. 예부터 바다의 도시는 한결같이 경제적으로 발전하여 번영하였다. 멀리는 크레타 문명을 낳은 헤라클레온을 비롯하여 아테네·로도스·카르타고·콘스탄티노플·암스테르담·뉴욕 등이 그렇다. 그러나 끝까지 도시국가로서 번영한 예는 그리 많지 않다. 아테네는 전형적인 도시국가였으나 1천 제곱마일이라는, 그리스에서는 이례적으로 큰 도시였다. 카르타고는 일찍이 없었던 번영을 누렸으나, 카르타고인은 철두철미한 상인이어서 일체의

278

예술·문화를 창조하지 않았다. 그들은 심지어 산수 교육 외에는 아무런 교육도 실시하지 않았다고 한다. 그러나 몇 개의 작은 섬으로 꾸며진 이 인공 도시는 면적이 2, 3제곱 킬로미터이고 최대 인구가 20만 명 미만인 작은 나라였으나, 막강한 경제대국·군사대국을 이루었을 뿐 아니라 찬란한 문화·예술을 창조하여 르네상스에 크게 공헌하였다.

괴테는 이 도시에 매료되어 17일이나 머물렀지만, 나는 세계에서 가장 아름다운 이 도시의 마력에서 벗어나기라도 하려는 듯, 단 하루도 안 돼 황망히 이곳을 떠나려 하는 것이다. 그러나 차창에 비친 이 거리의 마지막 모습을 보자, 불현듯 쓸쓸한 여수(旅愁)에 잠기게 되는 것을 어쩔 수 없다. 그것은 흐린 날씨로 쥐빛으로 퇴색한 풍경 때문이기도 하리라.

(5월 30일)

바로크의 꽃, 비엔나

비엔나행 열차에서 한 쌍의 미국인 젊은이와 이탈리아 아가씨와 같은 칸에 탔다. 젊은이는 오하이오 출신으로 베니스에서 건축업에 종사하고 있으며, 내년 1월에는 귀국한다고 한다. 베니스에서는 새 건물을 지을 수 없는데, 무슨 건축업이냐고 반문한즉, 주로 건축 수리를 한다고 한다. 짝은 하와이 출신의 키 큰 아가씨인데, 그녀가 읽고 있는《뉴스 위크》의 표지가 한국 대학생들이 데모하는 장면이다. 그런데 배경이 어쩐지 우리 대학 같은 느낌이 들어 애들이 바로 내 제자들인 것 같다고 하자, 모두들 박장대소를 하여 한국이 화제가 된다.

오후 9시가 지나서 의자를 끌어내니 침대 같은 장의자가 되어, 모두 누워서 잠을 청한다. 배낭족이 된 듯한 재미있는 경험이다. 그러나 잠이 올 듯 말 듯 하던 중에, 국경에 도착한 듯 오스트리아인 세관원과 승무원이 검사를 한다. 새벽녘에야 잠이 든 듯한데, 눈을 뜨니 아침 6시이다. 차창의 가리개를 올려 밖을 보니, 오스트리아의 짙은 녹색의 아침 풍경이 펼쳐져 있다. 산에는 침엽수 숲이 울창하고, 개천에는 물이 콸콸 넘쳐흐르고 있다. 구릉을 덮은 잔디는 한없이 파랗고, 흰 벽과 검은색 지붕의 큼직한 농가가 점점이 흩어져 있고, 양파 모양의 교회 뾰족탑이 이색적이다. 원색의 나라에서 동화의 세계에 온 듯하다. 이제껏 섭렵한 그리스·터키·이탈리아의 풍경이 한국과 비슷한 점이 없지 않았기 때문에, 알프스 이북의 풍경이 이토록 이국적으로 비치는 것일 게다.

이윽고 비엔나 역에 도착한다. 구내 우체국에서 불필요한 책을 한묶음 서울로 부치고, 역 앞에 있는 콘그레스라는 호텔에 투숙한다. 비싸지 않은 곳이나, 옛날의 격조가 남아 있는 오래된 호텔이다. 널찍한 복도와 방, 가볍고 따뜻한 털이불……. 목욕을 하고 아침 잠을 청한다. 호텔 근처에 있는 중국 음식점에서 우동과 자장면으로 점심을 먹고, 반나절 코스의 단체 관광에 나선다.

6월인데도 비엔나의 날씨는 초겨울과 같이 쌀쌀해 두꺼운 스웨터를 껴입는다. 호텔에서 관광버스를 타고 일단 정류장으로 가서, 거기서 언어에 따라 몇 개의 그룹으로 갈라지는데, 우리 버스에는 영어와 스페인어를 구사하는 중년의 남자 안내인이 타고 있다. 버스는 시내의 웅장하고 화려한 바로크식 건물 몇 군데를 돈 후 벨베데레(Belvedere) 궁전에서 잠시 정차한다. 궁전 정원에서는 옛 오스트리아 군인들의 전투 쇼를 보여주고 있다. 보스턴 근교 콘코드에서 본 미국 독립전쟁 때의 전쟁놀이와 너무나 흡사하다. 그리고 교외에 있는 셴브룬(Schoenbrunn) 궁전으로 간다.

비엔나는 합스부르크 가의 도시요, 바로크의 도시이기도 하다. 합스부르크는 신성로마제국과 오스트리아 왕국, 오스트리아 제국의 제위를 독점하고, 한때는 스페인 왕위를 겸한 왕조로서 중세에서 제1차세계대전말까지 서유럽에 군림했다. 특히 1683년에 숙적인 오스만 터키를 격퇴한 후에는 수도의 위엄을 높이기 위해, 궁전·이궁·교회 등 수많은 바로크식 건물을 지었으며, 그 대표적인 벨베데레 궁전과 셴브룬은 바로크의 꽃이라 할 수 있다.

바로크는 17세기에 서유럽을 강타한 페스트와 관련이 있다. 페스트는 이탈리아에서 100만 명의 생명을 앗아갔으며, 비엔나에서만도 10만 명의 희생자가 났다. 르네상스 이래 생에 대한 신뢰와 미의 규범이 일시에 무너졌으며, 정연한 질서 대신 비뚤어지고 구부러진 곡선을 좋아하게 된다. 압도적인 죽음의 위세 앞에서 신은 침묵으로 일관했으며, 의지할 곳을 잃은 인간은 공포와 불안 때문에 관능적인 흥분과 현혹으로 가득 찬 스타일을 낳은 것이다.

그러나 지극히 베르사유적인 궁전을 치장하고 있는 하염없는 바로크의 홍수에 완전히 지치게 된다. 우리의 안내인은 유창한 킹그스 잉글리시를 구사하기는 하나, 알콜 중독인 듯 취기가 완연하여 이따금씩 혀가 꼬부라진 발음을 하기도 한다. 베테랑답게 설명은 거침이 없으나, 녹음 테이프를 트는 양 성의가 없다. 황제의 거실에 놓여 있는 탁

— 셴브룬 궁전

— 셴브룬의 정원

상시계에 대해 설명하면서, 이 시계는 지금도 시간이 정확한데 '일본제'(made in Japan)이기 때문이라고 한다. 합스부르크 제국시대에 일본제 시계가 있었을 리 없으니, 한낱 치졸한 농담에 불과하지만, 아무튼 이 친구의 엉뚱한 일본 선전은 기분좋은 일이 아니다. 대부분의 시간을 궁전 안을 관람하는 데 써서, 넓고 아름다운 정원을 산책할 시간이 적은 것이 퍽이나 아쉽다.

셴브룬을 끝으로 시내에 있는 오페라 극장 앞에서 해산하게 되는데, 마칠 무렵 가이드는 술기운에 흥겨웠는지 노래를 한 가락 뽑는데 목청이 제법 들을 만하다. 오페라 극장 앞의 지하철 역에서 기특한 아가씨를 만났다. 호텔 방향으로 가는 전차를 물었더니, 그녀는 매표기에 동전을 넣어 표를 사주고는, 전차를 타고 호텔 앞의 역에서 내려 역 밖에까지 따라나와 호텔 방향을 가리켜주고는 다시 지하철 역으로 내려가는 것이다. 그녀는 우연히 우리와 같은 역에 온 것이 아니라 일부러 도중에 내려서 우리에게 길을 가르쳐준 것이다. 비엔나 하면 잊을 수 없는 큰 키의 미인 아가씨에게 이름조차 묻지 못한 것이 못내 후회스럽다.

(6월 1일)

비엔나 음악 여행

일요일이어서인지 오늘의 음악 여행은 비엔나 소년 합창단이 노래를 부르는 교회의 음악 예배에서부터 시작한다. 8시에 호텔에서 나와 어제와 같이 버스 정류장에 집결하여 한 30분을 기다려 다른 버스로 갈아탄다. 여전히 쌀쌀하고 흐린 날씨이다. 오늘의 안내인은 30대(?)의 여자이다. 피부는 약간 까만 편이나 화장기가 전혀 없는 깨끗하고 아름다운 용모인데, 쥐색 투피스에 노랑 머플러를 감은 세련된 옷차림이다. 영어·독어·스페인어로 설명을 하나 스페인어가 가장 유창한 듯하다.

9시경에 헬덴 광장에 도착한다. 홉부르그(Hofburg) 궁전 안의 교회에 들어가니 관광객으로 초만원인데, 2층 구석에 좌석이 지정되어 있다. 먼저 제단 옆에 자리잡은 12명으로 구성된 남성 합창단이 그레고리오 성가를 몇 곡 부른다. 무한히 움직이는 신비로운 리듬, 강한 표현력과 호소력, 거기에는 음악의 근원적인 것이 있다. 특히 교회에서 듣는 그레고리오 성가는 시디(CD)와는 차원이 다른 아름답고 오묘한 울림이다. 비엔나 소년 합창단은 성인 합창단과 함께 바하의 칸타타를 노래한다. 합창단의 콘서트에서는 주로 어린이 취향의 곡만을 부르기 때문에 그저 깜찍하고 귀엽다는 느낌이었다. 그러나 성인들과 함께 부르는 합창에서는 소프라노를 담당하고, 더욱이 종교음악을 부르기 때문에 아주 성숙하고 세련된 화음을 들려준다.

그들은 합창단석 맨 위 높은 곳에 자리하고 있어 우리 좌석에서는 사각지대가 되어 모습을 볼 수 없어서, 곳곳에 설치된 텔레비전으로 보아야 한다. 그래서 아예 눈을 감고 음악만을 듣기로 한다. 베토벤은, 바하는 '바하'(시냇물)가 아니라 '메르'(바다)라고 말했지만, 메르라기보다 구름 위에 있는 천상의 음악이요 영혼의 음악이다. 그것은 바하가 작곡한 것이 아니라 바하를 통해서 지상의 인간에게 전하는 하늘나라의 메시지인 것이다. 음악에 관한 한 비엔나는 베토벤·모차르트·슈트라우스·브람스 등 고전파와 낭만파의 중심지이며, 바로크와는 인연이 별로 없다. 그러나 이곳에서 바하의 칸타타의 청아한 가락에 취하고 있으니, 비엔나야말로 가장 바로크적 선율에 어울리는 분위기라는 느낌이 든다. 약 한 시간 동안 진행된 미사가 끝난 뒤 교회의 바깥 뜰에 세일러 옷차림의 소년들이 나타나자, 관광객들은 다투어 그들과 기념사진을 찍는다.

다음은 슈베르트의 생가를 간다. 도중에 마리아 테레자 광장을 지난다. 광장 중앙에는 위풍당당한 마리아 테레자의 거대한 좌상이 있고, 주위에는 미술관과 자연박물관이 있다. 그 밖에 시립공원의 베토벤, 요제프 슈트라우스, 슈베르트의 동상이 보인다. 주마간산(走馬看山)이 아니라 주차간상(走車看像)이라 할까.

슈베르트의 생가는 초라한 목조 연립주택의 방 두 개를 차지하고 있었는데, 현재는 이 건물이 슈베르트 기념관이 되어 있다. 그래서 그 방에는 그의 마스크와 피아노, 악보 같은 자료가 전시되어 있다. 슈베르트는 가난한 초등학교 교장의 아들로 태어났다. 교장 한 사람밖에 없어서 학교라기보다는 서당이라고 해야겠지만, 그래도 슈베르트는 한때 이 학교에서 아버지와 함께 교편을 잡은 적이 있었다. 1808년 11세에 비엔나 소년 합창단의 전신인 콘빅트 학교 기숙사에 입학하여 5년 동안 다니다가 16세에 퇴교, 몇 달 동안 사범교육을 받은 후 조교원 자격을 얻어 아버지를 도왔다. 그러나 이것은 징병 기피를 위한 수단에 불과했다. 당시 나폴레옹 전쟁에 대한 공포 때문에, 오스트리아에서 17세가 되면 징병되었으나 교사는 면제되었던 것이다.

콘빅트 학교 기숙사에서 그는 보이 소프라노로서 노래를 불렀고, 궁정악장 살리에르에게 작곡을 배웠다. 살리에르는 영화 〈아마데우스〉에서 모차르트를 죽인 악인으로 그려졌지만, 베토벤과 리스트도 그의 제자였던 것으로 보아 탁월한 교사였음이 분명하다.

슈베르트는 헝가리 귀족 딸의 가정교사로 두 번 일한 것 외에는 고정된 직장이나 수입이 없었으며, 작곡으로 수입이 생기면 친구들과 낭비해버리는 보헤미안 같은 생활을 했다. 그는 단 한 번 개최한 자작곡 연주회에서 얻은 800플로린 외에 수입이 아주 적었다. 〈겨울 나그네〉 24곡의 값이 24플로린, 〈마왕〉의 가격은 2플로린에 불과했다. 자작곡 연주회의 800플로린의 수입도 친구들과 어울려 탕진해버렸다. 그리하여 31세로 사망했을 때 그가 남긴 것은 헌 옷과 악보밖에 없었다고 한다. 현재 그의 방은 깨끗하게 정돈되어 있으나, 가난할 때의 모습을 충분히 상상할 수 있다.

그러나 다음에 찾은 요제프 슈트라우스의 기념관은 귀족의 살롱 같다. 호화로운 거실, 애용한 각종 악기들이 전시되어 있다. 〈아름답고 푸른 도나우 강〉을 작곡했을 무렵에 살던 집이니만큼 전성시대의 인기를 짐작할 수 있다.

이윽고 오페라 극장 앞에서 해산한다. 중심 상가인 쾰른트너 거리를 지나 성스테파노 교회에 이른다. 14, 15세기에 건립한 오스트리아 최대의 고딕 건축이라 한다. 안에 들어서니 미사가 진행중이며, 파이프 오르간이 두어 번 울릴 뿐 음악 프로는 없는 듯해 미사가 끝나기 전에 밖으로 나온

— 슈베르트의 생가 앞

다. 교회 앞에서 사진을 찍고 있는 한국인 가족을 만난다. 비엔나 교외
에 살고 있다고 하는데, 을씨년스러운 날씨에 돌아갈 수 있는 따뜻한 집
을 가진 그들이 이날 따라 마냥 부럽기만 하다. 비엔나 제일의 번화가라
는 이 거리도 일요일이라 철시 상태이며, 식당도 눈에 띄지 않는다. 길
한가운데에 있는 간이 음식점에서 핫도그와 주스를 사서 먹은 뒤, 전철
을 타고 호텔로 돌아온다.

　잠시 낮잠을 잔 뒤 피렌체에서 산 무스탕을 입고 호텔 근처에 있는 벨
베데레 궁전으로 간다. 이 궁전은 터키 전쟁의 영웅 오이겐 공이 1720년
여름에 별궁으로 건립하였는데, '벨베데레'(좋은 전망)라는 이름 그대
로, 낮은 언덕에 위치하고 있어 넓은 정원 너머로 비엔나 시가가 내려다
보인다. 이 건물은 유럽에서 가장 아름다운 궁전 가운데 하나인데, 현재
는 미술관이다. 그러나 일요일에는 정오에 문을 닫아버려 들어갈 수 없
으며, 월요일인 내일은 모든 미술관이 휴관이라 끝내 관람할 수 없게 된
것이 퍽이나 애석하다. 이 미술관에는 아르 데코(art déco)를 대표하는
클림트와 시레의 작품이 많이 소장되어 있기 때문이다. 직사각형으로
된 넓고 아름다운 정원을 돌아본 후 호텔로 돌아온다.　　　　(6월 1일)

— 벨베데레 궁전의 스핑크스

루드비히는 광기의 왕이었는가

　새벽 6시에 아침을 먹는다. 이렇게 이른 시간에 식사를 제공하는 것은 이 여관이 처음이다. 남역(南驛)에 맡겨둔 짐을 찾아 택시로 서역(西驛)으로 간다. 비엔나에서 출발하는 파리행 열차의 1등 객실을 독점한다. 도중에 잘츠부르크에서 내릴까 하다가, 짐이 있어 번거롭다는 핑계로 지나쳐버린다. 모차르트의 음악은 감미로워 배경 음악으로는 제격이지만 진지하게 들을 만하지 않다는 것이 평소의 생각이었기 때문에, 굳이 모차르트의 탄생지를 배회할 마음이 내키지 않는 것이다. 그러나 나중에 후회하지 않을까 미련이 남는 것을 어쩔 수 없다.

　1시 30분에 뮌헨 도착, 역 앞의 골목 안에 있는 '프린스'라는 곳에 투숙한다. 이 근처는 환락가인 듯 영화관이나 쇼를 하는 공연장이 많다. 킬 대학에서 공부하고 있는 제자 장은주와 통화를 하기 위해 길가의 공중전화 박스에서 전화를 걸어보았으나, 통화가 잘 되지 않는다. 옆에서 통화를 마친 군인에게 부탁했더니, 그는 자기의 동전을 한 줌 들고 여러 번 전화를 건 후 마침내 프라우 장이 나왔다면서 수화기를 건네준다. 은주가 이사를 해서 여러 사람에게 물어서 결국 찾아낸 것이다. 통화료가 적잖았을 텐데, 그 군인은 자기는 장교이기 때문에 돈을 받지 않는다고 하고는, 은주와 통화하는 사이에 어느새 사라져버리고 만다. 그 친절한 군인에게 "당케 셴" 한마디도 할 틈이 없었다.

　다음날 식물원 앞의 버스 정류장에서 노이슈반슈타인(Neuschwanstein) 행 버스를 탄다. 뮌헨은 독일 최대의 주 바이에른의 수도이다. 과거에 이 지방을 통치한 것은, 합스부르크 가와 대립하던 700년 역사를 가진 명문 비텔바하 가이다. 왕국으로서의 역사는 1세기, 6대로서 끝나나, 이 왕가가 남긴 역사적 유산은 오늘의 뮌헨을 윤택하게 하고 있다. 역대 왕 가운데 이색적인 이야기를 남긴 왕은 루드비히 2세이다. 그가 1864년 18세에 왕위를 계승하였을 때, 독일은 프로이센의 비스마르크의 통일 정책으로 인해 전란에 휩싸여 있었다. 왕은 전쟁을 피하고 오직 미의 세계에만 탐닉하였다. 바그너가 그리는 독일 기사의 세계와 태양왕 루이 14세의 부르봉 왕가를 동경하여, 그가 꿈꾼 세계를 현실화하기 위해 부왕 맥시밀리언의 거대한 성 옆에 지상에서 가장 아름다운 노이슈반슈타인 성을 건축하였던 것이다. 2층 버스를 맨 먼저 타고 맨 앞의 가장 전망이 좋은 자리를 차지한다. 날씨는 잔뜩 흐려 올림픽 스타디움을 지나면서 빗방울이 뿌려지기 시작한다.

교외는 울창한 숲과 광활한 초원이 대장관이다. 전답이 전혀 없는 목축지대인데, 미국 남부의 대목장과는 달리 철망으로 울타리를 친 소규모의 목장이 대부분이며, 한 울타리 안에는 젖소 몇 마리가 보일 뿐이다. 그러나 농가는 대목장주의 저택처럼 큼직큼직한데, 농촌이 이토록 부유한 것은 정부의 막대한 재정 보조 때문이라고 한다.

한 시간 가량 아우토반을 질주한 후 지선(支線)으로 들어서서, 약 40분 후에 백설이 남아 있는 산악지대에 위치한 린다호프(Linderhof) 궁전에 도착한다. 1878년 루이 15세가 애첩 마담 뒤바리를 위해 지은 프티 트리아농을 모방하여, 루드비히 2세가 7년 만에 완성한 황금과 거울이 현란한 로코코식 별궁이다. 이곳은 왕이 혼자 은둔을 즐기기 위해 지은 아담한 건물이었다. 그래서 왕의 변화무쌍하고 탐미적인 취향을 마음껏 나타냈다. 중앙 홀에는 왕이 존경하던 루이 14세의 기마상이 있고, 홀을 둘러싼 11개의 방에는 화려한 코브랑 직(織) 태피스트리와, 왕이 아낀 공작과 백조의 조각이 곳곳에 장식되어 있으며, 벽화 가운데는 마담 뒤바리의 초상도 걸려 있다. 궁전 둘레에는 르네상스식, 바로크식, 영국식, 프랑스식 등 여러 가지 양식의 정원과 테라스가 있고, 분수가 있고, 폭포가 있고, 이슬람식 정자가 있고, 비너스의 사당이 있고, 무수한 그리스 신화의 신상이 있다. 말하자면 왕 한 사람을 위한 유원지요 박물관이요 아담한 낙원이다. 그곳을 떠나 오바말가우(Obermalgau)라는 마을에서 약 30분 동안 정차한다. 목공예 선물가게가 많으며 집집마다 벽에는 벽화가 그려져 있다. 펜던트 몇 개를 산다. 그곳에서 다시 한 시간 가까이 달린 후 1시경에 멀리 노이슈반슈타인 성

— 린다호프 궁전

의 모습이 보이기 시작한다. 설악산과도 같은 웅대한 자연의 절경을 배경으로 한 인공미의 극치이다.

이 성은 축성한 지 100여 년밖에 되지 않아 고성이나 폐허의 낭만은 없으나, 포스터에서 보는 정면의 광경뿐 아니라 어느 각도에서나 더없이 수려한 모습이다. 거기에다 광기의 왕에 대한 여러 가지 전설과, 비극적인 죽음이라는 요기(妖氣)가 더하여 연 300만 명 이상의 관광객을 끌어들이고 있다.

성을 바라보니 바그너의 〈탄호이저〉의 웅장한 음향이 울려퍼지는 듯하다. 성을 쌓는 데에 광적인 정열을 가졌던 젊은 왕 루드비히는 공상가이며, 바그너 음악의 열정적인 애호가였다. 1864년 바그너는 〈트리스탄과 이졸데〉를 비엔나에서 초연한 것이 실패하여 막대한 빛을 지게 되어, 스위스로 망명하여 자살할 지경에 이르렀다. 같은 해에 즉위한 젊은 왕은 그를 왕궁으로 초대하였으며, 이때부터 둘의 우정은 죽을 때까지 계속된다. 왕은 바그너의 막대한 빛을 갚아주었으며, 뮌헨의 국립극장에서는 〈트리스탄과 이졸데〉를 비롯한 그의 악극 4편이 초연된다. 심지어는 바그너의 작품을 상연하기 위한 전용극장이 세워지고, 낙성 기념으로 〈니벨룽겐의 반지〉 4부작을 상연하기도 한다. 그리하여 1883년 바그너가 급사했을 때 왕은 말했다. "지금 전세계가 그 죽음을 슬퍼하고 있는 예술가는 내가 최초로 진가를 인정하여 세계를 위해 구제해준 바로 그 사람이다."

축성과 극장 건립에 거액을 투자하는 데 대해 정부 내부의 비판이 높아져, 루드비히는 마침내 '광기'를 이유로 퇴위당하게 되었다. 그리고 바그너가 죽은 지 3년 만에 슈탄베르크(Starnberg) 호수에서 익사체로 발견된다. 그의 죽음은 아직도 신비의 베일에 가려져 있다.

과연 속설대로 그가 국가 재정을 파탄에 빠지게 한 것은 사실일까. 당시 최대의 강국인 프로이센과 겨룰 만한 국력을 자랑하던 바이에른 왕국이, 성 하나를 쌓는 것 때문에 파산 상태가 될 수 있었을 것인가. 설혹 그랬다 하더라도, 이 성은 그 뒤 100년 동안 엄청난 액수의 참관

— 노이슈반슈타인 성

료를 벌어들인 것이 사실이다. 토마스 만은《파우스트 박사》에서 다음과 같이 말했다. "루드비히에게 고독한 도락(축성)을 더 계속시켰어도 바이에른 왕국은 몰락하지 않았을 것이다. 한 군주의 낭비벽쯤은 큰 문제가 되지 않는다. 그것은 단지 허튼 소리, 거짓말, 구실에 불과했다. 사용한 돈은 국내에 떨어졌으며, 동화적인 건축 덕분에 무수한 석공이나 도금사들이 윤택해졌다. 더욱이 로맨틱한 호기심을 품은 세계의 수많은 사람들로부터 받아들인 입장료로, 본전을 충분히 빼고도 남음이 있었다."

그의 광기 또한 사실이었을까. 그는 의사들의 '파라노이아'라는 진단에 의해 강제로 퇴위되었다. '파라노이아'란 망상증(혹은 편집증)이며, 4명의 의사들이 소문이나 증언으로 된 자료만으로 그러한 진단을 내린 것이다. 따라서 거기에는 정치적 음모가 개입될 여지가 다분히 있었다 할 것이다. 그러나 이 성의 환상미는 외형적인 아름다움만으로는 충분치 않았다. 그것은 왕의 광기·퇴위·자살의 전설에 의해 완전해질 수 있었던 것이다.

호숫가 벤치에 앉아 샌드위치를 씹는다. 거울 같은 맑은 수면에 남쪽으로는 흰 눈이 덮인 알프스의 그림자가, 북쪽으로는 언덕 위에 있는 성의 그림자가 어렴풋이 비치고 있으며, 호수에 감도는 고요와 전설의 요기로 어쩐지 으스스한 느낌이 들기도 한다. 마차를 타고 성 가까이까지 간 후 다시 걸어서 성문에 이른다. 입구에서 사람들은 영어 안내인과 독어 안내인편으로 나누어졌다. 관광객으로 만원이었기 때문에, 관람객이 밖으로 나올 때까지 20분 가량 기다려야 하는 대성황이다.

성의 각 방은 바그너의 오페라와 연관이 있는 벽화로 장식되어 있고, 왕의 집무실에는 〈탄호이저〉 벽화가 걸려 있다. 장식에서는 왕의 편집광적인 취향을 엿볼 수 있으나, 성 발코니에서 바라본 조망은 압권이다. 주변에는 늘어선 알프스의 봉우리들이 수려한 경관을 이루고 있으며, 아래는 호수와 끝없는 평원이 펼쳐져 있다. 이토록 수려한 산수에 더없이 환상적인 성을 쌓은 젊은 왕은 천재적인 예술감각을 가진 것이 분명하며, 따라서 그는 단지 예술가적 기질이 있는 순수한 이상주의자에 불과했을 것이라는 생각이 든다.

호숫가에는 여러 채의 아담한 호텔이 있다. 거기 묵기 위해 짐을 내리고 있는 관광객들을 부러워하면서 4시 반경에 이곳을 떠난다. 멀어져가는 성의 모습을 몇 번이나 되돌아보면서.　　　　　(6월 3일)

뮌헨에 재현한 고전 세계

아침에 안경점을 기웃거리다가 한 한국 청년을 만났다. 대구 출신으로 이곳에서 안경에 대해 공부하고 있다는 이색적인 학생이다. 앞으로 한국에서도 안경점을 개업하려면 전문대학 졸업장이 필요하여서 안경을 전공하게 되었다면서, 학업이 끝나면 대전에 있는 안경전문대학에 취직할 예정이라 한다. 독일에 오는 대부분의 학생이 학위 취득을 목표로 하는 데 반해, 실용적인 기술 교육을 받고 있는 학생이 있다는 것은 여간 기특한 일이 아니다. 그 학생의 안내를 받아 그토록 갖고 싶던 소형 차이스 망원경을 산다.

뮌헨에 온 지 2년이 되지만, 아직 시내 관광을 한 적이 없다고 하기에 이 또한 기특한 일이라 여기며, 그 학생과 함께 관광에 나선다. 보슬비를 맞으면서 구시가를 거쳐 대성당에 이른다. 고색창연한 외관과는 달리 내부는 초현대적 감각의 상쾌한 디자인이다. 일체의 로코코적 장식을 없애고, 십자가상 외에는 모두 흰색이다. 그러니만큼 스테인드글라스의 색조가 한결 현란하다. 스테인드글라스는 정녕 빛의 교향시이다. '신은 빛'이라는 관념은 고대 이래 여러 민족이 지니던 보편적인 것이다. 이슬람 세계에서도 전존재와 세계는 빛의 세계이며, 알라는 우주적 빛의 근원으로서 '빛의 빛'이며, 불교의 화엄경에서도 절대자의 본질은 빛이었다. 기독교에서도 신은 "모든 것을 비치는 진정한 빛"(《신약성서》, 요한복음 1장 9절)이라 생각했다. 빛은 미, 성(聖), 가장

— 대성당

순수한 상태인 신 그 자체인 것이다. 태양인 신의 빛이 이 황홀한 유리를 통해 교회 속을 비출 때, 그것은 사람의 마음속에 스며들어 마음을 밝게 하고 악을 소멸시킨다. 예술은 종교이며, 창조는 곧 신앙 행위인 것이다.

옛 시청을 지나서 레지덴츠(Residenᴣ;구 왕궁)로 간다. 바이에른 왕국의 부를 실감하게 하는 대단한 규모의 왕궁이다. 이 왕궁의 중심은 안티크바리움(고대 홀)이다. 16세기에 건축된 길이 2,165피트의 큰 홀 양쪽에는 고대 인물의 두상과 흉상이 가득 진열되어 있다. 그 가운데 시저 상 등 로마시대의 원작도 있으나, 대부분은 후대의 모작이다. 호머·에피쿠로스와 같은 그리스의 인물상은 주로 로마 제정시대의 모작이며, 네로 상 등 로마의 황제 상들은 르네상스시대의 모작이 많다. 아무튼 그 수가 많은 것이 놀랍다. 이집트 미술관의 수집품도 훌륭하다. 다만 각 나라의 왕관을 비롯한 보물을 전시하는 보물관이 휴관중인 것이 퍽이나 애석하다.

왕궁 안에는 극장도 3, 4개 있다. 가장 오래된 옛 레지덴츠 극장은 화려한 로코코 양식의 아담한 극장인데, 25세의 모차르트가 오페라 〈이도메네오〉를 초연했으며, 루드비히 2세는 재위 22년 동안 이 극장에서 왕 혼자만을 위한 오페라와 연극을 264회나 상연했다고 한다. 뮌헨에는 왕궁 안의 극장 외에, 유럽에서 가장 오래된 마리오네트 극장을 비롯해 현재 70개의 극장이 있으며, 매년 여름에는 오페라 축제가 열린다. 그런 의미에서 뮌헨은 유럽 제일의 극장 도시이다. 극장으로서뿐 아니라 고대 미술의 중심지로서도 유명하다. 그것은 제2대왕 루드비히 1세 때문이었다. 그는 황태자 시절에 7개월 동안 이탈리아를 여행하면서 그리스 미술에 사로잡혔다. "뮌헨이 아테네와 같이 되기 전에는 쉴 수 없다"고 하며, 전유럽에 걸쳐 그리스 미술품을 수집하고 미술관을 건축했다. 그리하여 뮌헨을 아테네 이상의 아테네로 만든 것이다.

　왕궁 앞 레스토랑에서 점심을 먹은 후 그리스·로마 미술품으로 유명한 글리프토테크(Glyptothek ; 조각미술관)로 간다. 이 일대는 케니히

― 고대 미술관, 뮌헨

츠 플라츠 광장을 중심으로 하여 넓은 잔디밭을 사이에 두고, 그리스식 열주를 가진 흰 대리석 건물들이 띄엄띄엄 서 있다. 글리프토테크에는 대규모의 초상실이 따로 있으며, 거기에서는 여러 명의 미술학도들이 초상을 데생하느라 여념이 없다. 고대 미술관에는 주로 그리스 도기와 테라코타가 전시되어 있는데, 이 역시 대단한 수집품이다. 독일인의 정력적인 수집, 정연한 정리와 보존, 훌륭한 전시에 새삼 감탄을 금할 수 없다.

5시경 취리히(Zürich)행 열차를 탄다. 린다우(Lindau)라는 국경 도시에서 세관원으로부터 독일에서 산 물건에 대한 검인을 받는다. 세금을 환불받기 위해서이다. 린다우는 별장지대인 듯, 넓은 호숫가에 붉은 벽돌집이 점점이 서 있는 것이 그림처럼 아름답다. 밤 9시경에 취리히에 도착한다. 여느 때와 같이 여행자 안내소에 가니, 동양 여성이 접수를 한다. 나에게도 영어를 쓰는 것으로 보아 한국계는 아닌 듯하다. 역근처 언덕바지에 있는 브리스톨이라는 작고 깨끗한 곳에 투숙한다. 라운지 벽에는 한국 관광객이 남긴 것으로 보이는 태극 부채가 걸려 있다. 호텔에서 알프스의 융그프라우(Jungfrau)행 표를 산다. 1인당 135프랑(80달러)으로 꽤 비싸다. 월·수·금요일에는 기차편 여행이 있어 유레이 패스로 할인을 받을 수 있으나, 내일은 목요일이라 버스 여행밖에 없다고 한다. 단 마트호른행은 기차 여행이 가능하나 융그프라우의 경관이 최고라 하기에 버스 여행을 하기로 한다.   (6월 5일)

불운한 융그프라우 구경

8시에 역 앞에서 버스를 탄다. 일본인이 많으나 한국인도 우리 외에 두 쌍이 있다. 한 쌍은 선경의 사우디아라비아 지사에 근무중 휴가로 왔다는 젊은 부부와 아이이고, 또 한 쌍은 터키 남단에서 살다가 귀국길이라는 중년 부부이다. 외국에서 만나는 한국인은 한결같이 점잖고 훌륭하여 그저 반갑기만 하다. 오늘 안내인은 30대의 여자인데, 영어 발음이 매우 또렷또렷하며 퍽 자상하고 성실하다. 여태까지 안내인 가운데 최고다.

버스는 한 시간 안에 루체른(Luzern)에 도착한다. 호수에 면해 있는 여름 휴양지라고 한다. 호수에는 13세기에 지었다는 서유럽에서 가장 오래된 나무 다리가 걸려 있다. 지붕이 있는 복도 같은 진기한 다리이다. 지리적으로 스위스의 중심에 위치한다는 교회가 있고, 바그너가 6년 동안 머물렀다는 집도 있다. 파란만장한 생애를 보낸 바그너가 언제, 어째서 이곳에서 머물렀을까. 프랑스 2월 혁명의 영향으로 1849년 5월에 드레스덴에서 혁명이 일어났을 때, 거기에 가담한 바그너는 체포 명령을 피해 파리를 거쳐 취리히까지 도망왔다. 취리히에서 그는 가극이나 연주회의 지휘를 맡고, 평론을 쓰고, 〈니벨룽겐의 반지〉 4부작을 작곡하는 등 다양한 활동을 했는데, 그때 이곳에 머물렀으리라 생각된다. 그 사연을 앞으로 좀더 조사해보기로 한다

스위스는 국토의 75퍼센트가 산림이며, 우거진 숲 사이사이에 1천 개나 되는 크고 작은 호수가 있다고 한다. 따라서 호수 아닌 인공 댐이 오히려 희귀한 듯, 안내인은 룬가겜이라는 곳의 댐이 수력 발전을 위해 건설한 것이라고 일부러 설명하는 것이다. 댐밖에 없어 호수의 낭만을 즐길 수 없는 것을 항상 아쉬워하는 우리의 처지로서는 부러운 일이 아닐 수 없다.

맑은 공기, 아름다운 자연, 풍요로운 생활, 이러한 낙원 같은 곳에도 범죄가 없지 않은 듯하다. 숲이 울창한 언덕 위에 중세의 성과 같은 고풍스러운 건물이 있기에 무엇이냐고 물었더니, 안내인은 소년원이라고 했다. 저런 아름다운 성에 수용된다면 마음이 정화되지 않을 수 없겠지만, 역으로 천국(?)과 같은 소년원이 있는데, 누가 범죄를 두려워할까 걱정이 되기도 한다.

브리엔츠(Brienz)라는 마을에 정차한다. 목공예의 중심지라 하는데, 공회당에 큰 전시장이 있고 뻐꾸기 시계와 같은 목공예품으로 가득 찬

점포가 즐비하다. 원래 겨울철의 부업으로 시작했던 목공예는 이제는 이 곳의 생업이 되었으며, 이 마을에는 4년제 목공예 학교도 있다고 한다.

인터라켄(Interlaken)을 거쳐 라우터브룬넨(Lauterbrunnen)에서 작은 등산열차로 갈아탄다. 이 일대는 이미 알프스의 중심이다. 절벽과 300미터 높이의 폭포와 흰 눈 덮인 산맥이 아름답다. 기차는 약 한 시간 동안 산으로 올라간다. 달력의 단골 사진으로 눈에 익은 풍경이기는 하지만 과연 웅대한 절경이다. 제트기 4대가 편대를 이루어 협곡 사이로 아슬아슬하게 빠져나가, 협곡 아래에 있다는 비행장을 향하여 굉음을 남기고 사라진다. 민방위군 훈련 때 영세중립국인 스위스의 방위 체제에 대하여 귀가 따갑도록 들었지만, 제트기 전투 부대가 있다는 말은 들은 적이 없었던 것 같다. 더욱이 제트기의 비행을 아래로 내려다보는 것은, 영화장면과도 같아 가벼운 흥분을 느낀다.

체인 궤도 열차로 갈아타고 위로 올라갈수록 시야는 뿌옇게 흐려진다. 마침내 종점에 도착하여 얼음 궁전을 통과하여 전망대로 나가니, 눈발이 날려 융그프라우는커녕 2, 3미터 앞도 분간할 수 없을 지경이다. 그래서 어쩔 수 없이 약 두 시간 동안 건물 안의 레스토랑에 갇혀 있게 된다. 4시에 내려가는 기차를 탄다. 밖은 눈발이 여전하다. 앞자리에 탄 중국 청년은 홍콩 태생으로 현재 뉴질랜드에서 회계사 일을 하고 있어 눈이 신기한지, 마냥 즐겁기만 한 듯 사진 찍기에 여념이 없다.

그러나 내려오니 날씨는 우리를 조롱이나 하듯 구름이 걷히고 햇살이 비친다. 운이 없는 날이다. 인터라켄에서 50분 동안 정차한다. 취리히에 가까워지자, 안내인이 한 사람 한 사람에게 질문이 없느냐고 묻는다. 이제까지 떠들썩하던 일본인들은 별안간 일제히 침묵을 지키고 조용해진다. 일본어 안내인이 없어 이 차를 탔지만 영어를 하는 사람이 전혀 없는 듯하다. 오후 9시경에 취리히에 도착한다.

다음날 아침, 번화가인 반호프 가에서 오메가 시계를 산다. 이 거리에는 아크로이드로 만든 등신대의 사자상이 원색으로 화사하게 채색되어 여기저기에 서 있다. 사자는 이 도시의 상징인 듯, 동화의 나라에

— 취리히

온 듯한 즐거운 기분이다. 도시 끝의 취리히 호수까지 산책을 하고, 다시 리마트 강변을 따라 되돌아온다. 파리의 세느 강변을 방불케 하는 아름다운 거리이다. 단 세느의 흙탕물과는 달리, 알프스의 눈 녹은 물 탓인지 강물이 맑고, 강변에 넘칠 정도로 수량이 풍부하다. 16세기에 건립된 춤프트 하우스(Zumft Haus), 스위스에서 가장 오래된 교회 등을 둘러본다. 여관에서 짐을 챙기고 역으로 간다. 밤에 도착했을 때는 알 수 없었으나 취리히 역은 1868년에 건립한 중후한 바로크식 건물이다. 밀라노(Milano)행 열차를 타고 알프스 협곡을 누벼, 세 시간 만에 밀라노에 도착한다.

밀라노 역은 소문대로 굉장한 건물이다. 박물관과 같이 장대한 이 대리석 건물은 25년이 걸려서 1931년에 완성했으며, 로마의 테르미니가 신축될 때까지 세계 최대를 자랑했다고 한다. 높은 천장의 대합실 큰 홀에는 텔레비전이 여러 대 설치되어 있는데, 마침 월드컵 축구 한국 대 불가리아전이 방영되고 있다. 한국 선수가 찬 공이 골대를 아슬아슬하게 비켜날 때 나도 모르게 "으악!" 하고 소리를 질렀더니, 사람들이 일제히 나를 쳐다본다. "꼬레아"라고 나 자신을 가리키니 모두들 싱긋 웃어준다. 호텔을 찾기 위해 자리를 떠야 하는 것이 아쉬웠다. 볼로냐라는 곳에 투숙한다.   (6월 6일)

고딕 최고의 걸작, 밀라노 대성당

아침에 전철로 시내 중심에 있는 대성당으로 간다. "밀라노가 벌어서 로마가 쓴다"는 말이 있을 정도로, 밀라노는 이탈리아 최대의 산업 도시로 알려져 있다. 따라서 매연으로 가득 찬 공장지대를 상상하였는데, 역 앞은 고층 건물들이 솟아 있는 근대 도시이나, 시내로 들어서면 이탈리아의 여느 도시와 다름 없는 고색이 짙은 유서 깊은 옛 도시다운 풍모이다.

대성당의 위용은 가히 충격적이다. 사진으로는 상상할 수 없는 웅장함과 화려함이다. 고딕 건축은 숲의 이미지를 나타냈다는 말이 있다. 원래 서유럽에 정착한 게르만인은 숲의 주민이요, 그 문화는 지중해 지역이 돌의 문화인 데 반해, 본질적으로 나무의 문화였다. 성당도 주택과 같이 원칙적으로 목재로 건축하였다. 그러나 노르만·마자르·이슬람 등 외적의 잇따른 침입으로, 나무로 된 건축은 불타고 파괴되어 소멸해버린다. 그리하여 10세기 이후 목재 성당은 석재 성당으로 바뀌기 시작하였다. 그것을 가능하게 한 것은 외침을 물리친 후 사회가 안정되어, 경제력이 향상되고, 말의 견인구가 개량되어 수송력이 증대했기 때문이다. 고대 사회에서는 풍부했던 노예를 사용하여 무거운 돌을 날랐지만, 이제는 말과 사람의 힘으로 해야 했던 것이다. 사람들은 신

— 밀라노 두오모

의 집을 짓기 위해 스스로 노동력을 제공하였다. 심지어 귀족의 여자들도 말이 끄는 수레로 돌을 날랐다. 그것은 예수의 고난을 추체험하려는 종교적 행위이기도 했다.

돌의 성당은 도시와 더불어 출현한다. 말하자면 그것은 도시의 경제력과 시민정신, 신앙의 힘에 의해 출현하고, 그 상징으로 탄생한 기념물이었다. 그러나 시민들이 성당을 지을 때, 그들은 그것에 돌아갈 영혼의 고향인 숲을 상징하려 한 것이다. 그리하여 성당은 도시의 숲이요, 돌의 숲이요, 반자연적 환경 속에 만들어진 인공의 숲이다. 밀라노의 대성당은 그것을 나타내는 대표적인 예라 할 것이다. 대첨탑 외에 133개나 되는 소첨탑의 숲, 그 첨탑 끝이나 지붕에 서 있는 2,245개의 성자의 등신대 조각, 순백 대리석의 대성당이면서도 정교한 보석상자와 같이 섬세한 아름다움이 있다. 고딕 건축의 최고의 걸작이라 해도 과언이 아닐 것이다.

성당 안으로 들어선다. 성당 내부 역시 숲속에 있는 듯한 느낌을 준다. 줄지어 서 있는 나무처럼 수직으로 쌓아올린 석주들, 무수한 나뭇가지가 얽힌 것처럼 높은 천장에 교차하는 아치, 나무 사이의 틈을 통해 쏟아지는 햇살마냥 스테인드글라스를 통해 비치는 신비로운 하늘의 빛.

이 성당은 14세기에 건축을 시작하여 16세기에 준공했으나, 파사드는 1809년에 지어졌으니, 완성하는 데 약 5세기가 걸렸다고 할 수 있다. 1880년에 완성한 쾰른 대성당은 600년 이상이 걸렸으며, 비교적 단시일에 완성한 샤르트르 대성당도 70년이 걸렸다. 19세기말에 짓기 시작한 바르셀로나의 사그라다 파밀리아(성 가족) 성당은 아직도 미완성이며, 언제 완성될지 알 길이 없다 한다. 서구인의 이러한 어처구니없는 유장한 시간 관념, 끈질긴 인내심에 비해, 우리는 만사에 너무나 성급하고 참을성이 없다. "내 임기가 끝나기 전에", "내 눈에 흙이 들어가기 전에" 일을 끝내야만 직성이 풀리고, 얼굴이 서고, 눈을 감을 수 있다. 그래서 운치 있는 덕수궁의 돌담도 하루아침에 불도저로 밀어버리고, 경부고속도로도 2년 만에 끝내버린다. 그러나 서구인은 성취니

완성이니 하는 것은 끝이요 죽음이라 생각하고, 완성에 이르는 과정, 구도적인 노력에 보람과 가치를 두는 것이다.

선물이나 살까 해서 우연히 찾은 성당 부속 미술관의 수집물에도 놀라움을 느낀다. 이 방대한 미술품도 성당 건축과 더불어 밀라노 주교 자리의 막강한 부를 말해주는 것이라 할 것이다. 하기는 11세기 독일 황제 하인리히 4세와 교황 그레고리우스 7세 사이의 교권 투쟁도 그 출발은 밀라노 교구의 부에 있었다. 밀라노는 교통의 요지요 롬바르디아 평원의 중심지라, 교구는 대장원을 소유하고 있었다. 그래서 고대 이래 밀라노 주교는 로마 주교 = 교황의 우월권을 인정하려 하지 않았으며, 당시 일반적으로 인정하던 교황의 재치권(裁治權)으로부터의 독립을 요구하는 주교들의 대표였다. 또한 독일 황제와 긴밀한 관계를 유지하였으므로 밀라노는 황제파의 거점이요, 황제의 이탈리아 정책의 거점이기도 했다.

1075년 하인리히 4세는 밀라노의 황제파 귀족들의 요구에 의해 궁정 관리 테달루스를 밀라노 주교로 임명한다. 이에 대해 교황은 황제를 파문에 처하였는데, 그것은 교황에 대한 황제의 굴복을 나타내는 이른바 '카놋사의 굴욕'으로 이어진 것이다.

성당 옆 광장은 19세기의 '좋았던 나날들'(good old days)의 모습을 그대로 간직하고 있다. 광장의 중앙에는 빅토리오 엠마누엘 2세의 동상이 있고, 광장 옆에는 지난 세기의 명물인 '엠마누엘 2세의 아케이드'라는 이름이 붙은, 대 아케이드 상가가 있다. 유리로 된 천장과 아름다운 모자이크로 장식된 대리석 복도를 걸어나오면, 작은 광장 앞에 라 스칼라 극장이 있다. 세계에서 가장 유명한 오페라의 메카이다. 신고전주의식의 아담한 건물이지만, 파리나 비엔나의 화려하고 웅장한 극장에 비해 의외로 초라하다는 느낌이다.

두오모 광장으로 되돌아와서, 전차를 타고 산타 마리아 델 그라치 (Santa Maria delle Grazie) 교회로 간다. 다 빈치의 〈최후의 만찬〉을 보기 위해서이다. 밀라노는 다 빈치의 거리이기도 하다. 그는 두 번에 걸쳐

10년 동안 이곳에 체류하며 현란한 재능을 발휘했으며, 그 절정이 〈최후의 만찬〉이다. 교회는 15세기에 건립된 르네상스식 건물인데, 넓고 평평한 큐폴라(돔)의 양식이 특이하다. 이 교회의 안쪽에 있는 부속 수도원의 벽에 그려진 프레스코 화가 바로 〈최후의 만찬〉인데, "너희 가운데 나를 팔 자가 있을 것이다"는 예수의 말을 들은 열두 제자의 미묘한 마음의 동요를 생생하게 묘파하고 있는 걸작이다. 그러나 애석하게도 보수중이어서 벽 전체에 철가가 걸려 있어 그림이 제대로 보이지 않는다. 입장료 4천 리라가 좀 억울하다는 푸념이 나오고 만다.

이로써 밀라노가 자랑하는 세 가지 세계 제일(역, 성당, 〈최후의 만찬〉)을 본 셈이기는 한데, 밀라노를 제대로 보려면 2, 3일은 걸릴 것 같아 한 가지만을 추가하기로 한다. 바로 카스텔로 스포르체스코(Castello Sforʒesco ; 스포르초 가 居城)이다.

14, 15세기에 밀라노 공국은 스포르초 가의 지배 아래 이탈리아 최강국으로 번영하였다. 스포르초 가의 거성으로 건설된 이 거대한 건축은 다갈색 벽돌로 투박하고 견고하게 지어져, 화사하고 정교한 흰색의 대성당과 좋은 대조를 이룬다. 성문을 들어서면 높은 성벽으로 둘러싸인 넓은 연병장이 있고, 성벽 중앙에는 높은 성탑이 서 있다. 연병장 저쪽에 있는 장대한 왕궁은 19세기말 이래 미술관으로 사용된다고 하는데, 여기에는 주로 초기 기독교시대부터 19세기에 이르는 북이탈리아의 미술품을 소장하고 있다. 단 이 방대한 수집품들에는 스포르초 가의

— 스포르초 성

수집품 외에 시립미술관과 국립고고박물관의 미술품도 함께 소장하고 있다는 것이다. 보티첼리의 〈성모자〉와 〈피에타〉, 천장화 등이 유명하나, 내가 흥미 있게 본 것은 각종 무기와 악기의 방대한 수집품이다. 특히 악기는 현악기만 해도 100점이 넘는 명품이 전시되어 있다.

5시에 니스행 기차를 탄다. 우리 칸에는 점잖은 노신사, 훤칠한 키의 의학도, 한 쌍의 젊은이들이 타고 있다. 스포츠맨다운 건장한 체격의 젊은이가 읽고 있는 스포츠 신문을 통해, 어제의 한국 대 불가리아 축구전이 1 대 1로 비긴 것을 알게 된다. 이들 4명 가운데 3명은 도중에 내리고 의학도만 우리와 남게 된다. 비엔나에 산다는 이 청년은 오늘 아침에 비엔나를 출발했으며, 밤새 기차를 타고 마르세유를 거쳐 투르즈까지 간다고 한다. 젊은이다운 강행군이 가상하다 생각되지만, 오리엔트 익스프레스나 시베리아 횡단 여행에 비한다면 대단찮은 거리라 할 수 있다.

베로나(Verona)를 지나면 바다가 나타난다. 코트 다주르(Côte d' Azur; 푸른 해안)의 시작이다. 드뷔시가 〈세 가지 교향적 에스키스, 바다〉에서 칭송한 바로 그 바다이다. 드뷔시는 6세에서 9세까지 칸느에서 살았다. 장교였던 아버지가 투옥되어, 아이 넷을 키울 수 없게 된 어머니가 그를 큰어머니에게 맡긴 것이다. 그가 칸느에서 본 바다는 코트 다주르의 밝은 하늘과 푸른 물결이었다. 그때부터 밝은 지중해의 바다는 의식 깊은 곳에 침전되어 그의 모든 음악의 밑바탕에서 출렁이는 파도가 되었다. 커다란 파도의 높은 출렁거림, 불꽃과 같이 반짝이며 부서지는 흰 비말(飛末), 끊임없이 밀려와서 흩어지는 잔물결……. 불현듯 그리스에 되돌아온 듯한 느낌이 들어 팔레온 팔리오의 해안이 새삼 그리워진다.

벵티미유(Vintimille)에서 기차를 갈아타느라 소동을 치른 뒤 산 레모(San Remo)에 이른다. 산 레모는 역 앞 큰길에 야자수 가로수가 뻗어 있다. 정열적인 남국의 노래 칸초네의 본고장다운 풍경이다. 칸느(Cannes) · 모나코(Monaco)를 지나 밤중에 니스(Nice)에 도착한다. 역 안내소는 시간이 늦어 문이 잠겨서, 부득이 역 앞 일대를 헤맨 끝에 노부부가 경영하는 작은 호텔에서 짐을 푼다. 초라한 건물이나 제법 가족적인 분위기가 마음에 든다.   (6월 7일)

니스와 모나코

니스는 맛살리아(마르세유)의 그리스인이 건설한 식민시이며, 그리스 이름은 니카이아(Nicaea)였다. 현재까지 남은 그리스의 흔적은 '샤토'(城山)라 불리는 아크로폴리스가 있고, 그 밖에 로마시대의 경기장이 있다. 먼저 버스로 로마의 유적을 찾아가는데, 프랑스의 버스가 전자화한 데 놀란다. 버스 정류장에는 각 노선 버스의 움직임이 전자식으로 표시되어, 다음 버스가 언제 도착하는가를 즉시에 알 수 있는 노

선표가 걸려 있다. 버스 안에도 노선표에 현재 버스의 움직임이 표시되어 매우 편리하다.

로마 유적이 있는 마티스 미술관 앞에서 내린다. 마티스 미술관은 고고박물관과 같은 건물에 있으나, 일요일과 월요일 이틀 동안 휴관인데, 불운하게도 오늘은 일요일이라 관람이 불가능하다. 이 커다란 흰 건물은 마티스가 살던 집이라 한다. 니스에 온 또 한 가지 목표였던 샤갈 미술관 역시 휴관일인즉, 미술관 때문에 이틀을 더 머물 수 없는 처지라 애석한 노릇이 아닐 수 없다. 로마 경기장은 규모도 작고, 이름을 알 수 없는 흰색 돌로 된 관람석도 손상이 심한 편이다. 미술관 바로 옆에는 로마시대의 욕장과 주거지였던 넓은 유적이 있는데, 아직도 발굴이 진행중이다.

유적에는 젊은 프랑스인이 10세 정도 된 어린 딸에게 유적에 대해서 열심히 설명하고 있는 정겨운 모습이 보인다. 그에게 샤토(Château)로 가는 길을 물었더니, 자기는 니스 교외에 살고 있으며, 이웃에 사는 딸의 친구가 11시에 바이올린 레슨이 끝나면 그 아이를 데리고 집으로 가야 하니, 그때 차로 샤토로 데려다주겠다는 것이다. 프랑스 제일의 관광지에 온 동양인이 무덤만 찾아다니는 것이 기특하게 생각되었던 모양이다. 시간이 되기까지 유적 뒤에 있는 프란체스코 파 수도원의 성당과 묘지를 둘러보고, 성당 앞 정원을 산책한다. 이 묘지 안에 마티스의 무덤이 있다고 들었으나, 묘지가 넓고 우리 외에는 사람이 없어 찾아내지 못하고 만다. 정원 끝은 깊은 낭떠러지이며, 이 일대는 니스에서 가장 높은 구릉지대여서 아래로 니스의 전 시가지가 펼쳐져 있다. 시실리의 타오르미나에 못지않은 조용하고 여유가 있는 아름다운 도시이다.

11시에 프랑스인의 시토로엥을 타고 샤토로 간다. 이곳은 고대 폴리스의 아크로폴리스로서는 특이하게 바로 해안에 위치하고 있다. 엘리베이터를 타고 산 위에 올라서면 눈 아래로 니스의 해수욕장이 길게 뻗어 있고, 그 끝에 공항이 있어 비행기가 끊임없이 이·착륙하는 것이 보

— 니스의 샤토(아크로폴리스)

인다. 이곳은 또한 여느 아크로폴리스보다 한결 광대하여 수목이 울창한 공원이 조성되어 있다. 그리스의 신전은 터만 어렴풋이 남아 있을 뿐이나, 로마시대의 유적에는 석주와 조각이 여러 개 흩어져 있다.

샤토에서 내려와 해안선을 따라 5, 6킬로미터나 길게 뻗어 있는 프롬나드 앙글레 가를 걷는다. 해운대를 연상시키는 풍경이다. 오른쪽에는 호텔이 즐비하고, 왼쪽 모래사장에는 해수욕객으로 가득 차 있는데, 여자들은 모두가 상반신을 완전히 노출한 채 일광욕을 즐기고 있다. 그러나 그리스를 비롯해 지중해 일대의 해안에는 우리의 백사장과 같은 희고 고운 모래는 보이지 않으며, 모래사장이라기보다 자갈밭이라해야 할 정도로 모래가 굵고 거칠다.

큰 분수가 물을 뿜고 있는 멧세나 광장까지 걸어와서, 거기서 버스를 타고 호텔로 돌아온다. 오후에는 모나코 구경에 나선다. 모나코(모노이코스)도 그리스 식민시였으나, 그 흔적은 없기 때문에 왕궁 관광만을 할 예정이다. 니스 역에서 동쪽으로 25분 만에 모나코 역에 도착한 후,

언덕 위에 있는 왕궁까지 걸어올라간다. 왕궁 광장 끝 전망대에서 보는 경치 역시 찬탄을 금할 수 없다. 몬테카를로(Monte - Carlo) 일대가 한눈에 내려다보인다. 하늘은 맑고, 바다는 코발트색이며, 오렌지색 건물이 해안을 꽉 채우고, 바다에는 형형색색의 요트와 배가 떠 있으며, 해안에는 몬테카를로 경주로 눈에 익은 자동차 코스가 꾸불꾸불하게 건물 사이를 누비고 있다.

　왕궁 앞에는 말쑥한 차림의 위병 두 명이 왕궁을 지키고 있다. 모나코는 프랑스의 피보호국이니만큼 이 위병이 모나코가 가진 군대의 전부이다. 왕궁박물관에 입장할 때는 관람객의 대부분이 프랑스어 반인 듯, 영어 반은 인원이 찰 때까지 30분이나 기다려야만 했다. 안내양이 있으나 그녀가 설명을 하는 것이 아니라 마이크를 통해 영어 설명이

— 모나코 궁전

나온다. 안내양은 늘씬한 미녀들인데, 그녀들은 위병과 같이 한낱 장
식품에 불과한 듯하다. 왕과 왕비가 미남이요 미녀였으니만큼, 위병·
안내양 할 것 없이 모두가 미남·미인으로 구성된 미의 나라이다. 왕궁
은 규모가 작고 소장품도 대단하지 않다. 그러나 왕궁을 공개하여 관
광 수입을 올리려는 작은 공국의 애처로운 노력이 갸륵하다. 요정의
나라와 같은 거리를 돌아보고 7시경에 니스로 돌아온다.　　(6월 8일)

프랑스의 교황청, 아비뇽

　8시 반에 니스를 출발하여 아비뇽(Avignon)행 열차를 탄다. 칸느를
지나면 해안의 경치는 더욱 아름다워진다. 예쁜 별장들, 홍갈색의 바
위, 파란 소나무, 진한 감색의 바다……. 그러나 마르세유를 지나자 정
유공장이 눈에 띄는 대공장지대로 변해버린다. 1시경에 아비뇽에 도착
하여, 여관을 정한 후 환전을 위해 은행을 찾는다. 1달러에 6.6프랑인
데, 500달러를 바꾼다. 요즈음 달러의 하락세가 계속되는데, 좀 비싸다
는 느낌이 들어 교황청으로 가는 길에 다른 은행에서 환율을 물었더니
여기서는 1달러에 6.97프랑이라 한다. 은행에 따라 환율에 큰 차이가
있는 것이 납득이 안 가 먼저 은행에 가서 사정을 설명하고, 돈을 돌려
줄 수 없느냐고 하자, 은행원은 아무런 싫은 기색 없이 순순히 돌려준
다. 결국 180프랑의 차익을 얻었지만, 이득보다도 그 은행원에게서 진
정한 친절이 어떤 것인가를 느낄 수 있었던 것이 더욱 흐뭇하다.
　중심가인 레푸블릭 가를 걸어 교황청에 이른다. 아비뇽에 교황청이
설치된 것은, 교권 투쟁의 제2라운드라 할 수 있는 프랑스 왕 필립 4세
와 교황 보니파키우스 8세의 싸움이 발단이었는데, 그 싸움의 초점은
성직자에 대한 과세 문제였다. 1290년에서 1298년의 프랑드르·기엔느
전쟁으로 재정이 어려워진 필립 4세는 성직자에 대한 과세를 단행한
다. 이에 대해 교황은 과세금지령을 발표하고, 필립은 프랑스 성직자

들이 교황에 봉납하는 일체의 세금과 헌금을 금지하는 것으로 맞섰다. 결국 교황은 로마의 정치 사정으로 필립과 타협하게 된다. 그러나 1302년 나르본느 주교의 지행권(知行權)을 둘러싸고 둘은 다시 격돌하여, 국왕의 부하인 기욤 드 노가레가 아나니에 체류하는 교황을 습격하여 퇴위를 강요하는 이른바 '아나니 사건'이 발생하여, 이 일 때문에 교황은 분사(憤死)하고 만다. 다음 교황 베네딕트 11세는 왕권과의 타협에 힘썼으나 8개월 만에 병사하였다. 1305년 가스코뉴의 귀족 출신으로 국왕의 신하였던 보르도 대주교가 국왕의 입김에 의해 교황으로 선출되니, 바로 클레멘스 5세이다. 그는 국왕의 간섭으로 리용에서 대관식을 올리고 아비뇽에 교황청을 설치하였으며, 그 후 1378년 교황청이 로마로 옮겨지기까지 69년 동안 9대의 교황(그 가운데 프랑스인이 8명)이 이곳에 정주하였다. 따라서 아비뇽은 중세에 군림하던 교황과 교황권의 쇠락의 상징이며, 그래서 '제2의 바빌론 유수'라 일컬어진다.

교황청의 건물은 거대한 중세의 성과 같은 외관이며, 보존 상태도 양호하나 내부는 텅 비어 있다. 주로 프랑스 혁명 때 파괴 약탈당했으며, 19세기에는 군대의 막사나 감옥으로 사용되었다고 한다. 내부의 장식이나 벽화는 상실되었으나 일부는 아직도 남아 있으며, 교황청시대는 아니나 18세기의 제품인 거대한 타페스트리가 몇 점이 벽에 걸려 있다.

교황청에서 나와 시내를 일주하는 관광 차를 탄다. 서울대공원의 코끼리 기차와 비슷한 차이다. 아비뇽은 성벽으로 둘러싸인 전형적인 중세 도시이며, 차는 골목길을 누비면서 성내를 도는데, 영어와 프랑스어로 녹음한 설명이 있으나, 마이크 상태가 나빠 전혀 알아들을 수 없다. 상가 한 모퉁이에 아비뇽 대학이라는 조그만 간판이 걸려 있다. 인구 8만 명의 소도시에 대학이 있다는 것은, 이곳이 유서 깊은 문화도시임을 말해주는 것이라 할 것이다.

30분 동안의 유람이 끝난 후 레푸블릭 가를 산책하고, 님행 관광버스 표를 사기 위해 여행사에 들른다. 당당한 이 건물은 박물관과 같은 석조건물인데, 아비뇽이 단지 교황청이 있었던 곳일 뿐 아니라 프랑스

— 교황청

— 교황청 내부

지방의 명소를 찾는 관광의 중심지임을 말해주고 있다. 교황청에 대해서는 약간 실망했으나, 이 도시가 전형적인 중세도시인 동시에 복잡하고 번잡한 관광도시이며, 격조 높은 문화도시임을 알게 된 것은 뜻밖이었다.   (6월 9일)

로마가 남긴 가장 아름다운 것

　다음날 님(Nimes)행 관광버스를 탄다. 성문 밖에 있는 역 앞에서 8시 반에 출발한다. 30대로 보이는 여자가 표를 받기에 승무원인가 했더니, 바로 승무원 겸 운전사 겸 안내인이다. 단 프랑스어 설명뿐인데, 영어 안내인은 시즌인 7월이 되어야 안내를 맡는다고 한다. 그러나 일행 가운데 30대의 젊은 남자가 영어 통역을 맡아준다. 가상할 자원봉사이다. 전에 아메리칸 익스프레스에 근무한 일이 있다 한다.

　시가를 빠져나가서는 론 강을 따라간다. 강 폭은 넓고 강물이 유유히 굽이치며 흐르고 있다. 40분 후 생질(Saint-Gilles)에 도착, 성당을 관람한다. 생(聖)질은 그리스 출신으로 모든 재산을 빈민에게 희사하고, 이곳에 와서 은둔생활을 하는 동안 친해진 암사슴을, 사냥꾼이 쏜 화살을 부러뜨려 구해준다. 이 기적에 감동한 귀족인 사냥꾼은 이곳에 그를 위한 사원을 건립했으며, 그가 죽은 후에 이곳에 매장하였다고 한다. 8세기에 세워졌던 그 사원은 12, 13세기에 개수되어 현재에 이르고 있는데, 입구의 문 위에 조각된 예수의 일대기가 볼 만하다. 지하의 무덤을 돌아보고 이곳을 출발, 20분 후에 님에 도착한다.

　님(옛 이름 네마우수스)은 비행장이 있고, 고층 건물이 꽉 찬 근대적인 대도시이다. 원래는 옥타비아누스가 안토니우스와 클레오파트라의 군대를 이집트에서 무찌른 용사들을 위해 건설한 식민시였다. 따라서 구시가에는 로마시대의 유적이 많이 남아 있다. 먼저 쟈르뎅들 라 폰텐 공원에서 약 30분 동안 정차한다. 이곳은 로마시대에는 극장·욕장·신

— 님의 경기장

전이 있는 중심가였으나, 현재는 공원 한구석에 다이아나 신전의 유적이 남아 있을 뿐이다. 이 공원은 18세기에 축조되었으며, 거대한 분수대를 비롯해 당시의 조원(造園) 기술이 유감없이 발휘된 아름답고 호화로운 공원이다. 공원의 한 모퉁이 야외 무대에서는 소녀들이 연극 연습을 하고 있다. 이들 미래의 대여우들이 제법 화려한 제스처로 소리 높여 대사를 외치고 있는 것이 귀엽고도 깜찍하다.

다음은 경기장 앞에서 정차, 세 시간의 자유시간이 주어진다. 먼저 경기장을 관람한다. 로마시대의 경기장은 로마의 콜로세움을 비롯해 현재 70개가 남아 있으나, 그 가운데 가장 보존이 양호한 것이 이 경기장이라 한다. 규모는 콜로세움보다 적어 2만 1천 명을 수용할 정도라고 하나, 외곽의 아치나 내부의 계단, 회랑이 거의 완전한 상태이다. 현재

는 투우장으로 사용된다고 한다. 경기장에서 시내 중심부에 이르는 보
행자 전용 도로의 상가를 걸어서 메존 카레(Maison Carrée)에 이른다.
기원전 1세기에 세워진 이 신전은 어느 신을 모신 신전인지 알려져 있
지 않으나, 로마 신전 가운데 가장 보존이 잘된 코린트식 건물이다. 루
이 14세가 이 건물을 베르사유로 옮기려 했다고 하는데, 전능한 태양왕
의 욕심을 헤아리고도 남음이 있는 호화롭고 아름다운 신전이다. 아내
의 구두 뒷굽이 망가져 구두 수선하는 곳을 찾아갔더니, 의외로 현대
적인 기계 시설을 갖춘 큰 점포이며, 헌 굽을 기계로 깎아버리고 새 굽
을 박는 데 불과 1, 2분이 걸릴 뿐이나, 30프랑이면 값은 조금 비싼 느
낌이다.

　3시에 님을 출발하여 30분 안에 위제(Uzès)에 도착, 이 도시의 명소
인 성테오도리 성당 앞에 정차하여 자유시간이 주어진다. 이 성당은
종탑이 특이하다. 12세기에 세워진 로마네스크식 원형 탑이며, 높이가

― 메존 카레

— 위제의 성테오도리 성당

42미터나 된다. 꼭지에 삼각형의 지붕이 있는 것이 다를 뿐 외양이 피사의 사탑과 비슷하다.

이곳은 완전한 중세도시인데, 한적하고 고풍스러운 거리를 거닐다가 동양계 신부 한 분을 만난다. 이런 시골에서 동양인을 만난 것이 퍽이나 반가운 듯 그가 다정하게 말을 걸어온 것이다. 그는 베트남인으로서 이곳에 왔다가, 베트남이 공산화하여 돌아갈 곳을 잃어 성당에 머물러 있다고 한다. 그러고 보니 망국민과 같은 쓸쓸한 기색이 깃든 표정이다. 헤어질 때 눈물을 글썽거릴 정도로 우리와의 짧은 만남을 아쉬워한다. 서로 꽉 잡은 손을 좀체로 뗄 줄 몰랐다.

5시에 출발하여 20분 만에 퐁 듸 가르(Pont du Gard ; 가르 水道橋)에 도착한다. 두 산 사이로 맑은 물이 흐르고, 그 위에 거대한 석조 수도교가 하늘 전체를 가로막듯이 높이 서 있다. 기원전 19년에 아그리파가 위제 근방에서 25마일 떨어진 님까지 물을 끌어들이기 위해 건설한 대건축이다. 높이 20미터, 길이 242미터의 3층 구조인데, 1층은 6개의 큰 아치, 2층은 11개, 3층은 35개의 작은 아치로 이루어져 있다. 2층에는 현대에 지은 자동차 도로가 붙어 있는데, 같은 석재를 사용 했기 때문에 식별이 안 된다. 오늘날 남아 있는 로마 건축 가운데 가장 완전하고 가장 아름다운 것이 아닐까 생각한다.

로마인은 가는 곳마다 도로를 닦고 성벽을 쌓고 수도교를 놓았다. 물론 로마인은 수도 건설의 기술을 남이탈리아의 그리스인으로부터 배웠을 것이나, 기원전 2세기부터 지하에 수로를 매설하는 방법 대신 수원

316

지에서 수위를 낮추지 않고 물을 끌어올 수 있는 수도교를 개발한다. 예컨대 로마에는 100킬로미터 떨어진 수원지에서 100분의 1에서 5천 분의 1 경사의 수도를 통해 물을 운반한 것이다. 이 물은 시민들의 식수로 사용되었음은 물론, 거리의 샘이나 분수지, 공동 욕장에도 공급되었다. 이러한 풍부한 물을 사용할 수 있는 것은 도시 발달의 관건이었으며, 따라서 수도교가 이토록 당당하고 아름답게 건축되었던 것이다.

　수도교 일대도 그림처럼 아름다운 경치이다. 맑고 깊은 강물, 멀리 보이는 마을과 교회, 강가의 우거진 숲, 그리고 고색창연한 오랜지색의 이 다리. 강에는 젊은 남녀들이 수영을 즐기고 있다. 6시에 이곳을 출발, 30분 후에 아비뇽에 도착한다.　　　　　　　　(6월 10일)

— 수도교

아를과 마르세유

아침에 호텔에서 나와 짐을 역의 보관함에 넣고, 역 앞에서 아를 (Arles)행 버스를 탄다. 이 버스는 철도에서 운영하는 듯 유레이 패스가 통용되기 때문에 무료이다. 약 한 시간 후에 아를 성문 밖 시장터에서 내린다. 아를(옛 이름 아렐라테)은 기원전 6세기에 마르세유의 그리스 인들이 교역의 거점으로 건설한 곳이지만, 오늘날 그리스의 유적은 남아 있지 않다. 아를이 비약적으로 발전한 것은 로마시대, 특히 기원전 49년에 마르세유를 점령한 시저가 예하의 제6군단을 위해 식민시를 건설하면서부터이다. 이곳은 하천 교역의 중심지일 뿐 아니라 이탈리아와 스페인을 연결하는 교통의 요충지인 동시에, 지중해 세계와 갈리아 등 내륙 유럽 세계를 연결하는 요충지였다. 5세기의 아를 시장에 대해서 다음과 같은 말이 있다. "오리엔트와 짙은 향기를 내는 아라비아, 호사한 앗시리아, 비옥한 이집트, 아름다운 스페인과 풍요로운 갈리

— 아를

아, 이 모든 고장이 생산할 수 있는 모든 것을 그 원산지 못지않게 풍부하게 이 아를에서 볼 수 있다."

정치적으로도 이곳은 갈리아의 총독부와 대주교구의 소재지였다. 그러나 고대말부터 쇠퇴의 길로 들어서, 결정적으로는 근대에 철도가 가설됨으로써 수로의 요충지였던 이곳은 생명이 끊어진다. 현재는 옛 번영의 흔적을 풍부하게 간직하고 있기는 하나 한가로운 고도로 남아 있을 뿐이다. 〈아를의 여인〉은 그것을 단적으로 말해주는 것이라 할 수 있을 것이다. 알퐁스 도데의 원작에 비제가 곡을 붙인 이 작품의 여주인공은 '카르멘'과는 달리 고유명사가 없는 여자이니만큼 상징적이다. 시골 지주의 아들 장과의 사랑이 비극으로 끝나는 것은, 그녀가 아를에는 걸맞지 않는 너무나 화려한 여자였기 때문이다. 〈아를의 여인〉의 무대인 아를은 고루하고 보수적인 한낱 시골 도시에 불과했던 것이다.

성문 안으로 들어서면 바로 시장이며, 복잡하고 지저분한 거리를 빠져나와 경기장에 이른다. 이것은 님의 경기장을 세운 건축가가 1세기에 건립한 작품이며, 2만 6천 명을 수용할 수 있어 님보다는 좀더 규모가 큰 편이다. 아치 사이에 아래층은 도리아식, 위층은 코린트식 기둥을 장식한 2층 건물이다. 6월 15일부터 투우 경기가 시작되므로 검게 이끼 낀 외벽에 화려한 원색의 장식물이 걸려 있고, 경기장 바닥은 빨간 모래로 말끔히 단장되어 있다. 남프랑스 일대에도 스페인과 같이 투우가 유행하는 줄은 알지 못했으며, 이왕이면 구경을 했으면 좋겠으나 일정이 맞지 않는 것이 애석하다.

경기장 뒤에는 아우구스투스시대에 건립한 극장이 있다. 7천 명을 수용할 수 있는 규모이며, 테아트론(관람석)의 일부와 연주석, 코린트식 석주 두 개가 남아 있다. 현재도 이곳에서 야외 콘서트가 개최된다고 한다. 관람석에는 일본인으로 보이는 아가씨 둘이 앉아 있다. "봉 주르"라고 인사를 하는 것으로 보아 불문학을 하는 학생인 듯하다. 다음은 성트로핌 교회. 샤를마뉴시대부터 건축을 시작하여 13세기에 완성한 로마네스크식 건축이며, 입구에는 예수의 생애를 그린 부조가 있다.

— 아를 경기장

아를은 〈아를의 여인〉으로 뿐만 아니라 고흐가 살던 곳으로도 유명
하다. 그는 1889년부터 약 2년 동안 이곳에 머물렀는데, 그동안에 고갱
과의 결별, 귀를 자른 것, 발광, 자살 미수, 정신병원 입원 등 파란을
겪는다. 2년 동안에 〈자화상〉, 〈해바라기〉 등 300여 점의 작품을 그렸
으나, 이곳에서는 작품을 접할 수 없으며, 수용되었던 병원 외에는 그
의 자취를 찾을 길도 없다. 그러나 그의 작품에 그려진 풍경은 아직도
몇 군데 남아 있다고 한다.
　성트로핌 교회에서 고흐가 수용되었던 병원을 거쳐, 몇 블록 떨어진
콘스탄티누스 욕장으로 간다. 아를의 전성시대에 콘스탄티누스 대제
가 이곳에 별궁을 두고 욕장을 지었던 것이다. 그러나 욕장은 규모도
작고 훼손도 심해 볼품없으며, 허물어진 벽돌담이 조금 남아 있을 뿐
이다. 욕장에서 역까지는 꽤 먼 거리이지만 기차시간에 여유가 있어
걸어갔으나, 그래도 시간이 남아 론 강변을 산책한다. 고흐가 그린 그
림의 소재에 알맞는 황량한 풍경이다.

아를에서 마르세유(Marseille)까지는 약 한 시간이 걸린다. 도착하자 곧 옛 항구로 간다. 마르세유(옛 이름 맛살리아)는 기원전 600년에 소아시아의 포카이아의 그리스인들이 건설한 식민시이나 그 흔적은 남아 있지 않고, 다만 옛 항구 해안에 있는 그때 상륙한 지점에 그 사연을 새긴 작은 비석이 서 있다. 맛살리아는 서지중해에서 그리스 식민활동의 거점이었으며, 여기에서 다시 니카이아·암프리아스 등지에 식민을 하였던 것이다. 비석을 보고는 항구에서 중앙로인 카네비에르 거리를 걸어 역에 이른다. 식사를 하고 2시에 출발하는 테제베를 타기 위해 15분 전에 개찰구에 갔더니, 역원이 테제베를 타려면 좌석권을 따로 사야 한다고 말한다. 당황하여 지하에 있는 좌석권 매표소로 달려갔더니, 창구 앞에는 사람들이 길게 줄을 서 있다. 맨 앞 사람에게 "파르동"이라 외치면서 1인당 12프랑짜리 좌석표를 산다. 이 엉뚱한 동양인의 새치기에 대해서 다급한 상황을 짐작했는지, 아니면 아연실색을 했는지 아무도 싫은 눈치를 보이지 않는다. 열차에 뛰어올라 좌석에 앉아 숨을 돌리니 출발 3분 전이다. 아비뇽에는 50분 만에 도착한다. 세계 최고속의 열차는 제대로 가속을 하지 못한 상태에서 정거한 셈이다. 역의 보관함에서 짐을 끄집어내어 3시 50분발 바르셀로나행 열차를 기다린다.

달리의 고향에서 만난 태권도 사범

아비뇽에서 출발하는 바르셀로나행 열차의 1등 객실은 새마을호 특실과 같이 제법 호화로우며, 승객들도 모두가 점잖은 신사숙녀로 보인다. 허름한 차림에 커다란 짐을 끌고 탄 피난민 같은 나의 몰골을 모두들 이상하게 바라보는 것 같다. 1등칸에는 짐을 둘 곳이 없어 다른 칸의 빈 곳에 옮기는 곤욕을 치러야 했다.

스페인 국경을 지나서 앞자리에 앉은, 영어가 유창한 스페인인에게 바르셀로나에서 암프리아스(Amprias)로 가는 길을 물었다. 그는 바르셀로나까지 열차로 갈 것이 아니라 바로 다음 정거장인 피게라스(Figueras)에서 내려 버스로 가야 한다고 일러주고는, 피게라스에 도착하자 짐을 플랫폼에 내려주기까지 한다. 피게라스 역에서 짐을 맡기려하니, 초로의 역무원(역장?)은 쌀쌀하게 거절한다. 이 시골 역에는 보관 시설이 없는 모양이다. 호텔이 어디에 있느냐고 물어도 모른다는 쌀랑한 대답이다. 짐을 끌고 역 밖으로 나오니, 역 앞에 넓은 공원이 있고 시내와는 거리가 먼 듯 주변은 한적하기만 하다. 택시나 버스도 전혀 보이지 않아 호텔까지 짐을 끌고 갈 일이 막연하여 멍하니 서 있는데, 역 앞 광장의 건너편 건물에 태권도 도장 간판이 보이지 않는가. 거기에는 반드시 한국인 사범이 있을 것이라 생각하여 찾아갔더니, 도장에는 스페인 젊은이 너덧 명이 연습을 하고 있을 뿐 한국인은 보이지 않는다. 그들은 영어를 모르지만, 다음과 같은 짤막한 말을 교환하여 뜻은 충분히 통할 수 있었다.

　　나 : "꼬레아노?"
　　스페인 청년 : "세뇨르 킴?"
　　나 : "시"
　　스페인 청년 : "노, 세뇨르 킴"
　　나 : "텔레폰?"
　　스페인 청년 : "노"

　한국 사람이 없느냐는 나의 질문에 스페인 젊은이는 김씨를 말하느냐고 되물었다. 그렇다고 하자 그는 김씨가 없다고 하였다. 다시 전화번호를 아느냐고 묻자, 전화가 없다는 대답인 것이다. 나는 그에게 김씨 집으로 가자는 시늉을 하면서 밖으로 나왔다. 그는 따라 나오더니, 공원에서 놀고 있는 꼬마에게 뭐라고 지시를 한다. 꼬마는 나를 근처에 있는 아파트 5층으로 데려다준다. 초인종을 누르니 20대의 젊은 한국 여자가 나와 반갑게 맞아준다. 내가 사정을 이야기하고 짐을 도장에 맡길 수 없겠느냐고 물으니, 그녀는 짐을 집으로 가지고 와서 누추

하지만 이곳에 묵도록 하라고 권한다. 호텔을 찾기도 번거로워 호의를
받아들여 그 집에 머물기로 한다. 남편 되는 김씨는 다른 도장에 갔다
가 저녁 늦게 돌아왔는데, 태권도 사범답게 다부진 체격의 20대 청년이
다. 그러나 얼굴이 베트남인 같이 생겨서 흔히들 베트남인으로 오인하
며, 심지어 어떤 베트남인은 불쌍한 동포인 줄 알고 돈을 건네주는 일
도 있었다고 한다. 지금 스페인에는 약 300명의 한국인 태권도 사범이
도장을 열고 있으나, 요즘 스페인의 민족주의 의식이 높아져 점차 스
페인인 사범으로 대체되는 추세이며, 자기도 머지않아 미국에서 태권
도 사범을 하는 형이 있는 곳으로 옮길 예정이라고 푸념한다. 오랜만
에 김치·미역국·생선으로 맛있는 저녁 대접을 받았다. 뜻밖의 행운에
마음이 풀어진 탓인지 이날 밤은 깊이 잠들 수 있었다.   (6월 11일)

가장 서쪽의 식민시, 암프리아스

　아침에 김씨의 안내로 이곳의 명소라는 달리 미술관으로 간다. 미술
관은 10시 반에 개관하는데, 10시쯤 되자 미술관 앞 광장은 관람객으로
꽉 찬다. 이 미술관의 정식 명칭은 달리 극장 미술관인데, 그것은 극장
을 미술관으로 개조했기 때문이다. 이 미술관은 외관부터 다분히 달리
적이다. 광장에는 달리의 오브제가 놓여 있고, 건물 옥상에는 커다란
은색 구형체가 큐폴라를 이루고 있다. 외벽 위의 지붕 끝에는 두 손을
든 여자의 나체상과 같은 크기의 커다란 계란이 나란히 서 있다.
　미술관은 그리 큰 편은 아니나, 달리의 에스프리(esprit)와 패러디
(parody)가 전관에 넘쳐흘러 볼수록 마냥 즐거워진다. 우선 달리는 변
화무쌍한 초현실과 화가라는 고정 관념이 있는데, ‘뜻밖에도’라고 하
기보다 어쩌면 당연하게도 그가 탁월하고도 착실한 데생 화가임을 알
게 된다. 미술관 중앙 홀에는 수위가 달리의 장난기가 깃든 작품을 보
는 방법을 일러준다. 물고기 눈 모양의 렌즈를 통해 비치는 여자의 얼

— 달리 미술관

굴과 환상적인 원시림, 여자의 나체(아내 갈라의 모습이다)와 링컨 얼굴
이 겹쳐진 모습, 밀로의 비너스 상의 가슴에 달린 설합 등 무궁무진한
상상력과 유머러스하고 황당무계한 패러디이다.

　도대체 달리는 어떤 사람일까. 그는 단지 변화무쌍한 광대에 불과한
것일까. 일부 비평가가 비양거리듯이 현학자, '초뢰보적' 표현주의라
할 것인가. 일반적으로 그의 특성은 신비하고 초현실적인 표현에 있다
고 한다. 어둡고 냉혹하고 비뚤어지고 비합리적으로 표현하고 있다.
그러나 의외로 그에게는 고전적 양식에 대한 강한 신뢰가 있는 것 같

다. 미를 초현실적인 환상을 통해 표현하면서도 항상 객관적이고 전통
적이며 사실적인 조형에 집착한다. 비합리적 환각을 통해 그가 응시하
는 것은 객관적인 물체의 상이다. 패러디라는 환각 속에 비치는 애수
와 진지함, 그것이 달리의 진정한 모습이라고나 할까.

　오늘의 목표는 암프리아스 유적에 가는 것이니, 관람은 한 시간 반 정
도로 끝내고 버스 정류장으로 향한다. 피게라스는 역 앞이 한적해서 시
골인 줄 알았으나, 이 지방의 관광 중심지이며, 시내는 깨끗하고 풍요롭
고 번잡한 거리이다. 지도를 보니 암프리아스에 가기 위해서는 에스칼
라라는 도시로 가서, 거기서 2, 3킬로미터 정도의 거리에 있는 유적까
지 택시로 가야 할 것이라 생각되어 에스칼라(Escala)행 버스를 탄다.

　에스칼라까지의 거리는 28킬로미터이나, 시골 길을 가는 완행버스
라 중간에 멈추는 곳이 많아 한 시간 가까이 걸린다. 에스칼라에 닿기
전에 '암프리아스 1킬로미터'라는 표지판이 보여 유적지 입구인 것 같

— 암프리아스 히랍시대 유적

아 운전사에게 말해 그곳에서 내린다. 유적지까지는 얼마 되지 않는 거리이나 바닷바람이 태풍과 같이 거세 가까스로 유적에 도착한다. 유적 앞에는 매점이나 음식점이 없어 소나무숲 속에 들어가서 바람을 피하면서 점심을 먹는다

암프리아스(옛 이름 엠플리온)는 지중해 전역에 건설된 그리스 식민시 가운데 가장 서쪽에 위치한 식민시이자, 스페인에 남아 있는 유일한 식민시이기도 하다. 기원전 600년에 포카이아인은 맛살리아(마르세유)에 식민시를 건설했지만, 모시(母市)인 포카이아가 신흥 페르시아의 키로스 왕에게 정복되자, 유민들이 맛살리아로 몰려들어 인구과잉 상태가 된다. 그리하여 일부가 6세기초에 이곳에 새로 식민시를 건설한 것이다. 바로 바다에 면해 건설한 이 식민시는 이제까지 찾아본 식민시 가운데 가장 아름다운 도시일 뿐 아니라, 가장 바다에 가깝다는 뜻에서 가장 그리스적인 도시라 할 수 있을 것이다.

— 암프리아스 로마시대 유적

　식민시는 고시(古市 ; Palaiopolis)와 신시(新市 ; Neapolis)가 있는데, 고시는 현재의 취락과 겹쳐져 발굴이 어려운 모양이나, 도시의 기초와 기원전 4세기에 쌓은 성벽의 흔적은 아직 남아 있다고 한다. 기원전 6세기 중엽에 인구 증가와 교역의 확대로 신시가 형성되었는데, 현재 이곳에서 볼 수 있는 것은 신시의 유적이며 아직도 발굴이 계속되고 있다. 이 유적에는 아스클레피오스 신전을 비롯한 2, 3개의 신전과 아고라의 유구(遺構)는 있으나 극장이나 민회의 흔적은 없는데, 그것은 이곳이 순수한 상업도시였기 때문인 듯하다. 출토품의 대부분은 바르셀로나의 고고박물관에 소장되어 있으나, 이곳에도 신축한 진열관이 있어 유적을 돌아본 후 그곳으로 갔다. 그러나 시에스타 시간이라 문이 잠겨 있으며, 3시에 문을 연다는 표시가 있다. 하지만 에스칼라에서 피게라스로 가는 4시 버스를 타야 하기 때문에 그때까지 기다릴 수 없는 처지라 특별히 관람할 수 없을까 해서 건물 주위를 돌아보았으나, 모든 문이 잠긴 채 인기척이 전혀 없어 단념할 수밖에 없다.

　로마의 식민시는 신시 위의 약간 높은 지대에 광대한 지역을 차지하고 있다. 원래 이곳은 기원전 3세기에 로마가 히스파니아에 진출하기 위한 거점으로서 건설되었다. 제2차 포에니 전쟁 때 처음으로 로마 군대가 이곳에 주둔하고, 기원전 218년에는 스키피오의 군대가 진군했다. 기원전 2세기초에는 카토가 지방통치의 기지로 사용했으며, 기원전 49년 시저가 폼페이우스 군대를 무찌른 군인들을 위해 식민시를 건설함으로써 본격적으로 발전했다고 한다. 그리스의 신시에는 유구만이 남아 있을 뿐이지만, 로마의 식민시에는 주거의 바닥에 기하학 무늬의 모자이크가 있고, 키프로스 나무 사이에 도리아식 석주, 복원된 신전들이 흩어져 있다. 광활한 시가 끝에는 공화정시대의 성벽이 있고, 성문 밖에는 경기장 터가 있다.

　바람이 거센 탓인지 관광객은 거의 보이지 않으며, 에스칼라까지 가는 차편이 있을 것 같지 않아 걸어가기로 한다. 30분 이상이 걸려 에스칼라 읍내에 들어섰으나, 시에스타 시간이라 영화 〈하이 눈〉의 거리같이 텅 비어 있다. 다행히 파출소의 순경만은 시에스타 시간에도 근무 중이어서 버스 정류장의 위치를 알게 되었으며, 정류장에는 피게라스 행 버스가 대기하고 있다. 돌아올 때는 비교적 빨리 피게라스에 도착한다. 역에 가서 바르셀로나까지의 요금을 물으니 180프랑이라는데 의외로 싸다. 유레일 패스의 기간이 오늘로서 끝나기 때문에, 요금이 싸다면 김씨의 권유에 따라 이곳에 하루를 더 묵는 것도 좋을 것 같다.

김씨의 아파트에 가니 젊은 손님이 와 있는데, 그는 이곳에서 50킬로미터 떨어진 도시에서 도장을 차리고 있는 태권도 사범이며, 중앙대 사학과 출신으로 이영범 교수의 제자라고 한다. 우리가 암프리아스에 다녀온 이야기를 하자, 미리 알았으면 자기 차로 모실 수 있었을 것이라고 아쉬워하면서, 대신 시간이 좀 늦었지만 이곳에서 멀지 않은 산속에 있는 중세의 사원으로 안내하겠다고 한다. 그의 소형차로 포장이 된 산길을 약 30분 올라가서 정상에 이른다. 거기서 카타르니아 일대의 웅대한 경관에 잠시 동안 감탄하고는, 바다를 향한 절벽의 중턱에 있는 황폐한 사원에 도착한다. 이 사원은 4세기에서 12, 13세기에 걸쳐 세워진 것으로 로마식 석축, 아랍식 아치, 12세기의 고딕식 종탑이 혼합되어 있으며, 방어 시설을 갖춘 요새를 겸하고 있어 사원이라기보다 견고한 옛 성이라는 인상이다. 무소르그스키의 〈전람회의 그림〉 가운데 '고성 2, 베키오 카스텔로'의 분위기 그대로이다.

절벽 아래의 바다는 만을 이루고 있으며, 만 저편으로 마을이 보이는데, 마을 전체가 여름 휴가를 위한 서독인들의 소유라는 것이다. 스페인 해안 일대에는 서독인 소유의 별장과 마을이 많으며, 여름이면 북쪽의 사람들이 마치 민족 이동과 같이 밀려온다고 한다. 서독의 젊은이들이 직장을 버리고 스페인에 와서 실업 수당으로 식모를 두고 산다는 이야기가 생각난다. 산사에 어둠이 깔리기 시작할 무렵 피게라스를 향해 이곳을 떠난다.   (6월 12일)

가우디의 거리, 바르셀로나

7시 30분에 바르셀로나행 기차를 탄다. 요금은 1인당 900프랑. 어제 역무원이 180프랑이라 한 것은 이곳에서 가까운 헤로나(Gerona)까지의 요금을 말한 듯하다. 나는 "바르셀로나"라 몇 번이고 되풀이했지만, 그 역원에게는 끝내 "헤로나"로 들렸던 모양이다. 약 두 시간 후 바르셀로나 역에 도착한다. 꽤 큰 역이나 보관함이 수리중이어서 역 근처에 있는 위탁소에 짐을 맡긴다. 이틀에 600프랑으로 좀 비싼 편이다.

역 근처에도 호텔이 있으나, 모두가 고층 빌딩에 별이 너덧 개가 붙은 고급 호텔이다. 한 군데 깨끗한 빌딩에 펜시오네라는 간판이 붙어 있어 펜숀이라 생각하고 들어갔더니, 넓은 홀에 사람들이 줄을 서 있는데, 호텔이라기보다는 은행과 같은 느낌이다. 줄을 선 중년 남자에게 물었보았더니, 그는 껄껄 웃으면서 펜시오네는 은행을 뜻한다는 것이다. 그러고는 이 근방의 호텔은 터무니없이 비싸며, 카탈루니아 광장 부근에는 좀 싼 호텔이 많다면서 지하철로 가는 길을 상세히 일러준다.

카탈루니아 광장은 바르셀로나의 중심가이며, 부근에 에어 프랑스 사무실이 있어 호텔을 정한 후 파리행 비행기를 예약해둔다. 사무실 바로 맞은편 길 모퉁이에 사진에서 본 가우디가 설계한 아파트 '카사 미라'(Casa Milà)가 자리하고 있다. 음침한 쥐색으로 된 이 7층 건물은 창문 하나하나가 모양이 다를 뿐 아니라, 방도 제각기 다른 형태를 하고 있는 참신한 구조이다. 우리네의 천편일률적인 무미건조한 아파트에 비할 때, 기발하다 할까, 엉뚱하다 할까, 참신하다 할까, 아무튼 너무나 낯선 설계여서 어리둥절할 수밖에 없다. 그것은 절벽에 무수한 동굴이 뚫려 있는 돈황을 연상케 하기도 하고, 마치 꿈틀거리는 거대한 바다 속 생물과 같이 살아 있는 느낌을 주기도 한다.

바르셀로나는 곳곳에 가우디의 작품이 있는 '가우디의 거리'라 하겠으나, 그의 대표작 구엘 공원과 사그라다 파밀리아(Sagrada Familia ; 성

— 카사 미라

가족 교회)만을 찾기로 하고, 카사 미라의 내부를 살펴보고는 버스로 구엘(Güell) 공원으로 간다. 가우디는 그의 친구이자 후원자인 구엘 공의 의뢰로 이 도시 서쪽 산의 언덕에 새로운 주택지를 건설했으나, 이 계획은 실패하고 만다. 변화무쌍하고 기괴한 주택에 입주하려는 사람이 전혀 없었기 때문이다. 그리하여 가우디 자신이 입주하여 살면서 완성한 것이 이 공원이라고 한다.

입구의 '문지기의 집'을 비롯해 모든 건물의 지붕은 흰색·적색·청색·녹색의 타일과 도기의 파편으로 장식되어 있으며, 독버섯과 같은 빨간 탑이 여기 저기에 뾰족뾰족 솟아 있다. 테라스와 같은 콘크리트 광장 밑에는 86개의 도리아식 기둥이 받치고 있는데, 그것은 마치 룩소르의 '백주(百柱)의 신전'을 연상케 한다. 달팽이의 모습을 한 나선형 계단이 있고, 여러 가지 색깔의 크고 작은 도편이 붙은 콘크리트 의자가 광장 둘레를 에워싸고 있다.

— 구엘 공원

　선명하고 도전적인 색채와 기묘한 형태로 가득 찬 환상적인 메르헨 (동화)의 세계이다. 바르셀로나는 19세기에 스페인 유일의 근대적 상공업도시였다. 이 매연과 소요의 대도시 속에서, 가우디는 깊은 숲속에서 벌어지는 현란한 원색의 향연을 연출해 낸 것이다. 그래서 공원에는 어린이들로 가득 차 있다. 숲을 모르는 도시의 어린이들에게 이곳은 요정의 세계요, 낙원이요, 마음의 고향이기도 한 것이다.

　가우디의 대표작 사그라다 파밀리아 성당의 모티프도 마찬가지일 것이다. 공원 앞에서 버스를 타고 가우디 거리에서 내려 앞으로 다가서면, 성당은 요염하게 빛나는 첨두(尖頭)를 하늘 높이 솟아올려 놓고 있다. 그것은 숲속에서 바라본 별의 세계를 나타낸 것이 아닐까. 구엘 공

원이 가우디가 지상에 그린 동화의 세계라 하면, 사그라다는 하늘에
그린 동화의 세계라 할 수 있지 않을까. 그리고 12개의 탑이 서 있는 환
상적인 초현실성은 달리의 초현실성과 통하는 것이 아닐까. 이런 생각
을 하면서 성당 앞 벤치에서 노을로 물드는 첨탑의 미묘한 변화를 하
염없이 바라보고 있는 것이다.   (6월 13일)

— 사그라다 파밀리아 성당

춤으로 하나가 된 지중해

버스로 에스파니아 광장까지 가서, 여러 사람에게 물어물어 마침내 몬주익(Montjuich) 언덕 한구석에 자리하는 고고박물관에 도착한다. 몬주익 언덕에는 투우장·축구장·야구장(스페인에도 야구장이 있다) 같은 체육 시설 외에 세 가지 유명한 미술관이 있다. 즉 중세 또는 르네상스 시대의 카탈로니아 미술품을 모은 카탈로니아 미술관, 후안 미로의 작품을 전시 연구하는 미로 기념관, 그리고 고고박물관이다. 말하자면 고대·중세·현대의 미술관이 나란히 있는 것이다. 바르셀로나 시내의 시끌벅적함과는 달리 이 일대는 너무나 조용하고 한적하며, 특히 고고박물관에는 사람의 그림자가 거의 보이지 않는다.

고고박물관은 신석기시대, 에트루리아, 암프리아스 세 부문으로 구성되나, 암프리아스의 출토품이 중심이 되어 있다. 기원전 5세기에서 기원전 4세기의 그리스 토기, 아스클레피오스 상, 아프로디테의 두상(頭像), 헬레니즘시대에 모작한 프락시텔레스 파의 아프로디테 상 등 좋은 작품이 많다.

이곳에서 천천히 대성당까지 걸어간다. 카탈로니아 광장 옆의 번화가를 지나면 별안간 고풍스러운 거리로 들어서는데 고딕 가이다. 돌포장으로 된 꾸불꾸불한 골목, 검게 그을린 육중한 석조 건물들이 늘어서 있다. 원래 이 일대는 로마인이 세운 도시였으나, 그 유적 위에 건설한 중세의 거리가 그대로 남아 있다는 뜻에서 고딕 가라 불린 것이다. 이 거리의 중심에 있는 것이 대성당이다. 14, 15세기에 건립한 장려하고도 위풍당당한 고딕식 건축이다. 이 일대는 관광객으로 붐비며, 선물가게에는 일본인들로 꽉 차 있다. 위장 상태가 나빠 점심을 굶은 채 광장의 벤치에 오랫동안 앉아 있는다. 우리 같은 외국인이 벤치에 앉으면 허름한 차림의 사내가 와서 자리표를 판다. 광장 한 모퉁이에는 거지가 몇 명 도사리고 있다. 그 가운데 한 놈은 체격이 늠름하고 깨끗한 티셔츠에 면도까지 한 단정한 차림의 젊은이이다. 그는 명상하듯 눈을 감고 웅크리고 앉아 있다. 그러나 아무도 그를 거들떠보지 않자 별안간 큰소리로 통곡을 한다. 그러자 아이들이 동전을 던져주고 덩달아 어른들도 돈을 던진다. 한쪽에는 야한 차림의 흑인 4인조가 악기를 치면서 흥겹게 노래를 하고 있다.

4시까지 광장에서 벌어지는 이러한 진풍경을 감상하다가, 식당에서 늦은 점심을 먹고 피카소 미술관을 찾는다. 고딕 거리에는 오래된 건물이 많으나, 가장 고색창연한 거리가 몽카다 가이다. 좁고 깊은 협곡과 같은 이 골목의 돌로 포장된 길을 내 구두 소리가 울리는 것을 들으면서 걷노라면, 나 자신이 중세물의 영화에 등장한 것 같은 착각에 빠진다. 이 골목의 한 저택을 개조해 꾸몄다는 피카소 미술관을 찾기는 쉬운 일이 아니다. 식당 주인이 골목 입구까지 따라와서 알려주지 않았던들 끝내 찾지 못했을지도 모른다.

미술관에는 〈비둘기〉를 비롯해 피카소의 초기 바르셀로나시대의 작품이 많다. 그런데 출구 가까이에는 만년에 니스에서 그린 비둘기 연작이 걸려 있다. 그것들은 조국을 잃은 피카소가 망향의 정을 달랠 수

— 바르셀로나 부둣가. 멀리 콜럼버스 상이 보인다.

없어 그린 작품인데, 결국 피카소는 비둘기에서 시작하여 비둘기로 끝
났음을 나타내려는 의도의 전시로 보인다. 1층에는 클레 전이 열리고
있는데, 칸딘스키나 폰닝거의 작품도 끼여 있다.

　미술관을 나와서 부두까지 걸어간다. 이 일대는 바르셀로나 역 앞이
기도 하여, 과거에는 우범지대로 알려져 있었으며, 지금도 음산한 분
위기가 감도는 듯하다. 큰길 저편에 콜럼버스 상이 서 있으나 거기까
지 걸어갈 기력이 없어 단념하고, 다시 고딕 가를 거쳐 카탈로니아 광
장으로 향한다. 도중에 번화가의 작은 광장에 사람들이 빽빽히 들어
차 있어 인파를 헤치고 앞에 나가보니, 수많은 남녀노소가 손을 잡고
원무를 추고 있다. 유명한 사르다나 춤이다. '고브라'라고 하는 12인조

— 사르다나 춤

악대의 가락에 맞추어, 처음에는 조용한 3박자 리듬으로 시작한다. 춤꾼들은 맞잡은 손을 내려놓고 고요하고 단조로운 스텝을 밟는다. 그러다가 별안간 가락이 경쾌해지면 손을 잡고 왼쪽, 오른쪽으로 돌면서 활기차게 춤을 춘다 그러다가 한참 만에 다시 조용한 리듬으로 되돌아간다. 이러한 소나타식 춤을 약간의 변화를 섞어가면서 하염없이 되풀이하는 것이다.

악대들의 연주는 결코 세련된 솜씨가 아니다. 그러나 상기된 얼굴로 땀을 흘리면서 열심히 연주하고 있다. 춤꾼들도 땀을 흘리면서 취한 듯이 추고 또 춘다. 정(靜)과 동(動), 우울과 환희, 빛과 그림자의 뚜렷한 교체. 이 춤은 〈그리스인 조르바〉에 나오는 크레타의 춤과 비슷한데, 아마도 그리스에서 전래되었을 것이다. 이것은 분명 그리스적인 가락과 율동이며, 식민시의 어떤 유물보다도 그리스적인 것을 느낄 수 있다. 지중해는 결국 그리스적인 의미에서 하나인 것이다.(6월 14일)

주 ────────────────

1) 헤카타이오스는 기원전 6세기 중엽 밀레토스 출신으로, 그리스 역사와 지리학의 창시자라 할 수 있다. 그의 작품 《게네알로기아》(계보)의 서두에서 "나는 진실이라 생각하는 것을 다음과 같이 기술한다. 그리스인에게는 전설이 많으나, 그것은 조소할 것이 많기 때문이다"고 하여, 합리적 진실을 추구하는 역사 서술 태도를 보였다. 그리고 페르시아·이집트·리비아·스페인 등지를 여행하여 《세계지도》에서 지리와 민속을 기술하였는데, 그것은 특히 헤로도토스에게 큰 영향을 미쳤다.

2) 펠로폰네소스 전쟁 동안 멜로스는 중립을 지켰으나, 아테네는 이 빈약한 작은 나라에 동맹국인 에레트리아나 낙소스와 같은 큰 폴리스

에 할당한 액수의 공세를 바칠 것을 요구한다. 그것을 거부하자, 아테네는 멜로스를 침공하여 도시를 파괴하고, 모든 성인 남자를 학살하고 부녀자를 아테네로 끌고 간 후 아테네인 500명을 보내 다스린다. 투키디데스는 《전사》에서 36장에 걸쳐 이 사건을 기술하고 있는데, 특히 아테네군의 공격에 앞서서 아테네 사절과 멜로스 대표 사이에 교환한 '멜로스 대담'은, 권력 정치의 가혹한 실체를 적나라하게 묘파하고 있다.

에우리피데스의 《트로이의 여인》은 트로이 전쟁에서 그리스군이 잔혹한 행위를 한 것을 빗대어, 멜로스에 대한 아테네의 횡포를 고발한 작품으로 알려져 있다.

3) 트로이 전쟁의 원인에 대해서는 여러 가지 설이 있으나, 리프는 지리적으로 교통의 요지였던 트로이가 사방에서 모이는 무역 상인에게 시장 통행세를 부과하여 번영했으므로, 그리스인이 관세 장벽을 없애고 흑해와의 금속 무역을 해방시키기 위해 침공했다고, 무역 전쟁설을 주장한다(Walter Leaf, *A Study of Homeric Geography*, 1912). 베라르와 미틀러는 그 전쟁의 원인을 지협론으로 설명한다. 즉 헬레스폰토스 해협은 표면과 저류가 역류하며, 풍향도 나빠 미케네시대의 선박과 항해 기술로는 항해가 곤란했다. 따라서 상인들은 트로이 부근에서 상품을 육지로 실어 올려, 트로이 왕이 관리하는 시장에서 재화로 교환해야 했다. 그래서 전쟁의 원인은 경제적인 데 있었으며, 바다를 지배하는 그리스와 육지를 지배하는 자와의 싸움이었다고 한다 (Victor Berard, *Les Phoenicians et l' Odysée*, 1902 ; F. Milter, *Die Meerengefrage in der griechischen Geschichte*, 1935).

Ⅳ. 이스라엘 단상(斷想)

유대 땅에 가는 까닭은

이스라엘은 나에게는 흔한 말로 마음의 고향이라 할 수가 있다. 어릴 때 나는 교회에 나가 유년주일 학교에 다녔다. 교회는 언덕 위에 서 있었다. 큼직하기만 할 뿐 볼품없는 2층 건물이었으나 붉은 벽돌집이었기 때문에 조그마한 시골 읍에서는 서양을 상징하는 건물이라 할 수 있었다. 그러나 그 안에서 듣고 보는 세계는 서양과는 거리가 먼 것 같았다. 거기서 나는 단군이나 세종대왕을 모르면서 모세나 사울을 알게 되고, 흥부와 놀부의 얘기를 알기 전에 다윗과 골리앗의 얘기를 들었다. 그러나 그런 얘기는 사막을 배경으로 한 이상한 나라의 이상한 사람들의 이상한 얘기일 뿐 각별히 흥미가 있는 것은 아니었다. 더욱이 주일학교 선생(이라 해봤자 20세 미만의 애송이 선생들이었지만)이 말끝마다 성경의 이 말씀은 진리의 말씀이라 하는데, 진리의 말씀이란 것이 무슨 뜻인지, 어째서 그런 말이 진리의 말씀인지 알 수가 없었다.

어머니가 독실한 신자여서 일요일이면 영락없이 그곳에 갈 수밖에 없었지만, 그렇다고 그곳에 가는 것이 싫거나 귀찮은 것은 아니었다. 학교와는 다른 분위기에서 다른 동무와 어울리는 것도 재미있었고, 학교와는 달리 책가방이나 예습 복습이 없는 것이 맘 편했다. 특히 크리스마스는 흥겹고 신이 나고 마냥 즐거웠다. 새벽에 신자의 집집을 찾아 추위에 떨면서 부른 캐럴. 교회 안 팍에 장식된 화려한 데커레이숀·성탄극에서 열연을 할 때의 흥분과 도취.

그러나 철이 들게 되자 신심없이 타성으로 교회에 나가는 것이 묵직하게 마음의 부담이 되었다. 그래서 어머니가 작고한 후 어느새 교회를 멀리하게 되었다. 기교(棄敎)나 배교(背敎)라 할 것이 못되었다. 다니던 미술학원이나 영수학원이 싫고 적성이 맞지 않아 그만둔 것과 다름이 없었다. 그후 오늘날까지 찬송가도 기도도 진리의 말씀이란 것도 완전히 잊은 채 살아왔다.

하지만 어릴 때 뇌리에 어렴풋이 새겨진 원초적인 기억은 영영 지워지지 않았을 뿐만 아니라, 오히려 지금의 내 감정이나 정서의 원점이요 뿌리라는 느낌이 없지 않다. 나는 같은 세대의 누구 못지않게 대일 감정이 좋지 않은 편인데, 이것은 따져보면 그 뿌리가 교회에 있었다 할 것이다. 설교는 노상 바빌로니아인이나 로마인에게 억눌려 핍박받는 이스라엘 백성의 불행한 애기이었으며, 그래서 처음에는 머나먼 이상한 나라에 불과했던 이스라엘이 우리와 같은 처지였다는 점에서 약간은 친근하게 느껴지게 되었다. 그리고 또한 학교에서 신사참배를 하는 월요일이 되면 어머니는 "신사참배를 할 때 마음속으로는 하느님께 기도를 드려야 한다"라고 당부하시곤 했다. 그렇다고 기도를 하는 것은 아니었으나 그래도 신사의 신주(神主)의 살풀이 의식이 조금도 엄숙하게 느껴지지 않아 코웃음치기도 했다.

내가 바흐나 종교음악에 심취하고 있는 것도 그 뿌리가 교회에 있지 않을까. 찬송가를 통해 나도 모르는 사이 바흐나 헨델의 멜로디의 미가 마음속에 스며들어 침전되어 있었던 것이 아닐까. 그런 의미에서 교회나 교회를 통한 이스라엘의 세계는 좀 쑥스러운 표현이긴 하나 마음의 고향이라 못할 것이 없을 것이다. 그렇다고 향수나 동경 같은 감정이 있는 것은 아니다. 저번에 아테네에 머물 때 그리 멀지 않은 거리에 두고도 그곳을 찾지 않았던 것은 당시 그곳의 정세가 불온했기 때문이기도 했으나, 위험을 무릅쓸 만한 강한 매력을 느끼지 못했기 때문이기도 했다. 그래서 《지중해 문명 산책》을 썼을 때도 그곳을 빠뜨리게 되었었는데, 거기엔 이스라엘도 지중해에 면해 있기는 하나 헤브라이즘의 세계는 헬레니즘과 대립되는 세계라는 관념도 다소 작용하고 있었다. 그러나 언젠가 개정판을 찍을 때에는 그곳에 대한 얘기를 써 보태야겠다고 마음먹고 있었다. 그렇다고 그 책에서 빠뜨린 것은 이스라엘만이 아니다. 이스탄불, 튜니시아, 그 밖에 수많은 지중해의 섬들. 가야 할 곳은 너무나 많다.

그러나 이스라엘에 대한 관심이나 호기심은 각별한 점이 있다 할 것이다. 그곳에 대한 호기심은 곧 예수에 대한 호기심이라 할 수 있다. 2000년 전 샛별과 함께 태어나 혜성과 같이 등장하여 섬광(閃光)과 같이 사라진 비극의 슈퍼스타. 온갖 수수께끼, 로망, 미스터리, 가십으로 점철된 짧고도 격렬했던 생애. 그의 정체는 무엇이었을까. 신의 아들이었나. 아니면 한낱 인간에 불과했나. 위대한 구세주였나. 아니면 마귀를 쫓는 떠돌이 살풀이 무당에 불과했는가. 아무튼 오늘날에도 20억 가까운 팬을 갖고 있는 사상 최대의 히어로에 대해 호기심이 없을 수 없다. 그러나 그런 호기심만으로 그곳에 얼른 날아갈 수는 없는 일이었다. 신자도 아닌 몸이 수많은 광신도 틈새에 끼어 이리저리 헤매는 것이 역겹게 느껴져 좀체로 용기가 나지 않았던 것이다. 그러던 어느 날 그곳에 가야겠다는 마음이 홀연히 일어났다. 개정판을 내자면 적어도 그곳에 대한 얘기라도 써 두어야 하지 않겠느냐는 생각이 든 것이다. 그곳에 가는 가장 싸고 편리한 방편이 성지순례 그룹 투어임을 알고, 어쩔 수 없이 순례단에 끼는 수속을 밟을 수밖에 없었다. 마치 무엇에 홀리기나 한 듯한 갑작스러운 행차이었다.

김포공항 제2청사 일각은 단체 관광객으로 시골 장터와 같이 왁자지껄했다. 항공은 현대의 가장 세련되고 기능적인 교통수단이다. 그러나 국내선은 이미 공항이 아니라 기차역이나 버스 터미널과 다를 바 없게 된 지 오래이다. 언젠가 국내선 대합실에 앉아 있자니 5, 6명의 그룹이 떡집에서 떡을 사서 나누어 먹으면서 옆에 앉은 나에게도 몇 조각을 권하는 것이었다. 완행열차에서나 볼 수 있는 정다운 시골 인심이다. 그러나 이젠 국제선도 국내선과 다를 바 없게 된 것이다. 카이로행 점보기에 올라서니 초만원의 승객으로 시골 잔칫집과 같은 소란하고 들뜬 분위기이며, 더욱이 늙은이가 많은지라 지리산행 효도관광버스를 탄 기분이다. 자신이 대중 교통수단의 짐짝 하나에 불과하다는 것을 실감한다.

우리 일행은 23명. 두 여행사에서 모집한 인원인데, 전라도에서 모집된 14명은 주로 목사 내외들이며 나머지도 나를 제외하고는 모두가 신자들이다. 서울에서 모집된 사람들 중 조용제 화백 내외와 내자는 목동성당의 교우였다는 사실을 알게 되어 부인인 박 여사와 내자는 당장에 형님 아우 님 하는 친한 사이가 되었다. 인솔자인 송씨는 나도 신자로 알고 김 장로라고 부르기에 장로도 아니고 신자도 아니라고 말하자, 그럼 무엇 때문에 이스라엘에 가느냐고 되묻는다. 글쎄 내가 유대 땅에 꼭 가야 하는 까닭이 무엇일까, 새삼 자문해도 얼른 답을 줄 수가 없다. 내자가 교인이라 얼버무렸지만 아무튼 나는 호산나 대열에 끼여 든 엉뚱한 이방인인 셈이다.

오후 1시 반에 김포를 떠나 12시간 후 밤 8시경 카이로에 도착한다. 의외로 짧은 여정이다. 수속을 마치고 대기한 버스에 올라 좌정하자 현지 가이드인 김이라는 40대로 보이는 여자가 일행 중 목사가 몇 분이나 계시느냐고 묻는다. 8명이라는 대답이 있자, 그 중 어느 분이든 기도를 해달라고 부탁한다. 한 목사가 짧은 기도를 한다. 이후 매일 아침 버스를 탈 때마다 목사가 번갈아 기도를 하는데 모두가 즉흥적으로 멋진 기도를 한다. 과연 프로들이다.

13년 만의 카이로는 밤거리이긴 하나 몰라보게 변모했다. 시나고그의 종탑과 고적에는 환하게 조명이 비쳐 있고, 관청가인 듯 큼직하고 당당한 건물이 띄엄띄엄 서 있고, 호화롭고 사치스러운 의상실과 상점이 길게 이어지고, 큰길 가운데에는 가로수가 우거지고. 서구의 유서 깊은 도시에 온 듯한 느낌이다. 하지만 씨터델(城砦)을 지나 올드 카이로에 들어서자 전과 다름없는 정겨운 풍경이 벌어진다. 창고와 같이 허술하고 초라한 건물들이 한없이 이어지고, 밤중인데도 어두운 거리에는 인파가 넘치고……

우리의 밤거리는 10대, 20대들이 판을 치는 애송이들의 천국이다. 대부분의 어른들은 집에 틀어박혀 바보상자의 노예가 된다. 그러나 이곳의 밤거리는 어른들 차지이다. 물론 부자들은 고급 클럽에 모여 떠들썩한 밤을 보내는지 모른다. 그러나 대부분의 서민들은 일몰이 되어 예배를 마치면 거리로 나와 초라하고 지저분한 찻집에 모여앉아 빵을 뜯고 차를 마시고 물파이프를 물고 밤늦게까지 담소하면서 소박하나마 평화로운 시간을 조용히 즐기는 것이다.

호텔에 도착한 것은 밤 10시쯤이었을까. 한낮에 서울을 출발하였으니 지금은 그쪽이 새벽 3시경일 것이다. 밤새 날아와서 다시 밤이 된 카이로에 도착했으나 이곳 시간의 리듬에 맞추기 위해 다시 잠을 청하기로 한다.　　　　　　　　　　　　　　　　　　　　　　(1999년 11월 25일)

출애굽 길

9시경 호텔을 출발한다. 여행자 23명 외에 운전기사와 가이드 3명을 합쳐 27명이 일행이다. 가이드 3명이란 한국에서 우리를 인솔해온 여행사의 송씨, 현지 가이드인 김 여사, 그리고 젊은 이집트인 가이드. 이집트에선 실업 대책으로 외국인에게는 면허를 주지 않기 때문에 반드시 면허를 갖는 현지인 가이드를 동반해야 한다. 거기에다 경찰차 한 대가 국경까지 우리를 에스코트한다. 우리가 VIP여서가 아니다. 근자에 관광객에 대한 테러가 있기도 해서 관광사업이 국가의 최대 산업인 이집트로서는 관광객 보호를 위한 불가피한 조치라 하겠는데, 실상인즉 이 또한 실업 대책으로 잔뜩 채용한 경관들이 이런 일이 아니고선 별로 할 일이 없기 때문이라고도 한다.

버스가 시내를 빠져나가기 전에 가이드는 과일을 잔뜩 사 넣는다. 오렌지는 자몽과 같이 큰 것과 탱자같이 작은 것이 있으나 둘 다 달고 맛있다. 특히 석류의 맛이 일품이다. 석류란 형상으로 봐 처녀의 성과 연관된 심볼릭한 과일이나 맛이 너무 시어서 임산부가 아니면 입에 댈 수 없는 것이 사실이다. 석류의 신맛은 우리네 척박한 토질 때문이라 한다면, 이곳의 단맛은 나일 유역의 비옥한 토양이 일구어 낸 그야말로 나일의 선물인지 모른다. 우리는 여자의 예쁜 입술을 앵두 같은 입술이라고 말한다. 그러나 이집트에서는 석류 알 같은 입술이라고 표현한 것을 읽은 기억이 있다. 모양만의 표현이 아닐 것이다. 석류 맛이 시었다면 그런 표현이 없었을 것이다.

시가를 벗어나면 사막이다. 사막이라면 우리가 갖는 로맨틱한 이미지가 있다. 뿌옇게 휘몰아치는 강한 모랫바람. 시시각각으로 변화하는 모랫파도의 아름다운 주름. 신기루처럼 홀연히 나타나는 대상의 낙타의 유장한 걸음걸이. 녹음이 짙은 낙원과 같은 오아시스. 그 낙원의 호숫가에서 고혹적인 춤을 추는 반라의 여인들. 영화를 통해 우리의 뇌리에 각인된 이러한 사막의 낭만은 이곳엔 없다. 풀 한 포기 없는 갈색의 황량한 들판이 사방으로 한없이 뻗어 있을 뿐이다. 지극히 가혹하고 준엄한 풍경이다. 이 비정의 황야에 서게 되면 누구나 대자연의 웅대한 힘에 외경을 느끼지 않을 수 없을 것이며, 신에 대한 공포에 떨지 않을 수 없을 것 같다. 신은 사막에서 태어나 사막에 현현(顯現)하는 것이다. 여호와도 알라도 사막에 현현한 공포의 신임을 통감하게 된다.

그러나 오늘날 황야에서는 신의 소리를 들을 수가 없다. 오히려 여호와와 알라의 후예들이 펼치는 전쟁의 스산한 포성(砲聲)이 이따금씩 진동하곤 한다. 그래서 지난 전쟁 때에 파괴된 전차나 야전포의 녹슨 잔해가 사막의 이곳저곳에 흩어져 있어서, 아직도 포화의 잔향(殘響)이 은은히 울리고 있는 듯도 하다.

〈출애굽기〉에는 모세가 언제, 어느 왕 때에, 어디에서, 어떻게 출발해서, 홍해의 어느 지점을 통과했는지 언급이 없다. 모세와 간다 못 간다

하고 옥신각신 실랑이를 벌이던 파라오의 이름만 기록해 두었던들 모든 의문이 풀릴 텐데, 바로(파라오)라고만 했을 뿐 어느 파라오인지는 너희들이 알아맞춰 보라는 투이다.

성경, 특히 구약은 읽을거리로서는 지루하고 따분하기 그지없으나 이것을 퍼즐게임이나 추리소설로 읽으면 흥미가 없는 것이 아니다. 실인 즉 퍼즐게임답게 몇 가지 힌트가 있으며, 그 힌트의 해석에 따라 여러 가지 설이 나올 수 있다. 예컨대 〈출애굽기〉에는 이집트인은 이스라엘인 위에 감독관을 두어 심한 노역을 시켜 바로를 위해 국고성(창고의 도시) 비돔과 라암셋을 건립하게 했다 하고 있다(출애굽기 1 : 11). 이집트의 기록에 의하면 국고성을 세운 것은 제19왕조의 람세스 2세(기원전 1280 ~ 1200)라고 한다. 요즘 베스트 셀러가 되어 있는 소설 《람세스》의 주인공이다. 그래서 탈출은 람세스 2세 치세초인 기원전 1260년경에 있었던 것으로 보는 견해가 일반적이다. 당시 이집트는 힛타이트 민족과 가데슈(Kadesh)에서 싸웠으나 승패가 없었으며, 기원전 1269년에 힛타이트와 평화조약을 체결하였다. 이로써 중동의 2대 세력 사이에 세력균형이 생겼으며, 그 결과 이스라엘뿐만 아니라 여러 소민족, 소부족이 행동을 개시한 흔적이 이집트의 사료에 나타난다고 한다.

그러나 기원전 1446년이라는 설도 있다. 구약 〈열왕기〉 상에는 "이스라엘 자손이 이집트 땅에서 나온 지 480년째 되는 해, 솔로몬이 이스라엘의 왕이 된 지 4년째 되는 해 둘째 달에 그가 여호와를 위하여 신전을 건축하기 시작하였다"(열왕기 상 6 : 1)라는 기술이 있는데, 그 해가 기원전 966년이므로 966 + 480 = 1446년이라는 것이다. 따라서 탈출은 아멘호테프 2세(기원전 1448 ~ 1424)시대가 된다고 한다(김희보, 《구약 이스라엘 사》, 1997).

정신분석으로 유명한 프로이트는 탈출을 이쿠나톤 왕(기원전 1372 ~ 1354)시대라고 본다. 고대 이집트 3000년의 역사 가운데 오직 이 왕만은 태양신 아톤을 유일신으로 섬겼다(이 책 142 ~ 144쪽 참조). 그가 왜 유일신을 섬겼는지는 알 수가 없으나 아마도 신관단과의 알력 때문인 것으

― 이쿠나톤 왕

로 보인다. 신관단을 타도하기 위해 유일신 숭배를 내세워 종교개혁을 단행한 것이다. 그러나 결국은 신관단에게 패배하고 만다. 그가 죽은 후 아톤 신 숭배도 사라졌고 그의 동상도 반파(半破)가 되었기 때문이다. 프로이트는 생각하기를 모세는 이스라엘인이 아니라 이집트의 왕족이었다는 것이다. 모세는 이집트어로 아이를 뜻하며, 왕명에도 흔히 볼 수 있는 이름이라고 한다. 왕이 죽은 후 모세도 실각하여 그가 장관으로 있던 고센(Goshen) 지방의 히브리인들을 이끌고 신천지에 이쿠나톤 왕의 이상을 실현하기 위해 이집트를 탈출했다는 것이다.

프로이트의 생각에 따른다면 탈출은 이쿠나톤 왕 치세 직후인 기원전 1350년경이 되는데, 많은 성서학자들이 생각하는 1280년경과 수십 년의 간격이 생긴다. 그래서 프로이트는 시나이 산에서의 십계명 수수를 전후하여 모세의 성격에 큰 차이가 나타난 것에 주목하여 두 사람의 모세를 생각한다. 즉 1360년경 탈출한 모세는 시내 산에서 십계명을 받은 전후에 동족의 폭동에 의해 살해된다(이러한 전설이 있었는데 프로이트는 그것을 역사적 사실이라 생각했다). 지도자를 잃은 유대인은 이집트와 가나안 사이의 어느 지점, 아마도 가데슈에서 같은 계통의 종족과

346

합류하며, 그때 단결의 징표로서 여호와 신을 받아들인다. 그때 여호와의 계시를 받은 미디안의 목자의 얘기가 이집트인 모세의 얘기와 합류한다. 지도자 모세를 죽인 이스라엘인은 곧 후회하며 그 사실을 은폐하기 위해 이집트 탈출의 시기와 여호와 신 채택의 기간을 단축하고, 또한 다른 인물인 이집트인 모세와 미디안인 모세를 동일 인물로 생각하게 되었다.

프로이트 설의 개연성 여부는 차치하고 이쿠나톤 왕의 얘기에는 후일담이 있다. 왕이 죽은 후 아톤 신 숭배가 쇠퇴하자 모세는 탈출했지만 역시 아톤 신을 모시던 네페르티티 왕비는 홀로 남는다. 그녀는 힛타이트 왕에게 편지를 보내어 왕자 한 사람을 보내주면 새 남편으로 맞아 파라오로 삼겠다고 제안했다(힛타이트 점토판의 기록). 독수공방의 외로움을 달래는 동시 아톤 신 숭배의 부흥을 노린 것인지도 모른다. 그러나 이 절세 미녀의 러브 콜은 열매를 맺지 못해 그녀는 실의 속에서 쓸쓸히 생을 마쳤다고 한다.

출애굽을 산토리니 섬의 폭발과 연관시키려는 설도 있다. 즉 기원전 1400년경 크레타 섬 북방 120킬로미터 지점에 있는 산토리니 섬에 사상 미증유의 일련의 화산폭발이 일어난다. 그 영향으로 산토리니와 크레타 문명이 파괴되었는데, 이것이 전설상의 섬 아틀란티스의 파멸을 의미하는 것으로 지목된다. 대폭발은 주변 민족에게 적지 않은 영향을 미쳤을 것이다. 구약에는 화산폭발을 묘사한 기술이 허다한데, 그 모든 것이 산토리니 폭발과 연관이 있는 것으로 보인다. 예컨대 폭발의 경위 전체에 대해서는 〈사무엘기〉 둘째 22:8에, 분화의 모습은 〈민수기〉 9:15-17에, 해일은 〈여호수아기〉 24:7, 〈예레미야〉 47:2-4, 〈시편〉 95:5 등에 기술되어 있다.

〈출애굽기〉에도 이른바 열 가지 재앙 중 화산폭발과 관계해서 일어나는 현상이라 할 수 있는 것이 많다. 화산재나 경석에 의해 생물의 생활 조건에 혼란이 일어나 개구리가 출현하고 가축이 죽고 종기가 유행한다. 우박, 천둥, 암흑도 폭발이나 화산재의 분출과 관계해서 일어나는 현상

— 수에즈 운하

이다. 이쿠나톤 왕 때의 태양신 숭배 자체가 화산재로 말미암아 태양이 가려져 암흑이 된 현상과도 관련된다. 따라서 탈출은 이쿠나톤대에 일어났다. 이 설은 한낱 가설에 불과하지만 탈출과 산토리니를 연관시킨 것은 재미있는 착상이라 하겠으나, 군데군데 견강부회(牽强附會)가 심한 것이 문제이다. 아무튼 성서학은 20세기에서 가장 발달한 학문이라 하지만 출애굽에 관한 최초의 의문도 아직 해결하지 못한 상태라고 할 수 있다.

사막을 달린 지 2시간도 못되어 수에즈 운하에 도달한다. 유유히 흐르는 강물을 접하자 이것이야말로 오아시스라는 상쾌한 기분이 된다. 모세는 홍해를 갈라 바다 밑 마른 땅을 걷게 했다지만 모세와 같은 초능력을 갖지 못한 현대인은 수에즈 운하 밑에 땅굴을 팔 수밖에 없었다. 그래서 해저터널을 통해 시나이 반도에 들어선 우리는 홍해를 우측으로 바라보면서 일로 시나이 반도를 남하한다. 이윽고 내륙으로 접어들어 한참만에 거대한 오아시스가 신기루와도 같이 홀연히 나타난다. 루비딤 (Rephidim)이다.

여태까지 오아시스가 보이지 않았던 것은 아니다. 그러나 모세가 애

— 루비딤

굽을 떠나 첫 번째로 진을 쳤다는 마라의 샘의 경우와 같이 자그마한 우물가에 대추야자수가 몇 그루 띄엄띄엄 서 있는 초라한 것이었다. 그러나 이곳은 대추야자수가 깊은 골짝을 덮어 대수해(樹海)를 이루고 있다. 이곳까지 온 이스라엘 백성들이 이곳에 물이 없다는 것을 알고 아우성을 치자 모세는 지팡이로 바위를 쳐서 물을 솟게 했다지만 원래 이곳엔 큰 샘이 있었을 것이다. 일시적으로 물이 말랐는지 모른다. 사막의 유목민의 싸움은 샘이나 우물을 둘러싼 쟁탈전이다. 아말렉인이 습격하여 이스라엘 백성과 싸움을 벌인 것도 같은 이유였을 것이다.

모세가 진두지휘를 했다는 가파른 언덕 꼭대기에 올라선다. 그가 오른손을 쳐들면 이스라엘 백성이 우세하고 왼손을 들면 적이 우세했다고 하는데, 그가 마치 전쟁놀이를 즐기고 있는 듯한 인상이나 요는 그가 전투경험이 전혀 없는 이스라엘 백성을 이끌고 사나운 유목민족을 상대로 전투지휘를 잘 했다는 얘기일 것이다.

베두인의 아이들 십수 명이 따라 올라와서 손을 내밀면서 "원 달러"를 연발한다. 그들은 한결같이 남루한 누더기를 걸치고 있으며, 세수라곤 난생 해본 일이 없는 듯한 더러운 얼굴과 헝클어진 머리카락을 하고 있다. 가난 때문만이 아닐 것이다. 이것은 오히려 구걸을 위한 치장인 것이다. 누추한 차림으로 여행자에게 연민의 정을 불러일으켜 적은 적선으로 값싼 자기만족을 느끼게 해준다. 말하자면 그들은 적선을 받는 게 아니라 적선을 주고받고 있는 것이다. 그런 뜻에서 그들은 훌륭한 생활인이다. 그래서 그들은 구걸에 조금도 비굴함이 없고, 원 달러를 받건 못 받건 해맑은 미소에는 변함이 없으며, 버스가 떠날 때는 모두가 일제히 와! 소리치면서 손을 흔든다. 구걸은 그들의 유일한 유희요, 오락이자 스포츠이다. 더욱이 그들에겐 숙제나 과외 같은 것이 없다. 그래서 얼굴은 더럽지만, 우리 아이들처럼 공부에 찌들지 않은 얼굴이라 마냥 밝고 천진하고 행복하기만 하다.

루비딤 근처부터 들판에 굴곡이 심해져 산과 언덕이 점점 높고 험해진다. 사막은 일몰이 일러 시나이 산 근처에 있는 호텔에 도착했을 때는 5시경인데도 이미 어둠에 싸여 둘레의 산은 검은 실루엣으로 변해 있다. 고원지대이기 때문에 겨울 날씨와 같이 쌀쌀하다. 식당으로 직행했으나 썰렁하고 어두컴컴한데다가 식사도 신통치가 않다. 대추야자수의 큼직한 대추 열매를 맛본 것이 별미라고나 할까. 모양은 대추 같으나 대추보다 훨씬 큰 것이 키위같이 생겼는데, 조금 달콤하고 끈적끈적하나 별로 맛이 없다.

내자가 긴 버스 여행으로 멀미를 해서 식사를 전혀 못하게 되자, 어떤 이는 약을 주기도 하고 어떤 이는 밥을 지어주기도 하는 등 모두가 걱정을 해준다. 전라도팀과 서울팀이 처음에는 조금 서먹서먹한 편이었으나 이것을 계기로 한가족이 되었다는 느낌이다. 찬기를 녹여 주는 듯한 훈훈한 전라도 인심이다. 그러나 방가로식 호텔이라고 하나 싸구려 모텔 수준이고, 침대가 세 개나 들어 있는 널찍한 방은 빈 헛간과 같이 썰렁하다. 조그마한 전기 히터 한 개로는 냉기를 막기 어려워 좀체로 잠을 청할 수가 없다. (11월 26일)

여호와는 시나이 산의 산신령이었나

　새벽 2시에 시나이 산 정상에 등반한다고 하나 여러 가지 조건으로 보아 무리라고 판단하여 등산을 포기한다. 모세는 80 고령인데도 시나이 산을 몇 번이고 오르내렸는데, 70도 안 된 나이에 등산을 포기하는 것이 마음에 켕기는 노릇이긴 하나 도시 나를 모세에 견주는 것은 외람된 일이라고 스스로 달랜다. 그래서 잔류파를 위해 8시에 시나이 산록에 있는 성카다린 수도원으로 향하는 버스를 탄다. 시나이의 아침 공기는 쌀랑하나 주위의 암산은 아침 햇살을 받아 불타듯이 붉으며, 산봉우리 위에 둥근 흰 달이 싸늘하게 떠 있다. 시나이 산의 이름은 메소포타미아인이 숭배하던 달의 신인 '신'에서 나온 말이라 한다. 붉은 여호와의 산에 떠 있는 흰 달의 신! 신비적인 콘트라스트이다.

　호텔에서 불과 10분 거리인 주차장에서 내려, 다시 10분 정도 걸으면 성카다린 수도원에 당도한다. 예쁜 이름인지라 시나이 산 기슭에 다소곳이 자리한 한적한 작은 수녀원을 상상했는데, 높은 성벽으로 둘러싸

— 성카다린 수도원

인 거대한 성채인 데에 놀라지 않을 수 없다. 더욱이 문앞에는 시나이 산에서 하산한 수많은 순례자들이 수도원의 개문을 기다리고 있고, 그들을 태워준 낙타가 수십 마리 도사리고 있어 그야말로 문전성시를 이루고 있다.

카다린은 로마제국시대 박해로 말미암아 알렉산드리아에서 순교한 아름다운 소녀의 이름인데, 그녀는 천사들에 의해 시나이 산으로 옮겨졌다가 이곳에 안장된 것이다. 이 수도원은 6세기 동로마 황제 유스티니아누스가 건립한 것인데, 세계에서 가장 오랜 기독교 수도원으로 알려져 있지만 가장 성스러운 곳에 세워진 수도원이란 느낌도 든다. 그리고 1844년 독일 성서학자가 이곳 쓰레기 더미에서 양피지 한묶음을 주었는데, 그것이 그리스어로 된 성경의 최고(最古)의 사본, 즉 '시나이 사본'이라 불리는 것이었다. 이 사본은 현재 대영박물관에 소장되어 있다는데, 대영박물관이 로서아인으로부터 10만 파운드에 구입한 것은 확실하나 구입 경위에 대해서는 확실히 알 수가 없다.

이곳 도서관은 '시나이 사본' 외에도 귀중한 고대 성경 사본과 희귀한 성경을 다량 소장하고 있는 곳으로 유명하며, 교회의 모자이크 벽화는 모자이크 예술의 걸작으로 알려져 있다. 경내에는 도서관을 비롯해 많은 건물이 있는 듯하나 등잔이 천장에 수없이 매달린 자그마한 예배당 하나만이 개방되어 있다. 더욱이 가이드는 그리스 정교 예배당이기 때문인지 예배당 안에 들어갈 것 없다고 귀띔까지 한다. 이 예배당과 경내 한구석에 자라는 떨기나무 한 그루를 보여주기 위해 수많은 사람들을 오랫동안 문밖에서 기다리게 하다니, 너무한 얘기가 아닌가. 그러나 시나이 산을 비롯한 주변의 갈색의 산세(山勢)의 위용은 압도적이다. 준엄하면서도 거룩한 기운에 차 여호와가 십계명을 내리기에 이보다 적합한 장소는 없을 것 같다.

이스라엘 백성이 어디에서 출발해서 어떤 경로를 거쳤는지도 아직 분명치가 않다. 그들이 많이 살고 있던 나일 하구 동편의 고센 지방에서 출발한 것으로 보고 있는데, 그곳에서 가나안으로 향하는 데는 북 루트 설과 남 루트 설이 있다. 많은 성서학자들은 성서에 나오는 홍해는 현재의 홍해가 아니라 나일 강 출구 동쪽에 위치한 실보니스(Sylbonis) 호수라고 생각한다. 실보니스 호수 남쪽에는 사나운 민족이 거주하고 있어 그들을 피해 모세는 실보니스 북쪽 지중해에 면한 길을 따라 행진하여, 가데슈의 서방 140킬로미터 지점에 있는 높이 890미터의 쥬베르하랄 산(시나이 산)에 도달했다고 하는 것이 북 루트 설이다. 고센에서 가데슈까지의 최단거리라는 점에서 이 설은 많은 학자들의 지지를 받고 있다. 남 루트 설은 우리가 거쳐온 길인데, 모세가 최단거리를 두고 시나이 반도 남쪽에 있는 무사(시나이) 산까지 내려와서 다시 가데슈로 올라갔다는 것이 납득이 가지 않아 나도 북 루트 설을 지지하고 있었다. 그러나 이곳에 와서 남 루트 설이 옳다는 것을 확신하게 된다. 물론 이스라엘 백성이 두 패로 갈라져 두 루트를 거쳐 가데슈에서 합류했을지도 모른다. 그렇다 하더라도 모세가 이끄는 주류는 남 루트를 따라 시나이 산에 왔을 것이다.

모세는 과거 이집트에서 이스라엘인을 구하기 위해 이집트인 감독을 살해하고 시나이 사막으로 피신하였었다. 살인죄를 범하여 유형(流刑)의 땅인 사막으로 추방당했는지도 모른다. 사막에서 그는 유목민인 미디안인의 제사장의 딸을 만나 결혼하여 사막생활을 경험한 후 다시 이집트로 돌아온다. 시나이 산에서 신을 만나 이스라엘 백성을 구해오라는 명령을 받았다는 것이다. 시나이 산은 준엄한 산세로 보아 예부터 산신령이 존재했을 것이다. 이스라엘 민족이 언제부터 유일신을 믿게 되었는지는 알 수 없으나 프로이트의 말대로 이쿠나톤 왕의 영향이 컸으리라 생각할 수 있다. 그러나 결정적으로 일신교가 확립되고 민족공동체가 조직된 것은 시나이 산에서이었을 것이다. 모세가 탈출을 할 때 이집트 국경지대의 이스라엘인 집단에는 이스라엘인 이외 잡다한 인종으로 구성되어 있었을 것이며, 그들을 통합하여 사막으로 이끌어 가기 위해서는 행동원리로서 일신교의 필요성이 절실했을 것이다.

모세는 그가 익히 알고 있는 길을 따라 처가가 있는 곳으로 군중을 이끌어 갔을 것이다. 그곳에는 시나이 산이 있었기 때문이다. 미리 신의 분부를 받아서라기보다 시나이 산의 인력(引力), 신의 섭리에 의해 그곳으로 가게 되었을 것이다. 시나이 산에서 그는 신의 계시를 받아 행동지침을 작성한다. 십계명이다. 십계명 중 9계명은 다른 종교에서도 있을 수 있는 계명이다. 그러나 나 외의 다른 신을 섬기지 말라는 첫째 계명은 혁명적이었다. 혁명을 위해서는 피의 숙청이 필요했다. 모세는 반대파나 불평분자 3,000명을 학살한 것이다. 그 숫자는 과장이겠으나 아무튼 신의 제단에 피를 뿌림으로써 일신교가 확립되었으며, 십계명은 종교 이데올로기로 확정된다. 시나이 산은 준엄한 산세로 보아 예부터 산신령이 존재 했을 것이다. 미디안인은 그 신을 샤다이라고 불러 숭배하였다. 물론 여호와의 이름을 함부로 부르지 말라(신명기 5 : 11)는 말씀이 있어 각 지방마다 여호와의 이름을 달리 불렀으며, 시나이 산에서는 내내 샤다이라고 불렀는지 모른다. 그러나 실은 거꾸로 미디안이 밀던 산신령이 모세에 의해 여호와가 된 것이 아닐까. 여호와는 하나의 산신령에서 민족의 신이 되었으며, 나아가서는 기독교를 통해 세계의 신으로 발전되었다라고 말할 수 있지 않을까.

그 후 이스라엘 백성은 온갖 시련을 겪는다. 오랫동안 사막에서 방랑해야 했고, 가나안에 들어선 후에도 바비론 유수를 겪어야 했고, 신약시대에도 로마의 지배를 받아야 했으며, 다시 2,000년 가까이 이산의 쓰라림을 겪어야 했다. 그러나 다른 계명은 유연하게 받아들이면서도 첫째 계명은 철저하게 지켰다. 우리는 짧은 일제시대에도 신사참배를 하고 천조대신(天照大神)에게 고개를 숙였다. 이광수도 그러했고 최남선도 그러했고 많은 기독교 신자도 그러했다. 우리에게는 모세가 없었기 때문이었다. 모세가 위대함은 바로 여기에 있었다.

시나이 산은 유대교도나 기독교도만의 영산(靈山)이 아니라 아랍인의 영산이기도 하다. 그래서 이집트의 고 사다트 대통령도 이곳에 와서 기도를 하는 것을 퍽이나 좋아했다고 한다. 세 종교의 교도뿐만이 아니다. 내가 왜 순례 길에 나서게 되었는지 나 자신도 확실히 알 수 없었으나 이제서야 그 까닭을 알 것만 같기도 하다. 여호와가 모세에게 역사(力

使)하여 시나이 산으로 오게 했듯이 시나이 산의 강한 자력이 나에게도 작용한 것이 아닐까. 시나이 산을 보여주기 위해 당신이 나를 부른 것이 아닐까. 시나이는 나에게도 영산이라 못할 것도 없을 것이다. 하긴 모세는 신화적인 인물인지라 이스라엘 백성의 민족이동의 상징에 불과한지 모른다. 따라서 모세와 이스라엘 백성의 얘기는 하나의 환상 게임이요, 내가 겪은 이 여정도 환상 여행인지 모른다. 그렇다 하더라도 이 얼마나 멋진 환상 게임이요 화려한 환상 여행인가. 내가 이곳에 온 것은 내 인생에 있어 가장 환상적인 경험이라 할 수 있을 것 같다.

9시 반경 이곳을 출발한다. 좀더 머물러 시나이의 영기(靈氣)를 듬뿍 받는다면 신의 소리를 들을 수도, 내가 거듭날 수도 없지 않으련만 다급한 여정이라 아쉬움을 남기면서 황망히 이곳을 떠나게 된다. 시나이 산역(山域)을 벗어나도 무인(無人)의 광야의 웅대한 경치는 계속된다. 특히 시나이의 그랜드 캐논이라고 불리는 지점의 경관은 인상적이다. 다시 홍해의 아카바 만으로 나와 바다의 파란 물결을 우측으로 바라보면서 북상, 누웨이바란 곳에 도착하여 한식점에서 점심을 든다. 이곳은 여름 리조트인 듯하나 이런 한적한 곳에 한식점이 있는 것이 놀라워 장사가 잘 될까 걱정이 되기도 한다. 그러나 우리가 도착했을 때 이미 다른 한국팀이 식사를 하고 있었으며, 우리가 떠날 무렵 다른 팀이 도착하는 것으로 보아 이곳은 순례의 빠질 수 없는 길목인 듯, 장사가 될까 하는 염려는 기우에 불과한 것 같다.

식사 후 약 200미터 거리에 있는 해변으로 걸어가 모래사장을 산책한다. 해안 왼쪽에는 해안을 따라 병풍과 같이 절벽이 연봉을 이루어 있고, 홍해의 대안에는 요르단의 산이 어렴풋이 뿌옇게 보인다. 바닷물은 발을 넣으면 파랗게 물들 것 같이 한없이 검푸르다. 이곳은 성지나 유적이 아닌지라 가이드의 요설도 없고 긴장감이나 호기심도 없다. 갈색의 사막을 헤매다가 텅빈 마음으로 접하는 바다와 바닷바람이 너무나 신선해 소생할 것 같은 상쾌한 기분이다.

모세는 가데슈에서 아랏(Arad)을 통해 가나안으로 진입하려했으나 여의치 않게 되자, 남하하여 오늘의 에이랏(Eirad)까지 내려와서 사해 동쪽으로 우회하여 여리고(Jericho)로 진입하기 직전에 사망하고, 그의 후계자인 여호수아에 의해 가나안에 들어갈 수 있었는데, 그동안 40년을 방황했다고 한다. 모세가 시나이 산에 온 것은 80세였으니 120세에 사망한 것이다. 종교서나 전설은 과장이 많은지라 숫자도 상당히 줄여 잡는 것이 무난할 것 같다. 예컨대 그리스의 아틀란티스 전설은 기원전 6세기에 살던 솔론이 이집트의 신관으로부터 들은 얘기인데, 그 당시로부터 9000년 전에 아틀란티스가 멸망했다고 전하고 있다. 아틀란티스는 오늘날 산토리니 섬으로 지목되는데, 그 섬이 폭발하여 멸망한 것이 기원전 1400년경이다. 따라서 9000년을 10분의 1로 하여 900년 전의 일로 잡으면 기원전 500 + 900 = 1400년이 되니 전설과 실제는 대체로 일치한다.

모세가 이집트를 탈출할 때 장정만 60만, 가족을 합하면 200만 이상이 이동한 셈인데, 이건 터무니없는 숫자이다. 장정의 수를 10분의 1로 줄여 5, 6만 정도로 보면 어떨까. 마찬가지로 모세가 시나이 산에서 죽을 때까지 방황했다는 40년을 10분의 1로 줄여 4, 5년으로 잡으면, 모세가 사망한 것이 84, 5세가 되니 120세보다는 한결 그럴 듯한 연령이 된다. 하긴 바다를 가를 수 있는 초능력자인 모세가 120세를 못 살 리 없기는 하지만. 이건 부질없는 숫자놀이인지 모른다.

아무튼 이스라엘 백성이 그토록 오랜 시간을 사막에서 헤맸지만 우리는 불과 몇 시간만에 가나안으로 들어가는 국경인 타바(Taba)에 도착한다. 그러나 여호수아는 여리고를 공략해야만 가나안으로 들어갈 수 있었지만, 우리는 세계에서 가장 까다롭다는 이스라엘 세관이라는 난관을 돌파해야만 한다. 먼저 이집트 세관에서 간단히 출국수속을 마친 후 짐을 끌고 약 200미터 거리인 이스라엘 세관으로 간다. 이스라엘 입국수속은 소문대로 매우 철저하다. 먼저 여권을 제출하면 그것을 검토해서 흰 카드, 노란 카드, 붉은 카드 3색으로 분류하여 카드를 각자에게 나누어 준다. 테러리스트일 가능성에 따른 분류인 것 같은데, 우리 같은 노부부는 흰 카드라 짐검사 없이 프리 패스, 제일 먼저 통관시켜준다. 젊은 층은 부부라고 해도 노란 카드, 짐검사가 실시된다. 붉은 카드는 요주의 인물, 철저하게 검사된다. 일행 가운데 가장 인기가 있는 갈 집사는 혼자 온 젊은 여자라 이곳에선 가장 위험한 여자 테러리스트로 지목되었는지 가장 까다롭게 취급당했다고 불평이 대단하다.

이집트의 세관원은 전원 남자인 데 반해, 이스라엘은 젊고 아름다운 여성 일색이다. 여자가 보다 치밀하게 검사를 할 수 있기 때문이기도 하겠고, 실업대책에 급급한 이집트와는 달리 이곳은 남자 손이 모자라기 때문이기도 할 것이다.

통관을 통해 알 수 있는 것은 아랍과 이스라엘의 경제사정 차이만이 아니다. 통관을 할 때 나는 한 가지 큰 실수를 했다. 세관원 아가씨가 내 여권의 입국사증 스탬프를 찍을 때 다른 종이에 찍어줄까 하는데, 그 뜻을 알고 있었음에도 그대로 여권에 찍으라고 하고 만 것이다. 앞으로 아랍권 국가에 입국할 경우 이스라엘 입국사증이 있는 여권을 가지면 입국을 거부당하기 때문에, 이스라엘에서는 반드시 사증을 다른 종이에 받아두어야 한다는 것을 깜박 잊은 것이다. 이집트 등 한두 개의 나라를 제외한 대부분의 아랍인들은 이스라엘에 입국한 일이 있으면 누구나 친이스라엘 파로 간주하여 적대시한다. 반면에 이스라엘인들은 물론 여행자들의 아랍권 입국 여부를 전혀 개의치 않는다. 따라서 이것은 아랍인이 이스라엘에 대한 증오심이 얼마나 강한가를 말해 주는 동시에 아랍인이 얼마나 편협하고 불합리하며 또한 얼마나 이스라엘인에 대해 열등의식이 강한가를 말해 주는 일이기도 하다.

세관원뿐만이 아니라 국경을 넘으니 모든 것이 일변한다. 국경도시인 에이랏의 휴게소는 미국의 버스 스톱과 같이 깨끗하고 산뜻하다. 그러나 화장실을 쓰는 데도 1세켈(약 25센트)를 지불해야 하고 매점에서는 초콜릿 한 개가 1불이 넘는다. 물가가 비쌀 뿐만 아니라 이곳엔 이집트인의 온화하고 정다운 미소가 없고 기능적인 쌀랑함이 감돌 뿐이라는 느낌이다. 에이랏의 거리도 야자수 가로수가 우거지고 깔끔한 흰색 건물이 띄엄띄엄 서 있는 것이 미국의 리조트 타운에 온 듯하다. 들판에는 집단농장이 있고 식림된 숲이 있고 다듬어진 농경지가 계속되고. 이스라엘인의 피와 땀이 섞인 노력의 흔적이 역연하다. 그들이 젖과 꿀이 흐르는 땅에 온 것이 아니라 그들이 그러한 땅을 일군 것이다.

국경에서 버스와 가이드도 바뀐다. 운전기사는 할리우드 액션 영화의 형사부장 타입의 중후한 풍모의 이스라엘인 중년이고, 가이드는 이씨라는 민첩하게 생긴 젊은이이다. 이집트와는 달리 이스라엘인 가이드는 없다. 설명이 자상하던 이집트의 김 여사와는 달리 이 친구는 노래가 특기인 듯 버스가 출발하자마자 찬송가를 부르기 시작한다. 목청은 그만하나 찬송가를 거스펠식으로 노래 끝을 비틀어 부르는 것이 재미있다. 약간의 베리에이션으로 무미한 찬송가에 생기가 도는 듯한 신선한 느낌이다. 가이드의 선창으로 여러 곡의 찬송가를 부르는 가운데 아랏(Arad)에 도착한다. (11월 27일)

유대인의 십자가, 마사다

이스라엘에서의 첫날 아침. 날씨는 온화하고 쾌적하다. 8시경 호텔을 출발하자 곧 사해(死海)가 나타나고 소돔에 이른다. 물론 소돔과 고모라라는 음란한 도시의 흔적은 남아 있지 않다. 하지만 롯의 아내가 그곳을 빠져나오다가 뒤를 돌아봄으로써 소금 기둥이 되었다는 사람 형상의 소금 기둥이 남아 있다. 여자의 화석치고는 너무 거대한 것이 실소를 자아낸다. 모두들 소금 돌을 한 개씩 기념으로 줍는다. 나도 갈 집사가 주워 온 돌 하나를 얻었다.

이 지역은 해발 마이너스 400미터. 지구상의 육지에서 이렇게 낮은 곳은 없다. 바다라고 부르나 실은 호수이며, 그러면서도 바다보다 염분이 10배나 많아 물고기가 살 수 없어 죽음의 바다라고 부른다. 단이란 곳에 수원을 두고 지하수를 모아 흐르는 요단 강물이 이곳에서 막혀 수분이 증발하여 염분이 많아졌다는 것이다. 염분이 많을 뿐만 아니라 각종 미네랄이 바다보다 20퍼센트 내지 50퍼센트 진하며, 주변에서 솟는 온천물은 피부병과 류머티즘에 효험이 있고, 바다에서 채취되는 진흙은 미용에 좋다고 한다. 더욱이 1년 내내 햇볕이 쪼이면서도 다른 곳보다 산소량이 많아 두터운 대기를 형성하여 자외선을 차단해 준다고 한다. 그래서 호숫가에는 리조트 호텔이 여러 채 서 있다. 상술의 천재인 유대인은 죽음의 바다를 미와 건강을 찾는 현대인의 낙원으로 만든 것이다. 신이 이곳의 땅을 떼어서 에덴 동산을 만들었다는 전설을 흘리면서. 마이클 잭슨도 이곳에 와서 피부병을 치료했다고 한다. 흑인인 잭슨이 흰 피부를 하고 있는 것은 피부병 때문이라 주장하고 있는데, 이곳을 다녀간 뒤에도 피부가 여전히 흰 것을 보면 마음먹고 치료할 생각이 없었거나 아니면 이곳 물이 별로 효험이 없는 증거가 아닐까.

소돔에서 북쪽으로 조금 올라가면 기괴한 암산이 총립해 있다. 제주도의 일출봉과 같은 화산 같기도 하고 거대한 묘석을 세워놓은 것 같기도 하다. 마사다 요새이다. 이곳은 유대인이 로마에게 저항하는 최후의 거점이 되었지만, 아이러니컬하게도 이곳을 요새로 만든 것은 친로마주

— 사해

의자인 헤롯 대왕이었다.

이스라엘이 로마의 지배하에 들어간 것은 기원전 63년, 그 이전에는 시리아 지배하에 있었는데, 특히 열렬한 헬레니즘 신봉자였던 안티오코스 4세는 유대인을 완전히 헬레니즘화하기 위해 예루살렘 신전에 제우스 상을 세우고 율법을 준수하는 자를 철저히 탄압했다. 그리하여 기원전 167년 제사관이었던 하르몬 가를 중심으로 반란이 일어났다. 이른바 마카바이 반란이다. 그때 유대인은 로마의 후원을 얻어 독립을 쟁취하는 데 성공한다. 동방진출을 획책하던 로마로서는 유대를 후원하여 시리아를 굴복시키고는, 다음으로 유대를 제압하여 이집트로 진출할 계획이었을 것이다. 그리하여 독립한 지 백년 만에 로마의 폼페이우스에 의하여 예루살렘이 점령되어 로마의 세력하에 들어간다. 그러나 로마와는 반(半)동맹, 반(半)종속이라는 형태로 하스몬 왕가는 존속되었으며, 그 왕조의 최후의 왕녀 마리안메와 결혼하여 왕위를 차지한 자가 헤롯이었다. 그는 사막의 호족출신이라 정통성이 약했으나 격렬한 정쟁 끝에 왕권을 확립한다.

그는 냉혹하고 잔인하고 시기심이 많은 폭군이었으며, 유력 귀족 45명을 처형한 것을 시작으로 처족들을 죽이고, 마침내는 왕비를 죽이고 왕비에서 난 아들들을 차례로 죽여 없앴다. "헤롯의 자식이 되느니 그의 돼지인 것이 낫다." 이 말은 그와 가까웠던 로마의 아우구스투스 황제가 한 말이다. 그는 아들들을 무참히 죽였지만 유대교의 계율을 지켜 돼지고기를 먹지 않았기 때문이다. 그러나 그는 매우 유능한 정치가였다. 로마에 헤롯 로비를 만들어 로마와의 관계를 강화하는 한편, 유대교도들에 대해서는 가장 경건한 교도 행세를 하면서 오늘날 통곡의 벽만 남아 있는 장려한 신전을 재건하였다. 그는 건축 마니아여서 신전뿐만 아니라 로마식 경기장 등 여러 가지 건축물로 예루살렘을 로마에 못지 않은 훌륭한 성벽도시로 만들었으며, 지중해에 면한 곳에 카이샤라라는 항만도시를 건설하여 로마에 군사기지를 제공하는 동시에 무역항으로 발전시켰다. 광야에는 다섯 개의 요새를 건설했는데, 그 중 가장 크고

— 마사다

훌륭한 것이 마사다이다.

이 요새는 멀리서 보면 산으로 보이나 나지막한 언덕 위에 흙을 쌓아 올린 인공의 산이다. 케이블카를 타고 지상 400미터의 정상에 오르면 동서 200미터, 남북 600미터의 넓은 대지가 있고 대지 끝은 사방이 수직으로 된 절벽이다. 동쪽에는 사해, 배후에는 기복이 심한 유대의 황야가 망막(茫漠)히 펼쳐져 있는 둘레의 경관은 숨을 멎게 할 만큼 웅대하다. 대지의 북쪽에는 3단 구조의 궁전 건물이 있었으며, 궁내에는 냉탕 온탕이 겸비된 로마식 욕장이 있었고, 지하에는 장기 농성에 대비하여 바위를 뚫어 5만 입방미터의 물을 저장할 수 있는 거대한 수조(水槽)까지 마련되어 있었다. 피해망상증이 심한 헤롯이 만일 경우에 대비하여 건설했겠지만 그에겐 만일의 경우가 일어나지 않았다. 이 화려한 요새궁전을 그는 한 번도 사용하지 못한 채 기원전 4년에 죽은 것이다. 어느 역사가는 그의 일생을 "여우와 같이 왕위에 숨어들어 호랑이와 같이 지배하다가 개와 같이 죽었다"고 말했다.

헤롯이 죽자 그의 영토는 살아남은 아들들에게 나누어졌는데, 예루살렘이 있는 유대 주(구 유대 왕국의 지역)는 아르켈라오스의 영지가 되었다. 그러나 폭동이 일어나자 로마군은 무자비하게 진압하고는 아르켈라오스를 추방하고 유대를 로마의 직할령으로 만들었다. 로마의 지배가 강화되자 유대인들의 반발도 거세진다. 64년 예루살렘에서 발생한 반란은 전국으로 확산되었으며, 반란을 진압하려고 파견된 갈스는 예루살렘 포위에 실패하여 6,000명의 병사를 잃음으로써 로마제국 건국이래 최대의 굴욕적인 패배를 맛본다. 그러나 67년 베스파시아누스와 그 아들 티투스(그후 둘 다 황제가 되었다)가 침공함으로써 사태는 급전되었다. 로마군은 유대의 모든 지역을 평정한 후 70년 봄 예루살렘을 함락시키고 신전을 불사른다. 유대 전쟁은 여기서 끝났으며, 고대국가로서의 이스라엘도 여기서 멸망되었다고 봐야 한다.

그러나 정작 유대인의 유대인다움이 발휘되는 것은 멸망 이후의 한낱 에피소드에 불과하다고 해야 할 마사다에서였다. 조국의 멸망에도 불구

— 마사다 정상. 로마군이 쏘아올린 돌들이 쌓여 있다.

하고 만 명 가까운 열심당은 마사다에서 농성하여 2년 반이나 항전을
계속한 것이다. 그러나 마지막에 로마군은 서쪽, 계곡이 얕은 곳으로 흙
을 쌓아올려서 공성기(攻城機)를 사용하여 성채에 도달하는 데 성공한
다. 낙성이 임박한 마지막 밤에 960명의 농성자들은 먼저 각자가 자기의
처자를 죽인다. 그리고는 제비를 뽑아 10명을 정하고 그 10명이 모든 동
지를 살해한 후, 10명이 다시 제비로 한 명을 뽑아 마지막 한 명이 나머
지 9명을 살해하고 궁전에 불을 지른 후 자결한다. 이튿날 새벽 로마군
이 진입했을 때 누누(累累)히 쌓인 시체 속에서 울부짖고 있는 어린아이
다섯 명과 여자 두 명만이 살아남아 있는 것을 발견한다. 유대의 장군이
었다가 로마군의 포로가 된 후 로마의 귀족이 된 역사가 요세푸스
(Josephus)는 그 여자들로부터 들은 처절한 참상을 그의 《유대 전기》에
생생하게 기록하였다.
　인류 역사상 가장 처절한 참극의 하나였던 이 집단자살이 있은 후,
1,800년간 유대민족은 조국을 떠나 세계에 흩어져 사는 이산민족이 되

어 버렸다. 자신을 죽이는 것도 살인하지 말라는 계율에 어긋나는 행위
이다. 살아서 노예가 되지 않으려는 민족자존의 의지는 계율을 넘어서
발휘될 수 있는 것이었다. 현재도 마사다는 적의에 가득 찬 아랍인으로
둘러싸인 이스라엘인의 자구(自救)의 의지를 다짐하는 도장이 되어 있
다. 그래서 이스라엘 군인들은 입대시 이곳에 와서 "다시는 마사다를
잃지 않겠다" 선서를 한다는 것이다. 입대시뿐만 아니라 여기서 성인식
을 거행하는 사람도 많다고 한다. 이스라엘인은 누구나 마사다를 경험
해야 하는 것이다. 마사다는 이스라엘인에 있어서 최대의 성지이다.

　집단자살이라면 우리에게도 낙화암의 비화가 전해진다. 그러나 3천
궁녀의 얘기는 백제 멸망의 애잔한 하나의 로망으로 남아 있을 뿐 그것
을 실제의 사건으로 믿는 사람은 거의 없다. 서점의 한국사 코너에도 백
제를 다룬 수많은 책 가운데 3천 궁녀의 얘기를 언급한 책은 한 권도 없
다. 심지어 《이야기 한국사》라는 책에도 조그만한 낙화암의 사진 밑에,
이곳에서 궁녀들이 죽었다는 전설이 있다는 한마디 설명이 있을 뿐 본
문에는 언급이 없다. 그 얘기는 얘기로서도 전해지기 어렵게 된 것이다.
물론 계백 장군이 처자식을 자기 손으로 죽인 다음, 5,000명의 부하를
이끌고 10배나 되는 김유신의 군대와 싸워 전멸한 처절하고 장렬한 얘
기는 역사적 사실로 기록되어 있지만 그건 집단자살이 아니다.

　나는 낙화암의 바위 위에서 수십 미터 아래의 강물을 내려보기도 하
고, 사자수의 모래사장에 앉아 낙화암을 쳐다보면서 궁녀들이 몸을 던
지는 아찔한 모습을 상상해 보기도 했다. 생생한 역사의 무게를 느끼기
는 힘들었음에도 가슴이 찢기는 듯한 애절한 심정이 드는 것은 어쩔 수
가 없었다. 3천 궁녀란 의자왕의 방탕한 생활을 강조하기 위해 꾸며진
얘기라는 설도 있고, 궁녀가 아니라 왕의 근위병의 죽음이 와전되었다
는 설도 있다. 그게 아닐 것이다. 물론 3,000이란 숫자는 많다는 것을 나
타내는 표현에 불과하다. 공자의 제자가 3,000명을 헤아린다고도 하고,
신라의 귀족은 3,000명의 종복을 거느렸다는 말도 있다. 불과 몇 명뿐이
었는지 모르지만 궁녀가 자결한 것은 사실일 것이다. 그녀들이 몸을 던

졌을 때 몸은 사자수 물속 깊이 잠겼을지라도, 혼백은 선녀가 되어 화사
한 궁녀의 의상을 나부끼면서 하늘로 훨훨 날아갔을 것이다.

우리의 역사도 비운의 역사이었다. 누군가의 계산에 의하면 우리는
역사상 500회 이상이나 외침을 당했다고 한다. 그런 수난을 겪으면서도
살아남은 끈질긴 민족도 흔치 않을 것이다. 그 동안 처절한 저항도 적지
않았다. 그러나 마사다와 같은 응고(凝固)된 비극의 장소는 없다. 물론
마사다를 반드시 미화할 일이 아닐지도 모른다. 어쩌면 광적이라 할 처
참한 항쟁 외 다른 선의 길은 없었을까. 민족의 영원한 장래를 위해서는
오히려 로마와의 타협 내지 굴종이 보다 현명한 길이 아니었을까. 이러
한 문제가 요즈음에도 이스라엘에서는 자주 논의가 되는 모양이다. 우
리에게도 요즈음 식민지 근대화론 (우리나라의 근대화는 일제치하 식민지
시대에 시작되었다는 일부 경제학자들의 주장)을 둘러싸고 논쟁이 벌어지
는 것과 비슷한 현상이다.

그러나 나라가 망하여 유랑의 길을 헤매도 이스라엘인은 민족의 프라
이드를 잃지 않았으며, 마사다의 기억은 민족의 구심점이요 나라를 소
생시키는 힘이 될 수 있었다. 그런 뜻에서 마사다는 치욕과 패배의 상징
이 결코 아니다. 십자가가 기독교도에게 있어서 치욕과 패배의 상징이
아니었던 것처럼, 마사다는 유대인에게 있어서는 십자가이었던 것이다.
애기는 조금 다르지만, 구 총독부 건물 철거문제가 논의될 때 일부 학자
들은 치욕의 역사도 역사이니 파괴해서는 안 된다고 주장했다. 그러나
그 건물은 물론 우리의 마사다가 될 수 없는 것이었다. 우리의 치욕과
일제의 야만을 상징하는 악의 바벨탑에 불과했다. 악의 바벨탑이 미워
서가 아니라 왕궁을 복원하기 위해서 그 건물은 파괴되어야 했다. 따라
서 그것은 역사의 파괴가 아니라 역사의 복원이었다. 그런 뜻에서 역사
바로 세우기는 틀린 말이 아니다.

그런데 만약에 예수가 30년을 더 살았다면 그는 어떠한 태도를 취했
을까. 반란의 소용돌이 속에서도, 마사다의 비극 속에서도 그는 고뇌에
찬 얼굴을 한 채 초연한 자세를 취했을 것이다. 그는 오른 뺨을 맞으면

왼 뺨마저 내미는 무저항주의자이며, 적마저 사랑하는 박애주의자이었기 때문이다. 그 후의 유대인의 반란에서도 기독교도들은 일체 반란에 가담하지 않았으며, 4복음서 저자들도 로마의 눈치를 살피면서 글을 쓴 흔적이 역력하다. 나는 가이드에게 현재의 유대인들은 예수를 어떻게 보느냐고 물었더니, 민족반역자라고 한마디로 잘라 말했다. 그가 만약 반역자이었다고 한다면 반역자가 되어 민족의 테두리를 초월함으로써 예수는 세계의 예수가 될 수 있었다고 할 것이다. 그리하여 오늘날 해마다 수백 만의 반역자의 추종자인 기독교도들이 이스라엘을 찾으며, 그들이 떨어뜨린 돈이 이스라엘 경제를 윤택케 하고 있다. 예수의 발자취를 밟으려 온 순례자들은 예수와 아랑곳없고, 어쩌면 예수의 이념에 반대되는 이 장소, 유대인의 십자가를 찾아 깊은 감회에 잠긴다. 역사의 2중 3중의 아이러니이다.

쿰란의 수수께끼

마사다에서 쿰란으로 가는 도중 엔게디(En Gedi)에 잠시 머문다. 이곳은 큰 오아시스로서 고대에는 번영했으나 마사다와 같은 시기에 멸망해 버렸다. 현재는 국립공원이 있고, 사해에서 부유(浮游)체험을 하는 휴양지가 되어 있다. 그래서 물가 모래사장에는 샤워 시설뿐만 아니라 감시탑까지 설치되어 있다. 진한 염분 때문에 몸이 저절로 물 위에 뜨니 익사할 염려야 없겠지만 떠 있다가 멀리 대안인 요르단까지 떠내려가는 경우도 있는 모양이다. 바람이 좀 쌀쌀한데도 물 위에 떠 있는 사람이 여럿 있다. 피부의 지방층이 두꺼운 서양인이야 괜찮겠지만 우리는 좀 춥지 않을까. 그러나 젊은 목사 몇 사람이 물속으로 뛰어든다. 수온은 높은 편이었으나 수욕 후 샤워에서 몸을 씻을 때 추위에 몸이 떨리더라고 한 목사가 실토를 한다. 물맛을 보니 짜다고 하기보다 쓴맛이라 할 정도로 염분이 강하다.

— 쿰란

　엔게디에서 약 30킬로미터 북상하면 쿰란에 이른다. 쿰란에서는 먼저 영사실에서 약 10분간 3면으로 된 대형 스크린을 통해 쿰란과 마사다에 대한 영어 설명을 듣는다. 음향효과가 매우 훌륭해서 이스라엘의 전자 기술의 수준을 알 수가 있다. 그리고는 사해문서가 발굴된 동굴과 교단의 주거 일부를 관람한다. 1947년 베두인의 목동이 산양을 찾다가 동굴 속 항아리에 든 한묶음의 양피지를 발견한다. 감정결과 가장 오래된 성경 사본이란 것이 밝혀졌다. 20세기 최대의 고고학적 발견이라 일컬어지는 이른바 사해문서이다. 그 후 발굴이 계속되어 11개의 동굴에서 600개 이상의 양피지나 파피루스로 된 두루마리 문서를 찾아냈을 뿐만 아니라 동굴 부근에서 주거 유적과 큰 묘지를 발견한다. 문서는 구약의 사본 외에 구약이나 신약에 포함되지 않은 종교서, 철학서, 묵시문학, 교단계율 등이었다. 주거지역에는 2, 30개의 방을 갖춘 3층 구조의 큰 주건물이 있고, 식당에는 1,000개나 되는 토기로 만든 식기가 있었다. 주목

할 만한 것은 지면을 파서 만든 수조(水槽)가 13개가 있는데, 그 중 6개는 음료수, 나머지 7개는 종교의식, 즉 세례용 물을 저수하는 곳이었다는 점이다. 묘지에는 1,000개 이상의 무덤이 있으며, 무덤 안에는 부장품이 전혀 없고 2, 3구의 여자의 유골 외는 모두가 남자의 유골뿐이었다. 그래서 이곳은 금욕적인 종교단체의 공동생활 장소이며, 문서의 내용으로 보아 유대교의 일파인 에세네 파의 본거지인 것으로 추정된다. 에세네 파의 주거는 다른 곳에서도 발견되었다.

예수가 살던 당시 유대교에는 세 가지 파가 있었다. 사두게 파는 대제사장 가야바를 우두머리로 한 신전 귀족으로서 순례자들로부터 희생 의식의 수수료를 취하고, 모든 국민으로부터 신전세를 징수함으로써 부유하고 부패한 보수파였다. 그들은 귀족들과 함께 최고법원(Sanhedrin)을 구성하여 정치권력도 장악하고 있었다. 바리세 파는 유대교의 민중 파라고 할까, 일반 서민으로서 율법학자를 지도자로 하여 율법을 중시하고 깊은 신앙과 금욕적 생활을 모토로 하여 프라이드가 매우 강했다. 에세 네 파는 부패한 신전 귀족에 반발하여 형식화한 신전의 권위를 부정하고, 황야에서 금욕적인 공동생활을 하는 원시수도원이라 할 수 있다. 말하자면 사두게 파는 로마에 협력하여 자기들의 권력을 유지하고 나아가서는 나라와 민족도 보존하려는 현실파라고 한다면, 바리세 파는 정치권력이 없기 때문에 내면적으로 유대인의 본질을 지키려 하는 자들이라 할 수 있다. 에세네 파는 어쩌면 현실도피적인 순수파라고 할 수 있으며, 이밖에 종교집단은 아니지만 무력으로 로마와 싸우려는 용감한 사나이들의 집단인 열심당이 있었다.

세례 요한과 예수가 에세네와 연관이 있다고 논의되기도 한다. 특히 세례 요한은 교단의 일원이었다는 것이다. 세례 요한의 순수하고 금욕적인 자세는 다분히 에세네적이며, 그가 요단 강에서 행한 세례도 교단에서 익힌 것으로 보인다. 세례란 무엇인가. 유대인들은 율법에 살지만 일상생활에서 철저하게 율법대로 살 수는 없으며, 의식적으로나 무의식적으로 여러 가지 죄를 짓게 마련이다. 그래서 1년에 한 번쯤은 죄의 더러움을 씻는 정화(淨化)의 의식을 치러야 한다. 그것이 세례이다. 정화의 의식은 동물의 피로써 더러움을 씻어야 한다. 신전의 제단에 동물을 희생물로 바쳐야 하는 것이다. 그러나 실제로는 신전의 상인들로부터 희생용 동물을 사서 신전에 바치는 것으로 끝났던 모양이다. 요한은 동물의 피 대신 물로써 정화의 의식을 치른 것이다. 더욱이 쿰란 교단에서 수조에 담긴 한정된 물을 사용하는 것이 아니라 강물을 사용한 것이다. 이것은 대히트였다. 물은 공짜일 뿐만 아니라 동물의 피보다 한결 깨끗하고 성스러우며, 더욱이 그는 의식을 베풀면서 수수료도 받지 않았던 모양이다. 따라서 일반 서민들뿐만 아니라 사두게 파나 바리세 파들도 세례를 받으러 그에게 찾아왔다. 단 그들은 요한으로부터 독사의 새끼들이라고 욕을 먹긴 하였지만.

　세례 요한이 쿰란에 있었다 해도 그의 성격으로서는 교단의 폐쇄적이고 현실도피적인 분위기에 불만을 품었을 것이다. 에세네 파는 유대교를 지키면서 보다 깊은 신비적인 것을 희구하는 지적 귀족이었다. 그래서 그들은 민중과 완전히 단절되어 있었다. 그들의 사상에는 그리스 철학의 영향도 있었다. 그들이 말하는 그노시스(gnosis)는 인식이란 뜻의 그리스어이다. 이 말은 신의 영역에 도달하는 것을 의미한다. 불교의 깨달음과 비슷한 뜻을 가진 말이다. 금욕주의자인 제논이 말하는 아파티아(apathia), 즉 정념(情念)을 배제한 경지, 이와 같은 것을 이상시하는 교단에 참을 수 없었을 것이다. 그리하여 공동생활을 청산하고 황야의 한 마리 늑대가 되었는지 모른다. 그렇다면 그는 교단의 반항아요 혁명아라고 할 수 있다. 교단의 세례는 교단의 입회의식이라는 성격이었지만, 요한은 만인에게 베푸는 영혼의 정화라는 의미를 부여했던 것이다. 그것뿐만이 아니었다. 그가 사막에서 회개하라고 외친 소리는 다분히 반로마적인 울림이 있었다. 일반 서민은 회개할 만한 뚜렷한 죄목이 있는 것이 아니었기 때문에 이것은 상층계급의 로마화 풍조에 대한 경고라고 할 수 있었다. 그런 의미에서 그는 열심당이거나 열심당과 연관이 있었으며, 그것이 그의 죽음을 초래했을지도 모른다.

에세네 파 내지 쿰란 교단이 기독교의 모태라고 하는 주장도 있다. 사해문서가 중요시되는 것은 금욕주의적인 교단과 원시기독교와 유사성이 많기 때문이다. 특히 주목해야 할 것은 문서 중 〈전쟁의 서〉라고 불리는 종말문서이다. 여기에는 40년에 걸친 마지막 전쟁 '빛의 아이들과 어둠의 아이들의 전쟁'이 그려져 있다. 이것은 선과 악이 최후의 전쟁을 벌인다는 〈요한 묵시록〉의 종말관과 같다. 이 종말관의 원점은 페르시아의 조로아스터교에 있다. 선신(善神) 마즈다를 최고 신으로 섬기는 그 종교는 히브리 세계에도 침투했으며, 로마제국에서는 미트라교가 되었으며, 인도에 가서는 배화교(拜火敎)가 되었다. 쿰란과 요한 묵시록이 페르시아 이원론의 영향을 받은 것은 바빌론 유수 후 많은 유대인이 바빌론에 머물러 페르시아 사회에서 살았다는 것으로도 추측된다.

아무튼 종말론 외에도 쿰란 공동체의 전례양식(세례, 성찬, 기도)과 교의(메시아관, 천사론) 등은 기독교에 영향을 미쳤을 것이다. 특히 세례는 기독교에서는 "물과 성령으로 새로 나지 않으면 아무도 하늘나라에 들어갈 수 없다"(요한복음 3 : 5)고 할 정도로 중요시한다. 그러나 예수는 쿰란과 같이 금욕적인 집단생활을 지향하지 않았으며, 오히려 파티를 즐기는 대식가였으며 자유분방한 데가 있었다. 쿰란은 우애(友愛)로써 단결되어 있었으나 그 우애는 결사 내의 사랑이지 예수의 사랑과는 성격이 달랐다. 그들은 지적 엘리트의 집단이니만큼 자신들을 어둠의 아들과 대적하는 빛의 아들이라 자부했을 뿐만 아니라, 민중과 단절하고 장애자, 병자, 천민을 공동체에서 배제했다. 그러나 예수에게 있어서 '신의 나라'는 걸인, 창녀, 세리 등 사회에서 버림받고 핍박당하는 자들의 것이었다.

쿰란의 문서에는 성경 관련 기록이 127점이나 있으나 거기에는 예수의 이름은 없으며, 성경에도 에세네 파에 대한 언급이 전혀 없다. 따라서 양자는 아무 관련이 없다는 주장도 있다. 그러나 반대로 예수는 쿰란 교단의 엘리트요, 예수의 죽음은 교단의 자작극이라는 견해도 있다. 이 글의 원고를 정리하고 있는 중 엘리에트 아베카시스라는 프랑스의 여류 작가가 쓴《쿰란》이란 소설이 번역 출간되었다. 상·하권으로 된 대장편 소설이라 아직 읽지는 못했지만 해설문을 통해 줄거리를 대충 알 수가 있다. 이 소설도 요즈음 유행하는 움베르토 에코의《장미의 이름》과 같은 추리소설 수법이다. 1999년 예루살렘에서 한 사제가 기괴하게 살해당하고 사제가 가졌던 쿰란의 두루마리 하나가 없어진다. 이어서 두루마리의 행방에 따라 일련의 연속살인이 일어나고, 사건이 전개되는 과정에서 예수와 에세네 파의 관계가 드러난다. 결국 두루마리가 담고 있는 비밀을 통해 예수를 죽인 자는 바로 에세네 파라는 사실이 밝혀진다. 독실한 신앙생활을 했던 에세네 파는 메시아를 기다려온 수천 년의 시간에 마침표를 찍기 위해, 자신들의 일원일 뿐만 아니라 메시아라고 믿고 있던 예수를 죽음으로 몰아넣었다는 것이다. 독실한 에세네 교인인 유다가 예수를 밀고하게 했으며, 예수 자신도 이런 계획을 알고 응했다. 에세네 파는 자신들이 메시아라고 믿고 있는 예수를 죽음에 이르게 함으로써 신이 개입할 수밖에 없는 상황을 만들고자 했으며, 결국 예수가 죽기 직전에 이르러서야 메시아임이 만천하에 드러날 것이라고 믿었다는 것이다. 그러나 예수는 '인간의 죽음'을 맞이했으며, 그래서 그는 불가피하게 죽게 되었다는 것이 그의 결론이다.

예수의 죽음이 자작극이라는 것은 지나친 추리라고 하겠으나 예수가 에세네 파와 관련이 깊고, 그가 에세네 파의 일원이었다는 것은 충분히 가능성이 있는 얘기이다. 예수는 30세까지의 경력이 모호하다. 그는 높은 교육을 받지 않았으며, 추상적인 정신활동을 할 능력은 없었다. 그러나 명석한 사상과 두뇌의 소유자임은 분명하다. 바리세 파와의 논쟁에서 그는 빠른 두뇌 회전력으로 학문이 있는 자와 충분히 대결할 능력이 있음을 보여주고 있다. 가난한 목수의 아들이 별안간 그러한 능력을 터득할 수 없을 것인즉, 그가 에세네 파에 적을 두고 지혜와 지식을 닦다가 적성에 맞지 않아 그곳을 빠져나왔을 가능성이 크다 할 것이다. 그렇다면 예수는 세례 요한과 같이 교단의 반역아요 이단아라고 할 수 있는데, 어쩌면 둘은 스스로 물러섰다고 하기보다 오히려 교단에서 축출당한 퇴출자였는지 모른다. 따라서 둘은 같은 처지였다는 점에서 친근감과 동지애 같은 감정을 가졌을 것이며, 예수가 선배인 요한으로부터 세례를 받은 까닭도 그러한 사연 때문이었는지 모른다. 하긴 예수는 요한으로부터 세례를 받은 후에 교단에 입단했다는 설도 있다. 아무튼 예수와 에세네 파 사이에 서로 언급이 전혀 없다는 것은, 양자가 아무 관계가 없어서가 아니라 오히려 양자의 관계가 깊었다는 반증이 될 수 있다. 예수로서는 교단의 영향을 받았지만 관계를 끊은 후 교단에 대해 일체 언급할 마음이 없었을 것이며, 교단으로서는 퇴출당한 이단아와 그 추종자들에 대해 기록에 남길 가치가 없었을 것이다. 아베카시스의 소설에서 또 한 가지 흥미있는 점은 유다의 오명을 씻어준 점이다. 유다는 음흉한 배신자가 아니라 가장 열성적인 에세네 파이며, 교단을 위해 예수를 고발하는 악역을 담당했다는 것이다. 말하자면 그는 이 자작극의 훌륭한 조연이었던 셈이다.

그런데 사해문서가 동굴 속에 숨겨져 있었으므로 오늘날까지 전해질 수 있었는데, 그러면 그것이 왜 동굴 속에 숨겨졌을까. 현실도피적인 이 교단도 결국은 로마에 대한 반란의 소용돌이에 휩쓸려 마사다와 같이 반로마의 거점이 되었는지 모른다. 그래서 반란이 진압되어 교단도 폐쇄되기에 이르자 수도자들은 교전과 성서를 동굴 속에 숨겼을 것이다. 굳이 숨길 필요가 없는 평화로운 수도원이었다면 산실되었을지도 모를 문서가, 수난을 통해 오히려 보존이 되었다는 것은 아이러니컬하다 하겠다.

쿰란은 세속과 단절한 비경(秘境)이었으나 지금은 인파가 북적대는 관광의 요지가 되었을 뿐만 아니라, 이곳에는 큰 레스토랑이 있어 점심 때에는 넓은 주차장이 관광버스로 꽉 차게 된다. 우리도 지극히 비(非)쿰란적인 분위기 속에서 국제색 풍부한 순례자들 틈새에 끼여 황급히 점심을 든다.

여리고, 유대인과 팔레스타인인의 최초의 싸움터

쿰란에서 여리고까지는 20분 정도의 가까운 거리이다. 먼저 엘리사의 샘으로 간다. 예언자 엘리사가 나쁜 물을 소금으로 정화했다고 하는, 수량이 풍부한 깊고 푸른 샘이다. 이 샘물이 여리고의 오아시스를 윤택하게 한 수원이다. 모세가 끝내 가나안 땅을 밟지 못한 채 죽은 후, 후계자인 여호수아가 최초로 점령한 가나안 땅이 여리고이었다. 여호수아는 루비딤에서 아마렉인과 싸울 때 두각을 나타내어 모세의 부관으로 발탁되었으며, 모세가 죽은 후 신으로부터 후계자로 선택되었었다. 기원전 13세기 당시 가나안 일대에는 선주민족으로서 주로 셈 민족계의 블레셋족(Philistines)이 살고 있었던 것으로 보이는데, 여러 군데에 왕들이 성을 쌓고 할거하고 있었다. 여리고는 그러한 왕성 가운데 하나였으나 가나안의 관문이어서 전략적으로 매우 중요한 도시였다. 그러나 가장 중요한 점은 그곳이 큰 오아시스라는 것임은 물론이다. 여리고 공략에서도 여호수아의 탁월한 지도력이 발휘되었다. 그는 먼저 스파이 2명을 여리고에 보냈다. 그들은 성벽 위에 있는 창녀 라합의 집에 머물면서 적정(敵情)을 염탐하였다. 당시 길손들은 보통 창녀 집에 유숙했으며, 창가(娼家)는 성내에 들어설 수 없어 성벽 위에 있었던 것이다. 그러나 스파이의 정체를 간파한 밀고가 있어 왕의 군대가 스파이를 체포하기 위해 라합의 집을 덮쳤을 때, 라합의 도움으로 스파이는 무사히 탈출하는 데 성공한다. 라합이 적의 스파이를 도운 것은 유대인의 군대가 여호와의 가호를 받고 있음을 알고 있었기 때문이라고 〈여호수아기〉는 말하고 있으나, 라합과 스파이 사이에 각별한 연분이 맺어졌기 때문인지 모른다.

그리하여 여호수아의 군대가 십계명이 든 법사를 모시고 요단 강까지 오니 흐르던 강물이 갑자기 막혀 마른 땅이 드러났으며, 군대는 무사히 강을 건너갈 수 있었다. 제2의 모세의 기적이 일어난 것이다. 여리고의 성을 공략할 때도 다시 한번 기적이 일어난다. 여호수아의 군대는 직접 성을 공격하지 않고, 여호와의 말씀에 따라 매일 한 번씩 성의 둘레를 돌다가 7일째 되는 날 일제히 함성을 지르자 난공불락의 성벽이 와르르 무너져버렸다. 그래서 여호수아의 군대는 입성하여 라합의 가족을 제외하고는 모든 군대와 주민을 몰살해버린다. 여리고 지방은 사해단층이 있는 지진지대이기 때문에 그때 산사태가 나서 강이 막히고, 지진이 일어나 성벽이 무너졌을지도 모를 일이다. 아무튼 오랫동안 사막을 방황하던 이스라엘 백성에게 녹음이 우거진 이 오아시스는 곧 낙원이었을 것이다. 사실 창세기의 낙원추방이란 오아시스에서 사막으로 추방하는 것을 의미하는 것이었다.

여리고의 싸움은 팔레스타인 문제의 시작이었다. 팔레스타인은 블레셋인에서 나온 말이며, 블레셋인이 거주하던 이스라엘 일대를 로마인은 팔레스티나라고 불렀던 것이다. 여리고에서 승리한 유대인은 기원전 10세기에 다윗에 의해 통일된 국가를 세우지만, 여리고를 둘러싼 팔레스타인 문제는 약 3,300년이 지난 오늘날에도 아직 완전히 해결되지 않고 있다.

다윗 이래의 이스라엘의 역사는 차치하고, 근자의 팔레스타인 문제는 제1차세계대전중의 영국의 3중 외교 때문에 일어난 것이라 할 수 있다. 7세기 이래 터키인이 팔레스타인을 지배하여 왔으나, 영국은 독일의 동맹국가인 터키에게 타격을 주기 위해 메카의 태수 후세인에게 터키에 대해 반란을 일으키는 대가로 아랍국가 수립을 약속한다. 아라비아의 로렌스가 활약하는 것은 그 때문이었다. 한편 유대인 재벌인 로스차일드 가의 자금원조를 얻기 위해 팔레스타인에 유대인 국가 수립을 약속한다. 그러면서도 프랑스와는 시리아와 팔레스타인의 분할통치를 밀약했던 것이다. 영국의 위임통치중(1922 ~ 1948), 특히 제2차세계대전중에 나치의 박해로 유럽으로부터의 많은 유대인이 팔레스타인으로 유입한다. 1947년 유엔에서 분할 결의안, 즉 유대인 국가, 아랍인 국가, 예루살렘 국제관리안이 가결되었으며, 다음해 1948년에 이스라엘 독립이 선언된다. 아랍국가는 이를 거부하여 제1차 중동전쟁이 발발한다. 그후 1964년 PLO가 창설되고, 1967년 제3차 중동전쟁으로 이스라엘은 동예루살렘, 요르단 서안, 가자를 점령함으로써 팔레스타인은 이산자와 잔류자로 분류된다.

1977년 이집트의 사다트 대통령이 예루살렘을 방문함으로써 팔레스타인 문제는 새 국면을 맞이하게 된다. 1978년 이른바 캠프 데이빗 합의를 거쳐 1979년 사다트, 베긴, 카터 3자간에 평화협정이 체결된다. 즉 이스라엘군의 시나이 반도 철수, 양국의 평화공존, 이스라엘 선박의 수에즈 운하 운행허용, 가자·유대·사마리아에서의 팔레스타인인의 자치권 인정이 그 내용이었다. 1994년 5월 카이로에서 무바라크의 중재로 선행 자치협정이 조인되어, 여리고와 가자 지역의 3분의 2에 있어서의 행정권이 팔레스타인인에게 이양된다. 같은 해 7월에 가자에 자치정부 본부가 설치되고 1995년 5월에는 PLO와 이스라엘 사이에 자치권 확대가 합의되어 베들레헴 등 7개 도시에 자치가 실시된다.

그러나 현재 자치정부 수반인 아라파트는 예루살렘에 자치정부를 두고 예루살렘을 공동으로 관리하자고 주장하고 있는 데 대해, 이스라엘은 이를 거부하고 있다. 그뿐만 아니라 아라파트는 2000년 9월에는 팔레스타인 국가독립을 선언하겠다고 하고 있어 양자간의 알력은 쉽게 해결될 것 같지 않다.

엘리사의 샘에서 큰길 건너 낮은 언덕이 텔엣술탄(Tel es Sultan), 인류최고(最古)의 도시 유적이 있는 곳이다. 신석기 혁명, 즉 농업이 시작될 무렵 아열대지대에서 가장 농경에 적합한 장소였던 이곳에 인류 최초의 취락이 형성되었던 것이다. 이 취락이 발견된 것은 19세기말이었으나 1907년부터 발굴이 시작되었으며, 특히 1950년대에 영국의 고고학자 케넌(Kathleen Kenyon)에 의해 약 1만년 전의 취락과 높이 9미터나 되는 둥근 망대, 6000년 전의 성벽이 발굴되었다. 또한 다수의 무기가 출토된 것으로 보아 이곳이 당시 민족간의 싸움의 중심지이었던 곳으로 추측되고 있다. 이곳에서 조금 떨어진 곳에 신약시대의 유적, 즉 헤롯의 겨울별궁 터가 있는데, 아직 정리가 덜 된 것으로 보아 아직도 발굴이 계속되고 있는 듯하다.

— 여리고의 성채 터

— 고대도시 여리고의 망루

유적이 있는 언덕에서 여리고 일대를 조망한다. 옛날에 종려나무의 거리라고 불렸던 만큼 아열대 식물이 우거진 넓고 비옥한 오아시스이다. 현대 여리고의 도시는 2킬로미터 정도 떨어져 있으며, 시내에는 고층 호텔 건물도 보인다. 유대교는 도박을 금지하고 있기 때문에 이스라엘에는 도박장이 없다. 그래서 이스라엘인은 아랍인 지구인 이곳에 도박장을 차려놓고 이곳에 와서 도박을 즐기고 간다고 한다.

유적 북쪽에는 시험 산이 바라보이며, 엘리사의 샘 옆 건물에서부터 산까지 케이블카가 왕래하고 있다. 산 정상에는 4세기 이래 '시험 기념성당'이 있고 중턱에는 그리스 정교의 수도원이 있다고 한다. 예수는 세례 요한으로부터 세례를 받은 후 40일간 광야에 머물면서 단식을 한다. 모세가 이집트에 산 것이 약 40년, 사막의 유목민과 산 것이 40년, 시나이 산에서 여리고까지 방황한 것이 40년이었다. 따라서 예수가 사막에 머문 40일도 모세의 40년에 대응하는 햇수이다.

예수가 사막에 간 것은, 원래 사막의 민족은 사막에 가야만 신의 소리를 들을 수 있기 때문이다. 말하자면 신앙의 충전(充電)을 위해서이었다. 그러나 사막에서는 신의 소리만 들은 것이 아니었다. 단식중에 들은 것은 오히려 마귀의 소리였다. 허기진 예수에게 마귀는 시험한다. "돌을 빵으로 만들라"는 마귀에 대해서, 예수는 "사람은 빵으로만 사는 것이 아니라 하느님의 말씀으로 산다"는 〈신명기〉에서 모세가 한 말로써 버틴다. 마귀가 이번에는 이 시험 산으로 인도하여 지상의 모든 부, 즉 오아시스로 상징되는 부를 보이면서 굴복하여 신앙을 버리라고 유혹을 한다. 그러나 예수가 "마귀야, 물러가라"고 일갈하여 마귀를 물리친다. 이 얘기는 수련중의 예수의 고뇌와 심적 갈등을 나타낸 것이라 할 수 있다. 주석서에도 "예수의 오묘한 영적 경험을 표상적 언어로 표시한 것이니, 내적 경험을 외적 경험처럼 기록했다"(유형기 편, 《성서주석》, 948)고 하고 있다. 40일간의 단식으로 환각상태에 빠졌던 것인지도 모른다. 아무튼 이 단식으로 예수는 기진맥진했던 것인지, 아니면 새로운 깨달음을 얻은 것인지 그후 예수는 다시는 단식을 하지 않는다.

밤의 갈리리 호수

　여리고를 떠나 우측으로 이따금씩 요단 강의 물줄기를 보면서 북상하여 갈리리로 향한다. 어느새 다갈색의 황야는 끝나고 붉은 색의 경지가 이어진다. 갈리리 지반에 들어선 것이다. 호수가 가까워지자 산야나 마을에 녹음이 짙어지는 것이 별천지에 온 듯한 느낌이다. 요단 강 끝 야르데닛(Yardenit)이란 곳은 정글과 같이 숲이 울창하다. 예수가 어느 지점에서 세례를 받았는지는 알 길이 없겠으나, 이곳을 그 지점으로 지목해놓아서 오늘날 순례자들이 세례를 받는 장소가 되어 있다.

— 야르데닛

기독교에서 하는 세례는 목사나 신부가 신자의 머리에 물 몇 방울을 뿌리는 것에 불과하다. 그러나 이곳의 세례는 흰옷을 입고는 손가락으로 콧구멍을 막고 물속으로 풍덩 잠긴다고 하니, 이것은 세례라기보다 잠수이며, 굳이 '례' 자를 붙이자면 침례라고 해야 할 것이다. 원어인 baptisma는 강물에 잠기는 것을 의미하며, 그것은 익사를 상징한다. 그러기에 물속에서 나오는 것은 새로운 삶을 상징한다. 이것을 생애 단 한 번의 결심의 증거 행위로 자리매김을 한 것은 세례 요한이었다. 기독교에서는 침례파만이 그야말로 침례를 하고 있다고 하겠다. 우리가 버스를 타고 이곳을 떠나려는 순간 한 무리의 순례자들이 흰옷으로 갈아입고 세례를 받으려 하고 있었다. 우리가 좀더 머물었던들 그들이 물속으로 풍덩하는 장면을 카메라에 담을 수 있었을 텐데, 애석한 노릇이다.

기노사(Ginosa)라는 선착장에서 배를 탔을 때는 이미 호수에 어둠이 깔리기 시작하고 있었다. 사해와는 달리 생명의 호수라고 불리는 아름다운 호수이다. 선장은 준비해 둔 태극기를 뱃머리에 달고는 배 주변에 먹이를 뿌리자 수많은 갈매기떼들이 몰려들어 날개를 펄럭이며 배를 감싸고 난무(亂舞)한다. 유대인다운 멋진 연출이다. 이미 캄캄해진 호수 위에서 시원한 미풍을 맞으면서 선상예배가 진행된다. 내가 경험한 가장 짧고도 감동적인 예배이다. 멀리 호반의 시가지에 반짝이는 불빛을 바라보면서 어느새 오늘 묵게 될 티베리아의 선착장에 도착한다.   (11월 28일)

가난한 자와 마음이 가난한 자

아침, 호텔 창 너머 갈리리 호수를 바라본다. 청명한 하늘, 잔잔한 파란 물살, 호숫가의 우거진 숲, 나지막한 회색 빛 구릉. 깨끗하고 아름다운 정경이다. 어쩌면 그리스에 온 듯한 느낌이 들기도 한다. 우리말로도 번역된 〈예수의 생애〉란 책을 쓴 일본인 작가는 사해와 황야는 생명이 없는 구약의 세계인 데 반해, 갈리리는 생명과 사랑의 신약의 세계라고

한 말이 생각난다. 그는 또한 준엄한 세례 요한은 황량한 광야를 대표하
고, 온화한 예수는 갈리리의 풍토를 대표한다고도 했다. 갈리리의 풍토
는 황야와는 대조적으로 온화하기는 하나 온화한 풍토가 반드시 온화한
사상을 갖게 한다고 말할 수는 없을 것이다. 이스라엘에서 반항과 혁명
의 온상은 갈리리이었기 때문이다. 예수와 요한은 반항아요 혁명아라는
점에서는 비슷하며, 그들의 활약의 주무대는 갈리리이었다. 그러나 예
수는 반드시 온화한 성격은 아니었으며, 어떤 의미에서는 요한보다 예
수가 한결 과격하고 혁명적이었다고 할 수 있다.

　우리의 국토에서도 경상도와 전라도는 대조적인 풍토조건이다. 경상
도는 산이 많고 기후도 엄한 편인 데 반해, 전라도는 평야가 많고 기후
도 비교적 온화하다. 그러나 역사적으로 민란과 혁명은 주로 전라도에
서 발생했다. 물론 평야가 많은 곡창지대는 민초에 대한 착취가 심해 더
많이 민란이 일어날 수 있을 것이다. 그리고 근자에는 경상도 군인들이
권력욕에서 한두 번 난동을 부린 일도 있었으나 그것마저 계획을 짠 것
은 충청도나 전라도 출신이었다. 아무튼 갈리리의 온화한 풍광은 황야
에 못지않은 스산한 힘을 간직하고 있다고나 할까.

　그렇기는 하나 갈리리가 신약의 세계인 것은 틀림없다. 그래서 오늘
은 먼저 예수의 전도 중심지였던 가버나움(Capernium)으로 간다. 이곳은
한때 교통의 요지여서 북갈리리 최대의 도시로 번성하였다. 6세기의 지
진으로 폐허가 되었지만 19세기말부터 발굴이 시작되어 예수시대의 유
구(遺構)가 복원되었다. 유적 입구 담장에는 초겨울인데도 흰 꽃이 만발
해 있고, 길가에는 유대교의 모티프나 문양이 부조된 돌기둥이 나열되
어 있으며, 또한 검은 현무암으로 만들어진 올리브 압착기를 비롯한 당
시의 생활상을 보여주는 유물이 여기저기 놓여 있다. 놀란 것은 시나고
그(회당)의 건물이다. 이스라엘에서 홀연히 코린트식 열주를 갖는 그리
스의 신전과 같은 아름다운 건축을 만났기 때문이다. 하긴 로마인은 갈
리리 호수 서안(西岸)을 헤롯 안티파스에게 통치를 맡기고, 동안에는 데
카폴리스, 즉 10개의 그리스 식민시가 들어서게 했으므로 갈릴리 지방에

— 가버나움의 회당

그리스식 건물이 있다 해도 이상한 일이 아닐 것이다. 이 건물은 예수시대의 회당 터전 위에 4세기에 건립되었다고 한다. 따라서 이곳은 예수가 설교를 한 바로 그 장소가 되는 셈이다.

예수는 갈릴리에서 설교를 시작하여 나사렛으로 갔다. 그러나 고향사람들은 목수의 아들놈, 더욱이 출생이 아리송한 그를 인정하지 않았다. 고향에서 쫓겨난 그는 제자들을 거느리고 이곳 회당에 들어와서 설교를 했다. 말하자면 이곳은 슈퍼스타의 정식 데뷔 무대였던 셈이다. "사람들은 그 방법에 크게 놀랐다. 그분의 말씀에 권위가 있었기 때문이었다"(누가복음 4 : 32)고 하는 것이 청중들의 반응이었다. 권위가 있었다는 것은 무슨 뜻인지 분명치가 않다. 권위는 구약에 있는 것인즉 사람들은 구약에 준거한 율법을 지켜 마땅한데, 예수는 자신의 말이 구약과 같이 권위 있는 것처럼 말했다는 뜻인지 모른다. 아무튼 데뷔 공연은 대성공이었다. 사람들을 경탄케 했기 때문이다. 그러나 바리세 파는 구약 내지 율법에 대한 도전으로 보았다. 그리하여 예수는 회당에서 퇴출당하여 거리나 들에서 설교할 수밖에 없었다. 브로드웨이에서 오프 브로드웨이나 공원으로 무대가 옮겨진 셈이다. 그러나 이미 수많은 팬들이 따르는 예수로서는 3, 40명밖에 수용하지 못하는 회당에서 설교할 처지가 아니었다. 이 회당은 재야의 슈퍼스타가 탄생한 장소였던 것이다. 이곳은 베드로의 고향이기도 하여 그의 집터 위에 마치 비행접시나 우주정거장 같은 초현대적인 기괴한 회색 콘크리트로 된 회당이 서 있다.

가버나움과 인접한 타브하(Tabgha)로 간다. 녹색이 짙은 풍광이 빼어난 곳인데, 여기에는 예수와 연고가 있는 세 개의 교회가 있다. 베드로 수위권 교회와 팔복(八福) 교회와 오병이어(五餠二魚) 교회이다. 먼저 베드로 수위권 교회. 이곳의 검은색 현무암을 사용하여 지은 청초한 2층 건물인데, 갈리리 호수에 바로 접해 있다. 문앞에는 흑인 수도사 한 사람이 조각과 같이 앉아 있다. 내부에는 큰 바위를 제단으로 쓰고 있는데, 부활한 예수가 이 바위 위에서 제자들과 함께 식사를 했다고 전해진다. 교회 앞 낮은 언덕 위에 예수가 베드로에게 선교를 명하는 모습의 동상이 서 있다.

다음은 팔복 교회이다. 언덕 위에 세워진 이 교회는 8각형의 구조로서 아름다운 돔과 아치의 회랑을 갖춘 가장 우아한 건축이다. 교회 앞 정원에서 한눈에 들어오는 갈리리 호수를 바라보노라면, 이곳이 바로 낙원이구나 하는 소박한 탄성이 절로 나온다. 예수의 사상의 핵심이 되는 팔복을 설교한 곳이기 때문에 호숫가 숲속에서 예배를 본다. 저쪽 숲속에서도 무슨 교파인지 알 수 없으나 한두 명의 흑인이 끼여 있는 백인 단체가 예배를 보고 있다. 그들은 손뼉을 치면서 노래를 부르다가 서로 포옹을 하고 뺨을 맞대기도 하고……. 즐겁고 흥겨운 예배이다. 그러나 이쪽(우리)은 동방예의지국의 점잖은 신자들인지라 목사 한 분으로부터 여덟 가지 복에 대한 설교를 조용히 경청한다.

— 팔복 교회

그런데 팔복 가운데 첫째 복인 "마음이 가난한 자"란 무슨 뜻일까. 이에 대해서는 말이 많지만, 〈누가복음〉에는 그냥 "가난한 자"로 되어 있어 이해하기 쉽다. "부자가 천국에 가는 것은 낙타가 바늘귀를 빠져나가는 것보다 어렵다"(누가복음 18:25)고 한 말과 같은 뜻으로 경제적인 가난을 의미하기 때문이다. 그러나 마음이라는 말이 붙음으로써 물질적인 가난을 의미하지 않은 것이 분명하지만, 그것이 심정적인 것인지 윤리적인 것인지 영적인 것인지 분명치 않은 표현이 되어버렸다. 마음이란 표현은 원래 그리스어(to puneumati)에도 영적이란 뜻이 있어 좀 애매한 표현인 것이 사실이다. 그래서 영어 성경에는 the poor in spirit로 되어 있고, 우리말 성경에는 마음 외에 심령이란 표현도 있다. 여호와의 증인에서 번역한 신세계 역에는 말뜻을 풀어서 "자기의 영적 필요를 의식하는 사람"으로 되어 있다. 이 또한 뜻이 선명한 것은 아니지만 그나마 영적인 것을 갈구하는 자를 의미해서 좀 이해하기 쉬운 번역인 것 같다.

마음이 가난하다는 것은 보통은 정신적인 내용의 결핍을 나타내는 부정적 의미의 표현이다. 그러나 여기서 말하는 마음의 가난은 신 앞에서 자신의 마음의 가난(결핍)을 인정하는 말이란 해석도 있다. 자기만족을 하는 자는 신을 찾지 않는다. 자기의 부족을 인정하는 자는 영혼의 굶주림을 채우기 위해 신을 찾는다는 말이다. 네 번째 복인 "의에 주리고 목마른 자"와 비슷한 말이다.

공관복음 가운데 가장 오랜 것이 〈마가복음〉이니까 그것을 기초로 하여 편찬된 〈마태복음〉과 〈누가복음〉 사이에는 여러 가지 차이가 있다. 그러나 여기에서는 정신적인 결핍보다는 물질적인 결핍으로 표현한 누가가 옳았지 않았나 하는 생각이다. 목사들은 마태식으로 해석하는 듯하나 나는 누가의 손을 들어주고 싶다. 예수는 언제나 가난하고 핍박받는 자의 편이며, 첫째 복은 그의 기본사상의 매니패스토이기 때문이다.

오병이어(五餠二魚)의 기적

성경에는 예수가 기적을 행한 기록이 많은데, 합계 약 50에 이르는 기적 가운데 복음 4서에서 중복되는 것이 있기 때문에 적어도 17, 8은 되는 것 같다. 어릴 때 이러한 기적의 애기를 들어도 각별히 신기하다고 느껴지지 않았다. 옛날애기에는 으레 기적 같은 일이 있기 마련이며, 그렇기에 옛날애기는 언제나 재미가 있는 것이다. 기적 애기 가운데 가장 기억에 남는 것이 예수가 물 위를 걷는 장면과 이른바 오병이어의 애기이다.

우리의 옛날애기에는 동에 번쩍 서에 번쩍하는 홍길동을 비롯해 축지법을 쓰는 도사가 많지만, 물 위를 걷는 것은 처음 듣는 애기였다. 하긴 텔레비전에서 본 〈레오〉라는 미국의 쿵푸 영화에서는 레오의 사부인 한국인 노인이 총알을 피하며 물 위를 마음대로 걸어다니는데, 그것은 신비적인 동양의 무술이라기보다 예수의 행동에서 힌트를 얻은 것인지 모른다.

예수의 기적 가운데 가장 큰 규모의 퍼포먼스가 이른바 오병이어의 기적이다. 예수의 인기가 절정에 달하여 이곳 호숫가에 도착했을 때 수천 명의 팬이 운집하고 있었다. 여러 곳을 다니느라 식사할 틈이 없어 이곳에서도 설교를 하다보니 식사시간이 훨씬 지나버렸다. 제자의 귀띔에 예수가 먹을 것이 얼마나 있느냐고 묻자, 빵 다섯 조각과 물고기 두 마리밖에 없다는 대답이다. 예수는 기적을 행하여 5,000명이 배불리 먹고도 12광주리의 빵이 남았다. 이 빅 쇼를 기리기 위해 5세기에 교회가 세워졌으나 아랍인들에 의해 파괴되었다. 그러나 1930년대에 독일 고고학자들에 의해 그 유적이 발견되었다. 유적의 바닥에 그려진 모자이크 가운데 오병이어를 그린 것이 있었기 때문이다. 그 바닥 위에 1936년에 새로 건립된 교회가 현재의 교회이다. 빨간 스페인식 지붕을 한 아름다운 건물이다.

교회 밖에 있는 선물가게에는 두 마리 물고기를 그린 접시나 벽걸이가 진열되어 있다. 예수가 행한 기적이 오늘날까지 5,000명이 아니라 수백, 수천 만의 이스라엘인을 먹이고 있는 셈인데, 그런 의미에서 그는 대단한 기적을 행한 것이다. 그러나 실제는 어떠했을까. 예수의 기적 가운데 가장 많은 것이 질병치료이다. 예수는 여러 가지 병을 안수기도, 주문이나 살풀이 등 여러 가지 방법으로 치료했는데, 그러한 방법은 당시의 민간요법으로 흔히 행해지던 치료수단이었을 것이다. 특히 심인성(心因性)의 병은 현재에도 심리요법으로 치료를 하고 있으니, 예수는 능히 치료를 할 수 있었을 것이다.

현대의학에서는 병의 원인을 찾고 적합한 처방과 치료를 받으면 건강이 회복된다 해도 그것을 기적이라고 하지 않는다. 병의 인과관계와 병이 치유되는 과정을 알 수 있기 때문이다. 그 인과관계를 넘어선 일이 발생했을 때 비로소 기적과 같은 일이라고 하게 된다. 그러한 인과관계의 과정을 모르던 고대인에게는 치유는 곧 기적이거나 기적적인 것이었다. 물론 오늘날에도 한방은 그러한 과정을 알 수 있는 것이 아니다. 예컨대 침술이란 것은 인과관계의 과정이 애매한, 신기한 기적이라 할 수 있다. 과학적으로 설명이 어렵기 때문이다. 한방에서는 체질을 중시한다. 아무리 비싼 약을 써도 체질에 맞지 않으면 효험을 볼 수가 없다. 이 체질에 해당하는 것이 예수의 경우 믿음이라 할 수 있다. 예수에 대한 믿음이 있으면 병은 치료될 수 있다. 믿음이 없으면 치료될 수 없다. 예수는 베드로에게 물 위를 걸으라고 명한다. 그러나 베드로는 물에 빠지고 만다. 베드로의 믿음이 부족했기 때문이다. 그래서 예수가 체포되었을 때 베드로는 세 번이나 예수를 모른다고 하게 된다. 믿음이란 무엇인가.

예수가 살던 유대사회에서는 병은 순전히 병리적인 현상이 아니었다. 병이란 본인이 의식중 혹은 무의식중 저지른 죄에 대해서, 혹은 선대가 지은 죄에 대해서 내려진 신벌(神罰)이라 생각되었다. 죄는 율법이 정한 여러 가지 계율을 어긴 것을 의미하며, 죄인은 율법에 따라 부정(不淨)한 자로서 사회에서 배제된다. 창녀, 세리, 병자, 빈자, 이들은 사회에서 배제된 죄인이었다. 그러나 핍박받고 차별되는 계층이 없는 사회, 모든 인간이 사랑으로 맺어진 평등한 사회, 그것이 예수가 말하는 하늘나라가 아니었을까. 하늘나라를 지향하여 새로운 삶을 갈구하는 체질의 인간, 곧 믿음이 있는 인간은 치유될 수 있다. 비록 예수의 옷자락을 만지기만 해도 12년간 혈루병을 앓던 여자도 새로운 삶을 얻을 수 있었다(마태복음 9 : 20). 죽은 거나 다름없는 상태에 있던 나사로도 소생할 수 있었다. 그러나 그러한 의지가 없는 자에게는 예수의 신통력은 통할 수가 없었다. 물론 예수를 체험한 자는 대부분 무식한 서민들이었다. 그들이 전하는 체험담은 사람들의 입에서 입으로 전달되는 과정에서 터무니없이 과장되고 왜곡되기 마련이었을 것이다.

신과 인간의 으뜸가는 차이는 신은 불사적(不死的)인 데 반해, 인간의 생명은 유한적인 데에 있다. 이것은 그리스적 관념이긴 하나 보편적인 관념일 것이다. 예수가 부활로써 신의 아들임을 입증했건 안했건 일단 인간으로 태어난 이상 생명에 있어서나 능력에 있어서 유한적이며, 그럼으로써 인간적이라 할 수 있다. 예수가 인간으로서는 남과 비교할 수 없는 초능력을 가져 여러 가지 기적을 행했다 해도, 그 기적에는 인간으로서 행할 수 있는 능력의 한계가 있다. 오병이어의 기적은 인간에게 허용된 능력을 훨씬 벗어난 일이라 할 수 있지 않을까.

5,000명의 팬이 모였다는 것도 과장일 것이다. 수십 혹은 수백 명이었는지 모른다. 회계담당인 유다가 재빨리 식량을 조달하고는 예수가 한 기적이라고 선전했을지도 모를 일이다. 유다는 능히 그런 일을 꾸밀 수 있는 위인으로 보이기도 한다. 그러나 진상은 그게 아니었을 것이다. 예수는 기적을 행한 것이다. 예수는 얼마 안 되는 빵을 조금씩 뜯어서 모두에게 골고루 나누어줬을 것이다. 그 자리에 모인 자들은 조그마한 빵조각을 함께 씹음으로써, 모두가 하나가 될 수 있었다. 율법에서는 죄인뿐만 아니라 여자, 서자, 외국인, 혼혈아도 차별되었다. 그러나 예수는 모든 차별을 일소하고 적마저도 사랑하는 사랑의 공동체를 형성한 것이다. 그럼으로써 그들은 영적으로 포식감을 느껴 배고픔을 잊었을 것이다. 예수는 성찬식을 베푼 것이다. 그것이 후대의 전승에서 기적적인 방법으로 참가자의 공복이 충분히 충족되었다는 실제의 식사의 얘기가 되

없을 것이다.

아무튼 이 얘기는 〈출애굽기〉의 황야에서 이스라엘 백성이 하늘에서 내려진 만나를 먹었다는 얘기의 반향이었다. 예수는 만나로써 모든 이가 함께 하는 성찬식을 베푼 것이다.

요한과 예수

세례 요한과 예수는 체제측(體制側), 즉 바리세와 사두게 파에서 봤을 때는 좋게 말해서 정체가 아리송한 신흥종교의 교주에 불과했을 것이다. 신흥종교가 성공하려면 적어도 두 가지 조건을 갖추어야 한다. 첫째는 여성 신도를 끌 만한 성적 어필이 있어야 하고, 둘째는 기적을 행해야 한다. 소크라테스는 그리스 최대의 사상가로서 대단한 인기를 누렸다. 그러나 그의 초상을 보건대, 눈은 튀어나오고 코는 넓적하고 입술은 두툼해서 추남이라 할 수 있는 얼굴이다. 몸은 마음의 표상이라고 하여 아름다운 육체를 찬미하던 그리스인으로서는 치명적인 결점을 지닌 셈이다. 그래서 그에게는 악처로 유명한 크산티페 외에 여자와는 인연이 없었다. 더욱이 아내를 두고도 남색의 경향이 있었던지 알키비아데스와의 관계가 전해지기도 한다. 그래서인지 그는 많은 제자와 추종자를 가졌으나 교주가 되지는 못했다. 종교적 카리스마성이 부족했고 열렬한 여성 팬이 없었기 때문이었다.

요한도 금욕적 생활태도와 요단 강에서의 세례로 인해 대단한 인기를 누렸다. 그러나 직선적인 성격이라 체제측에 대해서 대놓고 욕설을 퍼부었을 뿐만 아니라, 권력자인 갈리리 영주 헤롯 안티파스의 비위를 건드려 체포되어 처형되고 만다. 요한의 처형에 대해서 〈마태복음〉은 다음과 같이 말한다. "헤롯이 이복형제의 아내 헤로디아를 빼앗아 결혼하자, 요한은 이 결혼이 율법에 어긋난다고 비난을 한다. 이에 앙심을 품은 헤로디아가 딸(살로메)을 시켜 연회에서 춤을 추게 한 후 보상으로 요한의 목을 요구하게 한다. 헤롯은 민중의 폭동을 우려하여 망설렸으나 마침내 그의 목을 배게 했다"(마태복음 14 : 3 - 12).

오스카 와일드는 이것을 다시 윤색해서 살로메가 요한을 연모했으나 요한이 받아들이지 않자, 춤의 보상으로 그의 목을 얻어서 접시에 담긴 그의 목에 키스를 하는 것으로 꾸몄다. 나는 정명훈 지휘자가 이끄는 바스티유 오페라단의 서울공연에서 이 장면을 봤지만 오래된 일이라 기억이 선명하지 않아 비디오를 통해 다시 한번 감상했다. 그러나 동방세계에는 이와 유사한 애기가 많다고 하니 이 애기의 사실여부는 알 수가 없다.

역사가 요세푸스의 애기는 조금 다르다. 즉 "헤롯 안티파스는 민중의 압도적 지지를 받는 요한의 운동이 혁명을 유발하고 반헤롯, 반로마운동으로 발전할 것을 우려했으며, 반란에 선수를 쳐서 살해하는 것이 상책이라 생각하여 마케루스 요새에 감금한 뒤 거기서 처형했다"(《유대고대사》 18, v. 2)고 하고 있다. 마태가 헤롯의 사생활 때문에 요한이 처형되었다고 한 데 대해 요세푸스는 정치적 이유만을 들고 있는데, 이 애기가 좀더 개연성이 있는 듯도 하나 두 가지 이유가 겹쳤는지도 모른다.

예수가 요한으로부터 세례를 받은 일에 대해서 공관복음의 저자들의 태도는 한결같다. 마가와 누가는, 요한이 예수를 가리켜 그분은 나보다 훌륭해서 나는 그분의 신발 끈을 풀어드릴 자격조차 없다고 비하한 것으로 그린다(누가복음 3 : 16, 마가복음 1 : 9). 마태의 기술은 보다 구체적이다. 요한이 예수에게 "제가 선생님께 세례를 받아야 할 터인데, 어떻게 선생님께서 제게 오십니까?"라고 한 데 대해, 예수는 "지금은 내가 하자는 대로 하여라. 우리가 이렇게 하여야 하느님께서 원하시는 모든 일이 이루어진다"(마태복음 3 : 14 - 15)라고 대답한다. 이건 형님 먼저 아우 먼저가 아니라 사제간의 관계가 완전히 뒤바뀐 모습이다.

세례를 받았다는 것은 제자가 되었다는 것을 의미하는 것으로 봐야 한다. 제자가 되었지만 예수는 요한의 방식에 불만이 있었을 것이다. 그래서 요한이 처형된 전후에 그는 독자적인 길을 걷게 되었을 것이다. 그때 다른 요한의 제자들도 예수를 따랐을 것이다. 요한 복음은 그것을 시사하고 있다(요한복음 1 : 29). 예수는 요한이 만인에게 세례를 베푸는 평등주의를 계승했으나, 요한과는 다른 방식을 뚜렷이 내세운다. 그는 일단 40일간의 단식을 행한 이후에는 금욕적인 생활을 청산했으며, 초능력으로 기적을 행하고, 또한 요한의 죽음을 초래했던 정치적 발언을 하지 않는다. 요한은 예수의 반면교사(反面教師)였던 것이다.

소크라테스와는 달리 예수와 요한의 경우 당시에 그려진 초상은 남아 있지 않다. 민족반역자여서인지, 아니면 유대 땅이 문명의 변경이어서 화가나 조각가와 같은 예술가가 없었기 때문인지 모른다. 4복음서는 예수의 언행에 대해서는 상세하나 기이하게도 그의 모습에 대한 기술은 전혀 없다. 다만 〈요한 묵시록〉에 환영으로 본 그의 모습이 그려져 있을 뿐인데(요한 묵시록 1 : 13 - 16), 그것은 〈다니엘 서〉에서 다니엘이 티그리스 강에서 본 신의 모습과 흡사하다(다니엘 서 10 : 5 - 6). 역사적으로 수많은 화가와 조각가가 예수를 그렸지만 그것은 상상도에 불과하다. 그러나 그 얼굴이 모두가 비슷한 것이 신기하다. 그것이 인간이 생각할 수 있는 가장 고상한 얼굴이란 말인가. 1968년에 미국에 갔을 때 당시 히피의 모습이 예수상과 너무나 흡사한 데 놀랐다. 어깨 아래까지 늘어뜨린 긴 머리카락, 덥수룩한 수염, 발끝까지 내려오는 긴 의상. 히피는 반체제의 심볼이었다. 예수는 반체제운동의 원조이었다. 히피는 예수의 모습을 본뜬 것이었을까.

아무튼 예수의 얼굴은 고정되어 버렸지만 요한의 얼굴은 그렇지가 않다. 오스카 와일드의 〈살로메〉에서 살로메는 요한의 목을 접시에 담아 키스하고는 "너는 나를 거절했다. 매춘부와 같이 취급했다. 유다의 왕녀인 나를. 그러나 이제 너의 목은 내 것이 되었다. 너는 내가 사랑한 유일한 남자. 너는 아름다웠다!"라고 한다. 요한이 아름답다는 것은 어디까지나 와일드의 픽션일 뿐이며, 성경에는 살로메라는 이름도 없다. 그녀가 요한을 연모한 것은 물론 아니며, 어머니의 명에 따라 일곱 가지 색의 춤의 대가로 요한의 목을 요구한 것에 불과했다.

요한은 낙타 털옷을 입고 허리에 가죽띠를 두르고 메뚜기와 들 꿀을 먹으며 살았다. 옷차림은 악센트릭하나 음식은 영양만점이라고 생각했으나 실은 그게 아니었던 모양이다. 황야에 꿀과 메뚜기가 흔히 있을 리 없으며, 들 꿀은 대추야자의 즙을 말하고, 메뚜기란 곤충이 아니라 메뚜기 콩이라는 돼지의 사료로 재배되는 식물이라고 한다. 시실리 섬의 팔레르모의 관광안내에는 메뚜기 콩이 특산물로 소개되어 있는데, 이 콩은 예나 지금이나 지중해 일대에서 널리 재배되는 모양이다. 아무튼 돼지의 먹이를 먹고 살 만큼 금욕적인 생활을 했다는 얘기이다. 이런 금욕적인 생활을 하는 요한이 여인을 가까이할 리 없으며, 이런 사나이에게 접근할 여인도 없었을 것이다. 말하자면 그에게는 염복(艶福)이 없었으며, 따라서 예수가 가는 길의 살풀이 역할을 할 뿐 새로운 교를 창시할 위인이 되지 못했다.

그러나 예수는 가는 곳마다 열렬한 여성 팬들이 따랐다. "악령이나 질병으로 시달리다가 나온 여자들"도 따라다녔는데, 그들 중에는 일곱 악귀가 나간 막달라 여자라고 하는 마리아, 헤롯의 신하인 쿠자의 아내 요안나, 그리고 수잔나라는 여자를 비롯하여 다른 여자들도 여럿 있었다. 그들은 자기의 재산을 바쳐 예수의 일행을 돕고 있었다(누가복음 8 : 2 - 3).

막달라 마리아를 비롯한 수많은 여자들이 살림을 털어 헌납하면서 예수를 따라다니며 뒷바라지를 했다는 말이다. 요즘 신흥종교의 교주를 따라나서는 여자들의 작태 그대로이다. 특히 막달라 마리아는 일곱 악귀가 나간 여자라고 했는데, 이것이 무슨 뜻인지 잘 알 수가 없으나 아무튼 육욕에서 비롯한 여러 가지 죄를 지은 여자, 즉 창녀출신이란 뜻인 듯하다. 막달라라는 곳은 갈리리 호반의 도시인데, 로마 군대가 주둔한 곳인지라 그녀는 군대 위안부였을 가능성이 크다.

예수가 나인이라는 곳에서 한 바리세 파 사람의 집에 초대받았을 때의 일이다. 예수가 식탁에 앉아 있는데 창녀로 알려진 한 여자가 뒤에서 예수에게 다가왔다. 예수가 뒤돌아보자, 여인의 눈에서 구슬 같은 눈물이 한 방울 한 방울 떨어져 예수의 발을 적셨다. 여인은 긴 머리카락으로 예수의 발에 묻은 눈물을 닦고는 부드럽게 입맞춤하며 향유를 발랐다. 예수는 여인에게 "당신의 죄가 용서 받았습니다. 당신의 믿음이 당신을 구원하였습니다. 편안히 가십시오"라고 했다(누가복음 7 : 36 - 50). 이 여인이 막달라 마리아였던 것 같다.

간음은 죄이다. 그러나 매춘은 천한 행위이긴 하나 가난 때문에 저지른 짓이 죄가 될 수 있을까. 그러나 유대사회에서는 일곱 악귀에 들린 죄 많은 여자로 취급된다. 그러나 그녀의 눈에서 떨어진 눈물 한 방울이 그녀의 모든 죄를 씻을 만큼 고귀함을 예수는 말한 것이다. 그의 눈길이 닿자 한 여인의 오욕에 찬 몸이 청순한 성녀로 변모하게 되는 신비적인 매력을 지닌 사나이. 그는 어떤 화가도 그려낼 수 없는 절세의 미남자가 아니었을까.

므깃도(Megiddo), 인류 최후의 결전장

다브하를 떠나 예수가 최초의 기적을 행했다는 가나 혼인잔치 교회를 거쳐 므깃도에 이른다. 유적이 있는 언덕 밑 캠핑장에 마련된 야외용 테이블과 의자에서 한식 도시락으로 점심을 든다. 온화한 날씨라 소풍나들이에 온 기분이다. 식사 후 일행에 뒤쳐져서 혼자 언덕으로 올라가던 중 언덕에서 천천히 내려오는 한 아가씨를 만났다. 늘씬한 키에 머리카락을 양산처럼 크게 부풀린 패션모델 같은 헤어스타일을 한 멋쟁이이었다. 그녀는 나에게 혼자냐 아니면 아까 올라간 일행이냐고 묻고는, 당신들은 일본인이냐 한국인이냐고 묻는다. 그리고는 자기는 샌프란시스코에서 온 저널리스트라고 밝히고, 밀레니엄이라서 이곳에 왔느냐고 묻는다. 그런 것과는 관계없이 왔다고 말하자, 다음은 어디로 가느냐고 한다. 가이드 뒤를 따라다닐 뿐 어디로 가는지 잘 모르겠다고 하고는, 젊은 가이드의 발이 너무 빨라 우리 같은 경로증 노인(senior citizen)이 따라가기 힘든다고 토로하자, 그녀는 몇 살인데 노인이라 하느냐고 묻는다. 한번 맞춰보라고 하니 60세냐고 하기에 훨씬 많다고 말하자 모르겠다고 한다. 그래서 75세라고 해보니 거짓말이라고 하기에, 68세라고 실토를 해도 믿을 수 없다고 일소에 부친다. 늙은이에 대한 배려라 할까 예의라 할까, 아무튼 매너가 제법이라고 여겨져 노라라는 이름도 예쁘고 헤어스타일도 멋있다고 칭찬해주자 반색을 하는 제스처이다. 그러나 제법 유식해 보이는 이 아가씨와 천년왕국에 대해 좀더 얘기를 나누고 싶기는 했으나, 그럴 처지가 아닌지라 작별을 하고 황급히 유적이 있는 언덕으로 올라갔다. 가이드의 열변은 벌써 끝났고 일행은 땅굴로 가는 중이었다.

므깃도는 이스라엘에서 가장 비옥한 이스르엘(Jezreel) 평야의 중심도시일 뿐만 아니라, 남쪽의 이집트와 북동쪽의 시리아 및 메소포타미아를 연결하는 고대세계에서 가장 중요한 군사 교역의 요충지의 하나였다. 그래서 역사적으로 주변의 모든 민족이 이곳을 차지하기 위해서 싸웠다. 멀리는 고대 이집트인에서부터 중세의 십자군이나 터키인에 이르는 여러 민족이 이곳 들판과 협곡에서 34회의 전투를 벌였으며, 신약시대에만 14번의 싸움이 있었다고 한다. 그래서 〈요한 묵시록〉에 기록된

― 므깃도의 유적

선과 악의 최후의 싸움 아마겟돈의 터전이 바로 이곳이라고 한다.

신약의 마지막을 장식하는 묵시록은 사도 요한이 소아시아의 일곱 교회에 보내는 서한이라는 형식을 통해, 세계의 종말에 대한 신의 계획을 환시(幻視)로써 전달하는 내용이다. 말하자면 당시 로마제국의 박해를 받던 기독교도에 대해 박해를 견디면서 그때를 기다리라고 하는 격려의 메시지라 할 수 있다. 요한은 두 단계의 종말을 말한다. 최초의 종말에는 메시아가 재림하여 천년왕국을 실현한다. 그러나 이것이 진짜 종말이 아니다. 그동안 갇혀 있던 사탄이 부활하여 최후의 전쟁터 아마겟돈에서 사탄을 물리친 후, 최후의 심판을 거친 다음 신의 나라가 실현된다는 것이다.

천년왕국이 언제 오느냐에 대해서는 여러 가지 해석이 있다. 한때는 서기 1000년을 천년왕국의 해라고 해석하고, 메시아가 재림한다고 해서 사람들을 기대와 불안에 떨게 했었다. 그러나 그 해가 별일없이 지난 후에는 1000년이 실제의 연월이 아니라 관념적인 시간을 의미하는 것으로 해석하는 것이 일반화되었다. 그러나 세계의 종말과 메시아의 재림에 대한 신앙과 열망은 강하며, 그것이 어떻게 실현되는가에 대해서 오늘날에도 온갖 논의와 상상이 행해지고 있다.

묵시록이 영화화된 것도 여러 편이 된다. 잉그미르 베르이만의 〈제7의 봉인〉은 페스트가 유행하던 중세의 종말적 양상을 무게 있게 다룬 수작이었으며, 프란시스 코플라의 〈지옥의 묵시록〉(*Apocalypse Now*)은 월남전쟁을 무대로 한 원제(原題) 그대로 현대판 묵시록이었다. 근자에 제작된 칼 슐쓰의 〈제7의 예언〉과 브루스 윌리스가 주연한 〈아마겟돈〉은 비디오를 빌려 보게 되었다. 단 〈아마겟돈〉은 제목만 묵시록에서 빌려 왔을 뿐 내용은 전혀 엉뚱한 SF영화에 불과했다. 인터넷을 통해서도 Apocalypse를 검색하면 여러 가지 사이트가 떠오른다. 묵시록의 인기는 새 천년을 전후해서 한층 고조된 감이 있다.

므깃도를 아마겟돈의 싸움터로 생각한 것은 유대 땅에 살던 사도 요한의 지리적 상상력의 한계를 나타내는 것이라 할 수 있지만, 앞서 말한 이

곳의 지리적 중요성 때문인 것은
물론이다. 특히 이곳 언덕에는 솔
로몬이 이 평야를 지키기 위해 건
립한 성벽과 요새가 있었다. 그러
나 지난 8년간 신시내티대학팀이
이곳을 발굴한 결과, 다윗과 솔로
몬의 치세인 기원전 10세기가 아니
라 그보다 1세기 뒤인 기원전 9세
기에 세워진 것이라 추정되기에
이르렀다. 이스라엘의 영광을 나타
내는 다윗과 솔로몬의 건조물이
아니라 악명 높았던 아합 왕이 지
은 건물이란 것이다. 물론 솔로몬
대의 건물이 파괴된 후 아합이 새
로 건립했다는 설도 있다.

　아합이 건립한 요새는 폐허가
되었지만 아합이 파놓은 땅굴은

— 므깃도의 지하 수로

지하이니만큼 온전히 보존되어 있다. 이곳의 유일한 수원은 성벽 밖의
평지에 있기 때문에, 성내에서 수원까지 지하 60미터를 파내려가서 다
시 120미터의 터널을 뚫은 것이다. 종유굴 입구와 같이 철제 계단이 설
치되어 있어 지하로 내려가서 땅굴을 빠져나오니 평지에 버스가 대기하
고 있다. 아합의 업적을 찬탄하면서 일로 나사렛으로 향한다.

수태고지(受胎告知)의 신화

　성지순례는 수태고지에서 시작해야 순서일 것이다. 예수에 관한 모든
얘기는 거기에서 비롯되기 때문이다. 그러나 일정상 이곳을 찾은 것이

끝 무렵이 되어버렸다. 예수가 자란 나사렛은 변비(邊鄙)한 한촌이리라 생각했는데 그것은 2000년 전의 일, 지금은 번잡하고 지저분한 아랍인의 도시이다. 특히 수태고지 교회 근방의 거리는 교통이 완전히 마비상태에 빠져 있었으며, 버스가 교회에 접근할 수 없어 상당히 먼 거리에서 하차하여 한참 동안 걸어가야 했다.

그러나 아랍인 거리는 지저분하지만 흥미진진한 데가 있으며, 아랍인은 가난하지만 따뜻한 데가 있다. 이스라엘인은 우리 같은 외국인에게는 곁눈질조차 하지 않지만 아랍인은 그렇지가 않다. 그들의 눈에는 친근감과 약간의 호기심이 있다. 이곳의 아랍인은 크리스천이 많다고 하는데, 크리스천이 된 아랍인보다는 이슬람을 믿는 아랍인이 아랍인답다. 이것은 그들이 우리를 볼 때도 마찬가지일 것이다. 크리스천이 된 동양인보다는 동양인은 어디까지나 유교나 불교를 믿어야 동양인답게 보일 것이다. 그래서 이곳에서도 아랍인다운 아랍인을 볼 수 있었다. 복잡한 네거리 한가운데 빈터에서 주위의 소요에 아랑곳하지 않고 아랍인들이 메카를 향해 절을 되풀이하고 있는 것이다.

— 수태고지 교회

— 마르티네의 수태고지

지극히 아랍적인 그들의 유연한 모습에 눈이 팔린 사이 어느새 우리 일행을 놓쳐버리고 말았다. 뜀박질을 하여 겨우 먼 발치에 일행의 꼬리를 포착하는 데 성공, 헐레벌떡 뒤따르다가 우연히 흘겨본 동상이 수태고지의 모습인지라 비로소 이곳이 수태고지 교회의 경내라는 것을 알게 된다. 하마터면 이 동상을 놓칠 뻔했다.

수태고지라고 하면 피렌체의 산 마르코 수도원의 프라 안젤리코의 명화가 너무나 유명하다(이 책 268쪽 참조). 안젤리코 외에도 보티첼리, 다 빈치, 리피 등 수많은 화가들이 수태고지를 그렸는데, 이러한 명화들은 천사와 마리아의 표정과 자세에 약간의 차이가 있으나 한결같이 엄숙하고 경건한 분위기이다. 천사의 표정은 진지하고 마리아의 얼굴에는 숙명을 받아들이는 숙연함이 있다. 한 가지 이색적인 작품은 시모네 마르티네의 그림이다. 그의 그림에서는 마리아는 얼굴을 찡그리고 몸을 비틀면서 천사의 말씀을 "싫어!"하고 완강히 거절하는 태도이다. 천사는 마리아의 태도에 분격하여 매서운 눈초리로 피할 수 없는 운명이라고 협박하고 있다. 살기가 서린 긴장된 수태고지의 장면이다.

그러나 이곳의 고지는 그림이 아니라 누구의 작품인지 알 수 없는 동상인데, 천사와 마리아가 마치 친구끼리 밀담을 속삭이고 있는 듯한 리얼하고도 유머러스한 분위기이다.

천사 : "얘야, 너 임신했어. 성령으로 잉태하게 되었단 말이야."
마리아 : "그게 무슨 소리니. 난 그런 말 믿을 수 없어."

나는 그녀들의 대화를 그 이상 엿들을 수 없었다. 일행의 뒤를 황급히 따라가야 했으니까.

1969년에 완성된 수태고지 교회는 성지 최대의 교회라는 명성 그대로 압도적인 크기의 현대식 건축이다. 건물 전면에도 수태고지의 장면이 그려져 있으나 베이지색 벽면에 너무 높은 곳에 음각되어 있어 뚜렷이 보이질 않는다. 마리아의 집터에 세워진 건물인지라 내부에는 수태고지가 행해진 동굴이 있고, 동굴 앞에는 제단이 마련되어 있다. 2층 벽면에

— 수태고지 교회 경내의 동상

는 세계 각국에서 보내온 토착화된 마리아 모자상이 걸려 있는데, 치마 저고리를 입은 성모와 배내옷을 입은 아기 예수상도 있다.

수태고지와 예수의 출생에 대한 에피소드는 〈마가복음〉과 〈요한복음〉에는 없다. 〈마태복음〉과 〈누가복음〉의 얘기도 일치하지 않는다. 〈마태복음〉에서는 천사의 고지를 듣는 것은 꿈을 통해서이다. 〈누가복음〉에서는 천사가 직접 마리아에게 나타나서 알린다. 따라서 수태고지의 그림과 동상은 모두 〈누가복음〉의 얘기를 따른 것이다.

얘기인즉, 나사렛 땅에 마리아라는 아리따운 처녀가 있었다. 집은 가난했으나 다윗의 혈통을 이은 뼈대있는 가문의 규수였는데, 목수인 요셉과 약혼한 사이였다. 그러나 결혼도 하기 전에 임신을 한다. 천사가 나타나서 마리아에게 성령으로 임신했음을 알린다. 친척에 엘리자베스라는 여자가 있었다. 결혼한 지 몇 해가 되도록 아이를 갖지 못했는데, 어느 날 천사가 나타나 너의 집안에 성령이 가득 차 있어서 곧 아이를 얻을 것이라고 알린다. 얼마 후 아들을 얻었는데 그 아이가 훗날의 세례 요한이다. 따라서 요한은 예수의 친척 형님이 되며, 예수가 요한으로부터 세례를 받은 까닭도 여기에 있었다. 마리아는 엘리자베스를 찾아가서 의논을 한 후 천사의 말을 믿기로 결심한다.

그러나 요셉은 고민한다. 당시 약혼은 결혼과 다름없는 엄숙한 계약이며, 약혼자를 배신했을 경우 법률상 사형에 처할 수도 있었다. 요셉은 몰래 약혼을 취소할까 생각하던 중 꿈에 천사가 나타나 마리아가 성령으로 임신했다고 알린다. 마리아는 천사의 말을 믿었지만, 요셉은 꿈에서 본 천사의 말을 그대로 믿기는 어려웠을 것이다. 그래서 여러 가지 설이 난무한다. 예컨대 마리아의 상대는 판테라고 하는 로마 병사라는 진설(珍說)도 있다(이 설을 주장한 것은 2세기말의 플라톤 학파의 케르수스라는 철학자이었다). 심성이 착하고 마리아를 사랑했던 요셉은 그것을 알고도 마리아를 아내로 맞았다. 그러나 고민은 사라질 수 없었으며, 그래서 성화에 나오는 요셉의 모습은 언제나 우울한 표정일 수밖에 없다는 우스갯소리도 있다.

아무튼 장성한 예수는 요셉이 실부(實父)가 아니라는 자기의 출생 비밀을 알게 된다. 그러나 사생아인 자기를 다른 형제 이상으로 사랑하는 양부에 대해 깊은 존경심을 갖는다. 그 후 예수가 아버지 하느님이라 부를 때 아버지는 양부인 요셉의 이미지와 중첩되었으며, 사랑의 신이라는 관념도 아버지 요셉의 사랑 때문이었다. 그가 가난하고 비천하고 핍박받는 자의 편이 된 것도 자신의 불우한 처지 때문이었다.

예수가 사생아가 아니라 약혼자 사이의 혼전관계에서 태어났다고 상상할 수도 있다. 현대에는 흔한 일이지만 당시의 사회에서는 용납할 수 없는 일이었으며, 더욱이 선량하고 순결한 요셉과 마리아 사이에 그런 일이 있었으리라고는 생각되지 않는다. 그래서 차라리 두 사람은 정상적으로 결혼한 평범한 부부였다고 생각해 보자. 애당초 동정녀 임신이라는 신화의 근거의 하나는 구약의 예언, 즉 예수의 출생에 대한 예언으로 알려진 〈이사야 서〉(7 : 14)의 기술 때문이었다. 일반 기독교의 번역에 의하면 "처녀가 잉태하여 아들을 낳고 그 이름을 임마누엘이라 하리라"(공동번역)라는 예언대로, 예수는 성령에 의해 동정녀 마리아의 태내에 잉태되었다는 것이다. 그러나 처녀라고 번역된 히브리어의 원어 알마(almah)는 (결혼한 여자를 포함해서) '젊은 여자'라는 뜻이라고 한다. 《성서주석》(유형기 편)에는 히브리어에서 처녀를 뜻하는 베툴라(bethula) 대신 알마라고 쓴 것은 반드시 처녀를 의미하는 것이 아니다라고 설명하고 있고, 신세계 역에는 "보십시오. 젊은 여자가 임신하여 아들을 낳겠고"라고 되어 있다. 그러니 개신교에서도 동정녀가 아님을 밝히고 있는 것이다.

그러나 평범한 부부 사이에 예수라는 종교적 천재가 탄생함으로써 문제가 달라진다. 마태와 누가가 어떻게 예수의 출생 얘기를 기록하게 되었는지 알 수가 없다. 예수로부터 직접 들을 수 없는 처지이었기 때문에, 성령으로 잉태했다는 얘기는 신자들의 원망(願望)에서 나온 얘기인지 모른다.

신이 인간의 여성과 관계하여 거기에서 나라와 민족을 구제하는 영웅이 탄생한다는 얘기는 모든 신화·전설에 보편적으로 나타나는 얘기이다. 로마의 경우 건국의 영웅인 로물루스와 레무스 형제는 실비아라는 처녀와 전쟁의 신 마르스 사이에서 태어났다는 얘기는 너무나 유명하다. 누군가의 계산에 의하면, 유라시아 대륙에는 처녀가 성령으로 잉태한 경우가 2,400이상을 헤아린다고 한다. 위인이나 영웅은 범상한 출생을 하지 않는다는 모든 민족이 갖는 원망이 이러한 에피소드를 만들었을 것이다. 그리스의 영웅이란 신과 인간의 여자 사이에 태어난 족속을 의미한다. 그리스의 신들은 모두가 호색한이어서 배우자인 여신을 두고도 곧잘 인간의 여성 처녀·유부녀를 가리지 않고 유혹을 하는 것이다. 그리하여 그리스의 왕과 귀족은 모두가 영웅을 조상으로 하고 있다.

　신약의 중심인 공관복음은 예수의 언행을 제자들이 기록한 것이라 할 수 있다. 그러나 4복음의 저자인 마태, 마가, 누가, 요한은 예수의 직접 제자가 아니다. 12제자 가운데 마태, 요한은 복음서의 필자와는 다르다는 것이 정설이다. 말하자면 복음의 저자들은 예수의 간접 제자들이며, 그들의 기록도 엄밀한 의미에서 예수에 관한 르포르타주가 아니라 예수가 신의 아들임을 입증하기 위한 전도서라는 성격이 강하다. 따라서 예수의 출생에 대해서도 신도들의 예수에 대한 원망, 즉 신비적인 출생을 기술한 것은 매우 자연스러운 일이었을 것이다.

　그러나 적어도 수태고지의 애기는 마태나 누가 두 사람 가운데 누군가가 창안했을 것이다. 그 애기로써 마리아와 요셉이 한결 리얼하고 음영(陰影) 짙은 인물상이 되었으며, 성령으로 잉태했다는 어쩌면 평범한 영웅전설을 신성하고 고귀한 드라마로 만들 수 있었다고 할 것이다. 그런 의미에서 그것은 신의 계시와 같은 창안이었다. 천사가 나타났다면 그것은 마리아나 요셉이 아니라 마태나 누가 앞에 나타났을 것이다. 마태와 누가가 그것을 기록했을 때 그것은 종교적 진실이 되었다. 그리하여 성모 마리아는 성령으로 잉태하여 예수를 낳은 것이다. 나는 그렇게 믿고 싶다.

　나사렛은 예수가 자란 곳인지라 예수와 인연이 있는 곳에 많은 교회가 세워져 있으나, 대표적인 수태고지 교회만을 간단히 살펴보고 다음 행선지인 가이사랴(Caesaria)로 향한다. 바쁘다 바빠 하면서. 가이사랴는 지중해에 면한 항구도시인데, 비잔틴시대와 십자군시대의 성벽이 이중 삼중으로 둘러싸여 있어 유서 깊은 도시임을 느끼게 한다. 이곳은 원래 기원전 2세기에 페니키아인이 건설하여 지중해의 현관으로서 번영했는데, 헤롯 대왕이 아테네에 필적할 만한 도시를 건설하기 위해 대규모의 공사를 일으켰었다. 그는 이 도시를 자기의 패트론 격인 카이사르 아우구스투스의 이름을 따서 카이사랴라고 불렀으며, 로마는 이곳을 유다의 행정수도로 정하여 역대 총독은 이곳에 자리를 잡았다. 그래서 영화 〈벤허〉의 로케 장소로 사용되었던 경기장이나 수도교, 아우구스투스 신

— 가이사랴 해변의 반원형 극장

전 등 로마시대의 유적이 남아 있으나, 근자에 수복된 원형 극장만을 찾는다. 로마시대에는 주로 투기장으로 사용되어 로마에 반항한 유대인을 잡아다 굶주린 야수의 먹이로 던져주었다고 한다. 그러나 현재는 그런 살벌한 흔적을 전혀 느낄 수 없을 뿐만 아니라, 복원이 너무 깨끗하여 고적이라는 느낌조차 주지 않는 것이 흠이라면 흠이다. 바다에서 불어오는 풍향을 계산하여 무대방향이 정해져 있어 음향효과가 탁월하며, 그래서 가끔 콘서트가 이곳에서 개최된다고 한다.

이곳은 물론 기독교와도 연관이 있는 성지이다. 30년에 예수는 이곳에서 12제자에게 포교를 지시했다고 하고, 베드로와 바울이 로마 포교를 위해 로마로 출발한 지점이 이곳이었다고 전해진다. 특히 바울과는 인연이 깊은 곳이다. 바울은 오늘날의 남터키에 위치한 탈루스에서 태어난 유대계 그리스인이었다. 그러면서도 가문이 선대이래 로마 시민이었기 때문에 태어날 때부터 로마 시민권을 소유하고 있었다. 말하자면 이중 국적자였던 셈이다. 55년경 예루살렘에 간 바울은 바리세 파 사이에 실랑이가 벌어져 로마군에게 체포되었다. 바리세 파들은 배신한 바울을 죽이기 위해 예수의 경우와 같이 반로마분자라고 주장한 것이었다. 로마군이 그를 재판에 회부하려 하자, 그는 자기가 로마 시민임을 내세워 황제에게 상소하겠다고 주장한다. 로마 시민은 로마에서 정식 재판을 받을 권리가 있었던 것이다. 그는 가이사랴로 이송되어 이곳에서 2년간 연금상태에서 포교를 했다. 그후 로마로 이송되어 당국의 감시하이긴 했으나 약 2년간 선교활동을 할 수 있었다. "바울 없이는 기독교도 없다"고 일컬어지지만, 바울의 선교는 그가 로마 시민이었기에 가능한 일이었다. 더욱이 그는 최고의 헬레니즘적 교양을 갖춘 일류 지식인이어서, 이방인이나 이교도를 설복하는 데 다시없는 인물이었다. 그후 그의 소식은 묘연해지나, 네로의 대박해 때에 베드로와 함께 순교하였다고 전해진다. 베드로는 속주민이었기 때문에 책형(磔刑)을 당했으나, 시민권을 가졌던 바울은 참수형(斬首刑)을 당했다고 한다. 바울에 의해 기독교의 세계화가 시작된 지점이라는 의미에서 가이사랴는 제2의 예루살렘이라 할 수 있을 것이다.

이곳을 떠날 때는 이미 어둠이 깔리는 무렵이었는데, 예루살렘에 입성할 때는 완전히 밤이 되어 있었다. 차내에는 "예루살렘, 예루살렘"이라는 후렴이 되풀이되는 〈거룩한 성〉이라는 성가가 몇 번이나 울려퍼진다. 이 곡을 부른 가수는 많고 나도 레슬리 가렛이 부른 CD를 가지고 있으나, 누군지 알 수 없는 남성 가수가 부른 이 곡은 압도적으로 박력이 있다. 음향이 좋아 오케스트라의 울림도 제법 생동감이 있다. 예루살렘은 오늘 일정의 마지막에 불과하지만, 이 곡의 힘찬 가락은 마치 순례자들의 일생의 종착지가 예루살렘이라는 느낌을 줄 만큼 호소력이 있다.   (11월 29일)

— 예루살렘

아! 예루살렘

　오늘은 순례의 마지막이자 클라이맥스의 날이다. 예수가 예루살렘에 입성하여 죽음에 이르는 행적을 더듬게 되는 것이다. 먼저 감람산 중턱, 전망대라고 할 장소로 간다. 예루살렘 성이 한눈에 들어온다. 장관이다. 예루살렘은 유대교, 기독교, 이슬람교 세 종교의 성지이지만, 예루살렘 성의 중심을 차지하는 것은 마호메트가이 승천한 곳에 세워진 바위의 돔이다. 황금색으로 찬연히 빛나는 돔과 파란색 8각형의 건물은 예루살렘의 상징이 되어 있다. 이슬람교도는 건축의 천재이다. 세계에서 가장 아름다운 건물이라는 타지마할을 비롯해 그들이 세운 건축, 특히 모스크는 다른 종교의 건축과는 비교가 되지 않는다.

　바위의 돔 내부에는 마호메트가 승천한 바위의 상부가 노출되어 있는데, 거기에는 마호메트의 발자국과 대천사 가브리엘의 손자국이 남아 있다고 한다. 그뿐만 아니라 이 바위는 아브라함이 이삭을 신의 제물로 바치려 한 곳이라고도 한다. 따라서 저 건물은 건물의 아름다움은 차치하더라도, 세 종교의 뿌리가 하나임을 여실히 나타내고 있다는 점에서 꼭 봐야 할 곳이다. 그러나 이슬람의 성당이기 때문인지 순례의 일정에서 제외되어 있는 것이 여간 아쉽지가 않다.

　각설. 예수는 예루살렘을 여러 번 방문했으나 마지막으로 입성한 것이 30년 4월 2일이었다. 그 전날에는 베다니의 시몬의 집에서 묵었는데, 거기서 한 가지 해프닝이 있었다. 시몬의 딸 마리아가 값비싼 향유를 예수의 발에 붓고는 머리털로 발을 닦은 것이다. 그때 유다가 말한다. "이 향유를 팔면 300데나리온은 될 텐데, 그 돈으로 어찌하여 가난한 사람들에게 나누어주지 않습니까"(요한복음 12 : 5). 예수에 대한 제자의 유일한 비판의 소리이다. 유다는 예수 일행의 회계담당인지라 비싼 향유를 쓰는 것이 아깝다는 단순한 살림꾼의 소리이었는지 모른다. 그러나 여기에서는 예수가 말하는 고매한 사랑보다 빈자가 바라는 것은 돈이요 병의 치료가 아니겠느냐라고 하는 다분히 현실파적인 비판이다. 유다의 발언에 대한 예수의 대답은 의미심장하다. "이것은 내 장례를 위하여 하는 일이니 이 여자 일에 참견하지 말라." 예수가 죽음을 예견한 듯한 발언이다.

물론 이전에도 예수가 죽음을 각오한 듯한 발언이 없지는 않았다. 예수의 인기에 불안을 느낀 헤롯 안티파스가 예수를 잡아죽이려 하니 이곳을 떠나라고 바리세 파가 말하자, 예수는 "그 여우에게 가서 말하라. 나는 오늘도 내일도 마귀를 쫓고 병을 고치며 사흘째 되는 날이면 내 일을 마칠 것이다. 나는 계속해서 내 길을 가야 한다. 예언자가 예루살렘 아닌 다른 곳에서 죽을 수 있겠느냐? 예루살렘아! 예루살렘아! 너는 언제나 예언자를 죽이고 하느님께서 보내는 자를 돌로 치는구나"(누가복음 13 : 32 - 34)라고 하였다. 예수가 죽음을 예견하고 죽음을 각오하면서까지 예루살렘에 가야할 이유는 무엇일까. 죽음으로써 사명이 완성된다고 생각했기 때문이라고 말하는데, 그것은 정말일까.

베다니에서 예루살렘까지 걸어서 30분 거리. 산길을 따라 감람산에 당도한 예수는 당나귀를 타고 산길을 내려오자, 유월절을 보내기 위해 이곳에 모여든 순례자들은 종려 잎을 흔들며 이스라엘의 왕이라고 호산나를 외치며 환호한다. 예수는 이젠 마귀를 쫓아 병을 고치는 초능력을 가진 떠돌이 무당이 아니다. 로마의 지배로부터 이스라엘을 해방하는 대망의 민족의 구세주라는 확실한 자리매김을 한 것이다. 예수는 내심 민중의 정치적 원망에서부터 자기 신전을 떼놓으려 생각하면서도, 민중의 우상이 되고 영웅이 된 자신에게 스스로 황홀해 하는 착잡한 심정이었을 것이다. 그것은 예수가 제자들에게 자기를 어떻게 보느냐고 묻는 데에서도 나타난다. 예수는 한 번도 자신을 메시아라고 말하지 않았다. 그러나 사람들이 자기를 뭐라고 부르느냐고 제자들에게 물었을 때, 베드로가 메시아라고 대답하자 남에게 말하지 말라고 이른다. 부정하지도 않고 꾸짖지도 않은 것으로 보아 다른 어떤 대답보다도 그 대답에 흡족해 하는 듯하다. 메시아로서의 황홀과 불안이 교차하는 심리상태이다. 그는 신전을 돌아보고 베다니로 돌아간다. 그후 2, 3일 동안의 예수의 행적은 분명치 않으나 그동안에 두 가지 일이 일어난다.

첫째는 예수와 바리세 파 및 사두게 파와의 논쟁이다. 사두게 파는 예수에게 부활에 대해서 질문하고, 바리세 파는 로마에게 납세를 할 것인가에 대해 질문한다. 이 두 가지 질문에 대한 예수의 대답은 교묘하기는 하나 진의가 명확하지 않은 선문답 같기도 하다. 특히 납세문제는 예수를 반로마 파로 몰려는 함정이 깔린 유도심문이었으나, 예수는 "카이사르의 것은 카이사르에게, 하느님의 것은 하느님에게"라는 레토릭으로 교묘하게 피한다. 그러나 예수의 명답은 로마에 대해 협력을 하라는 말인지 협력하지 말라는 말인지 분명치가 않다. 그가 무력저항을 주장하는 열심당이 아닌 것은 분명하지만, 그렇다고 그가 무저항주의자인지 친로마주의자인지 분명한 것은 아니다. 그는 정치적 문제뿐만 아니라 도시 그들과의 논쟁 자체를 회피하려는 듯한 태도이다.

제사장을 비롯한 최고법원 의원들이 예수에게 "당신은 무슨 권한으로 이런 일을 하시오. 또 누가 당신에게 이 일들을 하도록 권한을 주었오"(마태복음 21 : 23)라고 묻는다. 마침 이 글을 정리하고 있을 때, 텔레비전에서 낙천의원 명단을 발표한 총선 시민연대 대표와 3당 대변인 사이에 벌어진 토론을 보게 되었다. 이때 자민련 대표의 질문이 사두게 파의 질문과 똑같은 것이 고소를 자아내게 한다. 즉 "당신들은 무슨 권한으로 이런 일을 하시오. 누구에게 권한을 위임받았오?" 이에 대해 시민연대 대표는 "우리에게 무슨 권한이 있습니까. 권한을 가지고 있는 것은 당신들 국회의원들입니다. 그러나 의원들이 부패하고 무능하기 때문에 우리가 행동을 취한 것이 아니겠습니까"라고 반박한다.

또 자민련 의원이 "우리나라 헌법을 읽어보시오. 대한민국은 법치국가라고 되어 있소. 당신들은 법을 어기는 행동을 하고 있소"라고 비난한다. 이에 대해 시민연대 대표는 "의원님은 헌법을 잘못 읽고 있소. 헌법에는 대한민국의 모든 권리는 의원이 아니라 국민에게 있다고 명시되어 있단 말이오"라고 반박한다. 그리고 또한 "의원님은 법 법 하지만 우리나라 헌법을 짓밟고 쿠데타를 일으켜 정권을 탈취했던 것이 누구였소. 당신네 당 명예총재가 아니오?"라고 통박하기도 한다.

　시민연대의 통명스러운 태도와는 달리, 최고의원들의 물음에 대한 예수의 대답은 좀 엉뚱하다. "한 가지 물어 보겠소. 당신들이 대답을 하면 내가 무슨 권한으로 이런 일을 하는지 말하겠소. 요한이 세례를 주는 것은 하늘에서 권한을 받은 것이오? 사람으로부터 권한을 받은 것이오?" 그들이 이 말에 얼른 대답을 하지 못하자 "그럼 나도 대답하지 않겠소" 하고 만다(마가복음 11 : 29 - 33).

　토론에서 체제측과 정면대결을 피하려는 태도와는 달리, 예수는 행동에서는 단호한 태도를 취한다. 4월 3일 신전에서 상인들을 내쫓은 것이다. 그는 환전상과 비둘기팔이들의 책상과 걸상을 뒤집어 버리고는 여기는 기도하는 장소라고 선언하였으며(마가복음 11 : 15), 새끼로 채찍을 만들어 소나 양을 경내에서 몰아내고 환전상의 돈을 뿌려버렸다(요한복음 2 : 15). 예수가 왜 이렇게 과격한 행동을 취했는지 그 이유가 분명치 않다. 구약에는 유대인 성년남자는 1년에 세 번 예루살렘 신전에 참배하도록 명하고 있다. 그들은 제례일, 특히 유월절에 가장 많이 모였는데, 외국에서 온 순례자들을 위해 환전상은 필수적이었다. 그들은 환전을 해서 신전에 헌금을 하고 희생으로 바칠 동물을 사야 하기 때문이었다. 따라서 희생용 동물을 파는 상인도 없어서 안 될 존재라고 할 수 있다.

　예수는 율법에 규정된 헌금이나 희생의 봉납만으로는 신에 대한 충분한 예배가 되지 못한다고 생각했을까. 이러한 상행위는 신전 밖에서 행해야 한다고 생각했기 때문이었을까. 갈리리라는 시골에서 올라온 예수는 신전의 이러한 관행에 무식했기 때문이었을까. 아마도 그는 동물을 희생물로 바치는 관습에 대해 반기를 든 것일 게다. 신전은 기도하는 집이므로 신에게 받치는 것은 기도로써 족하다는 생각이었을 것이다. 신전비판은 그가 처음이 아니다. 제1신전 시대부터 예레미아 등 선지자들의 비판이 있었고, 쿰란 문서에도 신전비판이 있다고 한다.

　아무튼 예수의 행동은 신전의 권위와 기능 전체에 대한 공공연한 공격인 것이 사실이었다. 더욱이 상인들의 상행위에 대해 부과하는 거래세는 신전의 주요 수입원이었을 것이다. 예수의 행위에 대해 격분한 것은 상인들만이 아니었다. 폭력은 보다 큰 폭력을 불러일으킨다.

4월 4일. 이날 낮 동안에는 무슨 일이 있었는지 알 수 없으나 밤에 드라마틱한 장면이 벌어진다. 최후의 만찬이 있었던 것이다. 예수는 유대의 율법에 따라 빵을 제자들에게 나누어주면서 "이것은 나의 몸이라"하고, 포도주를 따라주면서 "이것은 많은 사람들을 위해 흘리는 나의 계약의 피"라고 말한다. 여기까지는 예수는 죽음을 예감하면서도 의젓한 자세에 흔들림이 없다. 그러나 그 후에는 포도주의 취기 때문인지 불안과 공포에 떠는 약한 인간의 모습이 역연하다. 제자들에게 나를 배반할 것이라고 두세 번 짓궂게 쏘아붙이는가 하면, 특히 베드로에 대해서는 시어머니가 미운 맏며느리 대하듯 심술궂은 데가 있다. 겟세마네에 가서도 "내 영혼이 심히 비탄하여 죽을 지경이다"라고 제자에게 심중을 토로하기도 하고, 잠들지 말라고 경고를 했는데도 자꾸만 잠들어버리는 제자들을 심하게 꾸짖기도 한다. 기도를 하면서도 "아버지 당신에게는 모든 일이 가능하니 이 고난의 잔을 내게서 거두어 주소서"라고 호소를 하다가도, "나의 원대로 마옵시고, 아버지의 원대로 하옵소서"라고 체념이나 자포자기와 같은 말을 하면서 핏방울 같은 땀을 흘린다(마가복음 14:33-36).

그런데 4복음 저자들은 왜 한결같이 예수의 약한 인간의 모습을 부각시켰을까. 죽음의 공포에 떠는 약한 인간과 부활하여 승천하는 예수의 당당한 모습을 대조함으로써 부활의 의의를 강조하려 한 것일까. 그렇다면 그들은 작극술(作劇術)의 상당한 달인이라 할 것이다. 그러나 그게 아닐 것이다. 그들은 예수를 리얼하게 그린 것이다. 예수는 메시아로서 죽는 것이 자기의 사명이라 생각했을 것이다. 그러나 부활에 대한 확신은 없었던 것이 아닐까. 부활을 예견했지만 인간으로서 죽음을 두려워하지 않을 수 없었던 것이 아니라, 부활을 믿지 못했기 때문에 공포에 떨지 않을 수 없었던 것이 아니었을까. 나는 그렇게 믿고 싶다.

그날 밤 체제측의 대응도 긴박해진다. 대제사장 가야바에게 예수에

— 겟세마네의 감람나무 숲과 겟세마네 교회

대한 밀고가 있었다. 유월절이 시작되면 재판이 개최될 수 없다는 율법의 규정이 있었기 때문에 긴급회의가 소집되어 체포를 결의한다. 유다를 앞세운 신전경비대 뒤에는 군중이 따른다. 예수는 체포되고 제자들은 사방으로 도망친다. 체포된 예수가 심문을 당하고 있을 때, 그 장소에 숨어 들어갔던 베드로가 발각되었으나 예수의 제자인 것을 세 번이나 부정한다.

유다는 왜 예수를 배반했을까. 마귀에 들렸기 때문이라고 한다(요한복음 13 : 2). 유다는 예수 일행의 회계담당자였으니만큼 경제 마인드에 사는 인물이었다. 경제란 사람이 소비할 물자를 풍부하게 하는 것을 말하며, 경제인은 사회개선도 경제조건을 향상시키는 일에서 시작되어야 한다고 생각한다. 예수는 그 반대의 논리에 사는 인물이다. 육체보다 영을 중시하여 영의 문제가 해결되어 행복해지면, 물질문제는 자연히 해결된다는 입장이다. "무엇을 먹을까, 무엇을 입을까, 무엇을 마실까 염려하지 말고 먼저 나라와 그 의를 구하라. 그러면 이 모든 것(물질)이 더하여질 것이니라"(마태복음 6 : 31 - 33). "영혼이 음식보다 중하지 아니하며, 몸이 의복보다 중하지 아니하냐. 공중의 새를 보라. 심지도 않고 거두지도 않고 창고에 모아들이지도 아니하되 하느님께서 기르시나니 너희는 이것들보다 귀하지 아니하냐. 또 너희가 어찌 의복을 위하여 염려하느냐. 들에 백합화가 어떻게 자라는가 생각해 보라. 수고도 아니하고 길쌈도 아니하느니라. 그러나 솔로몬의 모든 영광으로도 입은 것이 이 꽃 하나만 같지 못하였느니라"(마태복음 6 : 6 - 29).

예수와 정반대의 입장에 섰으면서도 유다는 왜 예수를 따랐을까. 예수가 갖는 신비적인 초능력에 기대를 걸었기 때문일까. 이런 초능력으로 능히 구세주가 될 수 있다고 판단했기 때문이었을까. 가버나움에서 제자들이 누가 첫째가는 제자인가에 대해서 왁자지껄하게 논의를 하다가 예수에게 일갈당한 일이 있었다. 그들은 예수가 왕이 되면 차기 정권의 국무총리 자리는 누가 차지할 것인가를 논의한 셈이다. 모두가 한 자리를 생각했을 것이며, 유다도 적어도 재무장관, 어쩌면 국무총리까지도 내다볼 수 있다고 생각했는지 모른다. 그러나 유다의 기대와는 달리 고매한 사랑의 노래를 읊조릴 뿐인 예수는 패자의 논리에 살고 있고 또한 죽음을 각오하고 있는 것을 재빨리 간파했을 것이다.

현실파이니만큼 예수에게 닥친 위험을 감지하고 그 누가 자기에게 미칠 것을 알아차렸을 것이다. 이 위험에서 벗어나기 위해 그는 적극적인 방법, 즉 밀고를 택했을 것이다. 그러나 그것만이 이유가 아니었을 것이다. 예수에 대해 남성으로서 질투심도 작용한 것이 아닐까. 뭇 여성들로부터 헌신적인 사랑을 받는 예수에 대한 질투, 그것이 다른 어떤 이유보다도 컸을지 모른다. 질투의 대상은 뭇 여성이라기보다 특정한 여성이었는지도 모른다. 시몬의 딸 마리아, 혹은 막달라 마리아였는지도 모른다. 유다가 시몬의 딸을 연모했다고 하면, 향유 때문에 유다가 예수를 비판한 것은 배신의 전주곡이었던 셈이다. 유다의 배신은 마귀에 들렸기 때문이라고 〈요한복음〉은 말하고 있는데, 마귀는 바로 질투와 공포였던 것이다.

다른 제자들은 무식하고 우직한 어부들이었다. 그들은 예수에게 닥친 위험을 알 수 없었으며, 불안과 공포에 떨고 있는 예수의 심중을 헤아리지도 못했다. 그래서 예수가 세 번이나 잠들지 말라고 일렀는데도 잠들고 만다. 그러나 예수가 무력하게 체포당하자 비로소 자기들도 위험하다는 것을 깨닫고 사방으로 도망치고 만다. 심지어 어떤 제자는 덮고 자던 망토를 버리고 발가벗은 몸으로 도망가기도 한다.

베드로가 예수를 세 번이나 모른다고 한 것은 베드로 자신밖에 알 수 없는 일이었다. 베드로를 발견한 여종은 베드로의 얼굴을 확실히 알고 있지 못했다. 〈마가복음〉은 마가가 베드로로부터 직접 들은 얘기를 적은 기록으로 알려져 있다. 따라서 베드로의 배신의 얘기는 베드로 스스로가 마가에게 실토한 참회와 회한(悔恨)의 기록이다. 예수를 부인하고 크게 울었다는 베드로의 참회는 예수의 용서를 받을 수 있었고 구원을 받을 수 있었다. 불안과 공포에 떠는 약한 예수의 모습은 가장 인간적이며 가장 아름답다. 예수를 부인하고는 오열하는 약한 베드로의 모습에도 아름다움이 있다. 그러나 유다에는 아름다움이 없다. 그도 양심의 가책을 느낀 나머지 보상금으로 받은 은화를 반납하려 했으나 거절당하자 돈을 팽개치고 자결하고 만다. 그럼에도 그에겐 용서도 구원도 없었다. 유다는 영원히 용서받지 못할 업을 지니고 말았다. 그리하여 유다는 서양회화의 역사에 있어서 언제나 가장 흉측한 얼굴로 그려져 왔으며, 그가 예수에게 한 키스, 즉 죽음의 키스는 마피아의 살인예고의 신호가 되어 한층 악명을 남기게 되었다.

그리고 그의 이름과 중첩된 유대인은, 예수를 죽인 민족으로서 모든 기독교 민족으로부터 멸시와 혐오와 증오의 대상이 되어, 오랜 핍박과 수난의 역사를 겪어야 했다. 과연 예수의 죽음은 유다와 유대민족의 죄이었을까. 예수를 죽인 자는 누구였나.

누가 예수를 죽였는가

예수의 죽음은 단지 기독교도나 서양인뿐만 아니라 모든 인간이 관심을 가질 인류사 최대의 미스터리의 하나이다. 그러나 성경을 아무리 읽어봐도 예수가 왜 사형에 처해졌는지 이유가 명확하지 않다. 하긴 중세의 마녀사냥에서도 별 이유없이 많은 여자들이 집단 히스테리의 제물이 되었다. 그러니 예수의 죽음도 일종의 집단 히스테리의 희생이라 할 수 있다.

사실 예수의 재판은 일종의 인민재판이었다. 군중의 고함소리가 크게 작용했다. 군중을 뒤에서 조종한 것이 바리세 파와 사두게 파라고 한다. 그들이 예수를 죽이려 한 것은 예수가 안식일을 무시하고, 율법을 경시하고, 신전의 권위에 도전하고, 구세주를 참칭(僭稱)했기 때문이라는 것이다. 이러한 죄목은 다분히 곡해에서 나온 것이어서 예수로서는 충분히 논파할 수 있는 죄목이었을 것이며, 그것이 사형에 해당하는 죄목도 될 수 없었을 것이다. 사형에 해당하는 독신죄(瀆神罪)가 성립되려면, 신을 부정하고 저주하거나 혹은 다른 신을 섬긴 증거가 있어야 할 것이었다. 신의 아들을 자처했다는 것만으로 독신죄에 해당될 수 없었다. 물론 그들이 예수를 증오할 이유는 많았다. 예수는 남녀를 구별하지 않았다. 유대사회에서는 남녀의 구별이 철저하였으나, 예수는 갈리리에서 예루살렘까지 여자들을 동반하였다. 예수는 인종차별도 계급차별도 없었다. 심지어 적과 우리의 차이도 없었다. 그는 초능력을 발휘하고 과격한 욕설을 퍼붓기도 한다. 특히 바리세 파에 대한 공격은 철저하였다(마태복음 5 : 33, 5 : 38, 5 : 43, 6 : 16, 23 : 13, 23 : 27). 말하자면 그들은 예수를 정체를 알 수 없는 괴물로 본 것이다.

4월 6일(목요일). 최고법원(Sanhedrin)은 예수에 대해서 사형을 선고한다. 최고법원이란 대제사장 가야바를 의장으로 하여 사두게 파, 부유 상층계급, 바리세 파의 율법학자 등 71명으로 구성된 최고 의결기관이며, 로마로부터 일정한 자치권을 부여받고 있었다. 그러나 사형선고를 할 권한은 있었으나 집행권은 로마측에 있었다. 그리하여 다음날 예수의 신병을 빌라도에게 넘긴다. 예수의 죄목은 독신죄였으나, 빌라도에게 넘겨졌을 때 사형이 확실시되는 정치범이 되어 있었다. 예수는 민중을 선동하여 폭동을 획책하고, 로마에 대한 납세를 거부하고, 왕을 참칭했다는 것이었다. 그러나 빌라도는 예수에게서 반로마적 언동의 증거를 찾을 수 없었다. 증거는커녕 그러한 인상조차 전혀 느낄 수 없었다. 왕이란 것도 지상의 왕이 아니라 영적인 세계에 속하는 것임을 알았다.

빌라도가 예수에게 "그대가 유대인의 메시아인가?"라고 묻는 데 대해, 예수는 "당신이 그렇게 말하고 있소. 그러나 나의 왕국은 이 세상에 있지 않소"라고 답하고는 "나는 진리를 증명하기 위해 이 세상에 왔으며, 진리편에 선 모든 사람은 나의 말을 듣소"라고 말한다. 이에 대해 빌라도는 "진리가 무엇이오?"라고 묻는다(요한복음 18 : 37 - 38). 이 말은 내가 주일학교 선생에게 물은 말과 같다. 그러나 예수는 아무 대답도 하지 않았다. 빌라도는 예수를 석방하려 한다. 그러나 군중은 사형을 요구한다.

빌라도는 예수를 헤롯 안티파스에게 넘긴다(이 경위에 대해서는 복음서의 기술이 조금씩 다르다). 예수가 갈리리 출신인지라 갈리리의 영주에게 넘겨버리는 것이 좋겠다는 생각이었다. 그러나 헤롯 앞에서 예수는 묵비권을 행사하듯 침묵으로 일관하기 때문에 헤롯은 예수를 다시 빌라도에게 돌려보낸다. 빌라도는 곤경에 빠진다. 유대 땅의 최고 권력자인 로마총독이 왜 이렇게 우유부단한 태도를 취했을까.

원래 빌라도는 유대인에게 완고하고 무자비하고 거만한 자로 알려져 있었다. 그러나 예수가 처형될 당시 그의 입장이 크게 달라져 있었다. 그는 이태리 남부 삼니테 출신으로 26년에 유대총독으로 부임한 이래 10년간 재직하였다. 당시의 로마 정치는 파벌정치였는데, 그는 세이아누스(Lucius Aelias Seianus)의 파벌에 속하고 있었다. 세이아누스는 로마의 제2대 황제 티베리우스의 총애를 받아 부친의 뒤를 이어 근위군 사령관이 된 후, 병사들과 원로원을 회유하여 실질적인 제2인자가 되었다. 그러나 그것에 만족하지 않고 황제의 가족을 제거하고, 심지어 티베리우스의 아들 드루수스의 아내와 내통하여 드루수스를 독살한다. 그는 통치에 염증을 느낀 황제를 은거시킨 후, 황제의 공동통치자가 되고 실질적인 황제의 권한을 행사하였다. 그러나 마침내 그의 야심을 알게 된 황제는 그를 전격적으로 체포하여 처형하였으며, 그의 가문은 물론 그의 일파들도 숙청되었다. 31년의 일이었다.

졸지에 당파의 보스를 잃게 된 빌라도는 극히 위험한 처지에 놓였으며, 만약에 그의 치하에서 폭동과 같은 사태가 발생할 경우 즉각 거세당할 상황이었다. 후일담이지만 그는 사실 예수가 처형된 후 사마리아인들에게 고소를 당해 티베리우스로부터 소환되었으나, 귀국 도중에 황제가 사망함으로써 화를 모면했다고 한다. 그러나 요세푸스에 의하면 그는 결국 자살했다고 하는데, 그 까닭을 알 수가 없다.

빌라도의 약점을 알고 있던 최고법원측은 그에게 협박을 가한 것이었다. 빌라도는 태형을 가한 후 예수를 석방하려 했으나 군중은 듣지 않는다. "당신이 이 자를 석방하면 당신은 카이사르의 벗이 아닙니다. 자기를 왕이라고 하는 자는 카이사르를 반역하는 것입니다. 우리에게는 카이사르 외에 왕이 없습니다"(요한복음 19 : 12 - 15). 그래서 유월절에 죄수한 명을 석방하는 관례에 따라 반로마운동으로 체포된 열심당원인 바라바와 예수 둘 중 누구를 석방할까 묻는다. 군중은 외친다. "바라바를!" 빌라도는 예수를 어떻게 처벌할까 묻는다. 군중은 다시 외친다. "십자가에 못 박아라!" 바라바는 석방되고 예수의 처형은 결정되었다.

예수의 죽임에 큰 역할을 하는 이 군중의 정체는 무엇이었을까. 그들은 예수가 예루살렘에 입성할 때 호산나를 부른 무리들은 아닐 것이다. 최후의 만찬 때에 현실적인 구세주를 기대했다가 예수에 실망하여 등을 돌린 예수의 추종자들도 아닐 것이다. 그들은 예수에게 실망했다 해도 예수를 죽일 만큼 증오하지는 않았을 것이기 때문이다. 예수를 죽이라고 이빨을 드러내어 고함친 무리는 예수에게 신전에서 쫓겨난 상인들이 아니었을까. 어디서 굴러 온지도 모르는 촌놈이 신전의 관행을 모르고 남의 장사를 망쳐놓았으니 그들로서는 분격하지 않을 수 없었을 것이다. 그들은 바리세 파나 사두게 파나 그 어떤 계층보다도 예수를 증오할 강한 현실적 동기가 있었던 것이다. 말하자면 예수의 죽임에는 신전 상인과 신전 귀족의 경제적 이해가 크게 작용했으며, 상인들은 인민재판의 행동대원이었다고 할 수 있다.

그런데 복음서는 빌라도가 될 수 있는 대로 예수를 살리려 애썼으나 군중의 압력에 못 이겨 마지못해 처형하기에 이르렀다고 하고 있다. 그래서 코프트 교회에서는 빌라도를 성인으로 추대했다고 한다. 복음서의 저자들이 빌라도의 무죄를 강조한 것은 복음서가 저술될 무렵 바야흐로 기독교가 로마에 전도되기 시작할 때라, 로마인의 감정을 자극하지 않기 위해 최선의 배려를 했기 때문이라고 한다. 아무튼 복음서가 예수의 처형 책임을 유대인에게 돌림으로써, 유대인은 기독교 세계에서 영원히 따돌림을 당하는 중요한 원인이 되었다.

그렇다면 빌라도에게는 책임이 없었단 말인가. 빌라도는 현실적인 정치가인지라 나름대로 계산을 했을 것이다. 예수는 무저항주의자이었다. 그를 따르던 제자나 군중도 사라진 외롭고 무력한 무저항주의자였다. 그러나 바라바는 많은 유대인이 지지하는 열심당원이었다. 예수를 죽인다고 해도 폭동이 일어날 염려는 없는 데 반해, 바라바를 죽였을 경우 폭동의 위험성을 예상할 수 있다. 이것이 빌라도의 판단이었을 것이다. 더욱이 십자가형을 결정한 것은 빌라도이었다. 십자가(stauros)형은 + 자가 아니라 I 자나 T 자의 항(杭)에다가 죄수의 손을 못질해서 전신을 매달아 무서운 고통 속에서 질식사시키는 가혹하기 그지없는 처형방법이었다. 이것은 로마제국 내에서는 노예의 중죄자, 속주에서는 반란자에게만 본보기로 적용되었으며, 육체적 고통뿐만 아니라 죽은 후 매장도 허용되지 않아 금수의 먹이가 되고 해골이 된 후 묘혈(墓穴) 속에 버려지는 불길하고도 저주스러운 죽임이었다. 이 형벌에 해당되는 것은 바라바이었지 예수일 수는 없었다. 군중이 이 형벌을 요구했건 안했건 이 로마의 형벌을 내린 책임은 어디까지나 로마인 빌라도에게 있었다. 그래서 빌라도는 '유대의 왕'이라는 죄표를 달게 하고 제사장이 '유대인의 왕을 자칭한 자'라고 고칠 것도 거절했던 것이다. 유대인에게 책임이 없다는 얘기는 물론 아니다. 그러나 예수를 죽인 최종적인 책임자는 유대인이 아니라 로마인이었다.

골고다, 십자가, 부활

전망대에서 일행이 기념촬영을 한 후, 예수가 당나귀를 타고 입성했던 길이라고 전해지는 골목을 따라 내려와서 승천 교회에 이른다. 성지순례는 곧 교회순례라고 할 수 있다. 예수의 발자취마다 교회를 세워놓았기 때문이다. 그러나 그 교회들은 한결같이 이스라엘의 다난한 역사에 따라 여러 번의 변천을 겪어야 했다. 고대에 건축된 후 이슬람인의 침입으로 파괴되고, 십자군시대에 재건되었다가 다시 이슬람인의 회복으로 파괴되고, 근대에 다시 재건되고. 이 교회의 경력도 마찬가지이다. 처음 건립된 것은 4세기이었으나 이슬람인에 의해 파괴되었다. 12세기 초에 큰 건물이 재건되고 그 내부에 작은 팔각형 건물이 들어섰으나, 살라딘의 점령으로 큰 건물은 파괴되었지만 작은 건물은 파괴를 모면한다. 예수가 승천한 곳이니만큼 원래는 천장이 없었으나 이슬람인이 돔을 얹었다고 한다. 이 건물은 현재 회교의 모스크로 사용되고 있으나 일년에 하루만 기독교도에게 예배가 허락된다고 한다. 내부는 텅 빈 공간이지만 한구석 바위 위에 승천 때에 남겨졌다는 예수의 발자국이 있는데, 글쎄? 이다. 날개가 없는 예수가 비상을 하려면 혼신의 힘이 들어 바위에 자국이 남겨졌단 말인가. 이런 농을 해보지만 실은 황금의 돔 안의 바위에도 마호메트가 승천할 때 새겨진 발자국이 남아 있다고 하니, 성인은 가실 때 성인의 징표로서 바위에 자국을 남기는 법인 모양이다.

교회 입구에는 젊은이가 1불짜리 미화를 한뭉음 손에 들고 미화 큰돈과 바꿔주고 있다. 예루살렘 신전에서 예수에게 쫓겨난 환전상들은 로마나 그리스 등 외국 화폐를 유대 화폐로 바꿔주었던 모양인데, 이 친구는 같은 미화 적은 돈을 큰돈과 수수료 없이 바꿔주는 이상한 환전상이

다. 하긴 이번 여행에는 의외로
1불짜리의 수요가 많다는 것을
알게 되었다. 싸구려 기념품은
1불 아니면 2불이고, 팁도 1불,
구걸도 1불. 그래서 나도 20불짜
리 한 장을 1불짜리 20매로 바꿔
둔다.

다음은 겟세마네 교회로 간
다. 세계 각국에서 희사한 돈으
로 지었다고 해서 만국교회라고
도 부른다. 이 자리에도 처음 교
회가 들어선 것은 4세기이었으
며, 현재의 교회는 1924년에 세
워졌는데 어쩌면 예루살렘에서
가장 아름다운 교회가 아닌가
싶다. 정면 파사드에는 세 개의
아치가 있고 아치 사이 네 개의
코린트식 기둥 위에는 4복음 저

— 승천 기념건물

자의 상이 나란히 서 있다. 그 위 페디멘트에는 화려한 모자이크 성화가
그려져 있다. 교회 안으로 들어서면 정면 아프스에는 고민하는 예수 상
이 그려져 있고, 제단 앞에는 예수가 기도한 바위가 있고 바위 둘레에는
가시 면류관을 형상화한 철책이 둘러싸고 있다. 교회 옆에는 7,8 그루의
올리브 고목이 있다. 예수시대의 고목이라고 하나 이 또한 글쎄(?)이다.
하지만 전혀 불가능한 얘기는 아닐 것이다. 올리브의 수령이 500년,
1000년도 간다고 하니 예수시대 나무의 2대, 3대일지 모른다. 아무튼 이
감람나무밭은 예수가 문자 그대로 피눈물을 흘리면서 기도하는 동안,
제자들은 깊은 잠에 빠지고만 대조적인 장면이 벌어진 장소이다.
예수가 제자들에게 기도를 가르친 지점인 주기도문 교회, 예수가 예

루살렘의 운명을 개탄했던 지점인 눈물 교회를 본 후, 감람산 중턱으로 다시 올라와 버스를 타고 통곡의 벽 입구에서 하차하여 벽까지 걸어간 다. 헤롯 대왕은 건축광이어서 신전, 왕궁, 투기장, 극장 등을 건축했으 나 최대의 사업은 예루살렘 신전의 개축이었는데, 기원전 20년에 기공 하여 그의 생전에는 완성되지 못하고 80년 이상이 걸려 기원후 62년경 에 겨우 완성되었다. 그러나 이 장려한 신전은 완성된 지 얼마 안 가서 70년 유대전쟁 때에 통곡의 벽만 남긴 채 불타버렸다.

예루살렘은 폐허로 방치되었으나, 60년 후 하드리아누스 황제가 예루 살렘을 이교도시로 부흥하여 신전 자리에 주피터 신전을 세울 계획을 하자, 유대인은 다시 반란을 일으킨다. 이 제2차 유대전쟁도 처음에는 기세를 올렸으나 결국 135년에 로마군에 의해 진압되었다. 예루살렘에 는 로마 식민시가 건설되고 주피터 신전이 세워졌다. 유대인은 예루살

— 통곡의 벽과 황금의 돔

렘에 들어가는 것이 금지되었으며, 그것을 어겼을 때 사형에 처해졌다. 그러나 1년에 한 번, 제1차 유대전쟁 때의 예루살렘 함락일인 8월 29일에 한해서 구 신전의 폐허의 벽에서 기도를 하는 것이 허용되었다. 이름 하여 통곡의 벽이다.

오늘날 아직도 팔레스타인 문제가 완전히 해결되지 않은 상황에서 통 곡할 일이 완전히 없어졌다고 할 수 없을지 모른다. 그러나 이제 이곳은 통곡하는 장소가 아니라 단지 기도하는 장소요, 옛일을 회고하는 장소에 불과하다. 통곡은커녕 기도조차 할 게 없는 처지라 기도하는 군상들을 바라보자니 이곳에서도 남녀의 구별이 확연하다는 것을 알게 된다. 통곡 의 벽은 양분되어 남자가 기도하는 장소와 여자가 기도하는 장소가 울타 리로 갈라져 있다. 또한 남자들은 모자에서 구두까지 검정 일색으로 정 통 유대인 차림을 하고 있으나, 검은 치장을 한 여자는 보이지 않는다.

남녀유별이라는 유교적인 전통이 이곳에서는 유대교의 계율로써 아직 도 살아 있는 것이다. 그래서 시나고그에서는 남녀의 자리는 갈라져 있 고, 여자 좌석은 2층 울타리 속에 마련되어 있다고 한다. 하긴 현재에도 고수되는 계율이 적지 않다. 코셔 요리가 한 예이다. 유대인은 양젖과 양 고기를 함께 먹지 않는다. 양의 새끼를 어미 양의 젓으로 삶아서는 안 된 다는 구약(신명기 14 : 21)의 말씀이 있기 때문이다. 양고기뿐만 아니라 쇠 고기와 우유도 같이 먹지 않는다. 그래서 호텔에서도 고기가 나오는 식 탁에는 우유나 양젖은 물론 아이스크림도 나오지 않는다. 그들은 돼지고 기와 어패류도 먹지 않고 피를 먹지 않는다. 피를 먹지 않는 것은 피는 신에게 바치는 것이라는 생각 때문이다. 또한 일년에 한 번 있는 단식일 을 철저히 지킨다.

현재까지 준수되는 이러한 황당한 식생활 습관에 대해서 통쾌한 일격 을 가한 것이 예수였다. 그는 "입으로 들어가는 것은 모두 장으로 들어가 배출된다. 그러나 입으로 나오는 것들(말)은 마음에서 나오며 사람을 더 럽힌다"(마태복음 15 : 16)라고 말했을 뿐만 아니라, 포도주를 자기의 피에 비유하여 피를 마실 것을 명하기도 한다.

식생활에 관한 한 유대인은 예나 지금이나 별차이가 없으나 그 외에는 상당히 여유가 생긴 것 같다. 그들은 안식일을 엄수한다. 그날에는 원칙적으로 일을 안 하는 것은 물론, 불을 사용해서는 안 되며, 술·담배도 금지이다. 자동차를 운전해서는 안 되며(자동차가 움직이려면 발화가 있어야 하기 때문), 이스라엘 항공도 결항이며, 호텔에서는 컴퓨터를 사용하지 못하며, 글자를 2자 이상 써서는 안 되며, 1킬로미터 이상 걸어도 안 된다. 십계명을 비롯해 유대인의 계율은 '안 된다'가 너무 많아, 유대인은 숨이 막힐 듯한 답답한 생활을 하고 있는 것 같으나 실은 그렇지도 않은 모양이다. '안 된다'고 규정된 것 외에는 무엇이든 해도 되는 광범위한 자유가 있기 때문이다. 더욱이 율법의 해석에도 요즘에는 상당히 융통성이 있고 신축성이 있는 것 같다. 안식일이라도 전쟁시에는 당연히 총을 쏘고 적과 싸워야 한다. 구약에는 남자는 여자 옷을 입어서는 안 되며, 여자도 남자의 옷을 입어서는 안 된다고 규정해 놓았다(신명기 22 : 5). 그러나 통곡의 벽 광장 위에는 이스라엘 군인 십여 명이 경비를 하고 있는데, 남자와 여자가 같은 군복을 입고 총을 들고 있다. 국방이 율법보다 우위에 있다는 생각 때문이겠지만, 국방에 한한 일은 아닐 것이다. 유대인 가운데 율법을 철저히 지키는 정통파는 12퍼센트 내지 20퍼센트이며, 나머지는 어느 정도 여유를 즐기는 모양이다.

통곡의 벽에서 남녀가 갈라졌던 우리 일행도 다시 결합하여, 이른바 십자가의 길을 답사하기 위해 빌라도의 관저가 있었다는 지점까지 간다. 빌라도는 예수에게 십자가형을 선고하고 태형을 가한 후 병사들에게 넘긴다. 병사들은 가시 면류관을 씌우고 온갖 조롱을 가하고, '유대인'의 왕이라는 죄표를 만들어 목에 건다. 그리고는 70킬로그램이나 되는 무거운 십자가를 메게하여 형장인 골고다를 향해 끌고 간다.

빌라도의 관저에서 골고다까지 1킬로미터 미만의 거리는 예루살렘 제일, 아니 이스라엘 제일의 관광명소이다. 여기에는 순례자들의 발길을 멈추게 하는 14개의 지점이 있는데, 마지막 다섯 지점은 무덤 교회 안에 있고 나머지는 길에 있다. 즉 예수가 십자가를 진 곳, 예수가 처음 쓰러진 곳, 성모 마리아가 예수를 지켜본 곳, 키레네인 시몬이 예수 대신 십자가를 진 곳, 베로니카라는 여인이 예수에게 손수건을 건네준 곳 등등. 각 지점에는 사연을 나타내는 부조가 붙어 있거나 라틴어로 표시가 되어 있어, 곳곳마다 순례자들의 가슴을 찢어지게 한다. 그러나 실은 빌라도의 관저 자리도 확실하지 않고, 골고다도 현재의 지점이 아니라는 설도 없지 않다. 따라서 이 길이 실제로 예수가 걸어간 길이라 할 수 없을지 모르며, 그 길이라 하더라도 옛날의 길과 현재의 길이 같을 수가 없고, 더욱이 각 지점은 어디까지나 상상에 불과할 것이다. 그러나 어쩌면 환상의 길일지 모르기는 해도, 이 길은 모든 순례자들이 예수와 일체화되어, 예수의 수난을 생생하게 추체험(追體驗)하는 유일한 장소가 되어 있다. 따라서 이 길을 걷는 발걸음은 더없이 엄숙하고 경건하고 조심스럽게 마련이다. 그러나 우리의 경우는 조금 달랐다. 물론 우린들 엄숙하고 경건하지 않은 것은 아니었으나 다만 걸음걸이가 조금 빨랐을 뿐이다.

십자가 길은 아랍인이 북적거리는 좁은 시장골목이다. 가이드는 소매치기에 조심하라고 되풀이 강조하고는 다람쥐같이 잽싸게 인파 사이를 빠져나간다. 그 뒤를 일행이 상기된 얼굴로 필사적으로 따라붙는다. 각 지점에 이르면 가이드는 목청을 높여 대열변을 토한다. 일행은 열변에 귀를 기울이면서 한숨을 돌린다. 그리고는 다시 돌진을 계속한다. 소매치기들도 이 동양의 십자군 돌격대의 행진에 기가 질렸던 탓인지 일행 중 아무도 피해를 입지 않았다. 그러나 발이 늦은 나는 가이드의 열변을 한 번도 들을 기회가 없었다.

이 짧은 길에도 여러 개의 교회가 서 있다. 채찍질 교회, 성모가 예수를 본 지점에 선 아르메니아 교회, 베로니카 교회, 프란체스코 교회 등등. 그러나 골고다의 언덕에만은 하늘을 배경으로 십자가만이 서 있었다면 얼마나 거룩하고 감동적일까. 그러나 예수의 발자취 하나하나에 교회를 짓고야마는 교도들이 그의 생애의 하이라이트라고 할 이곳을 그냥 둘 수가 있겠는가. 그래서 이곳에는 가장 먼저, 가장 큰 교회가 세워졌다. 4세기초 콘스탄티누스 황제의 모후(母后) 헬레네의 청에

— 무덤 교회

의해 황제가 무덤 교회를 건립하였다. 그러나 그후 다른 교회와 같은 변천을 거쳤으며, 현재의 건물은 십자군시대의 것이니만큼 요새와 같이 을씨년스럽다.

커다란 동굴과 같은 음침한 교회 내부에는 가톨릭, 아르메니아, 코프트, 그리스 정교가 관리하는 채플이 들어서 있어 종파간에 불꽃 튀는 경쟁을 벌이고 있는 듯한 느낌이다. 십자가가 서 있던 곳과 예수의 시신을 염한 대리석 판 근방에는 많은 사람들이 웅성대며, 특히 각 파가 공동관리하는 무덤 앞에는 순례자들이 긴 행렬을 지어 차례를 기다려야 하며, 신부가 큰소리로 정리를 하고 있는 것이 복잡한 장터 같아 성스럽고 거룩한 맛이 없다. 이곳은 예수의 고통을 함께 느끼고 죽음의 의미를 되새기는 장소가 아니라, 한낱 북적거리는 관광명소에 불과하다.

교회를 빠져나온 후 일행을 따라가다가, 어느 지점에선가 일행을 놓쳐 미궁과 같은 골목길에서 미아가 되어버렸다. 이리저리 허둥대다가 같은 신세가 된 정 화백을 만나게 되었으며, 둘이서 일행이 갔음직한 방향으로 더듬어 가던 중 기적적으로 일행과 상봉하였다. 일행은 그래도 예루살렘의 성스러운 분위기에 도취되어 찬송가를 부르면서 골목길을 행진한다. 어느새 예루살렘 성을 빠져나와 시온 산에 이르러 마침내 찬양대가 멈춘 곳이 마가의 다락방이었다. 최후의 만찬이 있었던 장소는 2층 커다란 홀인데, 거기에는 이미 다른 순례단이 자리를 하고 있어, 우리는 조그마한 옆방으로 옮겨 그야말로 다락방 같은 아늑한 분위기에서 찬송가를 부른다. 나는 일행에서 조금 떨어져 앉아 그들이 부르는 찬송가에 귀를 기울인다. 아름다운 곡이다. 찬송가의 아름다움을 이토록 절실하게 느낀 것은 처음이 아닐까. 그러나 찬송가를 부르는 그들은 이 곡의 아름다움을 모르는 듯하다. 신앙심에서 부르기 때문에 종교적 엑스터시에 잠길지라도 음악의 미에 도취할 수는 없는 것이 아닐까. 이 자리에서 음악의 미에 도취하고 있는 자는 종교의 굴레에서 벗어나 있는 이 외톨이뿐이 아닐까 하는 엉뚱한 자위를 해본다. 그렇다 하더라도 신앙의 아름다움은 외경스럽다. 이 음악의 미는 순수한 신앙심에서 일구어진 것이다. 음악의 미를 창조하겠다는 의욕에서는 이러한 지순한 아름다움은 결코 나타날 수 없으리라. 천상의 음악은 깨끗한 신앙 없이는 이루어질 수 없는 것이다.

마가의 다락방에서부터 다음날 골고다의 언덕까지는 예수의 일생을 압축한 듯한 고난의 하루였다. 겟세마네에서의 기도, 체포, 재판, 사형선고, 십자가. 예수의 수난을 가장 극적으로 표현한 것은 바하의 〈마태수난곡〉이다. 〈마태복음〉 27·28장을 바탕으로 꾸며진 이 곡은 멜로디의 아름다움, 충동적인 역감(力感), 웅장한 스케일 등등으로 바하 음악이라기보다 서양음악 최고의 걸작이라 해도 과언이 아니다. 78곡 가운데 어느 한 곡 아름답고 숭고하지 않은 곡이 없지만, 특히 몇 개의 코랄에서는 신의 빛에 감전된 듯한 전율에 가까운 감동을 받는다. 그러나 가사를 읽어보면 아이러니컬하게도 그것은 십자가에 매달린 예수에 대해 군중이 퍼붓는 조롱과 욕설이다. 그는 죽어 마땅하다!(42곡). 십자가에 못 박아라!(50곡). 유대의 왕 만세!(62곡). 네가 신의 아들이라면 십자가에서 내려와 보아라! 자기 자신을 구해 보아라! 엘리아가 구해주는가를 두고 보자!(71곡). 군중의 히스테리컬한 고함을 이토록 박력 있는 합창곡으로 승화시키다니! 바하는 패러독스의 천재이기도 하다.

예수가 십자가에 못박힌 것은 4월 7일(금요일) 오전 9시경. 낮 12시에 온 천지가 암흑이 되어 3시까지 계속된다. 일식이었을까. 신월(新月)이 아닌 날에 일식이 일어날 수 없다고 한다. 유월절은 만월의 날 전야(前夜)에 시작하니 일식일 수는 없다. 예수가 운명하자 지진이 일어나고 폭풍이 불기도 했다.

예수가 운명할 때 마지막으로 남긴 말은 복음서가 각각이다. "엘리 엘리 라마사박다니(주여, 어찌하여 저를 버리셨나이까)"라는 유명한 말은 마태와 마가가 전하는 말이다. 시편 22장 첫머리에 나오는 이 말씀을 예수가 읊조린 데 대해서는 신학자들 사이에 말이 많은 모양이다. 22장 전체는 주를 찬양하는 내용이니, 이 말씀도 주를 원망하는 말이 아니라는 해석이 있다고 한다. 그러나 나는 이것을 어디까지나 고통에 못 이겨 토로한, 예수의 인간적인 약함을 드러낸 신음소리라고 생각하고 싶다. 누가는 "아버지, 제 영혼을 아버지 손에 맡기나이다"라는 말을 남기고 숨을 거두었다고 전하고 있는데, 이 또한 시편에 나오는 말씀이다. 조용하면서도 숭고한 여운이 있는 말이다. 요한은 "다 이루어졌다"는 만족스러운 말을 남겼다고 전한다. '다 이루어졌다'는 것은 자기의 사명이 완수되었다는 뜻인 것 같다. 이사야 선지가 말하는 여호와의 고난받는 종의 역할이 끝났다는 말일 게다.

그는 우리가 앓을 병을 앓아 주었으며,
우리가 받을 고통을 겪어 주었구나.

그 몸에 채찍을 맞음으로 우리를 성하게 해주었고,

그 몸에 상처를 입음으로 우리의 병을 고쳐 주었구나.

여호와께서 우리 모두의 죄악을 그에게 지우셨구나.

그는 온갖 굴욕을 받으면서도 입 한 번 열지 않았다.

도살장으로 끌려가는 어린양처럼 결코 입을 열지 않았다.

그가 억울한 재판을 받고 처형당하는데,

그 신세를 걱정해주는 자가 어디 있었느냐!

그렇다. 그는 인간사회에서 끊기었다.

우리의 반역죄를 쓰고 사형을 당하였다.

폭행을 저지른 일도 없었고 입에 거짓을 담은 죄도 없었지만,

그는 죄인들과 함께 처형당하고, 불의를 저지른 자들과 함께 묻혔다.

여호와께서 그를 때리고 찌른 것은 뜻이 있어 하신 일이었다.

그 뜻을 따라 그는 자기의 생명을 속죄의 제물로 내놓았다.

그리하여 그는 후손을 보며 오래오래 살리라.

그의 손에서 여호와의 뜻이 이루어지리라.

그 극심하던 고통이 말끔히 가시고 떠오르는 빛을 보리라.

(이사야 53 : 5-11)

4복음의 저자들은 예수의 죽음을 목격하지 못했다. 따라서 산증언이
아니기 때문에 말이 다를 수 있다. 그러나 예수가 마지막에 세 가지 말
을 다 말하지는 않았을 것이다. 그러나 나는 셋 중 어느 말도 버리고 싶
지 않다. 모두가 예수의 일생을 한마디로 압축한 듯한 의미심장하고 감
동적이기 때문이다. 그래도 가장 리얼한 것은 마태와 마가의 전언이다.
신의 아들로서 사명을 완수한 예수가 마지막 순간에 토로한 인간적인
신음소리, 이것이 인간 예수의 참모습이 아니었을까. 하지만 고통에 신
음하면서도 시편의 한 구절을 읊으면서 숨을 거두다니! 그는 어디까지
나 유대교도이었다. 그는 바리세 파의 율법지상주의를 타파하려는 개혁
가요 혁명가이었지 유대교를 배반하지 않았다. 그는 로마에 대해서는
무저항주의자이었지만 로마의 신에 머리를 숙이지는 않았다. 다른 신을
섬기지 말라는 모세의 계율을 단호히 지킨 것이다. 그가 말한대로 율법

을 폐하려 한 것이 아니라 율법을 완성하려 한 것이었다. 그래서 단말마의 고통 속에서도 시편의 말씀으로써 아버지께 호소를 한 것이다. 그는 역시 그답게 생을 마쳤다.

내가 어릴 때 외운 성경요절 가운데 가장 생생하게 기억하고 있는 말은 "나는 부활이요 생명이니, 나를 믿는 자는 죽어도 살고, 살아서 믿는 자는 영생을 얻으리라"이다. 그러나 예수는 자신의 부활을 과연 믿고 있었을까. 죽음으로써 자기의 사명이 끝난다고 생각한 것이 아닐까. 부활을 확신했다면 그토록 여러 번 불안과 공포를 토로하지 않았을 것이 아닐까. 만약에 그렇다고 한다면 부활의 신화는 어떻게 이루어졌을까.

역사상 유명한 인물(악명 높은 인물을 포함해서)은 그 힘이 강대했기 때문에, 그의 죽음을 믿지 않고 어딘가에 살아 있다는 전설이 꾸며진 예가 허다하다. 칭기즈칸도 그러했고, 히틀러도 그러하다. 그러나 그것은 부활의 신화와는 다르다. 동양이나 그리스 신화에 나타나는 환생의 얘기도 부활의 신화와는 다르다. 따라서 예수의 부활은 특이하다고 할 수 있다. 그러나 부활이 예언의 성취라고는 할 수 없을 것 같다. 예수의 운명은 구약의 예언과 결부되어 있다. 그러나 예수가 십자가형을 받으리라는 예언도 없고, 인자가 부활할 것이라는 분명한 예언도 없다. 구약의 〈호세아 서〉에 "여호와께서 이틀 후에 우리를 살리시며, 사흘 후에 우리를 일으키시리니 우리가 그 앞에서 살리라"(호세아 6 : 2)라는 말씀이 있으나, 이 말이 메시아의 부활을 말하는 것이라 단정할 수는 없을 것이다.

예수가 처형될 때 모든 제자들은 도망쳐버렸지만, 여자들은 예수를 버리지 않았다. 막달라 마리아를 비롯한 여자들은 예수의 죽음을 단장의 쓰라림으로 지켜보았다. 예수는 십자가에서 숨을 거두었지만, 그녀들의 가슴속에서 예수는 결코 죽지 않았다. 그녀들은 예수를 사랑했기 때문이다. 그 사랑이 아가페이건 에로스이건 간에. 십자가형을 받는 것은 유대인에게는 "저주받은 죽음"(신명기 21 : 23)이었으며, 죽은 자는 매장조차 허용되지 않았다. 예수의 경우 아리마티아의 요셉이란 자가 빌라도의 허가를 얻어 시체를 인수받아 매장했다고 하는데, 이 요셉이란 인물의 정체가 아리송하다. 예수의 제자는 아닌 듯한데, 이러한 중요한 일을 행했는데도 그후 그에 대한 언급은 전혀 없다. 부활의 신화가 이루어진 후에 꾸며진 픽션이 아니었을까. 공동묘지에 버려졌을 예수의 시체가 부활을 하려면 개인의 무덤으로 옮겨져야 할 것이며, 부활 후에 시체가 남아 있을 수도 없다. 그래서 요셉이란 인물이 등장하고, 무덤에서 시체가 사라진 얘기가 꾸며진 것이 아닐까.

부활한 예수를 처음 본 사람도 막달라 마리아였다. 이후 여러 사람 앞에 여러 가지 모습으로 나타난다. 육신으로 부활했다는 얘기가 아닌 것이 아닐까. 막달라 마리아의 마음속에 지순한 사랑의 이미지로써 예수가 형상화된 것이 아닐까. 세 번이나 예수를 부정한 베드로의 양심의 가책 속에 예수가 나타난 것이 아닐까. 훗날 로마의 박해를 피해 도망갈 때 나타난 예수에 대해, 베드로는 "쿼 바디스(어디로 가십니까)"라고 물었다. 그 물음은 자기의 도망길이 치욕의 길이었기에 주께 물었다기보다, "내가 어디로 가고 있는가"라고 자신에게 묻는 회한의 물음이 아니었을까. 죽음이 두려워 도망친 모든 제자들의 연약한 마음속에 예수는 부활한 것이 아닐까. 부활은 제자들 마음속에 자연발생적으로 생긴 마음의 변화이며, 그것은 생전의 예수의 인격적 힘에 대한 더없이 큰 존경의 증거이다.

부활은 제자들에게만 있었던 것이 아니었다. 바리세 파였던 바울이 회심했을 때 예수는 그 앞에 부활했으며, 온 누리의 교인들 하나하나의 마음속에 예수는 끊임없이 부활했고 또한 부활해 나갈 것이다. 막달라 마리아의 마음속에 점화된 작으나 작은 부활의 횃불, 그것은 온 세계를 밝히는 생명과 영광의 불길이 되었다. 부활은 곧 사랑이었다.

예수와 소크라테스

　예수와 소크라테스는 고대 세계에서 사상적으로 가장 위대한 존재였다고 할 수 있지만, 둘이 살던 시대와 환경은 조금 다르다. 소크라테스는 예수보다 시간적으로 약 400년 앞선 인물이며, 소크라테스가 고대의 지적 풍토의 중심인 아테네에서 활약한 데 반해, 예수는 로마 세계의 가장 후미진 고장에서 생활하였다. 그러나 둘은 여러 가지 점에서 유사하거나 공통적인 면을 지니고 있다.

　우선 둘 다 자기의 사상을 글로 표현하지 않았다. 제자들이 스승의 사상과 언행을 기록하였다. 그리고 또한 둘 다 체계화된 사상을 표명하지 않았다. 플라톤의 《대화편》을 읽는 한 소크라테스는 고도의 변론술을 구사하지만, 명제화할 수 있는 사상이 구체적으로 표현되었다고 할 수 없다. 예수는 물론 소크라테스와 같은 지적 훈련을 쌓는 경력이 없었다. 그러나 여러 가지 비유를 구사하는 것으로 보아 상당한 지력의 소유자임을 알 수 있지만, 어떤 사상을 표명하는 것을 그의 사명이라 생각하지 않았다.

　둘 다 몽매한 무리들에 의해 부당하게 처형되었다는 점에서 같을 뿐만 아니라, 종교적인 죄목으로 고발되었다가 결국 정치적 이유로 처형된 점도 같다고 할 수 있다. 소크라테스가 고발된 죄목은 젊은이를 타락시켰다, 국가의 신을 믿지 않고 다이몬이라는 사신을 믿었다, 국가의 추첨제를 비난했다 등등 여러 가지이나, 주된 죄목은 독신죄라고 할 수 있다. 그것은 그가 종교사범을 다스리는 바실레우스라는 장관에게 고소를 당한 것으로도 짐작이 된다. 바실레우스는 왕을 뜻하나 왕정이 폐지된 후에는 종교사범이나 살인범을 다스리는 장관이었다.

　그러나 그는 국가의 신을 부정하거나 전통적 신앙의 제식을 소홀히 한 일이 없었다. 단 고발의 죄목만 알려져 있지, 고발의 이유는 알 수가 없다. 제자들이 쓴 고발에 대한 《소크라테스의 변명》만 남아 있을 뿐이기 때문이다. 고발의 변론도 아주 훌륭해서 소크라테스 자신도 내가 유

죄가 아닐까 하는 생각이 들 정도였다고 하니, 배심원들을 충분히 납득
시킬 만한 훌륭한 변론이었던 모양이다.

소크라테스는 무적의 변론가이었다. 그의 논리 정연한 토론을 '소크
라테스의 방법'이라 부를 정도이었다. 그러나 그는 자신이 이성에 의해
발언하는 것이 아니라, 신령과 같은 것이 자신을 움직인다고 여러 번 토
로했다. 그뿐만이 아니라, 평생동안 다이몬의 신호에 의해 행동이 규제
된다고 말한다. 어떤 행동을 취하려 하면 그것을 해서는 안 된다는 다이
몬의 신호가 온다는 것이다. 다이몬이란 올림포스의 신들보다는 격이
낮은 신령이라 할 수 있는 신이다. 인간이 다이몬에 들리면 신비적인 초
인적 능력을 갖게 된다. 말하자면 비의(秘儀), 저주, 마법과 같은 것이
다이몬적이라 할 수 있다. 그러한 의미에서 소크라테스는 샤먼적인 면
이 있다고 할 수 있다.

샤먼이란 원초사회나 후진사회에서 신비적인 초능력을 가져, 신들린
상태에서 마귀를 쫓아 병을 고치고, 사령(死靈)과 교류하여 사령을 대변
하기도 하는 주술사를 말한다. 예수는 소크라테스보다 한결 샤먼 적인
면이 있었다. 제자들이 겁을 먹을 만큼 신비적인 초능력을 발휘하기도
하고, 마귀를 쫓아내 병을 치료하기도 한다.

물론 샤먼적이라고 해서 예수와 소크라테스가 울긋불긋한 원색의 의
상을 걸치고, 북이나 꽹과리를 치면서 주문을 외우고, 신들린 상태에서
살풀이를 하는 저속한 무당은 아니다. 소크라테스가 진정한 지(sophia)
를 탐구하고 덕(arete)을 가르치는 고매한 인생의 교사라고 한다면, 예수
는 신에 대한 복종을 강조하고 적마저 사랑하라고 하는 사랑의 전도사
였다. 그러나 보수파의 눈에는 소크라테스는 사신을 믿으며, 젊은이를
현혹하여 부추기는 급진적인 선동주의자요 반체제적인 조반(造反)으로
보였을 것이다. 예수는 유대교도였지만 체제측으로로선 좋게 말해서 정체
가 아리송한 신흥종교의 교주요, 나쁘게 말하면 마귀를 쫓는 무당 이라
기보다 초능력을 발휘하는 마귀 그 자체로 보일 수 있었을 것이다.

둘 다 표면적인 죄목은 독신죄였으나 그들을 죽음에 몰아넣은 것은

정치적 이유에서였다. 예수는 앞서 말했듯이 반로마적이란 이유로 처형되었다. 그의 처형에는 빌라도의 미묘한 정치적 입장이 크게 작용했다. 소크라테스의 경우는 어떠했나. 소크라테스에 대한 고소인은 무명의 비극시인 멜레토스였으나 진정한 고발자는 아니토스였다. 그는 소크라테스의 제자인 크리티아스와 알키비아데스의 정적이었다. 기원전 404년 펠로폰네소스 전쟁이 아테네의 패배로 끝나자 아테네에는 친스파르타 정권이 수립되었는데, 크리티아스는 그 수반이었다. 그는 스파르타군의 세력을 등에 업고 민주파 1,500명을 처형하는 등 공포정치를 실시하였으며, 그리하여 많은 민주파들은 국외로 망명했는데 아니토스도 그 한 사람이었다. 그러나 민주파도 국외에서 세력을 결집하여 반격을 시작, 양파의 싸움이 교착상태에 빠지자 스파르타의 중재로 정치적 타협이 성립된다. 그리하여 과거의 정치적 행위에 대해서 일체 불문에 부치기로 하여 민주정이 회복되었다. 민주파의 리더격인 아니토스는 소크라테스를 공적(公敵) 제1호로 생각했을 것이다. 소크라테스는 크리티아스의 스승일 뿐만 아니라, 평소 추첨제 등 민주정의 제도에 대해 비판적이었기 때문이다. 그러나 정치적인 이유로 고발할 수 없기 때문에 독신죄라는 종교적 이유를 내세운 것이다.

아테네의 재판제도는 일종의 인민재판이었다. 재판의 중요도에 따라 배심원의 수가 500명에서 2,500명에 이르는데, 배심원은 30세 이상의 희망자 가운데에서 추첨으로 뽑았다. 출석자에게는 일당이 지급되기 때문에 배심원은 시역(市域)에 사는 빈민층이 단골이었다. 더욱이 당시에는 크리티아스 파의 잔당은 대부분 에레우시스로 이주를 했기 때문에, 대부분의 배심원은 크리티아스의 공포정치에 반감을 품던 자들로 구성되었을 것이므로, 이 재판은 소크라테스를 단죄하기 위한 인민재판이라 할 수 있었다. 말하자면 예수의 재판은 군중의 함성에 의해, 소크라테스의 재판은 군중의 거수에 의해 결정되었다는 점에서 다를 뿐, 군중이 중요한 역할을 했다는 점에서 다를 바 없었다.

그러나 죽음에 즈음하여 양자가 취한 태도는 대조적이었다. 예수가 재판에 어떤 태도로 임했는지는 분명치가 않지만, 재판에 앞서서 죽음을 예견한 그는 불안과 공포에 떠는 약한 인간의 모습이었다. 그러나 소크라테스의 재판에 임한 태도는 담담하고 당당하였다. 그가 죽음을 예견했지만 죽음을 두려워하지 않았다. 그가 죽음을 두려워하지 않은 이유 몇 가지를 든다. 즉 죽음이 기다리는 재판장에 들어설 때, 행동을 제지하는 신호인 다이몬의 신호가 없었다. 따라서 죽음은 나쁜 일이 아닐 것이다. 내가 살아 있을 때는 죽음이 없고, 죽음이 왔을 때는 이미 나는 존재하지 않는다. 고로 죽음과 나는 아무 상관이 없다. 그리고 또한 죽음은 잠자는 듯한 상태일 것이고, 저승에선 먼저 간 선현(先賢)들을 만날 수 있을 것이다. 그에게는 죽음은 사색의 대상이었으며, 철학에 의해 죽음을 극복했다고 할 수 있다. 왜냐하면 "철학하는 것은 죽음을 배우는 것"이었기 때문이다.

재판은 1차 투표에서 유죄·무죄를 가리고, 유죄일 경우 원고와 피고가 각각 형량을 제의하여 2차 투표에서 그것을 결정한다. 소크라테스가 유죄판결을 받은 후 원고가 사형을 구형한 데 대해, 소크라테스는 국가의 최고의 명예인 국비 식사제공을 받아 마땅하다고 주장한다. 그러나 제자들의 권유에 따라 형식적인 액수인 30드라크마의 벌금을 제안하게 된다. 이러한 당당한 법정 태도는 배심원들에게 법정 모독으로 비쳤던지, 2차 투표에서는 압도적인 표차로 사형이 결정된다.

예수의 죽음은 처절한 고독과 고통의 죽음이었다. 모든 제자들은 도망가고 열렬한 여성 팬 2, 3명만이 먼 발치에서 지켜볼 뿐이었다. 십자가에 매달려 몇 시간 동안 신음하다가 마지막에는 "주여, 어찌하여 저를 버리셨나이까"라고 피를 토하듯 비통한 호소를 하면서 숨을 거둔다. 소크라테스는 선고를 받은 후에도 도망갈 기회가 있었으나 그것을 뿌리친다. 그리고 죽음에 즈음하여 많은 제자들이 자리를 함께 하여 그의 죽음을 지켜봤으며, 악처로 유명했던 아내 크산티페도 그 자리에서 내내 흐느끼고 있었다. "아스클레피오스 신에게 닭을 바치기로 되어 있으니, 그것을 잊지 말라"는 말을 남기면서, 표정하나 목소리 하나 변하지 않

— 소크라테스의 죽음

은 채 의젓이 독배를 든다.

소크라테스의 죽음은 고민이 없는 죽음이었다. 그러나 그가 죽은 후 제자들은 사방으로 흩어져버렸으며, 아테네인들은 그의 죽음에 무관심하였다. 가장 위대한 세기의, 가장 위대한 인물의 죽음에도 불구하고, 아테네 사회에는 아무런 동요가 없었다. 그의 죽음은 잊혀져버린 것이다. 그것이 소크라테스의 수난이요 비극이었다.

그러나 예수는 죽음에서 부활하였다. 패배와 고통과 수난의 상징인 십자가는 부활의 심벌이 되고, 만인이 찬양하는 승리의 심벌이 되었다. 말하자면 예수는 죽음으로써 위대한 종교를 창시하였다. 그러나 소크라테스는 종교를 만들지 못했다. 소크라테스교란 지구상에 존재하지 않는다. 그는 신이 되지 못했지만, 그가 영영 사라진 것은 아니다. 그는 다른 의미에서 살아 있다 할 것이다. 진정한 지(sophia)를 사랑하는 모든 사람의 가슴속에 그는 구원의 존재가 된 것이다.

베들레헴

　오전 중에 예루살렘 순례를 마치고 한 한인 주택에서 점심을 든다. 예루살렘의 모든 주택건물은 베이지색 석조 타일로 통일되어 있어, 외관상 우아하고 고급스러운 인상을 준다. 영국통치시대에 석조건물을 짓도록 법령화했다는 것이다. 일시적인 위임통치 기간인데도 도시의 미관을 위해 이러한 엄격한 조치를 취했다니, 과연 대영제국다운 통치방식이라 하지 않을 수 없다. 이 한인 주택도 외양은 석조라 호화로운 인상이나, 내부는 소시민의 살림집답게 소박한 치장이었다. 이 집에서 마련한 푸짐한 뷔페식 한식을 아주 맛있게 들어 피로가 일시에 풀린 듯하다. 식사 후 가이드는 다시 감람산 근처 언덕바지에 위치한 큼직한 선물가게로 데리고 간다. 순례중 선물가게에서 선물을 사려고 하면, 앞으로 싸게 쇼핑할 기회를 주겠으니 사지 말라고 말리곤 했었는데, 이곳이 바로 싸게 살 수 있는 곳인 모양이다. 모든 물건을 표시가격의 50퍼센트 할인해 준다고 하나, 표시가격 자체가 비싼 듯하니 얼마나 할인이 되는지 알쏭달쏭하다. 이곳의 인기 상품은 사해 진흙을 가공해서 만든 비누이며, 교우들에게 골고루 나눠주기 위해 모두 한보따리 사고 있다. 가이드가 아예 카운터 안에 들어가서 주인 대신 물건값을 계산하는 것으로 보아, 주인과 가이드의 끈끈한 관계를 짐작케 한다. 가게에서 이례적으로 '넉넉한' 시간을 보낸 후, 오늘의 마지막 방문지인 베들레헴으로 향한다.

　베들레헴은 예루살렘에서 불과 10킬로미터 미만의 가까운 거리에 있다. 예수가 탄생한 곳은 어느 한촌의 초라한 농가의 마구간이었으나, 우리가 찾아간 곳은 번잡한 아랍인 거리의 거대한 요새와 같은 고색창연한 교회이다. 예수의 탄생 역시 수수께끼 투성이다. 이미 언급한 출생의 미스터리는 차치하고, 출생 일자와 장소에 대해서도 성경에는 확실한 언급이 없기 때문이다.

　예수의 생년일은 기원 원년 12월 25일, 크리스마스날이라고 한다. 서양력을 만든 것은 6세기의 로마의 수도원장 디오니시우스 에그시구스인데, 수학과 천문학에 통달했던 그였으나 그리스도 원년을 정할 때 몇 가지 실수를 범했다. 예컨대, 기원전 1년과 기원후 1년 사이에 0년을 끼우는 것을 잊었고, 예수 탄생년에 관한 성경의 기술, 즉 "예수께서 헤롯왕 때에 유대 땅 베들레헴에서 나셨는데"란 말을 잊었다. 헤롯의 통치기간은 기원전 37년에서 기원전 4년이며, 그 해에 그가 사망했으므로 예수의 탄생은 기원전 4년 이전이어야 한다. 현재 기원전 6년이란 것이 정설로 되어 있다. 12월 25일이란 날짜도 성경에는 없다. 고대 로마의 농업의 신 사투르누스의 축제가 12월 17일에서 1주일간 계속되었는데, 그때는 주인과 노예의 구별이 없었으며, 사람들은 초와 인형을 선물로 교환했다. 그것이 크리스마스의 선물 교환의 풍습으로 이어진 듯하다. 크리스마스날인 12월 25일은 아우렐리아누스 황제(215 ∼ 275)가 제국의 국교로 정한 태양신의 탄생일이었다. 기독교는 로마제국을 기독교화하는 과정에서 그리스도를 불멸의 태양이라 부르고, 태양신의 탄생일을 그리스도의 탄생일로 함으로써 민중의 교화를 용이하게 했다는 것이다.

예수가 탄생한 장소가 어디였는지도 알 수가 없다. 요셉과 마리아 부부는 나사렛에서 살고 있었는데, 예수가 왜 베들레헴에서 탄생했는가에 대해서 두 가지 이유가 지적된다. 베들레헴은 다윗의 고향이며, 다윗의 후예인 구세주 예수는 베들레헴에서 탄생하기 마련이었다. 그리고 또한 구약에 "에브리라 지방 베들레헴아, 너는 비록 유다 부족 가운데서 보잘 것없으나 나 대신 이스라엘을 다스릴 자 너에게서 태어난다"(미가서 5 : 2)라는 예언이 있기 때문이다. 요셉 부부가 이곳에 오게 된 이유에 대해서는 호적등록 때문이라고 한다(누가복음 2 : 1 - 5). 로마는 징세(徵稅)를 위해 호구조사를 실시했는데, 정해진 날, 정해진 장소(원적지)에서 등록을 하도록 영을 내렸다고 한다. 하지만 산월이 된 만삭의 마리아를 나사렛에서 이곳까지 200리 길을 걷게 했다는 것은 너무한 얘기라고 하기 보다 인권유린이라 할 것이다. 그러나 인권이란 관념이 없고 그보다 더 가혹한 일이 예사롭던 옛날이라, 어쩔 수 없이 이곳에 올 수밖에 없었다고 한다면, 예수는 태어날 때 이미 잔혹한 수난을 겪은 불운한 사나이였으며, 골고다의 죽음은 그로서는 제2의 수난이었던 셈이다.

베들레헴에서 탄생한 장소도 알 수가 없다. 이곳을 그 장소로 정한 것은 콘스탄티누스 황제의 모후 헬레나이었다. 모후의 소망을 받들어 황제가 이곳 동굴 위에 성당을 지은 것이 325년이었으며, 현재의 건물은 십자군시대에 요새화한 것이다. 그러니 이곳이 예수가 탄생한 곳이라는 근거가 없는 것이다. 아무튼 이치로 따지자면 예수의 생년월일은 알 수 없고, 탄생지도 베들레헴이 아니라 나사렛일 가능성이 크다 할 것이다. 그러나 이치를 따지려 내가 이곳에 온 것은 아니지 않은가. 역사적 진실을 밝힐 수 없을 때는, 종교적 진실이 진실이 되는 것이다. 설혹 역사적 진실을 밝힐 수 있다 해도, 성지에서는 종교적 진실이 역사적 진실보다 우위에 서는 것은 당연한 일이다. 따라서 이곳은 틀림없는 예수가 탄생한 역사의 현장인 것이다.

이 교회는 요새로 사용된 건물이기 때문에 우악스럽고 투박하며, 허리를 굽혀야 할 정도로 입구가 작다. 성탄 교회이니만큼 누구나 허리를 굽히고 들어가도록 했다는 말도 있으나, 시나이 산의 성카다린 수도원의 경우와 같이 요새이었기 때문일 것이다. 내부에 들어서면 어둠침침한 회당에 코린트식 대리석 기둥이 2열로 나란히 서 있으며, 금속제 등잔이 여러 개 천장에 길게 매달려 있다. 계단을 내려가면 예수가 태어난 동굴이며, 태어난 자리라고 하는 바닥에는 은으로 된 별 모양의 장식이 박혀 있다. 동방 박사들을 이곳으로 인도한 베들레헴의 별을 형상화한 것이다.

이 교회는 그리스 정교의 교회이다. 이 성스러운 장소를 동방 교회에게 빼앗길소냐, 이 교회에 맞붙어 아르메니아의 예배당과 가톨릭에서 세운 또 하나의 성당이 있다. 성탄 교회가 그리스 정교답게 어둡고 중후하고 다소 귀신스러운 분위기라면, 가톨릭의 성카다린 교회는 밝고 모던한 분위기인 것이 대조적이다.

성탄 교회의 입구는 작으나 출구는 커다란 대문인데, 요새의 문답지 않은 이 문은 후대에 만든 것이 아닐까. 육중한 문을 밀고 나와서 광장에서 사진을 찍는다. 광장 둘레에는 세 개의 종탑이 보이는데, 가장 예

뻔 것은 물론 이슬람의 모스크의 종탑이다. 마음에 드는 것은 종탑만이
아니다. 성탄 교회는 언덕 위에 있기 때문에 광장 모퉁이에서 베들레헴
시가를 조망할 수 있다. 이곳은 아랍인 지역이라 초라하고 지저분한 거
리이다. 이스라엘인과 팔레스타인인(아랍인)은 공존하고 있지만 이스라
엘인의 일인당 GNP가 18,000불인 데 비해 아랍인은 10분의 1밖에 되지
않는다. 그러나 서구인과 다름없는 용모와 스타일에다가 어딘가 쌀쌀맞
은 이스라엘인에 비해, 약간의 아부기가 섞인 정겨운 눈길의 아랍인에
게 어쩐지 친근감이 간다. 그리고 깨끗하고 세련된 이스라엘인 거리보
다 이런 거리가 오히려 매력이 있다. 온갖 싸구려 잡동사니가 늘려져 있
는 좁은 시장길, 시장에 감도는 특유한 냄새, 그들이 읊는 코란의 낭랑

— 성탄 교회

한 독경소리, 그리고 장작개비를 늘어놓은 듯한 투박스러운 히브리 문자에 비해 선녀의 옷자락같이 사뿐하고 유려한 아라비아 문자(지렁이 문자라고 혹언하는 자가 있기도 하지만). 그들의 생활상 하나하나에 흥미가 간다. 더욱이 그들의 거리일수록 LG나 SAMSUNG 같은 한국 기업의 광고가 눈에 띈다. 이스라엘에 구르는 자동차 10대 중 2, 3대는 한국 차라고 하나 한국 차가 눈에 띄는 곳도 아랍인 거리이다.

아랍의 여인은 아름답다. 우리가 이 교회를 찾아 언덕길을 올라올 때 수십 명의 아랍인 소녀들과 마주쳤다. 하교하는 여학생인 듯한 그녀들은 모두가 흰 두건에 회색의 민족 의상을 입고 있는 모습이 너무나 아름다워, 마치 천사들이 구름을 타고 내려오는 듯한 느낌이었다.

무서운 독종인 이스라엘인과 공존하는 팔레스타인인의 처지를 생각해보자. 2000년 이상이나 살고 있던 집에 별안간 옛 주인을 자칭하는 무리들이 들이닥쳐 안채를 뺏는 바람에, 문간방에 셋방살이 신세로 전락한 팔레스타인인들. 이웃에 친척은 많지만 모두가 약골들이라 믿고 의지할 곳 없는 불쌍한 처지에 놓여 있다. 팔레스타인 문제는 이스라엘인의 문제라기보다 우선 팔레스타인인의 문제이다. 미국이 이스라엘 편이고 우리와 아랍의 관계가 소원하기 때문에, 우리는 이스라엘의 시각에서 이곳 문제를 보는 경향이 있다. 사고와 시각을 완전히 전환하지는 않더라도 공평한 태도로 수정할 필요가 있을 것 같다.

이미 어둠에 싸였는데도 불빛마저 희미한 아랍인 거리를 빠져나와 다시 밝고 화려한 예루살렘으로 돌아온다.   (11월 30일)

유대 땅을 떠나면서

이스라엘을 떠나는 날이다. 일행은 버스로 카이로까지 가게 되어 있으나, 발병한 내자가 장시간 버스를 탄다는 것은 무리라고 판단하여 카이로까지 따로 비행기를 타기로 한다. 이곳 예루살렘에서 여행사를 경영한다는 박 사장에게 항공권을 부탁한다. 오후 3시 반경, 그의 소나타를 타고 벤그리온 공항으로 향한다. 그는 경북대학을 졸업하고 예루살렘대학에 유학왔었는데, 아르바이트로 여행안내를 하다가 이젠 학업을 중단하고 본격적으로 여행사를 운영하게 되었다는 것이다. 현재 이스라엘에는 한국인 가이드가 30명이나 있으며, 오늘도 한국인 순례단 6조가 순례중이라고 한다. 그동안 IMF 사태로 말미암아 순례단의 수가 줄어들었으나, 이제는 이전 수준으로 회복되었으니 전망이 밝다고 한다. 한국의 교인치고 성지순례를 열망하지 않은 자가 없을 것이니, 가이드를 알선하는 그의 사업의 성공은 어느 정도 보증된 셈일 것이다.

벤그리온 공항은 통관절차가 세계에서 가장 까다롭기로 유명하다. 과거 여러 번 공중 테러가 있었기 때문임은 물론이다. 공항에서도 세관원은 여자 일색인데, 히브리어가 유창한 박 사장의 교섭으로 짐 검사는 간단히 끝냈으며, 마지막으로 여자 세관원의 질문을 박 사장이 통역을 해준다. 언제 입국했으며, 어젯밤은 어디에서 묵었으며, 행선지는 어디이며, 공항에 오기 전이나 오는 도중 다른 사람으로부터 물건을 맡은 일은 없었느냐(이것이 가장 중요한 질문인 듯하다) 등등. 통관을 마치고는 박 사장과 헤어진다.

밤 7시 30분 카이로행 이스라엘 항공기는 순례객으로 초만원이다. 우리는 이태리인 가족들로 구성된 순례단 속에 좌정했는데, 이태리인치고는 점잖고 조용한 편이다. 그래서 눈을 감고 지난 며칠 동안의 일을 회고해본다. 황량한 사막, 시나이 산의 거룩한 산세, 마사다의 위용, 낙원과 같은 갈리리의 풍광, 감명 깊던 선상예배, 십자가 길과 마가의 다락방, 그리고 예수 그리스도. 예수의 정체는 무엇일까. 다시 물어봐도 여전히 알 수가 없다. 한 가지 분명한 것은 앞에서 말했듯이 그가 혁명을 일으키기는 했지만, 유대교와 민족을 배반했다고 할 수는 없다는 사실이다. 그는 로마에 대해 저항하지 않았지만 헤롯이나 귀족들과 같이 로마와 타협하지 않았으며, 로마의 신에게 머리 숙이지도 않았다. 신전의 권위에 매달려 부패하고 해골화한 사두게 파를 혐오했지만, 신전의 권위

자체를 무시하지는 않았다. 율법의 사슬에 얽매인 바리세 파를 비난했지만, 율법을 거부하지 않았다. 그렇지만 그는 그들에게 사로잡혀 죽임을 당했다. 그들이 그를 두려워한 점이 무엇이었을까. 그것은 결국 사랑이 아니었을까. 사막이라는 처절한 환경에 사는 민족의 가장 중요한 생활윤리는 힘이었으며, 강자가 사자의 몫을 차지하는 것은 당연한 일이었다. 사랑은 그러한 윤리를 근본적으로 거부하는 것이었다. 사랑은 그들에게는 칼날과 같은 무서운 위협이 아니었을까.

그는 한없이 고귀하고 인자하며, 지극히 자상하고 헌신적이었다. 때로는 고민하고 불안해 하며, 때로는 격분하고 폭력적이기도 했다. 고매한 사랑의 멜로디를 읊조리는가 하면, 야유하고 욕설을 퍼붓기도 한다. 모순되고 폭넓고 복잡한 성격의, 범인의 이해를 초월한 미스터리의 사나이. 그 점이 바로 사상 최대의 슈퍼스타가 된 까닭일까. 그의 사명은 무엇이었을까. 인간에게 죄를 깨우쳐준 것이었을까. 그리스인과 같이 죄를 모름으로써 명랑하고 낙천적이던 인간에게, 죄의식이라는 올가미를 씌움으로써 오히려 인간을 우울하고 불행하게 한 것은 아닐까. 그는 과연 죽음으로써 인간의 죄를 대속할 수 있었을까. 내가 왜 유대 땅에 왔으며, 유대 땅에서 얻은 것이 무엇이었을까. 도시 이 글을 적는 것이 무슨 까닭이며, 무슨 의미가 있을까.

창 너머 멀리 환하게 불빛이 보인다. 카이로가 가까워진 것이다. 그러나 마음은 여전히 어둡기만 하다. 예감(豫感)한 일이기는 하지만 구원이라는 기적은 내게는 일어나지 않았다. 예수를 믿을 수 있다면 모든 의문, 미망(迷妄), 어지러움이 사라질 것을. 신앙의 소중함을 새삼 통감한다. 하지만 짧은 이 여정이 이토록 감흥이 컸던 것은 어인 까닭일까. 오랜만에 맛본 이국의 아름다운 풍광과 색다른 정취 때문일까. 혹은 아름다운 풍광 속에 감도는 아랍인과 유대인 사이의 싸늘하고 짜릿한 긴장감 때문일까. 아니면 성지라는 커다란 역사의 현장에 접할 때 느끼는 역사하는 사람으로서의 본능과 같은 흥분 때문일까. 아지못게라. 어쩌면 이곳이 언젠가는 회귀할지도 모를 마음의 고향이기 때문인지 모르겠다.　　　(12월 1일)

Ⅳ. 이스라엘 단상(斷想) ― 441

그리스사 연표

연도	크레타	그리스 본토		이집트	
		정치, 기타	미술	정치, 기타	미술
B.C 3000	신석기시대 초기 미노아 (EM) Ⅰ			고왕국 1 ～ 3왕조 4왕조	계단식 피라미드 기체의 피라미드
2500	Ⅱ Ⅲ	신석기시대 초기 헬라딕(EH) Ⅰ		5, 6왕조 7 ～ 10왕조	
2000	중기 미노아 (MM) Ⅰ Ⅱ Ⅲ	Ⅱ Ⅲ 중기 헬라딕(MH)		중왕국 11왕조 12왕조 13 ～ 17왕조	
1500 1400	후기 미노아 (LM) Ⅰ 후기 미노아 (LM) Ⅱ 미노아 문명 파괴 후기 미노아 (LM) Ⅲ	후기 헬라딕(LH) Ⅰ Ⅱ Ⅲ 트로이 원정 (1200)	미케네 문명	신왕국 이쿠나톤 왕의 아마르나시대 18왕조 19왕조 람세스 2세의 제국 재건	하트세프스트 여왕 신전 투탕카멘

연대		그리스	미술 양식	이집트·오리엔트
				히타이트 격퇴(1280)
		도리아인의 침공, 미케네의 파괴		20왕조 람세스 3세 '바다의 민족' 격퇴
1000		암흑시대	기하학 양식	21왕조
		올림픽 경기(766) 호머 시 성립		
700		시인 헤시오도스		
			아카익시대	
		시인 사포		앗시리아에 의해 정복(663)
600		솔론 개혁(590)		26왕조
	고르틴 법 성립	페이시스트라토스 의 참주정	흑상식	페르시아의 속주화(525)
500		클레이스테네스 개혁(509)	조각의 엄격양식	
480		페르시아 전쟁 (490, 481 ~ 479)	적상식	
			조각의 고전양식	
450		비극과 희극 헤로도토스	페이디아스	
		페리클레스 시대 (447 ~ 429)	파르테논 건축 시작 (447)	
		투키디데스 펠로폰네소스 전쟁 (431 ~ 404)		
400		소크라테스의 죽음 (339)플라톤		
330		알렉산더의 동방 원정(334)		알렉산더에 의해 정복

지중해 지역을 안내하는 여행사

교 원 여 행	725-4956
금 호 고 속 관 광	730-8811
나 일 투 어	2295-6612
동 부 관 광	3704-2312
두 루 투 어	723-6500
롯 데 관 광	722-3344
세 일 여 행 사	733-0011
스 마 일 관 광	733-7848
자 유 여 행 사	7777-114
천 지 항 공 여 행	703-7100
코 오 롱 고 속 관 광	733-2561
한 주 여 행 사	732-1501
한 진 관 광	726-5500
화 인 국 제 여 행	3142-1122